Jörg Bücker / Elke Diedrichsen / Constanze Spieß (Hrsg.)

Perspektiven linguistischer Sprachkritik

PERSPEKTIVEN GERMANISTISCHER LINGUISTIK (PGL)

Herausgegeben von Heiko Girnth und Sascha Michel

ISSN 1863-1428

13 *Jörg Bücker / Elke Diedrichsen / Constanze Spieß (Hrsg.)*
Perspektiven linguistischer Sprachkritik
ISBN 978-3-8382-0808-4

Jörg Bücker / Elke Diedrichsen / Constanze Spieß (Hrsg.)

PERSPEKTIVEN LINGUISTISCHER SPRACHKRITIK

ibidem-Verlag
Stuttgart

Bibliographic information published by the Deutsche Nationalbibliothek
Die Deutsche Nationalbibliothek lists this publication in the Deutsche Nationalbibliografie; detailed bibliographic data are available in the Internet at http://dnb.d-nb.de.

Bibliografische Information der Deutschen Nationalbibliothek
Die Deutsche Nationalbibliothek verzeichnet diese Publikation in der Deutschen Nationalbibliografie; detaillierte bibliografische Daten sind im Internet über http://dnb.d-nb.de abrufbar.

Second edition

ISSN: 1863-1428

ISBN-13: 978-3-8382-0808-4

Printed in the United States of America

Inhaltsverzeichnis

VORWORT

Der vorliegende Band stellt eine Sammlung von Beiträgen dar, die im März 2012 auf der **„Arbeitstagung Linguistische Pragmatik (ALP)"** zum Rahmenthema „Sprachwandel und Sprachkritik" an der Johann Wolfgang Goethe-Universität präsentiert worden sind. Er vereint Beiträge, die an aktuelle sprachwissenschaftliche Diskussionen im Themenbereich „Sprachkritik" anschließen. Der Band kann zwar keine vollständige Zusammenschau der gegenwärtig äußerst facettenreichen Fachdebatte um das Thema Sprachkritik präsentieren, möchte aber dazu beitragen, einige Aspekte des Forschungsbereiches linguistische Sprachkritik zu vertiefen und zu erweitern.

Wir möchten uns ganz herzlich bei all denen bedanken, die diesen Band möglich gemacht haben. Das sind zunächst einmal die Beiträger und Beiträgerinnen des Bandes sowie die Teilnehmer und Teilnehmerinnen der ALP 2012. Bei den Reihenherausgebern Heiko Girnth und Sascha Michel bedanken wir uns für die Aufnahme des Bandes in die Reihe Perspektiven Germanistischer Linguistik, und Valerie Lange vom ibidem-Verlag danken wir für die stets gute und unkomplizierte Zusammenarbeit. Darüber hinaus gilt unser Dank aber auch allen, die den 2011 gegründeten Verein „Arbeitsgemeinschaft Linguistische Pragmatik" (ALP e.V.) in den vergangenen Jahren mit Interesse und Engagement unterstützt haben (Informationen zum Verein finden sich auf der Seite http://www.alp-tagung.de). Der ALP-Verein verfolgt das Ziel, den Austausch über Erkenntnisse im Hinblick auf Sprachgebrauch in seinen situativen, sozialen, medialen und kulturellen Kontexten zu fördern, und die Publikation des vorliegenden Bands wurde vonseiten des Vereins finanziert. Schließlich möchten wir uns herzlich bei der Deutschen Gesellschaft für Sprachwissenschaft (DGfS) bedanken: Seit 1997 findet die ALP-Tagung am Vortag und am Tagungsort der DGfS-Jahrestagung statt, und sie wurde dabei in organisatorischer Hinsicht von der DGfS stets sehr großzügig unterstützt.

Münster und Dublin, im Oktober 2014

Jörg Bücker, Elke Diedrichsen & Constanze Spieß

Perspektiven linguistischer Sprachkritik. Zur Einführung in den Sammelband

Jörg Bücker, Elke Diedrichsen & Constanze Spieß

1 Formen und Gegenstände linguistischer Sprachkritik

Sprachkritik als Reflexion über Sprache ist eine anthropologische Konstante, die nicht nur eine lange historische und kulturübergreifende Tradition hat (vgl. Kilian/Niehr/Schiewe 2010: 18f), sondern auch das kommunikative Handeln des Menschen in alltagsnahen und institutionellen Kontexten begleitet und beeinflusst. In der philosophischen Sprachkritik, die die wissenschaftsgeschichtlich längste Tradition vorweisen kann, geht es vorwiegend um die zeichen- und erkenntnistheoretischen Dimensionen sprachlicher Einheiten, insbesondere einzelner Wörter. Eines der bekanntesten und frühesten Beispiele dürfte Platons Dialog „Kratylos" sein, in dessen Auseinandersetzung über die ontologische Basis des Zeichencharakters von Wörtern sich bereits die Demarkationslinien der scholastischen Universalienproblematik abzeichnen.

Auch die sprachpflegerisch motivierte Sprachkritik hat häufig einzelne Wörter zum Gegenstand, etwa in der Fremdwortkritik. Die einzelnen Erscheinungsformen sprachpflegerisch motivierter Sprachkritik unterscheiden sich dabei im Hinblick auf den Grad ihrer Einbettung in fachwissenschaftliche Diskurse einerseits und ihre Kriterien der Bewertung sprachlichen Handelns andererseits. Einige Ausprägungen sprachpflegerisch motivierter Wortkritik vertreten ihre sprach- und gesellschaftskritischen Positionen weitgehend jenseits sprachwissenschaftlicher oder zeichen- und erkenntnistheoretischer Diskurse. Eines der medial besonders präsenten Beispiele stellen die Kolumnen und Buchveröffentlichungen des Journalisten Bastian Sick dar, in denen eine Vielzahl an Beispielen für mutmaßlich „schlechten" Sprachgebrauch kritisiert wird, ohne dass dabei Bezüge zu relevanten fachwissenschaftlichen Diskussionen hergestellt werden (vgl. u.a. Sick 2004). Eine weitere, öffentlichkeitswirksame Form von Sprachkritik, der es um Sprachkultiviertheit geht, ist die Aktion „Unwort des Jahres", die erklärtermaßen das Ziel verfolgt, Sprachgebräuche, die gegen das Prinzip der Menschenwürde oder der Demokratie verstoßen, gesellschaftliche Gruppen diskriminieren oder euphemistisch, verschleiernd und irreführend sind, zu untersuchen.[1] Neben linguistischen Gesichtspunkten spielen damit auch die Kriterien *Demokratie* und *Menschenwürde* eine wichtige Rolle. Diese Form von Sprachkritik zielt auf der Basis der genannten Kriterien auf die Sensibilisierung der Sprachteilhaberinnen und Sprachteilhaber für einen reflektierten, sachlich angemessenen und verantwortungsvollen Sprachgebrauch.

Der Linguistik begegnet die popularisierende sprachkritische Beschäftigung mit sprachlichen Einheiten insbesondere dort, wo sie Texte und Diskurse beleuchtet, die dezidiert sprach- und wortkritisch um den Wert und die Leistung sprachlicher Einheiten kreisen (vgl. beispielsweise Spitzmüller 2005 zum Anglizismendiskurs). Auch die Untersuchungen kontroverser „Schlüsselwörter" (Stötzel/Wengeler 1995) können sprachkritische Diskurse berühren.

Der linguistischen Sprachkritik geht es in der Regel nicht darum, wie die philosophische Sprachkritik die zeichentheoretischen Dimensionen sprachlicher Einheiten erkenntniskritisch in den Blick zu nehmen, um etwa im Sinne des Wittgensteinschen Diktums „Alle Philosophie ist ‚Sprachkritik'." (Tractatus logico-philosophicus, 4.0031, vgl. Wittgenstein 1984: 26) philosophische Probleme als sprachliche Probleme identifizieren und entlarven zu können. Von der popularisierenden laienlinguistischen Sprachkritik wiederum unterscheidet sie sich dadurch, dass sie nicht isolierte Wörter zu präskriptiv nutzbaren Projektionsflächen gesellschaftlicher Ideologien und Wertvorstellungen macht. Stattdessen analysiert und rekonstruiert sie systematisch die linguistischen Dimensionen der Gegenstände von Sprachkritik sowie die komplexeren Handlungs- und Diskurszusammenhänge, in denen diese Gegenstände als kontroverse Bindeglieder zwischen Sprache und Gesellschaft manifestiert werden. So hat die diskurslinguistische Aufarbeitung der Anglizismenkritik gezeigt, dass die Fremdwortproblematik neben einer gründlichen systemlinguistischen Standortbestimmung (zum Beispiel Eisenberg 2011) auch einer Rekonstruktion der gesamtgesellschaftlichen Diskurse bedarf, in denen die Fremdwortkritik jeweils situations-, kontext- und textsortengebunden realisiert wird (vgl. dazu u.a. Spitzmüller 2005). In dieser Hinsicht erweist sich linguistische Sprachkritik als eine Schnitt-

[1] Vgl. hierzu auch die Ausführungen auf der Homepage der Aktion: http://www.unwortdesjahres.net/ [zuletzt abgerufen am 01.09.2014]

stelle, an der sowohl systemlinguistische als auch text-, gesprächs- und diskurslinguistische Konzepte und Methoden gefragt sind und kohärent aufeinander bezogen werden müssen. Das schließt die Möglichkeit einer kontroversen Beurteilung der Formen und Funktionen sprachkritischer Diskurse ein, wie die Auseinandersetzung zwischen Meinunger (2008), Rinas (2011) und Niehr (dieser Band) zeigt, die sich an Bastian Sicks populären sprachkritischen Beobachtungen und Standpunkten entzündet hat.

Die linguistische Sprachkritik umfasst sehr unterschiedliche und vielfältige Formen und Ansätze. Sie kann sich auf die Untersuchung sprachkritischer Äußerungen und Diskurse beziehen im Sinne einer Linguistik „sprachkritischer Kommunikation“, sie kann aber auch als ein spezifischer (kritischer) Zugriff auf das Sprachmaterial begriffen werden. Linguistische Sprachkritik zielt dabei u.a. auf die Ausbildung von Sprachbewusstsein und die Reflexion des eigenen Sprachgebrauchs im Hinblick auf das Kriterium der Angemessenheit, und zwar Angemessenheit im Hinblick auf situative, kontextuelle und kulturelle Faktoren (vgl. u.a. Kienpointner 2005, Arendt/Kiesendahl 2013 und Fix 1995). Fragen nach der Angemessenheit des Sprachgebrauchs sind dabei im Zusammenspiel von „‚langue‘, Normen und ‚parole‘“ und vor dem Hintergrund eines pragmatischen Sprachbegriffs zu beantworten (Kilian/Niehr/Schiewe 2013, 303f). Im Rahmen der kritischen Diskurslinguistik zielt Sprachkritik darüber hinaus auf Gesellschaftskritik und die Offenlegung der eigenen ideologischen Voraussetzungen (Reisigl/Wodak 2009).

Die Mehrzahl der Ansätze linguistischer Sprachkritik nimmt zu ihren Untersuchungsgegenständen keinen dezidiert ideologiekritischen Standpunkt im Sinne einer moralisch-ethischen oder explizit gesellschaftskritischen respektive politischen Stellungnahme ein, sondern ihr geht es um die Rekonstruktion sprachkritischer Sprachgebräuche im Sinne einer „Linguistik sprachkritischer Kommunikation“ (vgl. dazu auch die Beiträge in diesem Band). Linguistische Erscheinungsformen wertender Diskurs- und Sprachkritik (sowie mehr oder minder deutlicher Gesellschaftskritik) finden sich demgegenüber u.a. in der feministischen Sprachkritik[2] oder in den verschiedenen diskurskritischen Ansät-

[2] Vgl. zum Beispiel die Auseinandersetzungen um das Generische Maskulinum zwischen Kalverkämper und Trömel-Plötz, die kritische Analyse von männlichem und weiblichem

zen. Zu nennen wären hier für den deutschsprachigen Raum z.B. die Duisburger Schule (vgl. Jäger 2005) oder die Wiener Schule (vgl. Reisigl/Wodak 2009), für den angelsächsischen Raum die Critical Discourse Analysis (CDA) im Anschluss an Fairclough (vgl. Fairclough 2001). Die verschiedenen Formen linguistischer Sprachkritik analysieren also insgesamt auf unterschiedliche Art und Weise und in unterschiedlicher Intensität das Wechselspiel gesellschaftlicher und kommunikativer Prozesse, nehmen dabei aber immer eine linguistisch begründete Position zu ihren Gegenständen ein. In der Folge werden die Beurteilungskriterien anders als in der laienlinguistischen Sprachkritik ausgehend von einer systematischen Analyse des jeweiligen Untersuchungsgegenstandes formuliert.[3]

Wenn also von Sprachkritik als einem linguistischen Untersuchungsfeld die Rede ist, so geht es um einen weiten und vielgestaltigen Bereich, der auf unterschiedliche Ebenen, aus unterschiedlichen Perspektiven und mit unterschiedlichen Zielsetzungen erschlossen werden kann. Darüber hinaus schließt linguistische Sprachkritik insbesondere in ihren ideologiekritischen Ausprägungen immer auch an je eigene Sprachideologien und Sprachnormen an, die bei der Analyse reflektiert werden müssen. Vor dem Hintergrund der Vielgestaltigkeit von Sprachkritik haben folgende Fragestellungen besondere Relevanz für die linguistische Auseinandersetzung mit Sprachkritik:

- Was kann als sprachkritischer Diskurs gelten und zum Gegenstandsbereich einer „Linguistik sprachkritischer Kommunikation" zählen und was nicht?

Gesprächsverhalten und die Analyse verschiedener Kennzeichnungsmöglichkeiten von Geschlechtsidentitäten im Deutschen (Kalverkämper 1979, Trömel-Plötz 1978, Ayaß 2008, Pettersson 2011). Einen Überblick über die Geschichte der feministischen Sprachkritik geben Ayaß (2008) oder Spieß/Günthner/Hüpper (2012).

[3] Es gibt über die genannten Arbeiten linguistischer Sprachkritik hinaus weitere Untersuchungen und Ansätze, die sich auf unterschiedliche Gegenstandsbereiche beziehen. Dazu zählen z.B. Arendt/Kiesendahl (2011), Heringer (1988), Holly (1985), Kilian (2001, 2003, 2009), Kilian/Niehr/Schiewe (2013), Roth (2004), Spieß (2014) und Wimmer (1986, 2009). Auch die diskursorientieren lexikalischen Analysen öffentlich-politischen Sprachgebrauchs im Umfeld der Düsseldorfer Schule können dazu gezählt werden (vgl. z.B. Stötzel/Wengeler 1995, Spieß 2012a). Weitere Ansätze stellen schließlich die feministische Sprachkritik (Ayaß 2008, Posch 2011, Petterson in diesem Band), die Genderlinguistik (Günthner/Spieß/Hüpper 2012, Spieß 2012b), die politolinguistische Diskurskritik (Spieß 2012a) und die Kritische Diskurslinguistik (Wodak/Meyer 2009) dar.

Zählen beispielsweise Selbst- und Fremdkorrekturen sprachlicher Fehler schon zu den Erscheinungsformen sprachkritischen Diskurses oder nicht (vgl. dazu auch Arendt/Kiesendahl in diesem Band)?

- Auf welchen sprachanalytischen Ebenen und auf Basis welcher Daten sollte ein sprachkritischer Diskurs rekonstruiert werden (vgl. Kilian/Niehr/Schiewe 2010)? Wie können zum Beispiel die bisher noch wenig untersuchten lokalen Erscheinungsformen und Ausprägungen sprachkritischer Äußerungen in dialogischer Kommunikation erschlossen werden? (vgl. König in diesem Band)
- An welcher Stelle und in welcher Form kann eine „linguistisch begründete Sprach- und Ideologiekritik“ ihre argumentativen und diskursiven Standards gegenüber den popularisierenden Erscheinungsformen laienlinguistischer Sprachkritik zur Geltung bringen?

Der Ausgangspunkt linguistisch fundierter sprachkritischer Untersuchungen ist, wie oben bereits erwähnt, das Kriterium der Angemessenheit. Das bedeutet, dass eine linguistische begründete Sprachkritik anders als die Mehrzahl der laienlinguistisch-sprachkritischen Positionen auch und gerade da, wo sie selber ideologiekritisch Stellung bezieht, eine pauschalisierende Bereinigung der Gegenstände sprachkritischer Reflexion von variationslinguistischen, kontextuellen und textsorten-/gattungsbezogenen Faktoren ablehnt (vgl. Kienpointner 2005, Fix 1995, Kilian/Niehr/Schiewe 2010).

Ein solcher Zugang zum Konzept der Kritik über das Kriterium der Angemessenheit lässt sich wie folgt provisorisch in die oben formulierten Fragen integrieren:

- Zum Gegenstandsbereich einer linguistischen Sprachkritik zählen die metakommunikativen, mehr oder minder expliziten Bearbeitungen für relevant erachteter und sanktionierbarer Angemessenheitsdimensionen sprachlichen Handelns. Solche Praktiken finden sich sowohl in der Mündlichkeit (zum Beispiel in der Unterrichtskommunikation, in Streitgesprächen und in Vorwurfsinteraktionen) als auch in der Schriftlichkeit (zum Beispiel in Stilratgebern, Diskussionsforen, Leserbriefen etc.), und sie können unterschiedliche Grade an Formalität bzw. Informalität haben.

- Sprachkritisches kommunikatives Handeln erfordert eine linguistische Herangehensweise, die über die traditionellen linguistischen Beschreibungsebenen hinausgeht. Das liegt zum einen daran, dass die Angemessenheitsdimensionen sprachlichen Handelns, die im sprachkritischen Diskurs konstituiert und bearbeitet werden, eng mit komplexen regionalen und sozio-kulturellen Faktoren sprachlicher Variation verbunden sind. Darüber hinaus ist aber auch die Zweckhaftigkeit sprachkritischen kommunikativen Handelns ohne eine genaue Berücksichtigung der sozio-kulturellen Umstände seiner Realisierung nicht rekonstruierbar. Gesprächs-, text- und diskurslinguistische Konzepte können hier Aufschluss darüber geben, an welche kontextuellen und soziokulturellen Gegebenheiten sprachkritische Beiträge als kommunikative Beiträge anschließen.
- Wenn Verletzungen der Angemessenheitsdimensionen sprachlichen Handelns nicht nur linguistisch rekonstruiert, sondern auch ideologiekritisch bewertet werden sollen, ist neben einer präzisen linguistischen Bestimmung des Gegenstands der Kritik auch eine sehr sorgfältige Berücksichtigung seiner varietätenlinguistischen Dimensionen erforderlich. Jenseits einer solchen Verortung lassen sich Angemessenheitsverstöße nicht in einem für eine „linguistisch begründete Sprach- und Ideologiekritik“ erforderlichen Maße an Präzision postulieren. Um das komplexe Spannungsverhältnis zwischen Variation und Norm zu erfassen, in dem sich sprachliche und kommunikative Angemessenheit manifestiert, kann sowohl an varietätenlinguistische Begriffsbestimmungen wie zum Beispiel Ammon (1986) und Auer (2012) als auch an Gloys (2004) und Dürscheids (2012) Unterscheidungen zwischen statuierten und subsistenten Normen bzw. System, $Norm_1$ und $Norm_2$ angeschlossen werden.

2 Tendenzen gegenwärtiger linguistischer Sprachkritik

Im Zuge der Ausdifferenzierung, die die linguistische Pragmatik seit der sogenannten „kommunikativ-pragmatischen Wende“ (Helbig 1990) erfahren hat, sind auch die linguistischen Gegenstandsbereiche und Zugänge zur Sprachkritik vielfältiger geworden, und eine Vielzahl an Publikationen belegen das aktuelle

Interesse an sprachkritischer Kommunikation (vgl. u.a. Kilian/Niehr/Schiewe 2013, Dieckmann 2012, Kilian/Niehr/Schiewe 2010, Arendt/Kiesendahl 2011, Diekmannshenke/Niehr 2013). Die gegenwärtigen Tendenzen in der Entwicklung der linguistischen Sprachkritik erweitern dabei einerseits ihren Gegenstandsbereich und ihr Forschungsprogramm, festigen andererseits aber auch ihre traditionellen Gegenstandsbereiche. Im Resultat läuft das auf eine methodologische und theoretische Konsolidierung hinaus, im Zuge derer die linguistische Sprachkritik zunehmend als ein eigenständiger, aber auch hochkomplexer linguistischer Gegenstandsbereich Konturen gewinnt. Zu den gegenwärtigen Schwerpunkten dieses linguistischen Arbeitsfelds zählen u.a.:

- Untersuchungen zu sprachkritischen Praktiken als Teil spezifischer gesellschaftlich brisanter und relevanter Diskurse (z.B. Spieß 2011; vgl. auch Petterson in diesem Band)
- Untersuchungen zu sprachkritischen Praktiken als Teil diskurs- und kulturgeschichtlich spezifischer Lebenswelten (z.B. Linke 1996, Wengeler 2003; vgl. auch die Beiträge von Kremer, Bahlo und Meier in diesem Band)
- Untersuchungen zur Umsetzung sprachkritischer Praktiken in situierten alltäglichen und institutionellen Kontexten, sei es in den neuen Medien oder sei es in der Face-to-Face-Interaktion (z.B. Kiesendahl 2012; s. auch Arendt/Kiesendahl und König in diesem Band, vgl. Posch 2011)
- Diskussion der didaktischen Herausforderungen und Möglichkeiten, die damit verbunden sind, den Themenkomplex Sprachkritik in Schul- und Hochschulkontexten ggf. unter Berücksichtigung curricularer Vorgaben zum Unterrichtsgegenstand zu machen (z.B. Schiewe 2009, Kilian 2009, Niehr/Funken 2009; s. dazu auch Weber in diesem Band)
- Kritische Reflexion der argumentativen und diskursiven Standards, die popularisierende gesellschaftliche Praktiken und Erscheinungsformen laienlinguistischer Sprachkritik kennzeichnen (z.B. Meinunger 2008; s. dazu auch Niehr und Schütte in diesem Band)

3 Vorstellung der Beiträge im Sammelband

Die Beiträge in diesem Sammelband vermitteln einen Eindruck von der Vielfalt, die die linguistischen Sprachkritik gegenwärtig kennzeichnet. Sie lassen sich im Hinblick auf ihre Fragestellungen, Zielsetzungen und Daten grob in vier Abschnitte gliedern.

Im ersten Abschnitt analysieren die Beiträge von Niehr und Schütte die Formen und Funktionen sprachkritischer Beiträge an der Schnittstelle zwischen fachwissenschaftlicher und populärer Sprachkritik. *Thomas Niehr* setzt sich in seinem Beitrag „Von „Fachidioten", „Gutmenschen" und politisch korrektem Verhalten." mit Karsten Rinas' (2011) „Kritik der deskriptiven Linguistik" auseinander. Niehr rekonstruiert zum einen kritisch Karsten Rinas' Argumentationsgang mit dem Ziel, terminologische und argumentative Schwächen offenzulegen. Zum anderen setzt er Rinas' Klage über das „das Elend des Deskriptivismus" (Rinas 2011: 57) ein Plädoyer für eine deskriptiv orientierte Sprachwissenschaft entgegen. Dabei betont Niehr insbesondere die Notwendigkeit, eine deskriptiv fundierte Perspektive auf das komplexe Gefüge kommunikativer Anforderungen zu eröffnen, das Interaktionssituationen kennzeichnet, um darauf aufbauend die funktionale Angemessenheit verwendeter sprachlicher Mittel reflektieren zu können.

Der Beitrag von *Christian Schütte* mit dem Titel „Zur Funktion von Emotionen in sprachkritischer Argumentation: Eine Analyse von Beiträgen aus der „Deutschen Sprachwelt"" beschäftigt sich mit der Frage, welche rhetorische Rolle Emotionsbekundungen in sprachkritischen Argumentationen spielen. Schüttes Daten entstammen dem Periodikum „Deutsche Sprachwelt", das vom Verein für Sprachpflege e.V. herausgegeben wird. Die argumentativen Funktionen, die Emotionsbekundungen in seinen Beispielen übernehmen können, rekonstruiert Schütte dabei in syllogistischer Form. Zu diesen Funktionen zählen zum Beispiel Verweise auf das Sprachgefühl oder die „Liebe zur Muttersprache" als maßgebliche Entscheidungsinstanzen. Schütte kommt insgesamt zu dem Ergebnis, dass Emotionsbekundungen eine wichtige argumentative Rolle in sprachkritischen Beiträgen spielen und aus einer um rhetorische Konzepte angereicherten linguistischen Perspektive strukturiert rekonstruiert werden können.

Im zweiten Abschnitt des Sammelbands befassen sich Kremer, Pettersson Ängsal und Meier mit Sprachkritik als Spiegel einer je sozial- und kulturgeschichtlich geprägten Lebenswelt. *Magnus P. Ängsals* Beitrag mit dem Thema „Personenbezeichnungen mit Unterstrich und geschlechtsneutrale Pronomen: Zur queerfeministischen Sprachkritik in Deutschland und Schweden" hat die unterschiedlichen Möglichkeiten zum Gegenstand, die in der deutschen und schwedischen Sprachöffentlichkeit diskutiert werden, um sexistischem Sprachgebrauch entgegenzuwirken. Ängsals Beitrag konzentriert sich dabei auf die Argumentation der queerfeministischen Sprachkritik, der es darum geht, der (schrift)sprachlichen Tradierung des „Zweigeschlechtsmodells" durch alternative Versprachlichungsstrategien zu begegnen. Zu den Versprachlichungsmöglichkeiten, die in diesem Zusammenhang eine Rolle spielen, zählen der Unterstrich zur Trennung männlicher und weiblicher Formen im Deutschen und das geschlechtsneutrale Pronomen *hen* im Schwedischen. Ängsal berücksichtigt in seinem Beitrag auch die Frage der Entwicklung dieser „genderneutralisierenden" Versprachlichungsoptionen zu festen Bestandteilen des jeweiligen Sprachsystems.

Simon Meiers Beitrag „Gesprächskritik? Normative Gesprächsreflexion als Gegenstand der Kommunikationsgeschichte – am Beispiel der Gesprächsform *Diskussion*" untersucht aus einer historischen Perspektive Formen gesprächskritisch-normativer Reflexion über die Gesprächsform „Diskussion" in drei Zeiträumen zwischen 1930 und 1970. Meier stützt sich dabei auf ein Korpus von Texten aus verschiedenen philosophischen, linguistischen und sozialwissenschaftlichen Disziplinen, in denen die Gesprächsform „Diskussion" zum Thema gemacht wird. Auf der Grundlage dieser Daten kann Meier den stetigen Wandel in der Konzeptionalisierung und Bewertung der Gesprächsform „Diskussion" herausarbeiten. Im Resultat plädiert Meier dafür, sich in der linguistischen Sprachkritik noch stärker als bisher mit der kulturellen und kulturgeschichtlichen Einbettung unterschiedlicher Gesprächsformen und ihrer Bewertung zu beschäftigen.

Arndt Kremer geht in seinem Beitrag „ Deutsch(land) schafft sich ab? Das Ende der Kulturnation in Thilo Sarrazins Sprach- und Migrationskritik " aus einer sprachkritischen Analyseperspektive auf den gesellschaftlichen Diskurs um

Thilo Sarrazins Buch „Deutschland schafft sich ab" ein. Er arbeitet heraus, dass dieser Diskurs keineswegs neu ist, sondern historische Vorläufer hat: Das von Sarrazin beschworene Szenario einer Verdrängung der deutschen Sprache und damit auch der deutschen Kultur und nationalen Identität schließt, so Kremer, an Diskurse zur Identität von Sprache und nationaler Zugehörigkeit an, die sich bis in das 18. Jahrhundert zurückverfolgen lassen.

Im dritten Abschnitt des Sammelbands widmen sich die Beiträge von Arendt & Kiesendahl, Bahlo und König auf je unterschiedliche Weise dem Bereich situierter sprachkritischer Praktiken in der Interaktion. In ihrer Untersuchung „Sprachkritische Kommentare in der Forenkommunikation – Form, Funktion und Wirkung" legen *Birte Arendt* und *Jana Kiesendahl* eine Studie zu sprachkritischen Äußerungen in Internet-Kommentarforen und Social Networks vor. Arendt und Kiesendahl verfolgen dabei das Ziel, sprachkritische Äußerungen von Laien in der Online-Kommunikation als einen eigenen Forschungsgegenstand in der linguistischen Sprachkritik zu etablieren. Zu diesem Zweck stellen sie ein Modell vor, in dem sowohl formale als auch funktionale Aspekte sprachkritischer Äußerungen umfassend beschrieben werden können. Die Möglichkeiten ihres Modells erörtern sie auf Grundlage einer Analyse verschiedener sprachkritischer Äußerungen aus ihren Daten.

Katharina Königs Beitrag trägt den Titel „Sprachkritik in der Interaktion – Zur kollaborativen Hervorbringung sprachkritischer Äußerungen über Praktiken migrationsbedingter Mehrsprachigkeit". Sie untersucht darin sprachkritische Äußerungen bilingualer Sprecher und Sprecherinnen zu „Codemixing". Ihre Daten entstammen einem Korpus mit sprachbiographischen Interviews, die sie mit den mehrsprachigen SprecherInnen geführt hat.

In ihrer Analyse zeigt König, dass sprachkritische Äußerungen in Interaktion mit dem Interviewpartner dialogisch und kollaborativ hervorgebracht werden. Sie stellt darüber hinaus fest, dass die Sprachkritik der SprecherInnen sich an einer Sprachideologie als Bezugsnorm orientiert, die in der Debatte zum Thema „Mehrsprachigkeit" häufig ist. Zu den normativen Elementen dieser Sprachideologie gehören insbesondere der „Mythos von Deutschland als einem einsprachigen Land" und ein Ideal „sprachlicher Reinheit".

Nils Bahlo geht in seinem Beitrag „Reflexionen über Sprache am Beispiel sexualisierter Jugendsprache: Sprachwissenschaftliche Analyse authentischer Daten und pädagogische Überlegungen" auf den Problembereich der Sexualisierung und Pornografisierung von Jugendsprache ein. Bahlo untersucht sowohl Aufnahmen spontaner mündlicher Gespräche zwischen Jugendlichen als auch später eingeholte Kommentare dieser Jugendlichen zu ihren Äußerungen. Auf dieser Grundlage arbeitet Bahlo unterschiedliche Funktionen sexualisierten Sprechens wie zum Beispiel Provokation und Abgrenzung heraus, zeigt aber auch, wie Jugendliche über ihr sexualisiertes Sprechen reflektieren. Damit ist Bahlos Untersuchung nicht nur in sprachwissenschaftlicher, sondern auch in pädagogischer Hinsicht aufschlussreich.

Im vierten Abschnitt des Sammelbands zeigt *Tilo Weber* in seinem Beitrag „Orthographie als Anlass didaktischer Sprachnormkritik", dass die Einübung von Sprachkritikkompetenz eine wichtige Rolle in Lehrprozessen einnehmen und ein wichtiges Anliegen der Sprachdidaktik sein sollte. Weber unterbreitet den Vorschlag, den Unmut und die Emotionalität, die Schüler und Schülerinnen den Themen Rechtschreibnorm und insbesondere Rechtschreibreform entgegenbringen, zum Anlass zu nehmen, Sprachkritik zum Unterrichtsthema zu machen. Dabei betont er, dass das erklärte Ziel eines solchen Unterrichts die Herausbildung von „Sprach*reflexions*kompetenz" (Weber) sein sollte: Die Schüler sollen in die Lage versetzt werden, Grundlagen und Bestandteile vorgefundener Regeln zu verstehen und die Regeln hinsichtlich ihrer Funktionalität zu reflektieren. Weber veranschaulicht seinen Ansatz am Beispiel der für viele Sprachbenutzer schwierigen Schreibung komplexer Präpositionalphrasen des Typs „aufgrund / auf Grund", und er plädiert dafür, Schülern und Schülerinnen eine „Forscherperspektive" auf die Dynamik sprachlicher Regeln und Normen zu eröffnen.

Literatur:

Ammon, Ulrich (1986): „Explikation der Begriffe Standardvarietät und Standardsprache auf normtheoretischer Grundlage.", in: Günter Holthus/Edgar Radtke (eds.): *Sprachlicher Substandard.* Tübingen: Niemeyer, 1-63.

Arendt, Birte/Kiesendahl, Jana (2011) (eds.): *Sprachkritik in der Schule. Theoretische Grundlagen und ihre praktische Relevanz.* Göttingen: V&R Unipress.

Arendt, Birte/Kiesendahl, Jana (2013): „Funktionale Angemessenheit. Gesprächs- und lehrwerksanalytische Perspektiven.“, in: Kilian, Jörg/Niehr, Thomas/Schiewe, Jürgen (eds.): *Sprachkritik. Mitteilungen des Deutschen Germanistenverbandes* 4, 336-355.

Auer, Peter (2012): „Sprachliche Heterogenität im Deutschen. Linguistik zwischen Variation, Varietäten und Stil.“, in: *Zeitschrift für Literaturwissenschaft und Linguistik* 42/166, 7-28.

Ayaß, Ruth (2008): *Kommunikation und Geschlecht. Eine Einführung*. Stuttgart: Kohlhammer.

Dieckmann, Walther (2012): *Wege und Abwege der Sprachkritik*. Bremen: Hempen Verlag.

Diekmannshenke, Hajo/Niehr, Thomas (2013) (eds.): *Öffentliche Wörter. Analyse zum öffentlich-medialen Sprachgebrauch*. Stuttgart: Ibidem.

Dürscheid, Christa (2012): „Reich der Regeln, Reich der Freiheit. System, Norm und Normenreflexion in der Schule.“, in: Günthner, Susanne/Imo, Wolfgang/Meer, Dorothee (eds.): *Kommunikation und Öffentlichkeit: Sprachwissenschaftliche Potenziale zwischen Empirie und Norm*. Berlin/Boston: de Gruyter, 105-120.

Eisenberg, Peter (2011): *Das Fremdwort im Deutschen*. Berlin/New York: de Gruyter.

Fairclough, Norman (2001): „Critical Discourse Analysis as a method in social scientific research“, in: Wodak, Ruth/Meyer, Michael (eds.): *Methods of Critical Discourse Analysis*. London u. a.: Sage, 121–138.

Fix, Ulla (1995): „Textmusterwissen und Kenntnis von Kommunikationsmaximen. Voraussetzung, Gegenstand und Ziel einer kommunikationsbezogenen Sprachberatung.“, in: Biere, Bernd Ulrich/Hoberg, Rudolf (eds.): *Bewertungskriterien in der Sprachberatung*. Tübingen, 62-73.

Gloy, Klaus (2004): „Norm.“, in: Ammon, Ulrich/Dittmar, Norbert/Mattheier, Klaus J./Trudgill, Peter (eds.): *Soziolinguistik. Ein internationales Handbuch zur Wissenschaft von Sprache und Gesellschaft, 1. Teilband*. Berlin: de Gruyter, 392-399.

Günthner, Susanne/Hüpper, Dagmar/Spieß, Constanze (2012) (eds): *Genderlinguistik. Sprachliche Konstruktionen von Geschlechtsidentität*. Berlin/Boston: de Gruyter.

Helbig, Gerhard (1990): *Entwicklung der Sprachwissenschaft seit 1970*. Opladen: Westdeutscher Verlag.

Heringer, Hans Jürgen (1988): *Holzfeuer im hölzernen Ofen. Aufsätze zur politischen Sprachkritik*. 2. Auflage. Tübingen: Narr.

Holly, Werner (1985): „Politische Kultur und Sprachkultur. Wie sich der Bürger politische Äußerungen verständlich machen kann.“, in: Wimmer, Rainer (ed.): *Sprachkultur. Jahrbuch 1984 des Instituts für deutsche Sprache*. Düsseldorf: Schwann, 196-210.

Jäger, Siegfried (2005): „Diskurs als ‚Fluß von Wissen durch die Zeit‘. Ein transdisziplinäres politisches Konzept.“, in: *Aptum. Zeitschrift für Sprachkritik und Sprachkultur* 1, 52-72.

Kalverkämper, Hartwig (1979): „Die Frauen und die Sprache.“, in: *Linguistische Berichte* 62, 55-71.

Kienpointner, Manfred (2005): „Dimensionen der Angemessenheit. Theoretische Fundierung und praktische Anwendung linguistischer Sprachkritik.“, in: *Aptum. Zeitschrift für Sprachkritik und Sprachkultur* 1, 193-219.

Kiesendahl, Jana (2012): „Normabweichungen und ihre Wirkungsweisen am Beispiel universitärer E-Mail-Kommunikation.“, in: Günthner, Susanne/Imo, Wolfgang/Meer, Dorothee/Schneider, Jan Georg (eds.): *Kommunikation und Öffentlichkeit. Sprachwissenschaftliche Potenziale zwischen Empirie und Norm*. Berlin/New York: de Gruyter, 205-225.

Kilian, Jörg (2001): „Kritische Semantik. Für eine wissenschaftliche Sprachkritik im Spannungsfeld von Sprachtheorie, Sprachnorm, Sprachpraxis.“, in: *Zeitschrift für Germanistische Linguistik (ZGL)* 29, 293-318.

Kilian, Jörg (2003): „Wörter im Zweifel. Ansätze einer linguistisch begründeten kritischen Semantik.“, in: Klein, Wolf Peter/Thieroff, Rolf (Hrsg.): Sprachwissen im Konflikt. Sprachliche Zweifelsfälle. In: Linguistik online 16, 4/03 [http://www.linguistik-online.de/16_03/kilian.html; Zugriff am 12.4.2014]

Kilian, Jörg (2009): „Didaktische Konzepte zur Sprachkritik im Unterricht des Deutschen als Erstsprache.“, in: *Aptum. Zeitschrift für Sprachkritik und Sprachkultur* 2, 106-129.

Kilian, Jörg/Thomas Niehr/Jürgen Schiewe (2010): *Sprachkritik: Ansätze und Methoden der kritischen Sprachbetrachtung*. Berlin/New York: de Gruyter.

Kilian, Jörg/Niehr, Thomas/Schiewe, Jürgen (2013): „Es gibt kein Falsches im Angemessenen. Überlegungen zu einem sprachkritischen Analysemodell.“, in: Kilian, Jörg/ Niehr, Thomas/Schiewe, Jürgen (eds.): *Sprachkritik. Mitteilungen des Deutschen Germanistenverbandes*, 300-320.

Linke, Angelika (1996): *Sprachkultur und Bürgertum. Zur Mentalitätsgeschichte des 19. Jahrhunderts*. Stuttgart: Metzler.

Meinunger, André (2008): *Sick of Sick? Ein Streifzug durch die Sprache als Antwort auf den Zwiebelfisch*. Berlin: Kulturverlag Kadmos.

Niehr, Thomas/Funken, Jan (2009): „Sprachkritik im Unterricht. Das Beispiel ‚Lexik und Semantik‘.“, in: *Aptum. Zeitschrift für Sprachkritik und Sprachkultur* 2, 130-148.

Niehr, Thomas (2011): „Von der ‚Fremdwörterseuche‘ bis zur ‚Sprachpanscherei‘. Populäre Fremdwortkritik gestern und heute.“, in: Arendt, Birte/Kiesendahl, Jana (eds.): *Sprachkritik in der Schule. Theoretische Grundlagen und ihre praktische Relevanz*. Göttingen: V&R Unipress, 91-104

Petterson, Magnus (2011): *Geschlechtsübergreifende Personenbezeichnungen. Eine Referenz- und Relevanzanalyse an Texten*. Tübingen: Gunter Narr Verlag.

Posch, Claudia (2011): „Mitgefangen – Mitgehangen. Generisches Maskulinum und Normen geschlechtergerechten Sprachgebrauchs.“, in: Antenhofer, Christina/Oberprantacher, Andreas & Schnegg, Kordula (eds.): *Methoden und Wahrheiten*. Geistes- und sozialwissenschaftliche Forschung in Theorie und Praxis. Innsbruck: Innsbruck university press, 207-228.

Reisigl, Martin/Wodak, Ruth (2009): „The Discourse-Historical Approach.“, in: Wodak, Ruth/Meyer, Michael (eds.): *Methods of Critical Discourse Analysis*. Thousand Oaks: Sage, 87-121.

Rinas, Karsten (2011): *Sprache, Stil und starke Sprüche. Bastian Sick und seine Kritiker*. Darmstadt: Lambert Schneider.

Roth, Kersten Sven (2004): *Politische Sprachberatung als Symbiose von Linguistik und Sprachkritik. Zur Theorie und Praxis einer kooperativ-kritischen Sprachwissenschaft*. Tübingen: Niemeyer.

Schiewe, Jürgen (2009): „Sprachkritik in der Schule. Vorüberlegungen zu Möglichkeiten und Zielen eines sprachkritischen Unterrichts.“, in: *Aptum. Zeitschrift für Sprachkritik und Sprachkultur* 2, 97-105.

Sick, Bastian (2004): *Der Dativ ist dem Genitiv sein Tod*. Köln: Kiepenheuer & Witsch.

Spieß, Constanze (2011): *Diskurshandlungen. Theorie und Methode linguistischer Diskursanalyse am Beispiel der Bioethikdebatte*. Berlin/New York: de Gruyter.

Spieß, Constanze (2012a): „*Leid* und *Selektion* im Kontext der Bundestagsdebatten um Präimplantationsdiagnostik – Ein Ansatz diskurskritischer Analyse öffentlich politischer Diskurse.", in: *OBST* 82, 133-152.

Spieß, Constanze (2012b): „Linguistische Genderforschung und Diskurslinguistik. Theoretische, methodische und empirische Implikationen.", in: Günthner, Susanne/Hüpper, Dagmar/Spieß, Constanze (eds.): *Genderlinguistik. Sprachliche Konstruktionen von Geschlechtsidentität.* Berlin/Boston: de Gruyter, 53-85.

Spieß, Constanze (2014): „*Sozialtourismus, Herdprämie, Rentnerschwemme, Wohlstandsmüll.* Zum diskriminierenden Handlungspotenzial von Unwörtern.", in: *Praxis Deutsch* 246, 24-25.

Spieß, Constanze/Günthner, Susanne/Hüpper, Dagmar (2012): „Perspektiven der Genderlinguistik.", in: Günthner, Susanne/Hüpper, Dagmar/Spieß, Constanze (eds): *Genderlinguistik. Sprachliche Konstruktionen von Geschlechtsidentität.* Berlin/Boston: de Gruyter, 1-27.

Trömel-Plötz, Senta (1978): „Linguistik und Frauensprache.", in: *Linguistische Berichte* 57, 49-68.

Spitzmüller, Jürgen (2005): *Metasprachdiskurse. Einstellungen zu Anglizismen und ihre wissenschaftliche Rezeption.* Berlin/New York: de Gruyter.

Stötzel, Georg/Wengeler, Martin (1995): *Kontroverse Begriffe. Geschichte des öffentlichen Sprachgebrauchs in der Bundesrepublik Deutschland.* Berlin/New York: de Gruyter.

Wengeler, Martin (2003): *Topos und Diskurs. Begründung einer argumentationsanalytischen Methode und ihre Anwendung auf den Migrationsdiskurs (1960-1985).* Tübingen: Niemeyer.

Wimmer, Rainer (1986): „Neue Ziele und Aufgaben der Sprachkritik.", in: Schöne, Albrecht (eds.): *Kontroversen, alte und neue. Akten des VII. Internationalen Germanisten-Kongresses Göttingen 1985, Band 4.* Tübingen: Niemeyer, 146-158.

Wimmer, Rainer (2009): „Die Sprachkritik kommt aus der Sprache selbst: Reflektiertheit ist gefragt.", in: *Der Sprachdienst* 3/4, 77-90.

Wittgenstein, Ludwig (1984): *Tractatus logico-philosophicus / Tagebücher 1914-1916 / Philosophische Untersuchungen.* Frankfurt a.M.: Suhrkamp.

Wodak, Ruth/Meyer, Michael (2001) (eds.): *Methods of Critical Discourse Analysis.* London u.a.: Sage.

Von „Fachidioten“, „Gutmenschen“ und politisch korrektem Verhalten. Eine Replik auf Karsten Rinas und seine gescheiterte Kritik der deskriptiven Linguistik

Thomas Niehr

1 Einleitung[1]

Das Verhältnis von deskriptiver Sprachwissenschaft und populärer Sprachkritik bzw. Sprachpflege ist lange Zeit bestenfalls durch das Nicht-zur-Kenntnis-Nehmen bzw. Ignorieren der jeweils anderen Position gekennzeichnet gewesen. Wenn Sprachwissenschaftler sich in den letzten Jahren mit populärer Sprachkritik auseinandergesetzt haben, dann mussten sie meist feststellen, dass es eine ungebrochen populäre sprachkritische Traditionslinie gibt, die mit zahlreichen Sprachkritikern des 19. Jahrhunderts teilweise explizit, teilweise implizit den Sprachkonservativismus zum Programm erhebt. Damit einher geht meist eine Auffassung, die jegliche Art von Sprachwandel mit Sprachverfall gleichsetzt. Vielen aktuellen sprachkritischen Positionen, die eine sprachliche Orientierung an den sog. klassischen Autoren fordern, liegt eine solche Haltung zugrunde, die undifferenziert, d.h. ohne Berücksichtigung funktionaler Angemessenheitskriterien, ältere Sprachzustände zum scheinbar allgemeingültigen Maßstab erhebt. Das Verhältnis einer großen Zahl von Sprachwissenschaftlern zu einer solchen Art von Sprachkritik ist mindestens als ambivalent zu bezeichnen, meist herrscht eine eindeutige Ablehnung solcher Positionen vor. Viele Linguisten, die sich der deskriptiven Sprachwissenschaft verschrieben haben, halten die unverhohlen normativen Bemerkungen der laienlinguistischen Sprachkritik in vielerlei Hinsicht für problematisch.

Auf die linguistische Kritik an laienlinguistischer Sprachkritik soll an dieser Stelle jedoch nicht mehr im Detail eingegangen werden. Sie ist sehr gut dokumentiert, und man kann sie beispielsweise bei Corr (2013), Eisenberg (1999,

---

[1] Für kritische Lektüre und hilfreiche Hinweise danke ich Ludwig Jäger, Jürgen Schiewe und den HerausgeberInnen dieses Bandes. Verbliebene Unzulänglichkeiten und Fehler gehen ausschließlich zu meinen Lasten.

2006), Maitz/Elspaß (2007), Meinunger (2009), Niehr (2002, 2006, 2009), Pfalzgraf (2006), von Polenz (1973, 2005), Sanders (1988/2011), Schneider (2005, 2009) und Spitzmüller (2005) oder zusammenfassend bei Kilian/Niehr/Schiewe (2010) nachlesen.

Eine derartig deskriptiv-linguistisch ausgerichtete Kritik an normativer Sprachkritik sieht sich nun allerdings einer Metakritik ausgesetzt, die ebenfalls von linguistischer – insbesondere auslandsgermanistischer – Seite vorgebracht wird. Konzentriert findet sich diese Kritik in einer Publikation von Karsten Rinas, einem habilitierten Sprachwissenschaftler, der an der Palacký-Universität in Olmütz lehrt (vgl. http://www.karstenrinas.com/; 09.04.2013). Unter dem Titel „Sprache, Stil und starke Sprüche. Bastian Sick und seine Kritiker“ hat Rinas im Jahr 2011 eine überaus polemische Abrechnung vorgelegt, die deskriptiven Linguisten kein gutes Zeugnis ausstellt. Sie wird von der renommierten Wissenschaftlichen Buchgesellschaft vertrieben und verspricht bereits im ersten einleitenden Kapitel eine erfrischend neue Sicht der Dinge. So begibt man sich als Leser mit Rinas zu einer kritischen Sichtung der von deskriptiven Linguisten vertretenen Positionen. So sehr dieses Anliegen des Autors prinzipiell zu begrüßen ist, so gründlich ist es allerdings misslungen. Da sich der Verfasser des hier vorliegenden Aufsatzes durch Rinas‘ Kritik (mit) angesprochen fühlt, möchte er im Folgenden die von Rinas vorgebrachten Argumente einer kritischen Prüfung unterziehen, mithin eine Meta-Meta-Kritik versuchen. Diese ist auch deshalb dringend geboten, weil Rinas in seinem Buch immer wieder den Eindruck erweckt, dass die von ihm verhandelten Probleme von der deskriptiven Linguistik bislang nicht wahrgenommen wurden bzw. dass die Mehrheit der deskriptiven Linguisten sich weigere, sprachkritische Themen wie die Fremdwortdiskussion überhaupt zur Kenntnis zu nehmen. Diese Position aber sollte nicht unwidersprochen bleiben, weil sie eine Fülle linguistischer Literatur ignoriert, die im letzten Jahrzehnt zu diesem Themenkomplex erschienen ist. Diese von Rinas nicht berücksichtigte Literatur dokumentiert das ernsthafte Bemühen der Linguistik um eine Klärung sprachkritischer Fragestellungen.

2 Das ausgeprägte Selbstbewusstsein des Meta-Kritikers

Der Untertitel von Rinas‘ Buch lautet „Bastian Sick und seine Kritiker“, und insbesondere André Meinungers Kritik an Bastian Sick (Meinunger 2009) hat offenbar den besonderen Zorn des Autors geweckt. Deshalb ist es naheliegend, der Frage nachzugehen, welche Argumente Rinas gegen Meinunger bzw. die deskriptive Linguistik vorbringt und wie diese Argumente zu bewerten sind.

Zuvor sind jedoch einige wenige Bemerkungen zum Stil unerlässlich. „Bescheidenheit ist eine Zier – doch weiter kommt man ohne ihr,“ sagt der Volksmund. Und auch Rinas scheint sich diese Weisheit sehr zu Herzen genommen zu haben. Dies zeigt sich bereits in der Einleitung seines Buches, das Rinas selbst als „Streitschrift“ (7) charakterisiert. Drei Passagen aus dieser Einleitung können stellvertretend für den Duktus des gesamten Buches stehen:

> Man sollte annehmen, dass gerade Sprachwissenschaftler in der Lage seien, sich zu den von Sick angesprochenen Fragen besonders fundiert zu äußern. In bestimmten Fällen trifft dies auch zu. Doch gerade wenn es um grundsätzliche Fragen nach Sinn und Wert der Sprachkritik geht, weisen die aktuellen Äußerungen von sprachwissenschaftlicher Seite zuweilen eine Schlichtheit auf, die an Dummheit grenzt. (7)

Neben der angesprochenen Schlichtheit, die Rinas Sprachwissenschaftlern hier attestiert, ist es v.a. die mangelnde Kenntnis der Geschichte ihres eigenen Faches, die von ihm immer wieder akzentuiert wird:

> Wenn sich ein moderner Linguist für ein bestimmtes Phänomen interessiert, ist es für ihn am wichtigsten, die allerneuesten Beiträge hierzu zu studieren, selbst wenn diese nur in Form von ‚Papers‘ als Konferenzbeiträge vorliegen. Hingegen interessiert es ihn nicht, ob sich etwa ein Grammatiker des 18. Jahrhunderts oder gar ein Rhetoriker der Spätantike bereits hierzu geäußert hat. Mit anderen Worten: Moderne Linguisten sind typischerweise ausgesprochen traditionsblind. (8)

Mein Erstaunen wuchs bei der Lektüre angesichts solch allzu pauschaler Ressentiments. Spätestens angesichts der folgenden Passage kann man sich als Leser fragen, welche Argumentationsstrategie der Autor verfolgt:

> Der typische moderne Linguist ist so etwas wie ein Ingenieur, ein hoch spezialisierter Theoriekonstrukteur, der sich für tiefere philologische Grundlagen nicht interessiert, mit einem Wort ein Fachidiot. Daran gibt es eigentlich auch gar nichts auszusetzen, solange solche Linguisten unter sich bleiben und sich mit Fragen befassen, für deren Beantwortung sie qualifiziert sind. Eine derartige Selbstbescheidung ist aber nicht eines jedes Linguisten Zier. Manche Linguisten wagen sich mit der Attitüde des Experten

> auch in Bereiche vor, für die ihnen die erforderlichen Kenntnisse fehlen, und gerade die Sprachkritik ist ein solcher Bereich. (10)

Wie bereits aus diesen wenigen Zeilen unschwer zu erkennen ist, mangelt es Rinas jedenfalls keineswegs an linguistischem Selbstbewusstsein. Dass er davon ausgeht, selbst über hervorragende Kenntnisse der Linguistik im Allgemeinen, der Sprachkritik im Besonderen zu verfügen, darf man aus dieser Äußerung und seinem gesamten Buch schlussfolgern.

Und man darf ebenfalls davon ausgehen, dass Rinas sich selbstverständlich von der Traditionsblindheit, dem Fachidiotentum, der Dumm- und Schlichtheit der von ihm so genannten Mainstream-Linguisten ausnimmt. Letzteren unterstellt er nicht nur, dass sie für Sprachkritik etwa so ausgewiesen seien „wie ein Mikrobiologe im Hinblick auf Fragen der Hundehaltung" (8). En passant bescheinigt er ihnen auch noch ‚eine gehörige Portion Gutmenschentum' (vgl. 11). Man mag aufgrund dieser Vokabel bereits eine bestimmte politische Ausrichtung des Autors erahnen,[2] doch mag Rinas es gern überdeutlich und belässt es keineswegs bei Andeutungen. Vielmehr möchte er auch dem letzten seiner Leser unmissverständlich klar machen, welche politischen Positionen er für indiskutabel hält. So werden in einer hier nicht weiter zu analysierenden Invektive der von Rinas als „Schwulen-Lobbyist" titulierte Grünen-Politiker Volker Beck und der Sprachwissenschaftler André Meinunger kurzerhand zu „zwei BrüderInnen im Geiste" abqualifiziert (145). Wie Rinas also die sprachkritischen Bemühungen um einen geschlechtergerechten Sprachgebrauch einschätzt, ist nicht schwer zu erraten. Seine selbstgefälligen, gehässigen Ausfälle dazu (vgl. 132-145) sollen hier weder zitiert noch kommentiert werden. Dass Linguisten, die eine andere Meinung als er vertreten, auch gleich im Lager „der Linken" (91) verortet werden, scheint vor diesem Hintergrund kaum mehr verwunderlich.

---

[2] Vgl. dazu auch die kleine, treffende Begriffsanalyse der Süddeutschen Zeitung, in der es zu *Gutmensch* anschaulich heißt: „Der neue und wachsende Mittelbau der Gutmenschgegner aber besteht aus denen, die sich gerne und seit Sarrazin verstärkt damit schmücken, politisch unkorrekt zu sein. Sie halten sich zugute, das auszusprechen, was viele insgeheim sagen wollen. Sie hinterfragen krampfhaft die herrschende Gesinnungsethik und simulieren damit progressives Denken." (http://www.sueddeutsche.de/kultur/kritik-am-gutmenschen-dem-man-nicht-vergibt-1.1138137-2; 23.10.2012). Bei der Wahl zum „Unwort des Jahres" 2011 kam *Gutmensch* nach *Döner-Morde* auf den 2. Platz; vgl. http://www.unwortdesjahres.net/index.php?id=4; 20.12.2012).

Rinas selbst übrigens vertritt die Position, dass Ärger ein „zwar durchaus brauchbarer Schreibanlass" sei, aber die „Ausgeglichenheit der Darstellung" nicht gerade fördere (11). Dieser These ist unbedingt zuzustimmen. Deshalb soll im Folgenden – trotz des bei der Lektüre unentschiedenen Verhältnisses zwischen Belustigung und Ärger – eine faire Auseinandersetzung mit den linguistisch-sprachkritisch relevanten Teilen von Rinas' Äußerungen versucht werden. Diese ist am ehesten durch eine Analyse und Bewertung der von Rinas vorgebrachten Argumente möglich.

Bevor jedoch auf einzelne Argumente eingegangen wird, ist zunächst generell etwas zu Rinas' Argumentationsweise anzumerken. Sie ist dadurch charakterisiert, dass der Autor meist wenig differenziert und seine Argumentationsversuche durch unsachgemäße Vergröberungen wenig plausibel erscheinen. Dies deutet sich bereits in der pauschalisierenden Lexik an. So ist etwa im Zusammenhang mit dem von Rinas gescholtenen Deskriptivismus die Rede von einer „Mainstream-Linguistik seit Jacob Grimm" (57). An anderer Stelle moniert Rinas „die unzulängliche Berücksichtigung von Sprachvarietäten seitens der Sprachwissenschaft" (66) und merkt süffisant an, „dass gerade die Fachsprachenforschung die Möglichkeit wohlfeiler Studien bietet und dass sie sich deshalb mittlerweile zu einem Sammelbecken für intellektuelle Dünnbrettbohrer entwickelt hat" (80). Rinas empört sich über eine Monographie, „in welcher allen Ernstes das ‚Werbedeutsch' zum Gegenstand der Untersuchung gemacht wurde" (79), und betont in diesem Zusammenhang, dass er auf genaue Nachweise verzichte, „da es nicht nötig ist, die Autoren dieser Beiträge bloßzustellen" (174, Fußnote 38). Mir scheint nicht nur die Form dieser Kritik völlig inakzeptabel. Derartige Totschlag-Argumente sind darüber hinaus inhaltlich dürftig. Dass sie nicht zu einer problemorientierten Auseinandersetzung beitragen, sei nur nebenbei bemerkt: Für jeden dieser derart undifferenziert vorgetragenen Kritikpunkte ließen sich ohne große Mühe zahlreiche Gegenbeispiele anführen.[3]

[3] Es kann in diesem Zusammenhang aus Platzgründen lediglich pauschal auf einige wenige Überblickswerke zur Fachsprachenforschung (Fluck 1996, Roelcke 2010), zur Varietätenlinguistik (Ammon u.a. 2004-2006, Eichinger/Kallmeyer 2005, Löffler 2005) und zur Werbesprachforschung (Römer 1968, Stöckl 1997, Janich 2012) hingewiesen werden. Dort finden sich weitere Literaturhinweise. LeserInnen dieser Publikationen mögen sich ihr eigenes Bild über die Qualität der dort aufgeführten Arbeiten machen.

Ohne sich mit einer pauschalen Verteidigung der von Rinas' gescholtenen Phänomene auf dessen Argumentationsniveau zu begeben, sei zumindest darauf hingewiesen, dass Rinas' pauschale Abqualifizierungen kaum dazu angetan sind, die notwendige Debatte zwischen Sprachwissenschaft und Sprachkritik zu befördern. Dabei wird keineswegs übersehen, dass auch innerhalb der Sprachwissenschaft verschiedene Paradigmen herrschen. Doch auch hier gilt: Eine an der Sache orientierte Auseinandersetzung ist unverzichtbar und hilfreicher als pauschale Verurteilungen oder Verteidigungen im Stile Rinas'. Eine solche Auseinandersetzung bedarf freilich einer differenzierteren Argumentation. Sie verträgt sich allerdings schwerlich mit Rinas' arrogant-überheblicher Hau-drauf-Rhetorik, der zwar ein Frechheits-Effekt, jedoch kein argumentativer Mehrwert attestiert werden kann.

3 Die Argumentation des Meta-Kritikers

Durch die bislang vorgestellten Zitate kann ein falscher Eindruck von der Intention entstehen, die Rinas mit seinem Buch verfolgt. Denn Rinas bemüht sich durchaus auch um argumentative Absicherung seiner Thesen. Im Folgenden soll deshalb auf einige zentrale Argumente eingegangen werden, die Rinas gegen die deskriptive Linguistik ins Feld führt. Diese beschäftigen sich mit der „Geschichtsvergessenheit" von Linguisten, dem „Deskriptivismus" der Linguistik und einem populären Thema der Sprachkritik, der Fremdwortverwendung.

3.1 Geschichtsvergessenheit

Den Vorwurf der Geschichtsvergessenheit macht Rinas mit wenigen Ausnahmen der gesamten Zunft der Linguistik, insbesondere aber André Meinunger. So wirft er Meinunger nicht nur vor, „dass er seinen historischen Standpunkt nicht reflektiert" (48), sondern bescheinigt ihm auch, dass er „von der Geschichte seines Faches nicht viel weiß" (49). Nun ist dies eine Behauptung, die in unterschiedlicher Weise von Rinas genutzt werden könnte. Sie könnte einerseits dazu dienen, den Autor Meinunger schlicht abzuqualifizieren. Das wäre etwa dann der Fall, wenn die These von der Geschichtsvergessenheit nicht durch Argumente belegt würde bzw. belegt werden könnte. Diese Absicht soll Rinas nicht unterstellt werden, da er immer wieder zahlreiche Autoren aus dem 19. Jahrhundert zur argumentativen Untermauerung seiner These anführt.

Zu fragen bleibt allerdings, in welcher Weise das Argument der Geschichtsvergessenheit dazu taugen könnte, die Kritik Meinungers an Sicks Thesen zu entkräften. Schaut man sich das entsprechende Kapitel 6 in Rinas Buch an, so stellt man etwas Interessantes fest. Es geht nun gar nicht bzw. nicht mehr in erster Linie darum, die Argumente Meinungers einer kritischen Prüfung zu unterziehen, sondern anscheinend darum, sie auf ihre Originalität zu testen. Nur vor diesem Hintergrund scheint es sinnvoll, einen pedantischen Abgleich von Meinungers Argumenten mit denen von Autoren aus dem 19. und 20. Jahrhundert durchzuführen. In diesem Kontext trumpft Rinas dann seitenweise mit seiner Belesenheit gegen die angebliche Geschichtsvergessenheit Meinungers auf, indem er v.a. solche Autoren anführt, die offensichtlich bereits ähnliche Argumente wie Meinunger vorgebracht haben. Dies sei an zwei Beispielen erläutert.

Meinunger plädiert in seiner Auseinandersetzung mit Sick für eine „nicht regulativ eingreifende, sondern die Vielfalt möglicher Sprachvarianten ohne Wertung kodifizierende Sicht der ‚Deskriptiven Linguistik‘“ (Meinunger 2009: 46). Nun hat anscheinend auch Rinas gegen dieses Plädoyer nichts einzuwenden, möchte es aber nicht unkommentiert lassen. Und so lesen wir:

> Abermals propagiert er [Meinunger, Th.N.] hierbei längst Etabliertes: Bekenntnisse zur deskriptiven Ausrichtung sind natürlich auch in der älteren Literatur häufig; vgl. etwa Minor (1892: 15) und Roedder (1904: 82 f.). Eine Orientierung am Sprachgebrauch fordern sehr nachdrücklich Kaerger (1892: 8, 10, 15 u.ö.), Tappolet (1898: 2 f., 23-25) und ebenso Minor (1892: 15, 23-28), welcher daraus auch die Einbeziehung statistischer Erhebungen und Korpusuntersuchungen ableitet und eine solche Erhebung auch selbst praktiziert. Ähnliches findet sich auch bei Behaghel (1894: 254-273) (55).

Dass der argumentative Mehrwert solch einer fleißigen Auflistung für die Debatte zwischen Meinunger und Sick allerdings gegen null tendiert, scheint Rinas übersehen zu haben. Noch deutlicher findet sich dieses argumentative Nullsummen-Spiel in einer Passage, in der es um das korrekte Verständnis des Terminus *Perfekt* geht. Der Sprach-Entertainer Bastian Sick fasst *Perfekt* als „vollendete Gegenwart“ mit „Bezug zur Gegenwart“ auf (Sick 2008: 262). Meinunger führt gegen diese (bekanntlich auch in der Schulgrammatik verbreitete) Sicht an, dass Sick hier wohl englischen Grammatikschreibern oder der Etymologie des Wortes *Perfekt* folge (vgl. Meinunger 2009: 93). Rinas bemerkt zu diesem Argument: „Das ist blanker Unsinn." (49) Als Beleg führt er nun diverse Autoren vom 17. bis 20. Jahrhundert an, die das Perfekt ebenso falsch wie Sick gedeutet haben. Mithin – so Rinas knapp – „bedurfte [es] hier weder einer Entlehnung aus englischen Grammatiken noch einer falschen etymologischen Deutung" (49). Sick stehe hier vielmehr „in einer uralten Tradition der deutschen Grammatikschreibung, die sich von der lateinischen Grammatik herleitet" (49).

Mir scheint, dass Rinas' dürftige Argumentation, die immer wieder mittels einer breitschultrigen Wortwahl verstärkt werden soll, hier (wie übrigens an zahlreichen anderen Stellen) nicht dazu ausreicht, Meinungers These als „blanken Unsinn" abzuqualifizieren. Denn es bleibt ja auch nach Rinas' Argument offen, woher Sick seine Weisheit in diesem Falle bezieht. Eine alte englische oder deutsche Schulgrammatik kommt hier genauso in Betracht wie Sicks eigene etymologisierende Deutung. Dies scheint schließlich auch Rinas zu sehen, wenn er anmerkt: „Es kommen somit viele Quellen in Betracht, aus denen Sick geschöpft haben kann." Die sich anschließende Behauptung Rinas': „Um seine eigene (Lehn-)Schöpfung handelt es sich gewiss nicht," (49) ist zumindest argumentativ nicht belegt, und sie ist wohl auch nicht zu belegen. Weiterhin fällt auf, dass Rinas auch hier eine polemische Auseinandersetzung auf einem Nebenkriegsschauplatz führt: Entscheidend dürfte doch sein, dass Bezeichnungen für Tempora lediglich als Namen aufzufassen sind, die eben nicht in einer wie auch immer zu verstehenden wörtlichen Bedeutung aufzufassen sind. Woher Sprachkritiker wie Sick ihre jeweilige (falsche) Sicht der Dinge beziehen, scheint dagegen vergleichsweise nebensächlich, zumal Meinunger und Rinas in der Sache ja offensichtlich gleicher Meinung sind.

Bei weiteren sprachlichen Phänomenen, die Meinunger bei Sick kritisiert (so etwa die Kritik an Zeitangaben des Typs *in 2011* oder an der Behandlung von Fugenelementen) pflichtet Rinas Meinunger in der Sache bei, weist jedoch immer wieder in oberlehrerhafter Manier darauf hin, dass auch ältere Autoren derartiges bei Wustmann kritisiert hätten. Nur werden dadurch Meinungers Argumente ja keineswegs entkräftet. Über weite Strecken liest sich Rinas Buch daher wie ein Wettstreit mit Meinunger um die Frage: Wer kennt den frühesten Beleg, in dem das jeweils zur Diskussion stehende sprachliche Phänomen diskutiert wurde? Dementsprechend kann Rinas es sich auch nicht verkneifen, darauf hinzuweisen, dass auch von Polenz keineswegs der erste war, der sich mit Funktionsverbgefügen beschäftigt hat. Vielmehr gebe es auch hier schon Vorläufer aus dem 19. Jahrhundert (vgl. 97).

Meinunger (2012: 227) selbst wertet diese Art von Argumentation überaus freundlich als Missverständnis:

> Zugegebenermaßen habe ich bis auf Wustmann keinen der Angegebenen gekannt. Allerdings muss zu meiner und auch Sicks Verteidigung gesagt werden, dass unsere Textsorte eine andere ist, als Rinas unterstellt und einfordert. Weder Sick noch ich waren angetreten, die sprachkritische oder sprachwissenschaftliche Diskussion unter traditioneller Perspektive, das heißt jeweils mit Bezug auf bereits Geleistetes, systematisch weiterzuentwickeln. [...] Beide Ansätze verstehen sich nicht als systematische Auseinandersetzung mit dem vorliegenden sprachpflegerischen oder linguistischen Fundus an Arbeiten.

Es gibt nun allerdings in diesem Zusammenhang eine erstaunliche Bemerkung von Rinas. Er nimmt nämlich einige Linguisten ausdrücklich von der beklagten Geschichtsvergessenheit aus, wenn er schreibt:

> Es sei betont, dass es auch heute noch Sprachwissenschaftler mit einem ausgeprägten historisch-philologischen Bewusstsein gibt. Hierzu gehören beispielsweise Harald Weinrich, Helmut Glück, Ludwig Jäger und Rudi Keller. (10)

Die vier hier genannten Linguisten können sich also glücklich schätzen, dem Verdikt Rinas‘ noch einmal entgangen zu sein und aus seinem berufenen Munde vom Verdacht des Fachidiotentums und der Geschichtsvergessenheit befreit zu werden. Nun sind mir die beiden letztgenannten aus meiner Beschäftigungszeit an der Heinrich-Heine-Universität in Düsseldorf (1994 bis 2004) und aus der Zeit, in der ich an der RWTH Aachen den Lehrstuhl von Ludwig Jäger vertreten habe (2004 bis 2009), bestens bekannt. Rinas‘ Bemerkungen kann ich also in diesem Punkt ohne Abstriche bestätigen. Allerdings evoziert diese Passage mindestens zwei Fragen.

1) Wenn die ausdrückliche Nennung von Namen einen argumentativen Mehrwert in der von Rinas angefachten Auseinandersetzung haben soll, dann wäre es gut, einen Blick in die einschlägigen Arbeiten der genannten Kollegen zu werfen. Bei Keller käme hier an erster Stelle sein Sprachwandel-Buch infrage (Keller 2003), das ja wichtige Argumente gegen die von zahlreichen Sprachkritikern (und auch von Meinunger) verfochtene organistische Sprachauffassung präsentiert, indem es dafür plädiert, Sprache als Phänomen der 3. Art aufzufassen, dessen Wandel nicht von Sprechern bzw. Sprachkritikern intentional herbei-

geführt werden kann. Weiterhin äußert Keller sich auch sonst explizit und deutlich ablehnend zu sprachlichen Untergangsszenarien, in denen die Bedrohung der deutschen Sprache durch Fremdwörter heraufbeschworen wird (vgl. Keller 2006). Dies alles erwähnt Rinas jedoch nicht, sondern zitiert lediglich Kellers Buch zur Sprache von Geschäftsberichten als positives Beispiel für Sprachkritik, das allerdings – wen wundert es bei der Belesenheit des Autors? – „wenig Neues zu bieten hat“ (153).

2) Auch die Verdienste Ludwigs Jägers um die historische Sprachwissenschaft müssen hier nicht besonders betont werden – ich erwähne lediglich summarisch seine wegweisenden Saussure-Studien (z.B. Jäger 2010) wie auch seine Überlegungen zu Synchronie und Diachronie (Jäger 1998) oder zur Sprachevolution (Jäger 2008). In der Debatte um Sprachkritik hat Ludwig Jäger sich meines Wissens jedoch nie zu Wort gemeldet. Von daher kann man zumindest erstaunt sein, seinen Namen in diesem Kontext zu finden. Als Beispiel für LinguistInnen mit „historisch-philologischem Bewusstsein“ ließen sich zweifelsohne weitere sprachhistorisch ausgewiesene KollegInnen nennen – nur fragt sich auch hier, welchen argumentativen Mehrwert ein Name-Dropping dieser Art haben soll.

3.2 Deskriptivismus

Das zweite Argument, das Rinas wiederholt betont, ist der so genannte Deskriptivismus oder – um einer Formulierung Rinas‘ die Ehre zu geben – das „Elend des Deskriptivismus“ (57). Damit wendet er sich gegen die Position Meinungers, der sich in der Tat scharf gegen Sprachnormierer ausspricht und seinerseits unzulässig verallgemeinernd über „Sick, Duden und Co.“ (2009: 46) schreibt.[4] Andererseits erkennt Meinunger die Notwendigkeit präskriptiver Grammatiken durchaus an und erteilt ihnen explizit eine „Existenzberechtigung“ (ebd.), da „die Menschen ein Bedürfnis nach Verbindlichkeit, nach konkreten Vorgaben“ hätten:

> Der Sinn der normativen Grammatik sollte sein, wesentliche Aussagen über eine verbindliche Verwendung von Sprache zu machen. Es sollten Hinweise gegeben werden, was als angemessen anzusehen ist, wenn Sprache im öffentlichen Leben verwendet wird [...] (Meinunger 2009: 47)

Gegen diese Sichtweise scheint mir wenig einzuwenden zu sein. Und auch die in diese Richtung weisenden Bemerkungen von Maitz und Elspaß, wonach es Aufgabe der Linguistik sei, „Vielfalt und Wandel als natürliche Eigenschaften von Sprache bewusst zu machen und den angemessenen, toleranten Umgang mit ihnen zu fördern“ (2007; zit. nach Rinas 90), scheint mir nachvollziehbar. Ich

[4] In seiner Rezension von Rinas‘ Buch merkt Meinunger (2012: 222) an, dass Rinas ihn „bisweilen zu Recht“ attackiere.

kann darin auch nicht erkennen, dass Maitz und Elspaß „mit Feuereifer die geltende Norm [...] verdammen“ (Rinas 91). Die entscheidende Frage, die Rinas allerdings gar nicht zu sehen scheint, besteht in diesem Zusammenhang darin, welchen Stellenwert sprachliche Normen haben und wie sie ermittelt und beschrieben werden können. Das haben Linguisten wie D. Busse (2006), Dürscheid (2012), Gloy (2004), Hundt (2002, 2005, 2009), Schneider (2013) und viele andere ausführlich diskutiert. Und selbstverständlich greift die von Rinas immer wieder angeführte Unterscheidung von *deskriptiv* und *normativ* zu kurz, zumindest wenn man *deskriptiv* und *normativ* als kontradiktorische Gegensätze auffasst. Denn – anders als Rinas immer wieder fälschlich unterstellt – geht es deskriptiven Linguisten ja keineswegs darum, Normativität grundsätzlich abzulehnen. Die entscheidende theoretische Frage richtet sich hingegen darauf, wie die Formulierung von Normen linguistisch zu legitimieren ist. Eine weitere interessante Frage in diesem Zusammenhang ist die nach dem Verhältnis von Sprachsystem und Sprachnorm. Ähnlich wie die von populären Sprachkritikern gern gemachte Unterscheidung von *richtig* und *falsch* in sprachlichen Fragen häufig zu kurz greift, so tut dies jedenfalls auch die simple Entgegensetzung von *normgemäß* und *normwidrig*.[5]

Rinas hingegen beschränkt sich darauf, die Existenz sprachlicher Normen generell zu verteidigen. Und mit seiner rhetorischen Frage „Warum sollten für sorgfältig geplante sprachliche Äußerungen nicht teilweise andere Formulierungsmaximen gelten können als für spontan gesprochene“ (65) kann er nicht einmal glaubhaft insinuieren, dass ernstzunehmende Linguisten den Unterschied zwischen Mündlichkeit und Schriftlichkeit nicht ausführlich gewürdigt hätten.

Insgesamt zeigen auch diese Ausführungen, dass Rinas immer wieder ad hoc argumentiert, auch wenn sich dabei Widersprüche ergeben. So konstatiert er einerseits eine „unzulängliche Berücksichtigung von Sprachvarietäten seitens der Sprachwissenschaft“ (66), meint aber wenige Seiten später kritisieren zu müssen, „wie stark in der heutigen Linguistik die Tendenz zur Etablierung von Sprachvarietäten ist“ (79).

---

[5] Vgl. dazu ausführlicher und mit weiteren Literaturhinweisen Niehr (2012).

Derartige Ad-hoc-Argumentationen und Vergröberungen führen bei Lesern, die die Auseinandersetzung zwischen Sprachwissenschaft und Sprachkritik nicht im Detail kennen, möglicherweise zu verzerrten Vorstellungen von dem, wie Linguisten, die sich kritisch zu einer bestimmten Art von populärer Sprachkritik äußern, tatsächlich argumentieren. In diesem Zusammenhang zitiert Rinas die Linguisten Helmut Henne und Walther Dieckmann. Letzterer hat prognostiziert, dass bestimmte sprachkritische „Ladenhüter" den „Sprachkritikern auch in Zukunft erhalten bleiben, und mit ihnen die Dummen, über die sich auch die Leser und Leserinnen erheben können" (zit. nach Rinas 75). Der sonst von Rinas geschätzte (vgl. 109, 153-154) Willy Sanders (1992: 5-6) schreibt in diesem Zusammenhang treffend von einem „reichhaltigen Sortiment sprachkritischer Musterstücke" und meint damit Wortpaare wie *das Gleiche/dasselbe, schwer/schwierig, völlig/vollkommen*, die in der sprachkritischen Literatur immer wieder in belehrender Weise aufgegriffen werden. Linguisten wie Dieckmann und Sanders aufgrund der zitierten Aussagen das Argument in den Mund zu legen, dass sprachkritische Vorschläge allein deshalb schon überflüssig seien, weil sie nicht allgemein befolgt würden (vgl. 75), zeugt entweder von einer böswilligen Unterstellung oder aber mindestens von einer mangelnden intellektuellen Durchdringung ihrer Argumente.

Und auch den von zahlreichen Sprachkritikern immer wieder vehement verteidigten semantischen Unterschied zwischen *scheinbar* und *anscheinend* will meines Wissens kein ernstzunehmender Linguist wegdiskutieren. Das linguistisch relevante Argument lautet ja nun keineswegs – wie Rinas insinuiert –, dass diese Unterscheidung hinfällig sei, „da viele Sprecher sie nicht berücksichtigten" (77). Vielmehr argumentiert eine linguistisch fundierte Sprachkritik hier mit dem Kriterium der funktionalen Angemessenheit, nach der diese Unterscheidung in manchen Kontexten wie im Alltagsgespräch eben weniger von Bedeutung ist als in anderen wie z.B. vor Gericht (vgl. zusammenfassend Kilian/Niehr/Schiewe 2010: 80).

3.3 Fremdwortkritik

Das Kriterium der funktionalen Angemessenheit könnte auch dazu beitragen, die von Rinas wieder angeheizte Diskussion um die Fremdwortverwendung zu versachlichen. Rinas allerdings geht wieder nach bewährtem Muster vor: Er reduziert die linguistische Kritik an sprachkritischen Argumenten auf eine Schwundstufe, die es ihm leicht macht, mit vermeintlichen Forderungen nach politischer Korrektheit aufzuräumen. Dies lässt sich exemplarisch an einem Zitat illustrieren, in dem die vermeintliche Haltung ‚der modernen germanistischen Linguistik‘ dargestellt wird:

> Fremdwortkritik (und Sprachpflege) sind der Ausfluss verwerflicher nationalistischer Strömungen, die durch die Wiedervereinigung forciert wurden. Damit sind diese Auswüchse hinreichend erklärt – und erledigt. Die Frage, ob solchen Bestrebungen ein rationaler Kern zugrunde liegen könnte, muss unter diesen Umständen erst gar nicht aufgeworfen werden. [...] Zugleich wird hier wieder einmal deutlich, wie eng die strikte Ablehnung einer Fragestellung mit Forderungen nach politischer Korrektheit verknüpft wird: Fremdwortkritik ist zwangsläufig dumpf-nationalistisch und somit für jeden ‚vernünftigen Menschen‘ tabu. [...] Diese typische Linguistenhaltung, der zufolge Fremdwortkritik heutzutage nicht mehr stattfinden DARF, wird noch durch die Einstellung flankiert, dass eine solche Kritik heute auch nicht mehr stattfinden MUSS, dass man sie also nicht mehr benötige. (119-120)

Auch hier wird eine differenzierte Argumentation – zugunsten des billigen Effekts – auf einen dem Kritiker besonders unangenehmen Punkt beschränkt und zudem grob verfälscht. Denn es gibt ja durchaus nationalistische Tendenzen in der puristischen Fremdwortkritik – das lässt sich leicht an den Äußerungen des Vereins deutsche Sprache und anderer sprachkritischer Organisationen wie beispielsweise denen des Bundes für Deutsche Schrift und Sprache nachweisen (vgl. Eisenberg 2011: 121; Niehr 2009). Allerdings geht es in der linguistischen Debatte ja keineswegs vorrangig um derartige Fragen. Stattdessen haben Linguisten wie Peter von Polenz (1999: 288-289, 391-411) und zuletzt noch Peter Eisenberg (2011) immer wieder darauf hingewiesen, dass vor dem sprachgeschichtlichen Hintergrund der deutschen Sprache der Fremdwortbegriff und mithin die Abgrenzung von fremdem und indigenem Wortgut äußerst problematisch ist und keinesfalls ad hoc zu bewerkstelligen ist. Abgesehen von dieser grundsätzlichen Schwierigkeit gibt es eine Traditionslinie der fremdwortkritischen bzw. puristischen Sprachkritik, die von einem mechanistischen Sprachbild ausgeht, nach dem die deutsche Sprache durch Fremdwörter langsam, aber sicher verdrängt werde. Diese Vorstellung jedoch muss mit den Worten Rinas als absolut geschichtsvergessen gekennzeichnet werden. Sie ist empirisch weder in synchroner noch in diachroner Perspektive zu belegen. Schließlich muss angemerkt werden, dass statistische Erhebungen, denen häufig Wörterbuch-Auswertungen zugrunde liegen, kaum etwas über die reale Verwendung durch die Sprecher bzw. Schreiber aussagen. Prinzipiell scheint es sogar „unmöglich, die Zahl der im Deutschen verwendeten Anglizismen zu ermitteln“ (U. Busse 2011: 100).

Auch in der Frage nach der Verwendung von Anglizismen hat die deskriptive Linguistik Standpunkte entwickelt, die sich mit der von Rinas verzerrt dargestellten Position kaum in Einklang bringen lassen: Zunächst helfen in dieser Frage pauschale Behauptungen kaum weiter, denn Anglizismengebrauch korreliert stark mit sprachlichen Domänen. Mit U. Busse (2008: 42-50, 2011: 114-116) ist davon auszugehen, dass die meisten Anglizismen in Fach- und Sondersprachen verwendet werden: So kommen beispielsweise viele der in der Werbung verwendeten Anglizismen nahezu gar nicht in der schriftlichen und mündlichen Alltagskommunikation der meisten Deutschen vor. Auch hier greift schließlich das Prinzip der funktionalen Angemessenheit: Während es etwa für technische Fachtexte durchaus angemessen, ja sogar erforderlich sein dürfte, die dort üblichen Anglizismen zu verwenden, gelten für andere Textsorten bzw. Domänen andere Angemessenheitskriterien. Insgesamt fehlt zahlreichen sprachkritischen Anmerkungen zur Fremdwortverwendung eine nachvollziehbare empirische Basis, die überhaupt als Grundlage einer seriösen sprachkritischen Bewertung dienen könnte.

Wenig plausibel erscheint schließlich Rinas Kritik an einem Autoritätsargument, das häufig in der sprachwissenschaftlichen Literatur und eben auch bei Meinunger angeführt wird: „Wie kann der Sprachkritiker A es wagen, sich gegen die Konstruktion K auszusprechen, wo doch selbst die bedeutenden Schriftsteller X, Y, Z diese gebrauchen?“ (55) Ohne Frage ist dieser Typ von Argumenten untauglich für die differenzierte Beurteilung sprachlicher (und anderer) Phänomene. Dies gilt selbstverständlich auch, wenn Meinunger sich auf den Sprachgebrauch Goethes oder Thomas Manns (Meinunger 2009: 47, 70) bezieht. Dies gilt allerdings auch – und das verschweigt Rinas – für die zahlreichen Fälle, in denen Sprachkritiker sich auf die Autorität der „Klassiker“ berufen und deren Sprachgebrauch pauschal zum angemesseneren Deutsch erklären. Insbesondere auch der von Rinas geschätzte Wolf Schneider neigt zu dieser Argumentation – anscheinend ohne zu bemerken, dass er damit in Widerspruch zu seiner eigenen normativen Stilkritik gerät (vgl. Kilian/Niehr/Schiewe 2010: 88-89).

4 Linguistik-Auffassungen des Meta-Kritikers

Bislang zielte die Analyse von Rinas' Schrift in erster Linie auf die Gestaltung seiner Argumentation im Hinblick auf das Verhältnis von populärer Sprachkritik und deskriptiver Sprachwissenschaft. Es soll darüber jedoch nicht vergessen werden, dass Rinas sich an einigen Stellen seines Werkes auch zu sprachwissenschaftlichen Theorien äußert. Hier – wie auch bei seinem Kernthema – legen die apodiktischen Formulierungen den Schluss nahe, Rinas präsentiere in der Linguistik allgemein anerkannte Interpretationen der von ihm erwähnten Theorien. Zumindest Leser, die die zur Sprache kommenden Theorien nicht im Original kennen, könnten daraus Schlüsse ziehen, die womöglich Rinas für korrekt hielte, die ansonsten aber vermutlich eher für Entsetzen sorgen dürften.

4.1 Grammatik

Man mag es zwar für eine terminologische Petitesse halten: Wenn Rinas aber Adverbien als Wörter kennzeichnet, die sich auf Verben beziehen, dann ist dies mindestens eine unvollständige Darstellung:

> So, wie ein Adverb sich auf Verben bezieht, also auf Wörter, die typischerweise Handlungen oder Vorgänge beschreiben, so werden auch die Adjektive auf *-weise* mit Wörtern (Nomina) verbunden, die auf Handlungen/Vorgänge verweisen. (50)

Nachdem Rinas Meinungers Argument bekräftigt hat, dass man grammatische Termini wie *Perfekt* nicht etymologisierend auffassen sollte (vgl. oben), tut er nun genau dies selbst. Dabei sollte es einem Autor, der seine sprachhistorischen Kenntnisse immer wieder betont, eigentlich bekannt sein, dass *verbum* eben nicht mit *Verb* zu übersetzen ist. Aber selbst die korrekte Übersetzung mit *Wort* führt bei den Adverbien in die Irre: Es entspricht nämlich schlichtweg nicht den syntaktischen Gegebenheiten, dass Adverbien sich stets auf Wörter beziehen. Insbesondere die sogenannten Kommentaradverbien (vgl. Duden 2009: 571) beziehen sich stets auf den ganzen Satz und keineswegs auf ein Wort:

(1) *Gerne* würde ich das neue Buch von Wolf Haas lesen. *Leider* finde ich momentan keine Zeit dazu. *Vielleicht* muss ich die Lektüre auf den Urlaub verschieben.

Selbstverständlich können Adverbien sich auf Wörter beziehen, und dies gilt auch für Adverbien auf *-weise*. Allerdings können sie sowohl adjektivisch verwendet werden (*schrittweiser Abbau*) als auch adverbial und sich dann ebenfalls auf den ganzen Satz beziehen:

(2) Im Urlaub lese ich *normalerweise* viele Bücher.

Insofern ist Rinas‘ Formulierung an dieser Stelle zumindest nicht besonders präzise. Möglicherweise handelt es sich lediglich um eine terminologische Kleinigkeit, die durch den Kontext an Gewicht verliert.

4.2 Pragmatik

Problematischer noch als die beschriebene terminologische Inkonsistenz ist der folgende Punkt: Bei seiner Darstellung der Konversationsmaximen von Grice scheint Rinas davon auszugehen, dass diese sprachkritisch als Handlungsaufforderungen zu verstehen seien. Dies legen zumindest die starken Formulierungen nahe, in denen Rinas eine Beziehung zwischen den griceschen Maximen und Sprachnormen bastelt: „Wer sich also zu Grice bekennt, aber Normen für den Sprachgebrauch ablehnt, scheint unter einer Persönlichkeitsspaltung zu leiden." (172, Fußnote 10). Zwar ist die Theorie von Grice unter Linguisten „weithin anerkannt" bzw. „allgemein akzeptiert", wie Rinas geradezu beschwörend formuliert (vgl. 62-63), dies trifft allerdings keineswegs auf Rinas‘ Interpretation dieser Maximen zu. Um diese als Handlungsaufforderung und mittelbar als sprachkritische Handreichung misszuverstehen, muss der Theorie von Grice Gewalt angetan werden: Nicht als normative Vorgabe, sondern als unhintergehbare Voraussetzung für gelingende rationale Kommunikation will Grice sie verstanden wissen. Die Kommunikationsmaximen sagen uns also lediglich, „was Gesprächsteilnehmer tun müssen, um ein Gespräch möglichst effizient, rational und kooperativ zu führen – sie sollten sich aufrichtig, relevant und klar ausdrücken und dabei hinreichende Informationen liefern“ (Levinson 2000: 112). Dass aber Gesprächsteilnehmer, auch wenn sie die Konversationsmaximen verletzten, sich keineswegs unkooperativ verhalten, weiß zumindest Grice. Überhaupt scheint Rinas mit der linguistischen Pragmatik auf Kriegsfuß zu stehen: Dies zeigt sich auch darin, dass er die Sprechakttheorie bereits bei Quintilian beginnen lassen will (vgl. 9-10 und dazu Meinunger 2012: 224).

4.3 Sprachwandel

Auch Rinas Auffassung von Sprachwandel kann mit guten linguistischen Gründen in Zweifel gezogen werden . Zwar zählt er – wie bereits erwähnt – den Düsseldorfer Linguisten Rudi Keller zu den wenigen Linguisten, die seinem Verdikt von der Traditionsblindheit nicht anheimfallen. Kellers Standardwerk zum Sprachwandel (Keller 2003) hat Rinas jedoch nicht zur Kenntnis genommen oder aber nicht zur Kenntnis nehmen wollen, weil es so gar nicht zu seiner Argumentation passen will. Mit Keller hält nämlich Rinas organistische Auffassungen von Sprache für höchst problematisch. Andererseits

> [...] dürfte es jedoch unstrittig sein, dass die Entwicklung einer Sprache ganz entscheidend durch das Verhalten ihrer Sprecher beeinflusst wird. Somit ist es dann aber auch naheliegend und konsequent, wenn manche Sprecher gezielt versuchen, die Entwicklung ihrer Sprache durch reflektiertes Verhalten zu prägen. (121)

Hier wäre tatsächlich ein Blick auf Kellers Argumentation hilfreich gewesen und hätte für terminologische Klarheit sorgen können. Aber mit dieser terminologischen Klarheit, für die Keller mit seinen Unterscheidungen von *Handlungen, Absichten* und *Zwecken*, von *intentional* und *geplant*, von *Ergebnissen* und (nicht intendierten) *Folgen* sowie mit seiner Invisible-hand-Theorie sorgt, lässt sich nicht mehr ganz so schlicht für einen Sprachwandel argumentieren, der durch das ‚reflektierte Verhalten‘ von Sprechern herbeigeführt werden soll. Das entscheidende Argument von Kellers Sprachwandeltheorie gegen eine solch finale Erklärung lautet, dass Sprache ein Phänomen der dritten Art ist. Ein wesentliches Charakteristikum dieser Phänomene besteht nach Keller darin, dass sie zwar „Ergebnisse menschlicher Handlungen, nicht aber Ziel ihrer Intentionen sind“ (Keller 2003: 84). Sieht man einmal von autoritativen Sprachfestsetzungen ab, so lassen sich natürliche Sprachen mit Keller als spontane Ordnungen charakterisieren, die weder intentional und planvoll entstehen, noch auf diese Weise verändert werden können.

Dass der von Rinas thematisierte Sprachwandel übrigens der Vermeidung von Fremdwörtern gelten soll, kann vor dem Hintergrund der bisherigen Diskussion kaum mehr verwundern. Dreist ist es allerdings, wenn Rinas bei seiner Darstellung der Dinge die Realitäten so zurechtbiegt, dass man seinen Augen nicht trauen mag. Denn laut Rinas

> muss man es schon als Skandal bezeichnen, wenn im Staatsdienst stehende Berufsakademiker sich einer rationalen und differenzierten öffentlichen Diskussion über ein von sehr vielen als wichtig empfundenes Thema hartnäckig verweigern, obwohl ihre Kontrahenten ebenso beträchtliche wie beeindruckende Anstrengungen zu einer Versachlichung der Debatte unternommen haben. (125)

Nur wem es gelingt, die Augen vor der Realität komplett zu verschließen, der kann zu solch einer abstrusen Einschätzung gelangen: So gibt es zahlreiche Veröffentlichungen von linguistischer Seite zu den von Rinas angesprochenen Themen.[6] Davon unberührt bleibt freilich, dass die Mehrzahl der Linguisten Rinas' sprachpflegerischen Argumenten nicht zustimmen würde. Wo genau Rinas andererseits die beeindruckenden Anstrengungen zur Versachlichung der Debatte ausmacht, führt er leider nicht aus. Weder den Verein deutsche Sprache (VDS) noch sich selbst kann er damit ernsthaft meinen.

5 Linguistische Sprachkritik und das Prinzip der funktionalen Angemessenheit

Abschließend bleibt zu prüfen, inwieweit die deskriptive Linguistik etwas zur Sprachkritik beitragen kann, das über die Kritik simplifizierender Sprachkritik, die uns von so genannten Sprachexperten in den Massenmedien präsentiert wird, hinausgeht. Betrachtet man die Ansätze, die von Seiten der Linguistik in sprachkritischer Hinsicht gemacht worden sind (vgl. Kilian/Niehr/Schiewe 2010: 12

[6] Auch hier kann aus Platzgründen nur auf eine kleine Auswahl von Publikationen verwiesen werden, die sich aus linguistischer Sicht mit der Anglizismendebatte beschäftigen: Eisenberg (2011), Keller (2006), Kilian/Niehr/Schiewe (2010), Niehr (2002, 2009, 2011), Pfalzgraf (2006), Spitzmüller (2005), Stickel (2001).

ff.), so lässt sich diese Frage vorsichtig positiv beantworten. Dies soll hier in der gebotenen Kürze exemplarisch verdeutlicht werden.

Einerseits lassen sich diskursanalytisch orientierte Arbeiten, in denen immer auch semantische Kämpfe untersucht werden, als (implizit) sprachkritische Ansätze deuten. Zwar werden in solchen Arbeiten nicht konkrete Sprachgebräuche bewertet. Aber durch die Analyse diskursiver Konstellationen werden unterschiedliche, teils antagonistische, Wirklichkeitskonstitutionen aufgezeigt, die mittels Sprache geschaffen werden. Insbesondere wenn in den analysierten Diskursen der Sprachgebrauch der jeweiligen Diskursteilnehmer thematisiert wird, zeigt sich das sprachkritische Element von deskriptiven Diskursanalysen. Als prominente Beispiele können in diesem Zusammenhang der Streit um die „richtige" Bezeichnung für den 8. Mai 1945 (vgl. Eitz/Stötzel 2007: 115 ff.) oder die Auseinandersetzung um die zahlreichen Ausdrücke zur Bezeichnung politischer Flüchtlinge[7] genannt werden. Analysen, die derartige diskursive Konstellationen zum Thema machen, sind insofern kritisch, „als sie bewusst machen, *wie*, mit welchen sprachlichen Mitteln bestimmte Wirklichkeitskonstruktionen in bestimmten Zeiten etabliert werden und damit als ‚kollektives Wissen' wichtiger gesellschaftlicher Teilgruppen oder als dominantes ‚Wissen' einer Gesamtgesellschaft gelten können" (Wengeler, demnächst).

Noch deutlichere Bezüge zur Sprachkritik dürften erste Ansätze einer linguistischen fundierten Sprachkritik haben, deren Ziel nicht in der Durchsetzung von Sprachnormen oder der Verhinderung von Sprachwandel liegt. Vielmehr wird hier der Fokus auf kommunikative Anforderungen gelegt und Kommunikation im Hinblick auf ihr Gelingen betrachtet. Maßstab für das Gelingen von Kommunikation ist demzufolge ihre Angemessenheit, die jeweils relativ zur Sach-/Inhaltsebene, zur Beziehungsebene und zur Gesprächssituation bewertet werden kann. Ein solcher Ansatz, der funktionale Angemessenheitskriterien als zentralen sprachkritischen Fokus wählt, erfordert also eine differenzierte Bewertung, die sich nicht in der Forderung nach Einhaltung bestimmter Sprachnormen erschöpfen kann:[8]

---

[7] Vgl. dazu ausführlich mit zahlreichen Belegen von der Nachkriegszeit an Jung/Niehr/Böke (2000).

[8] Vgl. zu den unterschiedlichen Sprachnormauffassungen der laienlinguistischen und der lin-

> Wissenschaftliche begründete Stil- und Textkritik soll dem Sprecher und der Sprecherin nicht vorschreiben, welcher Sprachgebrauch richtig oder falsch ist, aber sie kann ihm oder ihr bewusst machen, wann, wo, zu welchem Zweck welcher Gebrauch der Sprache angemessen ist. Eine solche Sprachkritik greift nicht durch Vorschriften in das Sprachverhalten der Menschen ein, wohl aber liefert sie wertende Orientierungen, die das Ziel haben, Kommunikation im Sinne ‚gelingender Kommunikation' zu befördern. (Kilian/Niehr/Schiewe 2010: 42 f.)

Eine solche, linguistisch fundierte Sprachkritik zielt mithin in erster Linie auf Sprachkultiviertheit (vgl. Janich 2005), die Sprecher/Schreiber dazu befähigt, die für ihre kommunikativen Bedürfnisse jeweils angemessene sprachliche Form zu finden.

6 Fazit

Mein Fazit zu Rinas' Buch lautet vor dem skizzierten Hintergrund zusammenfassend: Karsten Rinas hat nicht nur ein von Grund auf unsympathisches, sondern obendrein auch noch ein nutzloses Buch geschrieben. Dass dieses Buch so unsympathisch daher kommt, hat mit der Oberlehrer-Attitüde und dem rüden Ton zu tun, in dem Rinas alles das vorträgt, was nach seinem Dafürhalten wohl eine linguistische Argumentation sein soll. Daran ändert auch das halbherzig formulierte ‚reumütige Schlusswort' (vgl. 158) nichts.

Dass die Lektüre dieses Buches darüber hinaus wenig nutzbringend ist, liegt daran, dass die Argumentation allzu grobschlächtig ausgefallen ist. Der von ihm favorisierten Art der Sprachkritik tut Rinas damit gewiss keinen Gefallen. Gegen die von ihm so vehement bekämpfte deskriptive Sprachwissenschaft führt er andererseits keine triftigen Argumente ins Feld. Sein krampfhaftes Bemühen, populäre Sprachkritik gegen Sprachwissenschaft auszuspielen, hat Meinunger (2012: 225) treffend wie folgt umschrieben:

> Rinas versucht in seinem Eifer, der Sprachpflege zu mehr Ehre und Anerkennung zu verhelfen, und überbetont dabei ihre Verdienste beim Erkenntnisgewinn. Das wird in dem Moment fast lächerlich, wo der Sprachkritik eine Vorreiterrolle für die Linguistik zugeschrieben wird, da sie wiederholt auf Phänomene aufmerksam gemacht habe, die „bis dahin in der Sprachwissenschaft keine Beachtung gefunden hatten" (S. 104). Gemeint ist zum Beispiel die Partikelforschung oder die Arbeit zu Funktionsverbgefügen. Auch die Astrologie hat auf ihre Art zum wissenschaftlichen Fortschritt in der

---

guistisch fundierten Sprachkritik Niehr (demn.).

> Astronomie beigetragen und die Alchemie in der Chemie. Deswegen muss man diese Disziplinen nicht als sonderlich fortschrittsfördernd rühmen.

Somit wird weder dem Anliegen der Sprachkritik noch dem der Sprachwissenschaft mit Rinas Meta-Kritik ein guter Dienst erwiesen. Denn es geht vor allem und letztlich um Rechthaberei: Wer kennt den ältesten Beleg, wer hat's zuerst gesagt? Hinzu kommt, dass Rinas' Darstellung der von ihm kritisierten Positionen häufig massiv vergröbernd und damit verfälschend ist. Dadurch aber wird eine der Sache angemessene Auseinandersetzung unnötig erschwert. Hilfreich wäre dagegen eine positive Bestandsaufnahme, die die starre Entgegensetzung von Sprachkritik und Sprachwissenschaft nicht noch künstlich und unnötig verschärfte. Mit dem Konzept der funktionalen Angemessenheit beispielsweise haben Linguisten ein Instrumentarium entwickelt, das eine differenziertere Betrachtung erlaubt und den pauschalen Schwarz-weiß-Betrachtungen eine linguistisch verantwortbare und rational überprüfbare Alternative entgegensetzt. Rinas erwähnt dieses Konzept dem Sinn nach (vgl. 63 f.), ohne es jedoch für seine Argumentation durchgehend nutzbar zu machen.

Zustimmen möchte ich Rinas immerhin in einem Punkt. Er kommt in folgendem Zitat zum Ausdruck:

> Es gibt somit eine ganze Reihe gesellschaftlich relevanter Sprachfragen, bei denen Linguisten mitreden können und sollten. Der Beitrag der Sprachwissenschaftler zur Sprachkultur müsste sich aber natürlich keineswegs aufs Debattieren beschränken. (153)

Allerdings auch nicht aufs grobe Polemisieren, möchte man nach der Lektüre von Rinas' Buch hinzufügen.

Literatur:

Ammon, Ulrich u.a. (ed.) (2004-2006): *Soziolinguistik. Ein internationales Handbuch zur Wissenschaft von Sprache und Gesellschaft.* 2., vollständig neu bearbeitete und erweiterte Aufl., Berlin/New York: de Gruyter.

Busse, Dietrich (2006): Sprachnorm, Sprachvariation, Sprachwandel. Überlegungen zu einigen Problemen der sprachwissenschaftlichen Beschreibung des Deutschen im Verhältnis zu seinen Erscheinungsformen. In: *Deutsche Sprache*, 34. Jg., Heft 4, 314-333.

Busse, Ulrich (2008): Anglizismen im Deutschen – Entwicklung, Zahlen, Einstellungen. In: Moraldo, Sandro M. (ed.): *Sprachkontakt und Mehrsprachigkeit. Zur Anglizismendiskussion in Deutschland, Österreich, der Schweiz und Italien.* Heidelberg: Winter, 37-68.

Busse, Ulrich (2011): Anglizismen – Versuch einer Bestandsaufnahme. In: *Aptum. Zeitschrift für Sprachkritik und Sprachkultur*, 7. Jg., Heft 2, 98-120.

Corr, Andreas (2013): Über die konservative Traditionslinie populärer Sprach- und Stilratgeber. In: *Sprachreport* 1-2, 13-18.

Dürscheid, Christa (2012): Reich der Regeln, Reich der Freiheit. System, Norm und Normenreflexion in der Schule. In: Günthner, Susanne/Imo, Wolfgang/Meer, Dorothee (eds.): *Kommunikation und Öffentlichkeit: Sprachwissenschaftliche Potenziale zwischen Empirie und Norm*. Berlin/Boston: de Gruyter, 105-120.

Duden (2009): *Die Grammatik*. 8., überarbeitete Auflage. Mannheim/Wien/Zürich: Dudenverlag.

Eichinger, Ludwig M./Kallmeyer, Werner (eds.) (2005): *Standardvariation. Wie viel Variation verträgt die deutsche Sprache?* Berlin/New York: de Gruyter.

Eisenberg, Peter (1999): Stirbt das Deutsche an den Internationalismen? Zur Integration von Computerwörtern. In: *Der Deutschunterricht* 51 (3), 17-24.

Eisenberg, Peter (2006): Gesotten und gesiedet. Das kuriose Deutsch der Sprachentertainer. In: *Süddeutsche Zeitung* v. 11./12.11.2006.

Eisenberg, Peter (2011): *Das Fremdwort im Deutschen*. Berlin/New York: de Gruyter.

Eitz, Thorsten/Stötzel, Georg (2007): *Wörterbuch der „Vergangenheitsbewältigung". Die NS-Vergangenheit im öffentlichen Sprachgebrauch*. Hildesheim/Zürich/New York: Olms.

Fluck, Hans-Rüdiger (1996): *Fachsprachen. Einführung und Bibliographie*. 5. überarbeitete und erweiterte Auflage. Tübingen: A. Francke.

Gloy, Klaus (2004): Norm. In: Ammon, Ulrich (u.a.) (eds.): *Soziolinguistik. Ein internationales Handbuch zur Wissenschaft von Sprache und Gesellschaft*. 2., vollständig neu bearbeitete und erweiterte Auflage. Erster Halbband. Berlin/New York: de Gruyter, 392-399.

Hundt, Markus (2002): Formen und Funktionen des Reflexivpassivs im Deutschen. In: *Deutsche Sprache* (30), 124-166.

Hundt, Markus (2005): Grammatikalität – Akzeptabilität – Sprachnorm. Zum Verhältnis von Korpuslinguistik und Grammatikalitätsurteilen. In: Lenz, Friedrich/Schierholz, Stefan J. (eds.): *Corpuslinguistik in Lexik und Grammatik*. Tübingen: Stauffenburg, 15-40.

Hundt, Markus (2009): Normverletzungen und neue Normen. In: Konopka, Marek/Strecker, Bruno (eds.): *Deutsche Grammatik – Regeln, Normen, Sprachgebrauch*. Berlin/New York: de Gruyter, 117-140.

Jäger, Ludwig (1998): Das Verhältnis von Synchronie und Diachronie in der Sprachgeschichtsforschung. In: Besch, Werner/Betten, Anne/Reichmann, Oskar/Sonderegger, Stefan (eds.): *Sprachgeschichte. Ein Handbuch zur Geschichte der deutschen Sprache und ihrer Erforschung* 2. überarbeitete Auflage. Erster Teilband. Berlin/New York: de Gruyter, 816-824.

Jäger, Ludwig (2008): Sprachevolution. Neuere Befunde zur Audiovisualität des menschlichen Sprachvermögens. In: Gugerli, David/Hagner, Michael/Hampe, Michael/Sarasin, Philipp/Tanner, Jakob (eds.): *Nach Feierabend 2008. Zürcher Jahrbuch für Wissensgeschichte* 4: Darwin. Zürich: Diaphanes, 149-169

Jäger, Ludwig (2010): *Ferdinand de Saussure zur Einführung*. Hamburg: Junius.

Janich, Nina (2005): Sprachkultur und Sprachkultiviertheit – ein methodisch-kulturalistischer Theorieentwurf. In: *Aptum. Zeitschrift für Sprachkritik und Sprachkultur*, 1. Jg., Heft 1, 14-36.

Janich, Nina (ed.) (2012): *Handbuch Werbekommunikation. Sprachwissenschaftliche und interdisziplinäre Zugänge*. Tübingen: Narr.

Jung, Matthias/Niehr, Thomas/Böke, Karin (2000): *Ausländer und Migranten im Spiegel der Presse. Ein diskurshistorisches Wörterbuch zur Einwanderung seit 1945*. Wiesbaden: Westdeutscher Verlag.

Keller, Rudi (2003): *Sprachwandel. Von der unsichtbaren Hand in der Sprache*. 3., durchgesehene Aufl. Tübingen: Francke.

Keller, Rudi (2006): Ist die deutsche Sprache vom Verfall bedroht? In: *Aptum. Zeitschrift für Sprachkritik und Sprachkultur*, 2. Jg., Heft 3, 193-205.

Kilian, Jörg/Niehr, Thomas/Schiewe, Jürgen (2010): *Sprachkritik. Ansätze und Methoden der kritischen Sprachbetrachtung*. Berlin/New York: de Gruyter.

Levinson, Stephen C. (2000): *Pragmatik*. Tübingen: Niemeyer.

Löffler, Heinrich (2005): *Germanistische Soziolinguistik*. Berlin: Schmidt.

Maitz, Péter/Elspaß, Stephan (2007): Warum der „Zwiebelfisch“ nicht in den Deutschunterricht gehört. In: *Info Deutsch als Fremdsprache* (5), 515-526.

Meinunger, André (2009): *Sick of Sick? Ein Streifzug durch die Sprache als Antwort auf den „Zwiebelfisch“*. 3. Aufl., Berlin: Kadmos.

Meinunger, André (2012): Rezension zu: Karsten Rinas: Sprache, Stil und starke Sprüche. Bastian Sick und seine Kritiker. In: *Zeitschrift für Rezensionen zur germanistischen Sprachwissenschaft* (4), 221-228.

Niehr, Thomas (2002): Linguistische Anmerkungen zu einer populären Anglizismen-Kritik. Oder: Von der notwendig erfolglos bleibenden Suche nach dem treffenderen deutschen Ausdruck. In: *Sprachreport* (4), 4-10.

Niehr, Thomas (2006): Investigativer Lingualismus. Eine Replik zur Replik von Hermann Zabel. In: *Aptum. Zeitschrift für Sprachkritik und Sprachkultur*, 2. Jg., Heft 2, 186-192.

Niehr, Thomas (2009): Frakturschrift und Purismus – eine unheilige Allianz. Die Re-Ideologi-sierung von Schriftarten im 21. Jahrhundert. In: Birk, Elisabeth/Schneider, Jan Georg (eds.): *Philosophie der Schrift*. Tübingen: Niemeyer, 183-201.

Niehr, Thomas (2011): Von der „Fremdwörterseuche“ bis zur „Sprachpanscherei“. Populäre Fremdwortkritik gestern und heute. In: Arendt, Birte/Kiesendahl, Jana (eds.): *Sprachkritik in der Schule. Theoretische Grundlagen und ihre praktische Relevanz*. Göttingen: V & R Unipress, 91-104.

Niehr, Thomas (2012): „In dieser Arbeit wird sich mit der Theorie Chomskys auseinandergesetzt.“ Passivkonstruktionen und ihre (vermeintlichen) Tücken. In: *Der Deutschunterricht*, 68-78.

Niehr, Thomas (demn.): Normenkonflikte zwischen Laienlinguistik und linguistisch fundierter Sprachkritik. Erscheint in: Birkner, Karin/Janich, Nina (eds.): *Handbuch Text und Gespräch*. Berlin/Boston: de Gruyter.

Pfalzgraf, Falco (2006): *Neopurismus in Deutschland nach der Wende*. Frankfurt/M. [u.a.]: Lang.

Polenz, Peter von (1973): Sprachkritik und Sprachnormenkritik. In: Nickel, Gerhard (ed.): *Angewandte Sprachwissenschaft und Deutschunterricht*. München: Hueber, 118-167.

Polenz, Peter von (1999): *Deutsche Sprachgeschichte vom Spätmittelalter bis zur Gegenwart. Bd. III: 19. und 20. Jahrhundert*. Berlin/New York: de Gruyter.

Polenz, Peter von (2005): Streit über Sprachkritik in den 1960er Jahren. In: *Aptum. Zeitschrift für Sprachkritik und Sprachkultur*, 1. Jg., Heft 2, 97-111.

Rinas, Karsten (2011): *Sprache, Stil und starke Sprüche. Bastian Sick und seine Kritiker.* Darmstadt: Lambert Schneider.

Roelcke, Thorsten (2010): *Fachsprachen.* 3., neu bearbeitete Auflage. Berlin: Schmidt.

Römer, Ruth (1968): *Die Sprache der Anzeigenwerbung.* Düsseldorf: Schwann.

Sanders, Willy (1992): *Sprachkritikastereien und was der „Fachler" dazu sagt.* Darmstadt: Wissenschaftliche Buchgesellschaft. [3. Auflage u. d. T.: Stilsalat und Wortgemenge. Eine Kritik der Sprachkritik].

Schneider, Jan Georg (2005): Was ist ein sprachlicher Fehler? Anmerkungen zu populärer Sprachkritik am Beispiel der Kolumnensammlung von Bastian Sick. In: *Aptum. Zeitschrift für Sprachkritik und Sprachkultur,* 1. Jg., Heft 2, 154-177.

Schneider, Jan Georg (2009): Was ist richtiges und gutes Deutsch? Sprachratgeber auf dem Prüfstand. In: *Der Deutschunterricht* (5), 22-32.

Schneider, Jan Georg (2013): Sprachliche ‚Fehler' aus sprachwissenschaftlicher Sicht. In: *Sprachreport* 1-2, 30-37.

Sick, Bastian (2008): *Der Dativ ist dem Genitiv sein Tod. Ein Wegweiser durch den Irrgarten der deutschen Sprache.* Köln: Kiepenheuer & Witsch.

Spitzmüller, Jürgen (2005): *Metasprachdiskurse. Einstellungen zu Anglizismen und ihre wissenschaftliche Rezeption.* Berlin/New York: de Gruyter.

Stickel, Gerhard (ed.) (2001): *Neues und Fremdes im deutschen Wortschatz. Aktueller lexikalischer Wandel.* Berlin/New York: de Gruyter.

Stöckl, Hartmut (1997): *Werbung in Wort und Bild. Textstil und Semiotik englischsprachiger Anzeigenwerbung.* Frankfurt/M. u.a.: Lang.

Wengeler, Martin (demn.): Sprachwissenschaft – nur wissenschaftlich oder auch kritisch? Erscheint in: Niehr, Thomas (ed.): *Sprachwissenschaft und Sprachkritik – Perspektiven ihrer Vermittlung.* Bremen: Hempen.

Zur Funktion von Emotionen in sprachkritischer Argumentation: Eine Analyse von Beiträgen aus der „Deutschen Sprachwelt"

Christian Schütte

1 Einleitung

Dieser Beitrag untersucht im Rahmen einer linguistischen Argumentationsanalyse, welche Rolle die Bezugnahme auf Emotionen in sprachkritischen Äußerungen spielen kann. Exemplarischer Gegenstand dieser explorativen Studie sind Beiträge der Jahre 2006 bis 2012 aus der „Deutschen Sprachwelt" (DSW), einer Publikation des Vereins für Sprachpflege e. V.

Das Verhältnis von Sprachwissenschaft zur Sprachkritik bzw. Sprachpflege kann unterschiedlich gestaltet sein. Bisweilen äußern Linguisten aus ihrer fachlichen Perspektive selbst wieder Kritik an sprachkritischen Äußerungen (z. B. Sanders 1992). Zu den Möglichkeiten, sich als Sprachwissenschaftler mit Sprachkritikern auseinanderzusetzen, zählt aber auch die zunächst wertneutrale Erforschung der Begründungen für sprachkritische Äußerungen u. a. von Sprachpflegern, wie etwa in Spitzmüllers Diskursanalyse zur Anglizismendebatte (2005: 259-270). In solchen Fällen dient Sprachkritik als Untersuchungsgegenstand für Argumentationsanalysen und wird zum Objekt wissenschaftlicher Beschreibung. Die argumentationsanalytische Perspektive, die ich im Folgenden vorstellen möchte, fokussiert solche Begründungszusammenhänge, in denen Emotionen – und insbesondere der sprachlichen Bezugnahme darauf – eine besondere Funktion zukommt.

Diese Herangehensweise setzt voraus, dass Emotion und Argumentation einander nicht ausschließen, sondern auf unterschiedliche Art und Weise miteinander in Zusammenhang stehen können. Der Auffassung, dass man über Gefühle zwar sprechen, aber nicht diskutieren kann, möchte ich entgegenhalten, dass es völlig alltäglich ist, beim Begründen eines Standpunkts auf unterschiedliche Art auf Emotionen zu verweisen. Dies soll hier an Beispielargumenten aus der genannten sprachkritischen Publikation im Rahmen einer mikrostrukturellen Analyse gezeigt werden (vgl. Kopperschmidt 1989: 122-157).

Gefühle haben in der linguistischen Argumentationsanalyse innerhalb der Germanistik bislang keine große Rolle gespielt. Daran hat selbst die seit einiger Zeit diagnostizierte „emotionale Wende“ (Schwarz-Friesel 2007: 1) in den Geisteswissenschaften kaum etwas geändert. Auch wenn eine eingeschränkte Relevanz von Emotionen für Argumentationen nicht rundweg geleugnet wird (vgl. Kienpointner 1996: 38-45), so wird sie doch weitgehend in der Analysepraxis ignoriert. Untersuchungsgegenstand sind in aller Regel Diskussionen, die auf Vernunftgründe rekurrieren. Dagegen findet im angelsächsischen Sprachraum im Zuge der Diskussion um die Logik von Alltagsargumentationen die Frage der Emotionalität durchaus Beachtung (vgl. Walton 1992, Ben-Ze'ev 1995, Carozza 2007 sowie Landweer/Newmark 2009), darüber hinaus untersuchen Philosophen die Prinzipien der „Rationalität des Gefühls“ (Sousa 2009).

Gerade sprachkritische Thesen werden faktisch oft unter Rekurs auf Gefühle begründet. Unter „Sprachkritik“ verstehe ich dabei jede wertende metasprachliche Äußerung (vgl. dazu die Definition bei Kilian/Niehr/Schiewe 2010: 1 sowie Schiewe 1998: 14-15). Sprachkritik kann also aus nur einem einzigen Satz bestehen („Das hast du schön gesagt.“) und kann mehr oder weniger wohl begründet sein („Ich mag das Wort X einfach nicht.“).[1] Da Sprachpflege ein Werturteil über gelungenen Sprachgebrauch voraussetzt, bildet sie einen Teilbereich der Sprachkritik – nicht jede sprachkritische Äußerung verfolgt aber eine sprachpflegerische Intention.

Dass Begründungen von Sprachkritikern und Sprachpflegern oft auf Gefühle rekurrieren, zeigt schon ein flüchtiger Blick auf die einschlägigen Publikationen. Hoberg (2000: 312) berichtet in seiner Auswertung eines Korpus sprachkritischer Briefe, dass diese „sehr emotional, ja leidenschaftlich“ seien. Daher scheint es sinnvoll, die logische und argumentationsstrategische Funktion von Emotionen im sprachkritischen Diskurs einmal exemplarisch zu untersuchen und über mögliche Konsequenzen für die Kommunikation zwischen Sprachwissenschaftlern und sprachpflegerisch engagierten Laien nachzudenken. Auch wenn hier also eine mikrostrukturelle Analyse einzelner Argumente im Vorder-

[1] Eine andere Auffassung, nämlich einen emphatischen Begriff von „Sprachkritik“ vertritt etwa Schwinn (2005: 41; Hervorh. i. Orig.): „Vermeintliche Sprachkritik, die linguistisch nicht begründet wird, verdient die Bezeichnung *Sprachkritik* nicht.“

grund steht, ist darüber hinaus als Ausblick auf die Makrostruktur zu prüfen, welche Rolle Emotionen im Diskurs spielen und in welcher Hinsicht Sprachpflegern zur Stützung ihrer Thesen und Schlussregeln eine emotionale „Begründungssprache“ (Habermas 1984: 166) verwenden.

Insofern kann eine solche Argumentationsanalyse „Voraussetzungen für eine Argumentationskritik schaffen“ (Kopperschmidt 2005: 144), ohne diese selbst zu leisten. Denn umgekehrt stellen voreilige normative Stellungnahmen zu den Inhalten eines Diskurses eher ein Hindernis für die sprachwissenschaftliche Analyse von Alltagsargumentationen dar (vgl. Deppermann 2003: 17-19 sowie Klein 1980: 49-50). Aus diesem Grund geht es im Folgenden zunächst um ein wertneutrales „Verstehen und Interpretieren dessen, was vorgebracht wird“ (Klein 1980: 41).

Als Beispiel für einen Ausschnitt eines spezifischen sprachkritischen Diskurses dient hier die periodische Publikation eines Sprachpflegevereins, die seit über zwölf Jahren und in recht hoher Auflage Beiträge zu Sprachthemen verbreitet.

2 Untersuchungsgegenstand „Deutsche Sprachwelt“

Die „Deutsche Sprachwelt“ wird herausgegeben vom Verein für Sprachpflege e. V., der seit dem Jahr 2000 existiert. Die Publikation erscheint vierteljährlich, so dass bis Ende 2012 schon 50 Ausgaben zu verzeichnen waren. Die Auflage der Druckausgabe wird mit 25.000 Exemplaren angegeben (http://deutsche-sprachwelt.de/impressum [10.02.2013]). Als „Schriftleiter“ der DSW fungiert Thomas Paulwitz, der als Publizist u. a. für die „Junge Freiheit“ tätig ist. Inhaltlich bietet die Zeitschrift „Nachrichten zur Entwicklung der deutschen Sprache; Berichte über Sprachpolitik, Sprachamerikanisierung, Rechtschreibchaos und vieles mehr!“ (http://deutschesprachwelt.de/kontakt/wir.shtml [10.02.2013]). Sie tritt damit ein „für die Erhaltung einer lebendigen deutschen Sprache” (http://deutschesprachwelt.de/kontakt/wir.shtml [10.02.2013]). Die zentralen Anliegen des Vereins für Sprachpflege sind in zehn „sprachpolitischen Forderungen“ formuliert, die in der Kurzfassung lauten:

1. Deutsch muß im öffentlichen Raum die vorrangige Sprache sein.
2. Die Unterrichtssprache in Schulen und Hochschulen ist Deutsch. Deutsch muß nationale Wissenschaftssprache sein.
3. Die deutsche Rechtschreibung muß einheitlich geregelt sein.
4. Deutsch muß in der Europäischen Union Arbeits- und Veröffentlichungssprache sein.
5. Die deutschen Mundarten und die deutsche Schrift sind besonders zu schützen.
6. Die Beherrschung der deutschen Sprache ist Voraussetzung für Einbürgerung und langfristigen Aufenthalt.
7. Bildung und Familie müssen gefördert werden, um die deutsche Sprache zu stärken.
8. Die deutsche Sprache muß auch im Ausland gefördert werden.
9. Die deutsche Sprache ist vor politischem Mißbrauch zu schützen.
10. Ein neuer Deutscher Sprachrat betreut die Erfüllung dieser Forderungen.
(http://deutschesprachwelt.de/forderungen.shtml#Kurzfassung [10.02.2013])

3 Argumentation und Emotion

Ebenso wenig wie dieser Untersuchung ein normativer Begriff von Sprachkritik zugrunde liegt (siehe Kap. 1), sind hier die Ausdrücke „Argument" und „Argumentation" als Bewertung zu verstehen. In der Alltagskommunikation gibt es zwar wertende metasprachliche Äußerungen wie: „Das ist doch kein Argument!" Diese sagen aber in der Regel nichts darüber aus, wie „Argument" zu definieren wäre, sondern vermitteln vielmehr eine Vorstellung davon, was aus der Sicht des Sprechers nicht als ein *gutes* Argument im jeweiligen Äußerungskontext gilt. Mit derlei rhetorischen Mitteln bestreitet ein solcher Sprecher meist gar nicht, dass sein Gegenüber tatsächlich *versucht* hat, die eigene Meinung zu begründen.

Alles, was diese Studie vorzubringen hat, versteht sich dagegen als rein deskriptiv. Es geht dieser Form von Argumentationsanalyse um die möglichst wertneutrale Beschreibung dessen, was Sprachkritiker zur Begründung ihrer Meinungen vorbringen, d. h. was sie als Argument verstanden wissen wollen. Ob es dabei *gute* Gründe sind, die angegeben werden, interessiert hier zunächst nicht.

Dieser Ansatz orientiert sich damit an den Analysemodellen von Klein (1980: 41-46) und Bayer (1999: 16 sowie 87-99). Als „Argument" gilt in dieser Untersuchung etwas immer dann, wenn Sprachkritiker Prämissen zur Stützung ihrer These (Konklusion) vorbringen, d. h. wenn Aussagen offensichtlich *begründet* werden sollen. Ein Argument besteht dabei aus zwei Prämissen (P_1 und P_2) und einer Konklusion (K),[2] woraus sich u. a. die folgenden syllogistischen Grundmuster ergeben:

P_1:	Wenn A, dann B.	Prämissen	Argument
P_2:	A.		
K:	[Also:] B.	Konklusion	

P_1:	Alle X sind Y.	Prämissen	Argument
P_2:	C ist ein X.		
K:	[Also:] C ist ein Y.	Konklusion	

Abb. 1: Grundformen des Syllogismus

Diese einfachen Grundformen, auf die auch Kienpointner (1992) in ähnlicher Weise zurückgreift, reichen für die Zwecke der vorliegenden Darstellung aus; komplexere Modelle wie etwa von Toulmin (2003) sind für das Erkenntnisinteresse dieser Studie nicht erforderlich.

Zur klassischen Funktion von Emotionen im Kontext von Argumentation gehört es, dass ein Sprecher beim Kontrahenten oder dem Publikum Gefühle zu erzeugen oder zu verstärken versucht. Das ist im zweiten Buch der aristotelischen Rhetorik (Aristoteles 1999: 76-114) nicht anders als bei modernen Rhetorikratgebern – insbesondere solchen, die sich offen zur Manipulation als Mittel der Überredung (Persuasion) bekennen (vgl. Braun 2008: 120-140). Vermutlich sind es solche Empfehlungen, die zum schlechten Image der Emotionen beigetragen haben: Gefühle stehen im Verdacht, den Verstand zu korrumpieren; rein rationale Argumentation gilt oft noch als Ideal.

Dabei ist selbst bei einem emotionalen Gehalt eines Arguments eine logische Analyse in der klassischen Form des Syllogismus problemlos möglich:

[2] Diese Darstellung folgt damit der Definition von „Argument" von Bayer (1999: 229), der zufolge Prämissen und Konklusion zusammen als Argument gelten. Andere Autoren verwenden den Ausdruck „Argument" ausschließlich für die beiden Prämissen.

P_1:	Wenn jemand *fürchtet*, dass seine Muttersprache von einer fremden Sprache bedroht ist, ist es angemessen, *empört* zu sein.	Prämissen	Argument
P_2:	Ich *fürchte*, dass meine Muttersprache von einer fremden Sprache bedroht ist.		
K:	Es ist angemessen, dass ich *empört* bin.	Konklusion	

Abb. 2: Syllogismus mit emotionalem Gehalt

Sowohl in den Prämissen P_1 und P_2 als auch in der Konklusion K ist von Gefühlen (kursiv gesetzt) die Rede – dennoch liegt hier ein logisch gültiger Schluss vor: Ungeachtet der tatsächlichen Wahrheit der Prämissen und der Konklusion, *muss* die Konklusion wahr sein, *sofern* die Prämissen wahr sind.[3]

Im Folgenden stehen solche Argumente im Mittelpunkt, die sich mindestens in einer Prämisse oder der Konklusion auf emotionale Zustände beziehen. Denn auch Gefühle können zur argumentativen Stützung von Thesen angeführt werden – und das ist speziell in Sprachwandeldiskursen oft der Fall. Hoberg (2000: 313) berichtet z. B. aus seinem Korpus sprachkritischer Briefe von der darin geäußerten Einstellung, „nur die überflüssigen [sc. Fremdwörter] seien ein Ärgernis und deshalb müsse man sie bekämpfen". Wenn man bei der logischen Rekonstruktion eine implizite Prämisse hinzufügt, lässt sich dieses Argument folgendermaßen analysieren:

P_1:	Wenn etwas ein *Ärgernis* ist, muss man es bekämpfen.
P_2:	Fremdwörter, die überflüssig sind, sind ein *Ärgernis*.
K:	Fremdwörter, die überflüssig sind, muss man bekämpfen.

Abb. 3: Rekonstruktion eines sprachkritischen Arguments nach Hoberg (2000)

Fehlende Teile eines Arguments zu ergänzen, ist nicht ungewöhnlich: Wie mehrfach festgestellt worden ist, sind im alltäglichen Sprachgebrauch Teile logischer Schlüsse in der Regel nicht explizit formuliert und müssen bei der Argumentationsanalyse rekonstruiert werden (Klein 1980: 21; Bayer 1999: 93-99). Die Argumentation lässt sich beim genannten Beispiel weiter entfalten, wenn

[3] Weniger strikt und deshalb für die Darstellung vieler Alltagsargumentationen angemessener wäre wohl ein „liegt-nahe-Konditional", wie es Josef Klein (Klein 1987: 117-128) vorgeschlagen hat. Diesem zufolge „folgt" p nicht aus q, sondern p „liegt nahe", wenn q der Fall ist. Der Einfachheit halber bleibe ich im Folgenden jedoch bei der herkömmlichen syllogistischen Form.

man Prämisse P_2 noch als Konklusion eines impliziten Arguments auffasst (P_2=K‘):

P_1‘:	Was überflüssig ist, ist ein *Ärgernis*.
P_2‘:	Es gibt Fremdwörter, die überflüssig sind.
K‘:	Fremdwörter, die überflüssig sind, sind ein *Ärgernis*.

Abb. 4: Erweiterte Rekonstruktion eines sprachkritischen Arguments nach Hoberg (2000)

In diesem Fall ist die Bezugnahme auf ein Gefühl (Ärger) nicht nur in einer Prämisse, sondern auch in der Konklusion vorhanden: Dieses Argument zeigt, warum – nach Ansicht der von Hoberg zitierten Sprachpfleger – Grund besteht, sich zu ärgern.

Ein weiteres Beispiel, das bereits aus einem Leserbrief in der „Deutschen Sprachwelt“ stammt, illustriert, wie gleich zwei verschiedene Gefühle Bestandteile eines Arguments sein können. Darin bekennt der Verfasser: „Auch ich liebe sehr die deutsche Sprache und ärgere mich oft über den Gebrauch von Fremdwörtern aus Wichtigtuerei.“ (Laux 2006: 2) Sofern man diesen Satz nicht einfach nur als Reihung, d. h. rein additive Verknüpfung zweier Aussagen interpretiert, die voneinander unabhängig sind, sondern von einem argumentativen Zusammenhang der beiden Propositionen ausgeht, lässt sich das Argument so rekonstruieren:

P_1:	Wer die deutsche Sprache sehr *liebt*, *ärgert* sich über den Gebrauch von Fremdwörtern aus Wichtigtuerei.
P_2:	Ich *liebe* die deutsche Sprache sehr.
K:	Ich *ärgere* ich mich über den Gebrauch von Fremdwörtern aus Wichtigtuerei.

Abb. 5: Beispielargument aus einem DSW-Leserbrief

Hier tauchen sowohl in der Konklusion als auch in beiden Prämissen Emotionen auf; verkürzt gesagt, wird das eine Gefühl (Ärger) durch das andere (Liebe) gerechtfertigt. Der Verfasser des Leserbriefs schließt hier an einen Beitrag an und bekundet „auch“ selbst Liebe und Ärger genauso verknüpft zu empfinden. Dies führt zu der Interpretation von P_1, der zufolge hier eine allgemeine Prämisse vorausgesetzt wird: Die Verknüpfung entspricht nicht nur dem subjektiven

Empfinden eines Einzelnen, sondern dem als üblich Vorausgesetzten. Gefühle sind nicht in einem solchen Sinne „Privatsache", dass jeder völlig individuell und unberechenbar frei darüber entschiede, wie er auf einen bestimmten Sachverhalt emotional reagiert. Vielmehr gelten einige Gefühle als angemessen oder sogar rational (vgl. Sousa 2009: 27-31) und andere unter den gegebenen Umständen nicht. Selbstverständlich „ergibt" sich hier kein Gefühl streng deduktiv aus den Prämissen. Aber P_1 besagt doch in der alltagssprachlichen Kommunikation so viel, dass es „naheliegt", dieses eine Gefühl zu haben, wenn man jenes andere hat. Daher kann man mit Josef Klein bei der Analyse von „konklusiven Sprechhandlungen" davon sprechen, dass expressive Sprechhandlungen zu anderen expressiven Sprechhandlungen in einem Rechtfertigungsverhältnis stehen (vgl. Klein 1987: 23-26 sowie 62).[4] Wenn es zu befremdlich klingt, dass „Gefühle gerechtfertigt" werden, könnte man stattdessen ausformuliert sagen: Die These von der Angemessenheit des Ärgers wird in diesem Argument durch die Behauptung des Empfindens von Liebe gestützt.

Nicht nur in Leserbriefen, sondern auch im redaktionellen Teil der DSW wird Ärger gerechtfertigt. Im Leitartikel der Ausgabe Nr. 44 aus dem Sommer 2011 befasst sich „Schriftleiter" Thomas Paulwitz mit Werbeslogans wie „Da werden Sie geholfen" oder „Veltins. Natürlich Vrisch" und vertritt dabei die Auffassung: „Wenn der bewußt eingesetzte Sprachfehler zur Mode wird, handelt es sich nicht mehr um eine geistreiche Spielerei, sondern um ein lästiges Ärgernis." (Paulwitz 2011: 1) Aus dem weiteren Kontext der zitierten Äußerung ist zu erkennen, dass Paulwitz durchaus meint, der bewusst eingesetzte Sprachfehler werde zur Mode – der Titel des Textes lautet: „Werber, Werber, Sprachverderber" (ebd.). Daher lässt sich sein Argument wie folgt darstellen:

[4] Die vorgeschlagene Interpretation kann also mehr erklären als die ebenfalls mögliche Auffassung, der Leserbriefschreiber habe dort nur zwei isolierte Auskünfte über sein subjektives Empfinden gegeben – der unterstellte Kausalzusammenhang macht hingegen erst deutlich, warum im gegebenen Kommunikationskontext jene Gefühlsäußerung überhaupt relevant ist.

P_1:	Wenn der bewußt eingesetzte Sprachfehler zur Mode wird, handelt es sich nicht mehr um eine geistreiche Spielerei, sondern um ein lästiges *Ärgernis*.	Prämissen	Argument
P_2:	Der bewußt eingesetzte Sprachfehler wird zur Mode.		
K:	Es handelt sich nicht mehr um eine geistreiche Spielerei, sondern um ein lästiges *Ärgernis*.	Konklusion	

Abb. 6: Beispielargument aus der DSW nach Paulwitz (2011)

Hier liegt somit erneut die Rechtfertigung eines Gefühls vor, nämlich des Ärgers angesichts der „Sprachfehler".

Eigene Gefühle zu rechtfertigen, ist etwas anderes als etwa auf dem Wege der Selbstreflexion oder Introspektion nur das Vorhandensein von Emotionen kausal im Sinne einer Suche nach Ursachen zu explizieren. So kann man zwar das Auftreten bestimmter Gefühle erklären, indem man es z. B. auf bestimmte Lebenserfahrungen zurückführt. Beim Rechtfertigen hingegen geht es nicht nur darum zu erklären, wie ein Gefühl zustande gekommen ist, sondern man vertritt auch die Meinung, dass es *angemessen* ist, dieses Gefühl (allgemein oder in einer bestimmten Situation) zu haben.

Wichtig für die Argumentationsanalyse ist die Einsicht, dass Gefühle nicht nur Wertungen ausdrücken. Zwar ermöglichen sie „das Erreichen bzw. Vermeiden spezifischer Zielzustände", denn „bei der Planung und dem Vollzug von Handlungen bewerten Gefühle Alternativen." (Fries 2007: 295). Gefühle können jedoch darüber hinaus selbst Gegenstand von Bewertungen sein. Dabei sind vier Grundformen solcher Bewertungen zu unterscheiden. Zunächst kann das Auftreten eines bestimmten Gefühls in einer konkreten Situation zum Gegenstand einer Bewertung werden. Neben dieser situationsspezifischen Bewertung eines konkreten emotionalen Zustands kann ein Gefühl auch allgemein, d. h. unabhängig von einer konkreten Situation bewertet werden: Sind z. B. Neid oder Mitleid jeweils akzeptable oder gar wünschenswerte Gefühle? Ebenso ist Emotionalität allgemein manchmal Gegenstand der Beurteilung: Wie sind Gefühle generell zu bewerten? Sind Gefühle z. B. das Wichtigste im Leben? Die folgende Übersicht fasst die vier Formen, illustriert mit einigen Beispielen, zusammen:

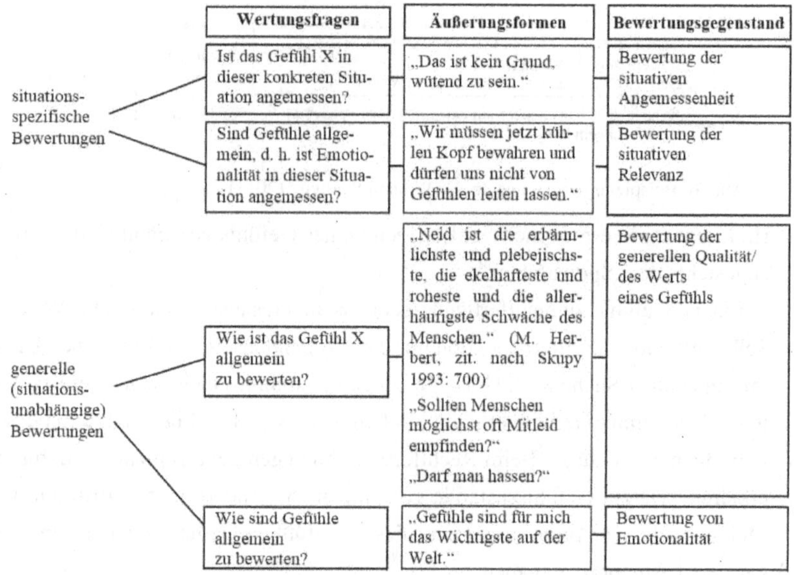

Abb. 7: Formen der Bewertung von Gefühlen

Dadurch dass Gefühle Gegenstand von Bewertungen sind, können sie auch Gegenstand von Diskussionen und somit für Argumentationen werden, weil Gefühle eben im oben genannten Sinne kritisierbar sind. Die Kritik richtet sich dabei auf die Gefühle selbst und nicht etwa auf *Aussagen* über Gefühle, die wahr oder falsch sein können (vgl. Habermas 1988:34-44). Natürlich sind „expressive Selbstdarstellungen […] Äußerungen, die mit einem kritisierbaren Geltungsanspruch verbunden sind" (Habermas 1988:35). Jemand, der behauptet, traurig zu sein, kann damit ebenso etwas Wahres oder Falsches sagen, wie jemand, der behauptet, dass er sich freut. Die Wahrhaftigkeit des sich expressiv Äußernden und die Wahrheit seiner Äußerungen sind also potenziell Gegenstand von Kritik. Bei Menschen, die beteuern, ein bestimmtes Gefühl zu haben, kann man grundsätzlich bezweifeln, ob dies tatsächlich der Fall ist.

Jedoch können nicht nur die eigenen Gefühle in repräsentativen Sprechakten formuliert werden. Außer solchen Selbstzuschreibungen kann ein Sprecher auch anderen Menschen Gefühle zuschreiben (Fremdzuschreibung). In beiden Zuschreibungsrichtungen können solche Aussagen bejaht (Affirmation) oder verneint sein (Negation):

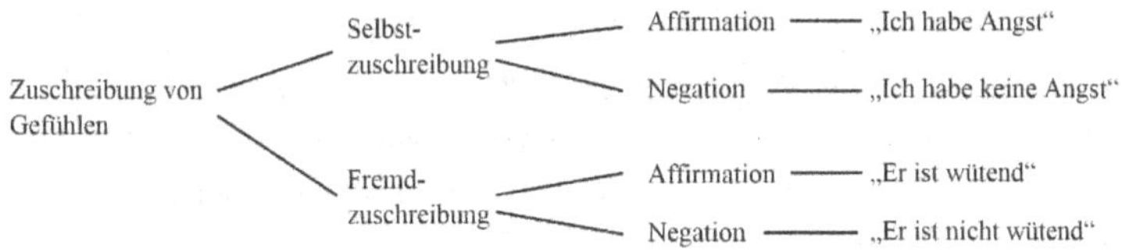

Abb. 8: Selbst- und Fremdzuschreibung von Gefühlen

In welcher Richtung die Zuschreibung von Gefühlen auch erfolgen mag, immer sind diese Aussagen entweder wahr oder falsch. Die Aussage, dass ich Angst habe, ist genau dann wahr, wenn ich Angst habe; die Aussage, dass Angela Merkel nicht wütend ist, ist genau dann wahr, wenn Angela Merkel nicht wütend ist, usw.[5] Fremdzuschreibungen sind genauso wie Selbstzuschreibungen, Affirmationen sind genauso wie Negationen in Argumenten von Sprachpflegern von Bedeutung.

Wenn man sich auf die situationsspezifischen Bewertungen beschränkt, sind zunächst drei Grundformen mit insgesamt sieben Unterarten der Kritik im Zusammenhang mit Emotionen unterscheidbar, wie unten in Abb. 9 dargestellt ist. Am bekanntesten dürfte dabei die Forderung sein, in bestimmten Kommunikationssituationen wie Diskussionen oder Debatten Gefühle beiseite zu lassen (1a). Diese Haltung entspricht dem Ideal einer gefühlsneutralen, rein rationalen Auseinandersetzung. Aber auch das Gegenteil kommt vor: Einer der Diskutanten hält Emotionalität für angebracht und wirft seinem Gegenüber vor, dass dieser ohne Gefühl an die Sache herangehe (1b). Nicht nur Emotionalität allgemein (1) ist in konkreten Situationen diskutabel, sondern auch konkrete Gefühle, deren Ausmaß (2) oder Art (3) Anlass zur Kritik geben kann. Hinsichtlich des Ausmaßes wird bisweilen eine zu große oder zu geringe Intensität bemängelt: Sowohl Übertreibung (2a: „Dramatisierung“) ist zu kritisieren als auch ein Zuwenig an Emotionen (2b), wenn man jemandem etwa vorhält, er empfinde zwar Mitleid,

[5] Grundlage dieser Sichtweise ist somit ein korrespondenztheoretischer Wahrheitsbegriff. Dass es schwierig sein kann, die Wahrheit oder Falschheit solcher Behauptungen nachzuweisen bzw. zu überprüfen, ist ein anderes Problem.

aber zu wenig davon. Des Weiteren gibt es Kritik am Vorhandensein eines bestimmten Gefühls, das entweder nicht da sein sollte (3a: „Kein Grund, wütend zu sein!“) oder fehlt (3c: „Habt Mitleid!“). Es kann außerdem statt des einen – abgelehnten – Gefühls ein anderes als angemessen oder zumindest akzeptabel gelten (3b). So wurde z. B. im Mai 2011 nach der Tötung Osama bin Ladens anlässlich einer entsprechenden Stellungnahme von Bundeskanzlerin Merkel öffentlich darüber gestritten, ob man nun Freude oder nur Erleichterung angesichts der Ereignisse empfinden solle.

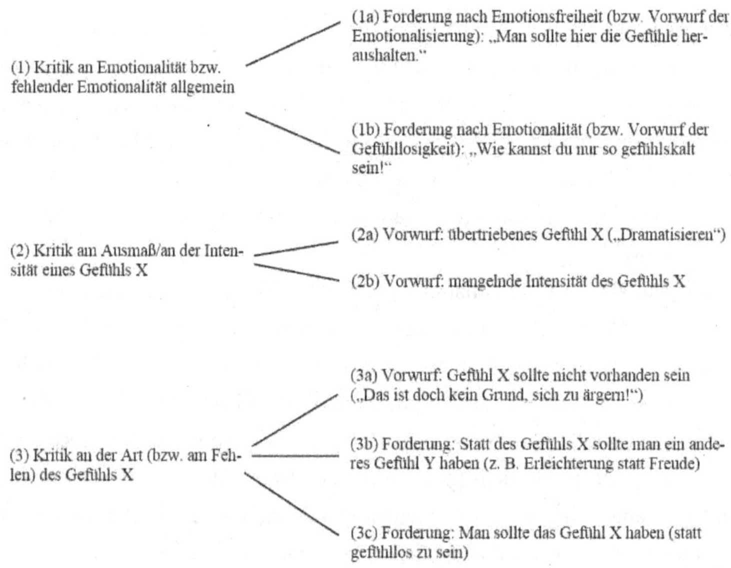

Abb. 9: Formen der Kritik an Gefühlen

Zusammenfassend ist festzuhalten:

- Gefühle tauchen in Argumentationen nicht nur in emotionalen Appellen auf, sondern auch in Prämissen und Konklusionen logisch gültiger Schlüsse.
- Die Bezugnahme auf Gefühle findet nicht nur in Form von Selbstzuschreibungen, sondern auch in Form von Fremdzuschreibungen statt.
- Gefühle sind nicht nur wertend, sondern können selbst auch Gegenstand von Bewertung und Kritik sein.

4 Beispielanalysen: Zur Funktion von Emotionen in Argumentationsmustern und -strategien der „Deutschen Sprachwelt“

In Texten der ‚Deutschen Sprachwelt‘ sind wiederkehrende Argumentationsmuster nachweisbar, d. h. ein charakteristischer Gebrauch bestimmter Konklusionen und Prämissen, in denen Emotionen eine Rolle spielen; sie erfüllen aber auch Funktionen in komplexeren Argumentationsstrategien, die sich über mehrere Argumente hinweg erstrecken und das zielgerichtete kommunikative Verhalten im argumentativen Kontext bestimmen können – auf die Überzeugungskraft logischer Argumente zu setzen, wäre insofern nur eine der möglichen Strategien, um den eigenen Standpunkt erfolgreich zu behaupten.

4.1 Argumentationsstrategie: Erzeugen bzw. Unterstellen von Ärger beim Opponenten

Diskussionen zu „emotionalisieren“, wie es DSW-Autoren häufig tun, gilt in modernen Ratgeberbüchern zur Argumentation als „Technik“ (Gramm 2005: 88-89) oder „Taktik“ (Edmüller/Wilhelm 2005: 186-192), deren Legitimität umstritten ist. Schon Schopenhauer (1991 [orig. um 1830/31]) empfiehlt in seiner „Eristischen Dialektik“, man solle „den Gegner zum Zorn reizen: denn im Zorn ist er außer Stand richtig zu urtheilen und seinen Vorteil wahrzunehmen“ (Schopenhauer 1991: 38). Auch moderne Rhetorik- und Diskussionsratgeber wiederholen diesen Tipp, meist jedoch in der spiegelbildlichen Variante, also der Empfehlung, sich nicht reizen zu lassen, um die eigene Urteilskraft nicht zu mindern (Ruede-Wissmann 2000: 158-161, Thiele 2001: 102-109, Gramm 2005: 107, Etrillard 2007: 59-66). Zudem ist die Außenwirkung bei Diskussionen vor Publikum negativ, sobald man Anzeichen von Wut oder Ärger zeigt. Hägg (2004: 104) zufolge ist es daher, „vor allem wichtig, daß man nicht wütend wird. Man darf niemals und unter keinen Umständen wütend werden. Dann ist man verloren […].“ Umgekehrt lassen sich jedoch Wut und Ärger der Gegenseite aus demselben Grund nutzen: „Wenn Sie ruhig und freundlich bleiben […], dann ist ein Wutausbruch eher eine unerwartete Hilfe für Sie.“ (Hägg 2004: 136)

Lässt sich also der Gegenseite Wut oder Ärger zuschreiben, so gewinnt der Diskutant Souveränität und Überlegenheit im Auge des Betrachters: Er sorgt für

Empörung. Diese Erregung der Gegenseite lässt sich als Irrationalität interpretieren, was die Glaubwürdigkeit der vorgebrachten Gegenargumente schwächt. Die Emotionalität des Opponenten soll so in einer Debatte zu dessen Nachteil werden. Das gilt offensichtlich ebenso für schriftliche Argumentationen. Die Sprachkritik der Sprachpfleger der DSW erzeugt – nach deren Darstellung – oft „Ärger“ auf Seiten ihrer Gegner. Dadurch wirken die Opponenten angeblich unsouverän oder sogar irrational und sie begehen Fehler. In Ausgabe Nr. 40 rühmt sich die DSW schon auf der Titelseite, sie habe einen „Feuilletonisten zur Weißglut gebracht“:

> Thomas Steinfeld, Leiter des Feuilletons der ‚Süddeutsche Zeitung‘ (SZ), rastete aus, nachdem er die DEUTSCHE SPRACHWELT gelesen hatte. Er verfasste einen wütenden Gegenartikel, der am 29. März in der SZ unter dem Titel ‚Das Deutsch, das Affen sprechen‘ erschien. (o. Verf. 2010a: 1)

Die mediale Rezeption der eigenen Publikation dokumentiert und kommentiert die DSW im Innenteil auf einer ganzen Seite noch weiter, indem sie auf fehlerhafte Zitate u. Ä. hinweist. Deren Zustandekommen erklärt sie mit dem emotionalen Zustand des SZ-Journalisten: „In seiner Wut unterliefen Steinfeld mehrere Fehler.“ (dsw 2010: 10) Die eigene Sprachkritik wird in dieser Hinsicht also als gelungene Provokation gewertet. Eine ähnliche Strategie findet sich in einem DSW-Bericht über kritische Reaktionen auf die Kür des „Sprachwahrers des Jahres“ 2008 durch die Leser der Zeitschrift:

> Mit der Wahl der Mitarbeiterinitiative „Pro Deutsche Welle“ zum Sprachwahrer des Jahres haben die Leser der DEUTSCHEN SPRACHWELT (DSW) offensichtlich in ein Wespennest gestochen. Anders lassen sich die zum Teil haßerfüllten Antworten kaum erklären. (Paulwitz 2009a: 10)

Der „Hass“ der Opponenten dient hier als Beleg dafür, dass die eigene Position stichhaltig sein muss („Wespennest“). Vielleicht gelten gerade aus diesem Grund Wut, Hass und Ärger innerhalb von Diskussionen als Indizien dafür, dass sich die eine Partei getroffen fühlt und deswegen nicht mehr ruhig und rational reagieren kann. Hingegen sind andere Gefühle positiv konnotiert, wie die folgenden Abschnitte zeigen.

4.2 *Argumentationsstrategie: Appell an das „Sprachgefühl"*

Ein sprachspezifisches, wenngleich vages Gefühl fungiert im sprachkritischen Kontext oft als eine Art Entscheidungsinstanz: das „Sprachgefühl". Werturteile von Sprachpflegern zu sprachlichen Phänomenen gründen oft auf dem „richtigen" oder einem „falschen" („gestörten", „mangelnden") Sprachgefühl. Damit kann dieses emotionale Element zum einen als Prämisse eines Arguments oder zum anderen als Antecedensbedingung einer Erklärung (Ursachenzuschreibung) auftreten.

Die Berufung auf das richtige oder gestörte „Sprachgefühl" soll erklären, warum bestimmte Formen der Sprachverwendung gelingen und warum andere als misslungen zu betrachten sind. „Sprachempfindliche Menschen" (Paulwitz 2007: 6 sowie Paulwitz 2010a: 3) haben eben ein „Gefühl für Sprache" (Klose 2007: 11), während ein anderer DSW-Autor im Fall eines kritisierten Sprachgebrauchs wie dem in der DDR konstatiert: „das Gefühl für sinnvolle sprachliche Bilder (Metaphorik) ging immer mehr verloren" (Balzer 2007: 3). Diesem Konzept zufolge ist das „Sprachgefühl" also weder etwas Angeborenes noch etwas konstant Verfügbares, sondern es ist möglich, dass es „verlorengeht". Die Auffassung, dass das „Sprachgefühl" beschädigt werden kann, dient außerdem zur Erklärung, warum nicht alle Sprecher die eigenen Normvorstellungen teilen. Diese explikative Funktion lässt sich zusammen mit einer Bewertung zu einem Ursache-Wirkung-Argumentationsmuster (Kienpointner 1992: 328-365) verbinden, wenn es darum geht, Sprachverfallsthesen zu untermauern:

> Das mangelnde Sprachgefühl vieler Journalisten und Moderatoren, das oftmals gedankenlose Nachplappern der Werbe-Anglizismen vieler Meinungsträger unserer Gesellschaft sind die Wegbereiter eines Niederganges der deutschen Sprache [...]. (Schmid 2006: 7)

Hier wird aus der Erklärung des Zustandekommens einer als negativ bewerteten Entwicklung („Niedergang der deutsche Sprache") in einem Argumentationsmuster nach dem Ursache-Wirkung-Schema ein Argument, dessen Konklusion wiederum eine Wertung ausdrückt:

P_1:	Wenn die Wirkung mangelnden Sprachgefühls, das sich im gedankenlosen Nachplappern der Werbe-Anglizismen ausdrückt, negativ zu beurteilen ist, ist auch das mangelnde Sprachgefühl, das sich im gedankenlosen Nachplappern der Werbe-Anglizismen ausdrückt, negativ zu bewerten.
P_2:	Die Wirkung, nämlich der Niedergang der deutschen Sprache, ist negativ zu bewerten.
K:	Das mangelnde Sprachgefühl, das sich im gedankenlosen Nachplappern der Werbe-Anglizismen ausdrückt, ist negativ zu bewerten.

Abb. 10: Logische Rekonstruktion eines Arguments zur Bewertung von „Sprachgefühl"

In diesem Fall macht natürlich bereits die Wortwahl deutlich, in welche Richtung die Darstellung zielt: Welches „gedankenlose Nachplappern" gilt schon als erstrebenswert?[6]

Interessant ist an den Verweisen auf „Sprachgefühl" und „Sprachempfinden", dass die Autoren der DSW offenbar nicht davon ausgehen, dass dergleichen etwas Individuelles sei. Vielmehr erscheint das Gespür für den „richtigen", „schönen" etc. Sprachgebrauch gerade als etwas Gemeinschaftsstiftendes. Es ist ein Gefühl, das alle „sprachempfindlichen Mitbürger" (o. Verf. 2011: 10) teilen.

Die Wirksamkeit solcher Appelle an das Sprachgefühl dürfte in der Argumentation jedoch genau aus diesem Grund begrenzt sein. Wer im Hinblick auf die Beurteilung eines bestimmten Sprachphänomens anderer Meinung ist, lässt sich wohl kaum mit dem Hinweis überzeugen, er habe eben das falsche Gefühl oder mit seinem Gefühl stimme etwas nicht. Es ist insofern eigentlich keine weitere Argumentation möglich: Diejenigen, die der Beurteilung des fraglichen Sprachphänomens zustimmen, haben das richtige, gesunde etc. Sprachgefühl; diejenigen, die anders urteilen, haben es eben nicht. Daraus wird ersichtlich, dass der Verweis auf das Sprachgefühl eher die Einigkeit einer ohnehin schon überzeugten Gemeinschaft stärken soll. Es bliebe allenfalls die Möglichkeit, bei einem Mangel an richtigem Sprachgefühl dieses langfristig zu fördern, zu kultivieren

6 Es ist klar, dass die in diesem Argument (Abb. 10) enthaltenen Wertungen weiterer Begründungen bedürfen, die im weiteren Diskurs sicherlich auch eingefordert würden – etwa im Sinne einer „Stützung" („backing") für die „Schlussregel" („warrant") nach Toulmins Modell (vgl. Toulmin 2003: 95-100, sowie Habermas 1984: 163-166). Generell kann die Wahrheit jeder Prämisse angezweifelt sowie jede Prämisse wieder als Konklusion eines weiteren Arguments begründet werden. Den weiteren (möglichen) Argumentationsgang zu verfolgen, ginge aber an dieser Stelle über die exemplarische mikrostrukturelle Analyse hinaus.

usw. Bei dieser Aufgabe stehen Sprachvereine wie der „Verein für Sprachpflege“ allerdings offensichtlich nicht auf verlorenem Posten, denn per Nachweis durch Umfrageergebnisse kann die DSW den Mitbürgern ein funktionierendes Sprachempfinden attestieren: „Die Deutschen sind ein sprachempfindliches Volk. 57 Prozent der Befragten stören sich an Rechtschreibfehlern, nur zwölf Prozent sehen darüber hinweg.“ (o. Verf. 2006: 3)

4.3 Argumentationsmuster: Argumentationsautorität durch „Liebe“ zur Muttersprache

Einen Bezug zur Emotion knüpft die DSW schon in ihrem Untertitel, denn sie bezeichnet sich als „Plattform für alle, die Sprache lieben“. Die „enge emotionale Bindung zum eigenen Zeichensystem“ (Spitzmüller 2005: 365) wird zum Motiv, sich für die Muttersprache zu engagieren. Die Liebe gilt dabei den unterschiedlichsten Ebenen der Sprache. So kommentieren Autoren der DSW sogar die Rechtschreibreform emotional. Der Schriftsteller Dieter J. Baumgart z. B. bekennt im Zusammenhang mit der Schreibung von „dass“: „Ich liebe das ß“ (Baumgart 2006: 9). Das Gefühl der Liebe fungiert hier als Prämisse für die Konklusion, dass ein Buchstabe beibehalten werden soll.

Zugleich kommt wiederum dem kollektiven Empfinden von „Liebe“ eine gemeinschaftsstiftende Funktion zu: „Geben wir unseren Gegnern keinen Grund, über Uneinigkeit bei den Sprachfreunden zu spotten! Denn eines eint uns doch alle: die Liebe zur deutschen Sprache.“ (Paulwitz 2010a: 3) Diese Liebe wird zum identitätsstiftenden Gruppenmerkmal, aber eben auch zur Begründung für das eigene sprachpflegerische Engagement. In seinen „sprachpolitischen Thesen“ vertritt Heinrichs die Auffassung, „die Erhaltung und kreative Weiterentwicklung der Muttersprache“ sei die „Sache aller, die ihre Muttersprache lieben“. (Heinrichs 2010: 6) Aus dieser Zuständigkeitszuschreibung heraus kommt den Sprachpflegern der DSW eine besondere Autorität zu, wenn es um Fragen der deutschen Sprache geht. Wie man damit zugleich andere, denen diese Emotion fehlt bzw. abgesprochen wird, als inkompetent darstellen kann, zeigt der folgende Abschnitt.

4.4 Argumentationsmuster: Vorwurf der fehlenden Emotionalität beim Opponenten

Wird die eigene positive emotionale Einstellung zur deutschen Sprache hervorgehoben, so kritisieren Sprachpfleger die angeblich emotionslose Haltung der Sprachwissenschaftler. Charakteristisch für die Sicht der *Deutschen Sprachwelt* auf diesen Berufsstand ist die folgende Beschreibung ihres Schriftleiters Paulwitz:

> Die deutsche Sprache ist in der Obhut eines erlesenen Kreises von Sprachwissenschaftlern. Diese beobachten in aller Stille den „Sprachwandel" und wollen dabei möglichst ungestört bleiben. Hierbei sind sie eine friedliche Symbiose mit Sprachverhunzern eingegangen, die ebenso ungestört sein wollen, um die Sprache zu ihrem Nutzen zu prägen. Denn manche Sprachverderber wollen die Deutschen offenbar zu Konsumtrotteln erziehen, die alles kaufen, worauf „Sale", „Event" oder „Fun" steht.
> Die Sprachbeobachter wiederum stehen lediglich staunend daneben, bewundern diesen „Sprachwandel" und verzeichnen ihn fleißig in ihren Notizbüchern, womit sie ihre Arbeit als erledigt ansehen. (Paulwitz 2010b: 9)

Neben dem Vorwurf der elitären Abschottung („erlesener Kreis"), der auch eine mangelnde Kommunikationsbereitschaft bzw. Transparenz andeutet („in aller Stille"), steht hier also die Passivität der wissenschaftlichen Beobachterhaltung im Mittelpunkt der Kritik. Gerade weil von Sprachpflegern wie denjenigen der DSW „der aktuelle Sprachwandel [...] als besonders prekär, ja existenziell bedrohlich empfunden" (Spitzmüller 2005: 308) wird, kritisieren sie an den Sprachwissenschaftlern deren „Gleichgültigkeits-Haltung" (Paulwitz 2010a: 3). Dieser Vorwurf trifft manchmal konkrete Personen, wie z. B. den Germanisten Karl-Heinz Göttert, dem anlässlich einer Buchrezension eine „Beliebigkeitshaltung" (Paulwitz 2010c: 8) attestiert wird. An anderer Stelle bemängelt die DSW schon auf der Titelseite bei einem anderen Wissenschaftler dessen Einstellung:

> Der Hamburger Professor Anatol Stefanowitsch ist unter den Sprachwissenschaftlern einer der bedeutendsten Gegner der Sprachpflege. Der Verdrängung der deutschen Sprache steht er leidenschaftslos gegenüber. (o. Verf. 2010b: 1)

Diese Leidenschaftslosigkeit der Wissenschaftler (vgl. auch Spitzmüller 2005: 300) angesichts einer als bedrohlich empfundenen Situation des Sprachverfalls ist ein immer wieder geäußerter Kritikpunkt der Sprachpfleger in der DSW. Von dieser Position aus ist der Weg nicht mehr weit, um den teilnahmslos registrierenden Linguisten eine Komplizenschaft mit den „Sprachverderbern“ zu unterstellen, wie es Paulwitz oben in dem längeren Zitat andeutet.

4.5 Argumentationsmuster: Zuschreibung von ‚Selbsthass‘ beim Opponenten

Nicht nur fehlende emotionale Anteilnahme kann zum Gegenstand der Kritik werden, auch die Zuschreibung negativ zu bewertender Gefühle dient der Diskreditierung eines abweichenden Standpunkts. Insbesondere die Unterstellung von Hass ist dazu geeignet, die Gegenseite abzuwerten (vgl. Kap. 4.1). Noch häufiger thematisieren die Autoren der DSW den angeblichen „Selbsthass“ derjenigen, die Anglizismen verwenden. Bisweilen können die Sprachpfleger dabei sogar auf Zustimmung aus der Sprachwissenschaft verweisen. So druckt die DSW 2008 einen Auszug aus Jürgen Trabants Buch „Was ist Sprache?“, in dem es heißt:

> Kaum eine andere Sprache wird derzeit so mit englischen Wörtern vollgeschüttet wie das Deutsche, von Werbeagenturen, Politikern, flotten Wissenschaftlern und Journalisten, also von den Sprechern, die das Sagen haben und die ganz offensichtlich diese Sprache hassen oder zumindest verachten (anders kann man sich die Vehemenz und Aggressivität dieser Entwicklung hierzulande nicht erklären). (Trabant 2008: 3)

Trabant stellt hier Hass bzw. Verachtung sogar als einzige mögliche Erklärung für den Einfluss von Anglizismen dar. Selbsthass und Anglizismengebrauch sind somit Teile einer diagnostizierten „Identitätsstörung“ deutscher Sprachbenutzer (vgl. Spitzmüller 2005: 284-289). Dabei können die Zusammenhänge auf zwei unterschiedliche Weisen gesehen werden. Entweder ist die Verwendung von Anglizismen *Ursache* des Selbsthasses oder aber dessen *Folge* (vgl. Spitzmüller 2005: 285). So sieht der DSW-Mitarbeiter Wolfgang Hildebrandt in der Herbstausgabe 2011 die Orientierung an der englischen Sprache als Symptom für deutsche Identitätsprobleme:

> Durch die Bereitschaft vieler Bürger, die Welt durch die angloamerikanische Brille zu sehen, wächst schleichend die Verachtung für die Muttersprache [...]. Dies ist die moderne (Zeitgeist-)Form des Selbsthasses und der Verleugnung der eigenen Identität. (Hildebrandt 2011: 5)

In diesem Kontext stellt Hildebrandt jene „moderne [...] Form des Selbsthasses“ als Ursache der Anglizismenverwendung dar. Eine umgekehrte Variante des Kausalverhältnisses von Emotion und Sprachgebrauch formuliert Paulwitz zwei Jahre zuvor:

> Der massenhafte Gebrauch entbehrlicher Anglizismen führt [...] zu einem Unterlegenheits- und Minderwertigkeitsgefühl, das schädlich ist für die Weiterentwicklung der eigenen Sprache und Kultur. (Paulwitz 2009b: 10)

Hauptsatz und Relativsatz bilden also eine Kausalkette, die vom Sprachgebrauch zu einem Gefühl führt, dem wiederum negative Folgen für „Kultur und Sprache" zugeschrieben werden. Dabei geht es den Verfassern offensichtlich nicht um eine explikative Darstellung von Sprachentwicklung. Vielmehr handelt es sich um ein Argumentationsmuster, das die kausalen Zusammenhänge in kritischer Absicht verwendet: Nimmt man die implizite Prämisse hinzu, dass „Selbsthass" bzw. ein „Unterlegenheits- und Minderheitsgefühl" unangemessene Emotionen sind, so stellt auch der Anglizismengebrauch – sei es als deren Ursache oder als deren Ausdruck – eine unangemessene Form der Sprachverwendung dar. Kausalitätsmuster dieser Art übernehmen so zugleich eine explikative und eine argumentative Funktion. Darüber hinaus reichen die Ursache-Wirkung-Muster in diesem Bereich schon ins Feld der Ad-hominem-Argumentation hinein: Die Argumente der Gegenseite sollen dadurch diskreditiert werden, weil sie auf die diagnostizierten Identitätsstörungen in Form des „Selbsthasses" und damit auf eine defekte Persönlichkeit zurückzuführen sind.

4.6 Argumentationsmuster „ad hominem"

Ob Argumente „ad hominem" legitim sind oder nicht und wo ggf. die Grenze zu ziehen wäre, ist umstritten (vgl. zum Folgenden Salmon 1993: 191-197 sowie Bayer 1999: 135-139). Argumente dieses Typs beziehen sich im Wesentlichen darauf, von welcher Person oder welcher Gruppe eine bestimmte These vertreten wird. Manchmal ist es gerechtfertigt und vernünftig, eine These allein schon deshalb für falsch zu halten, weil eine bestimmte Person sie vertritt. Es kann durchaus rational sein, den Aussagen einer Person X zum Sachgebiet Y zu misstrauen, wenn sich bisher alle oder die meisten Aussagen von X zu Y als falsch erwiesen haben. Denn dann ist die Person X bezogen auf das Sachgebiet Y offenkundig inkompetent.

Bei anderen Ad-hominem-Argumenten besteht jedoch die Gefahr von Trugschlüssen, wenn man Personen jede Glaubwürdigkeit abspricht, ohne ausreichende Gründe dafür vorbringen zu können. Das ist oft der Fall, wenn die Persönlichkeit eines Menschen, seine Psyche, seine soziale Gruppenzugehörigkeit, seine Vorlieben und Interessen, seine ethnische Herkunft, sein Alter, sein Geschlecht etc. zum Gradmesser des Wahrheitsgehalts seiner Aussagen werden. Jemandem die Kompetenz auf diese Weise abzusprechen, führt in der Regel dazu, dass die Äußerungen jener Person zum jeweiligen Thema nicht mehr ernst genommen werden und sie somit aus dem Diskurs ausgeschlossen wird. Die dahinter stehende Strategie, Personen als solche unglaubwürdig zu machen, führt daher in letzter Konsequenz zur Beendigung der argumentativen Auseinandersetzung. So dienen Ad-hominem-Argumente potenziell als destruktive kommunikative Techniken.

DSW-Autoren nehmen besonders häufig Sprachwissenschaftler mittels Adhominem-Argumente ins Visier. Das bedeutet, dass Thesen und Argumente von Linguisten nicht zählen, eben weil sie von Linguisten stammen. Hintergrund ist dabei meist deren angebliche Passivität angesichts des konstatierten Sprachverfalls. Im vierten Teil seiner Artikelserie „Deutschland schafft seine Sprache ab" untersucht Sprachwelt-Mitarbeiter Wolfgang Hildebrandt die „institutionellen Hintergründe der fehlenden Sprachtreue" (Unterzeile), die er für den „Prozeß des allmählichen Verschwindens unserer Sprache" (Hildebrandt 2012: 7) verantwortlich macht:

> Wo aber bleibt der Aufschrei der Germanisten? Wirft deren Schweigen nicht ein schlechtes Licht auf die deutsche Linguistik? Tatsache ist: Sowohl die mit Millionen aus Steuergeldern geförderten Sprachgesellschaften als auch die Sprachwissenschaftler an den deutschen Universitäten haben sich selbst in eine Sackgasse manövriert. Seit Jahren haben die meisten nur zugeschaut, wie „Macher" die Sprache veränderten und zum Teil bis zur Unverständlichkeit verwursteten. Für diese Einrichtungen gibt es kein Zurück, denn damit müßten sie zugeben, versagt zu haben. Also führen sie ihre Politik fort: Sie verschweigen und verharmlosen die ernste Lage. (Hildebrandt 2012: 7)

Typisch ist an diesen Ausführungen die psychologisierende Interpretation, die sich nicht auf die Argumente der Gegenseite einlässt, sondern deren Position anhand der unterstellten Motive („Sackgasse", „kein Zurück") beurteilt. Gerade die Lokalisierung von Sprachgesellschaften und Sprachwissenschaftlern in „Einrichtungen, die fast ausschließlich von Steuergeldern am Leben gehalten werden" (Paulwitz, 2010a: 3), ist ein häufiger verwendeter Topos der Sprachpfleger in der DSW, die sich als Zeitschrift selbst durch Spenden finanziert:

> Die steuerfinanzierten Institutionen sitzen in einer Abhängigkeitsfalle: Für sie ist es am besten, wenn sich am gegenwärtigen Zustand möglichst wenig ändert. Zwar werden sie

> von Kräften getragen, die zumeist eine sprachwissenschaftliche Ausbildung haben; doch diese ist, wie wir gesehen haben, von einer Gleichgültigkeits-Haltung geprägt. So ist es kein Wunder, daß diese Einrichtungen beispielsweise eine Verfassungsänderung zugunsten der deutschen Sprache ablehnen. Zu viel Kritik könnte außerdem die Finanzierung gefährden. (Paulwitz, 2010a: 3)

Schriftleiter Paulwitz argumentiert genauso wie sein Mitarbeiter Hildebrandt: Allein die „Abhängigkeit“ und die Finanzierungsfrage („kein Wunder“) entscheiden über die Glaubwürdigkeit von Personen und Institutionen; die vermeintliche Verknüpfung von Staat (Politik) und Wissenschaft über Steuergelder trägt in den wiederholten Darstellungen der DSW schon Züge einer Verschwörungstheorie. Oft vergleichen sich die Sprachpfleger der Zeitschrift dabei mit den professionellen Linguisten – und sehen sich benachteiligt:

> Es sind die von uns Steuerzahlern ausgehaltenen Berufsbeschwichtiger, die mit der deutschen Sprache Geld verdienen, nicht die ehrenamtlichen Sprachschützer, die selbstlos und gemeinnützig bei Wind und Wetter für die Erhaltung der deutschen Sprache kämpfen. (Paulwitz 2009b: 10)

Vorhaltungen dieser Art werden in ihrer Aggressivität noch überboten von Argumenten, die nicht mehr dem Bereich „ad hominem“ zuzurechnen sind, sondern schon die Grenze zur persönlichen Diffamierung („ad personam“) überschreiten. So hält Paulwitz der Potsdamer Sprachwissenschaftlerin Heike Wiese anlässlich ihrer Publikation zum „Kiezdeutsch“ im Rahmen eines als „Satire“ betitelten Textes vor, dass sie als Professorin „Mercedes“ statt Bus fahre (Paulwitz 2012a: 4). In diesem Zusammenhang zitiert Paulwitz zudem aus einem Agenturbericht, in dem Wiese über „Beschimpfungen von Kritikern“ spricht sowie über die Drohung, „ihre beiden kleinen Töchter zu vergewaltigen“ (Paulwitz 2012b: 4). Paulwitz nutzt seine „Satire“ dazu, um sich auch über diese Drohung lustig zu machen (Paulwitz 2012a: 4). Solche Ausfälle mögen in den Publikationen der DSW selten sein, doch erhöhen Diffamierungen von Personen wohl kaum die Gesprächsbereitschaft auf Seiten der Linguisten.

Es sei hier nicht verschwiegen, dass auch Sprachwissenschaftler manchmal zu Ad-hominem-Argumenten greifen, wenn etwa Willy Sanders die Klagen über Sprachverfall als „Produkt der fortgeschritteneren Lebenszeit“ indirekt auf die „Bejahrtheit aller unserer Stillehrer und Sprachkritiker“ zurückführt. (Sanders 1992: 57) Unabhängig von solchen konkreten Äußerungen ist jedoch ein Grundempfinden der Kränkung bei den Sprachpflegern zu konstatieren, sie fühlen sich von Linguisten nicht ernst genommen: „Sie [sc. die Germanisten] machen die Sprachschützer lächerlich, im günstigsten Fall wird ihr Fachwissen in Frage gestellt." (Hildebrandt 2012: 7) Wie in einer derart problematischen Konstellation Kommunikation zwischen Wissenschaft und Sprachpflege noch gelingen kann, soll das Schlusskapitel kurz andeuten.

5 Fazit und Ausblick: Zur Kommunikation zwischen Sprachwissenschaftlern und Sprachkritikern

Dass Emotionen im sprachlichen Ausdruck von Argumentationen oft eine Rolle spielen, ist leicht zu zeigen. Mitunter ist allerdings fraglich, ob Gefühle im jeweils aktuellen Diskurs relevant sind. Dies gilt auch für den Diskurs über Sprachwandel, Sprachpflege und Sprachkritik. Generell können Kommunikationsprobleme entstehen, wenn in einer argumentativen Auseinandersetzung die eine Seite emotional argumentiert, während die andere Seite dies für irrelevant hält. Solche „Argumentationsbarrieren" (Kopperschmidt 1989: 176) treten auf, wenn sich Argumente auf Prämissen oder Schlussregeln stützen, bei denen die „gruppenspezifischen Plausibilitätspotenziale" (Kopperschmidt 2005: 81) keine Schnittmenge haben: Die Diskutanten eines Diskurses sprechen dann in Habermas' Sinn unterschiedliche „Begründungssprachen" (vgl. Kopperschmidt 2005: 113-121).

Sprachkritiker und Sprachpfleger verbinden mit ihrem Engagement oft Gefühle. Wenn diese Tatsache von den Vertretern der Linguistik übergangen oder gar höhnisch kommentiert wird, scheint eine bessere Verständigung in der Zukunft wenig wahrscheinlich. Daher fordert Hoberg aus Sicht einer wissenschaftlich begründeten Sprachpflege, „dass der Sprachpfleger auf ‚Laien' hören, ihre Bedürfnisse und Sorgen ernst nehmen und mit ihnen diskutieren muss" (Hoberg 2007: 350).

Die Kommunikation mit der Sprachwissenschaft ist aus Sicht der Sprachpfleger ohnehin gestört. In einem bereits zitierten, ironischen Meinungsartikel mit dem Titel „Wie schreibt man eine Anti-Sprachschutz-Glosse?" beklagt sich DSW-Schriftführer Thomas Paulwitz darüber, dass Linguisten sich die Meinungsherrschaft zu sichern versuchten, und zwar vornehmlich in Form von Glossen, „mit denen Sprachfreunde verhöhnt und verspottet werden" (Paulwitz

2010b: 9). Deren erstes Ziel sei es, „die Sprachschützer lächerlich zu machen" (Paulwitz 2010b: 9). An einer Auseinandersetzung seien die Linguisten, so Paulwitz' Vorwurf, in Wirklichkeit gar nicht interessiert: „Letztlich geht es darum, eine Diskussion geschickt zu verhindern." (Paulwitz 2010b: 9) Diesem Misstrauen kann ein Fachwissenschaftler wohl nur begegnen, indem er Sachverhalte geduldig, aber nicht oberlehrerhaft immer wieder erläutert.

Da dennoch zu fragen ist, ob Empfindungen wie Angst oder Ärger auf Seiten der Sprachkritiker angesichts bestimmter linguistischer Phänomene angemessen sind oder nicht, eröffnet eine Analyse der Emotionalität sprachkritischer Diskurse letztlich neue Möglichkeiten für eine Verständigung zwischen Sprachwissenschaft und Sprachpflege. Wesentliche Elemente emotionaler Sprachkritik bzw. Sprachpflege – Beobachtungen sprachlicher Phänomene, deren Bewertungen, die Gefühle, die all dies bei Sprachkritikern und Sprachpflegern auslöst, und die Handlungen, die daraus folgen – sind in der untenstehenden Übersicht dargestellt. Die Varianten A und B ergeben sich, weil entweder Beobachtungen direkt Bewertungen und erst in deren Folge Gefühle auslösen können oder aber Beobachtungen zunächst eine emotionale Reaktion hervorrufen, die dann in einer Bewertung resultiert – in der Praxis wird die tatsächliche Reihenfolge nicht immer mit voller Gewissheit zu rekonstruieren sein:

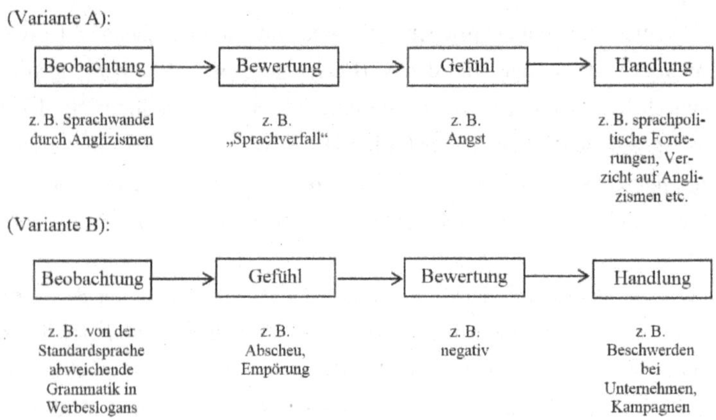

Abb. 11: Elemente emotionaler Sprachkritik/Sprachpflege

Diese Kausalzusammenhänge ermöglichen in mehrfacher Hinsicht einen kommunikativen Anschluss: Die Elemente „Beobachtung", „Gefühl", „Bewertung" und „Handlung" können selbst wiederum Gegenstand von Kritik werden. Die Beobachtungen können zutreffend sein oder nicht, ein Gefühl kann – wie in Kap. 3 gezeigt – als angemessen oder unangemessen eingestuft werden, eine Bewertung ist nach den zugrunde gelegten Kriterien und Wertmaßstäben hinsichtlich ihrer Angemessenheit zu beurteilen und eine daraus resultierende Handlung kann mehr oder weniger nützlich, sinnvoll oder konsequent sein. Das Fachwissen der Linguisten qualifiziert diese vor allem zur Beantwortung der Frage, ob die Beobachtungen der Sprachpfleger etwa in quantitativer Hinsicht die Sprachwirklichkeit überhaupt korrekt wiedergeben.

Für den argumentationsanalytischen Zugang zum Phänomen der Sprachpflege und Sprachkritik ist die Berücksichtigung der emotionalen Motive der Sprachpfleger in argumentativen Kontexten – sofern sie verbalisiert sind – schon allein deshalb sinnvoll, weil die Einstellungen und Wertungen der Diskutanten andernfalls oft unerklärlich blieben. Statt als Linguist ratlos oder achselzuckend dem Wutausbruch des Sprachpflegers gegenüberzustehen, lässt sich die Emotionalität in der Diskussion besser verstehen, wenn man diese als integrativen Teil der Debatte auffasst. Ob Gefühle an entsprechender Stelle tatsächlich „ihren Platz haben", welche „Begründungssprache" mithin angemessen ist, wäre gesondert zu klären. Sich – und den Sprachpflegern – diese Frage allerdings auf metakommunikativer Ebene überhaupt zu stellen, mag schon zu einer besseren Verständigung beitragen. Zu einer Diskussion zwischen Sprachwissenschaft und Sprachpflege wird es wohl zwangsläufig gehören, dass einige der Prämissen in Frage gestellt werden, auf denen sich die Argumente der jeweiligen Gegenseite stützen. Spitzmüller bezweifelt die Nützlichkeit von solchen „Grundsatzdiskursen" (2005: 281) und spricht sich stattdessen für eine Diskussion aus, „bei der die Teilnehmer sich bewusst sind, dass die eigenen Prämissen nicht die des andern sein müssen" (2005: 367).

Für die weitere Forschung auf diesem Feld kann diese explorative Studie mit ihren Beispielen nur eine Anregung sein. Zu prüfen wäre, ob andere zeitgenössische Vereine und Autoren mit ähnlichen Mustern und Strategien argumentieren. So könnte eine breiter angelegte Untersuchung mit makrostruktureller Perspektive zur Diskursanalyse der Sprachkritik einiges beitragen, zumal Gefühle in aktuellen sprachkritischen Publikationen offenkundig ja nicht unbedeutend sind.

Ergiebig wäre vermutlich auch ein historischer Vergleich der Funktion von Gefühlen in sprachkritischer Argumentation. Schließlich ist der Verweis auf Emotionen gerade bei der Fremdwortkritik alles andere als neu – schon vor über einem Jahrhundert empfahl Eduard Engel Zorn als Mittel der Sprachpflege: „Gegen brandige Wunden wie die Fremdwörterei hilft nur das glühende Eisen des Zornes" (Engel 1922 [orig. 1911]: 7). Immerhin greifen die Sprachpfleger von heute nur noch selten auf derart drastische Formulierungen zurück.

Literatur:

Aristoteles (1999): *Rhetorik*. Übers. u. hg. v. Gernot Krapinger. Stuttgart: Reclam.

Balzer, Albrecht (2007): „Sprache im Dienst", in: *Deutsche Sprachwelt* 30, 3.

Baumgart, Dieter J. (2006): „Ein Kuss ist kein Kuß. Wie den Wörtern die Wurzeln ausgerissen werden", in: *Deutsche Sprachwelt* 25, 9.

Bayer, Klaus (1999): *Argument und Argumentation. Logische Grundlagen der Argumentationsanalyse*. Opladen: Westdeutscher Verlag.

Ben-Ze'ev, Aaron (1995): „Emotions and Argumentation", in: *Informal Logic* 17/2, 189-200.

Braun, Roman (2008): *Die Macht der Rhetorik. Besser reden – mehr erreichen*. Aktualisierte Neuausgabe. München/Zürich: Piper.

Carozza, Linda (2007): „Dissent in the Midst of Emotional Territory", in: *Informal Logic* 27/2, 197-210.

Deppermann, Arnulf (2003): „Desiderata einer gesprächsanalytischen Argumentationsforschung", in: Deppermann, Arnulf/Hartung, Martin (eds.): *Argumentieren in Gesprächen. Gesprächsanalytische Studien*. Tübingen: Stauffenburg, 10-26.

dsw (2010): „Affenstarke Werbung für die DEUTSCHE SPRACHWELT. Steinfelds Standpauke in der SZ bringt den Sprachschützern Zulauf", in: *Deutsche Sprachwelt* 40, 10.

Edmüller, Andreas/Wilhelm, Thomas (2005): *Argumentieren. Sicher – treffend – überzeugend*. 3. Aufl. Planegg: Haufe.

Engel, Eduard (1922): *Deutsche Stilkunst*. 30., umgearb. u. verm. Aufl. Leipzig: Freytag.

Etrillard, Stéphane (2007): *Erfolgreiche Rhetorik für gute Gespräche. 150 Fragen & Antworten zur souveränen Gesprächsführung in Beruf und Alltag*. Paderborn: Junfermann.

Fries, Norbert (2007): „Die Kodierung von Emotionen in Texten. Teil 1: Grundlagen", in: *Journal of Literary Theory* 1/2, 293-337.

Gramm, Christof (2005): *Argumentieren. Das Trainingsbuch. So behalten Sie in Diskussionen die Oberhand*. Planegg: Haufe.

Habermas, Jürgen (1984): „Wahrheitstheorien", in: Habermas, Jürgen: *Vorstudien und Ergänzungen zur Theorie des kommunikativen Handelns*. Frankfurt a. M.: Suhrkamp, 127-183.

Habermas, Jürgen (1988): *Theorie des kommunikativen Handelns. Band 1: Handlungsrationalität und gesellschaftliche Rationalisierung*. Frankfurt a. M.: Suhrkamp.

Hägg, Göran (2004): *Überreden – Überzeugen – Gewinnen. 30 kleine Lektionen in moderner Rhetorik.* München: Beck.

Heinrichs, Johannes (2010): „Das wichtigste nationale Kulturprojekt: die Sprache. Teil 1: Das Deutsche in die Zukunft übersetzen“, in: *Deutsche Sprachwelt* 42, 6.

Hildebrandt, Wolfgang (2011): „Deutschland schafft seine Sprache ab. Teil 2: Psychologische Hintergründe der fehlenden Sprachtreue“, in: *Deutsche Sprachwelt* 45, 5.

Hildebrandt, Wolfgang (2012): „Deutschland schafft seine Sprache ab. Teil 4: Institutionelle Hintergründe der fehlenden Sprachtreue“, in: *Deutsche Sprachwelt* 47, 7.

Hoberg, Rudolf (2000): „Sprechen wir bald alle Denglisch oder Germeng?“, in: Eichhoff-Cyrus, Karin M./Hoberg, Rudolf (eds.): *Die deutsche Sprache zur Jahrtausendwende. Sprachkultur oder Sprachverfall?* Mannheim u. a.: Duden, 303-316.

Hoberg, Rudolf (2007): „Besseres Deutsch. Was kann und soll eine wissenschaftlich begründete Sprachpflege tun?“, in: Burkhardt, Armin (ed.): *Was ist gutes Deutsch? Studien und Meinungen zum gepflegten Sprachgebrauch.* Mannheim u. a.: Duden, 346-359.

Kienpointner, Manfred (1992): *Alltagslogik. Struktur und Funktion von Argumentationsmustern.* Stuttgart/Bad-Cannstatt: Frommann-Holzboog.

Kienpointner, Manfred (1996): *Vernünftig argumentieren. Regeln und Techniken der Diskussion.* Reinbek: Rowohlt.

Kilian, Jörg/Niehr, Thomas/Schiewe, Jürgen (2010): *Sprachkritik. Ansätze und Methoden der kritischen Sprachbetrachtung.* Berlin/New York: de Gruyter.

Klein, Josef (1987): *Die konklusiven Sprechhandlungen. Studien zur Pragmatik, Semantik, Syntax und Lexik von BEGRÜNDEN, ERKLÄREN-WARUM, FOLGERN und RECHTFERTIGEN.* Tübingen: Niemeyer.

Klein, Wolfgang (1980): „Argumentation und Argument“, in: *Zeitschrift für Literaturwissenschaft und Linguistik* 38/39, 9-57.

Klose, Stephan-Thomas (2007): „‚Brötchengeber‘ statt ‚Backshop‘“, in: *Deutsche Sprachwelt* 30, 11.

Kopperschmidt, Josef (1989): *Methodik der Argumentationsanalyse.* Stuttgart/Bad Cannstatt: Frommann-Holzboog.

Kopperschmidt, Josef ([2]2005): *Argumentationstheorie zur Einführung.* Hamburg: Junius.

Landweer, Hilge/Newmark, Catherine (2009): „Seelenruhe oder Langeweile, Tiefe der Gefühle oder bedrohliche Exzesse? Zur Rhetorik von Emotionsdebatten.“ In: Harbsmeier, Martin/Möckel, Sebastian (eds.): *Pathos, Affekte, Emotion. Transformationen der Antike.* Frankfurt a. M.: Suhrkamp, 79-106.

Laux, Heinz (2006): „Weinekarte? Leserbrief zum Beitrag von Dagmar Schmauks, ‚Man i(s/ß)t deutsch‘, in DSW 25, Seite 12“, in: *Deutsche Sprachwelt* 26, 2.

o. Verf. (2006): „Empfindlich gegen Sprachverstöße“, in: *Deutsche Sprachwelt* 25, 3.

o. Verf. (2010a): „Feuilletonisten zur Weißglut gebracht“, in: *Deutsche Sprachwelt* 40, 1.

o. Verf. (2010b): „Beschwichtigung: Vom Gegner gelobt“, in: *Deutsche Sprachwelt* 42, 1.

o. Verf. (2011): „Sprachsünder-Ecke: ‚For You. Vor Ort‘. Schlecker geht uns auf den Wecker“, in: *Deutsche Sprachwelt* 44, 10.

Paulwitz, Thomas (2007): „Lassen Sie uns dieses Wunder erhalten“, in: *Deutsche Sprachwelt* 27, 6.

Paulwitz, Thomas (2009a): „Der Sprachschützer als Massenmörder?“, in: *Deutsche Sprachwelt* 36, 10.

Paulwitz, Thomas (2009b): „Deutschlehrer, denen Englisch lieber ist", in: *Deutsche Sprachwelt* 37, 10.

Paulwitz, Thomas (2010a): „Kräfte bündeln für die Muttersprache", in: *Deutsche Sprachwelt* 40, 3.

Paulwitz, Thomas (2010b): „Wie schreibt man eine Anti-Sprachschutz-Glosse?", in: *Deutsche Sprachwelt* 41, 9.

Paulwitz, Thomas (2010c): „Unzuverlässig, fehlerhaft, dürftig. Neues vom Macher des Aldi-Wörterbuchs: ‚Deutsch – Biografie einer Sprache'", in: *Deutsche Sprachwelt* 41, 8.

Paulwitz, Thomas (2011): „Werber, Werber, Sprachverderber", in: *Deutsche Sprachwelt* 44, 1.

Paulwitz, Thomas (2012a): „Keksdeutsch – eine Satire", in: *Deutsche Sprachwelt* 47, 4.

Paulwitz, Thomas (2012b): „Stammeldeutsch ist kein neuer Dialekt!", in: *Deutsche Sprachwelt* 47, 4.

Ruede-Wissmann, Wolf (2000): *Satanische Verhandlungskunst und wie man sich dagegen wehrt*. 5. Aufl. München: Langen Müller Herbig.

Salmon, Wesley C. (1993): *Logik*. Stuttgart: Reclam.

Sanders, Willy (1992): *Sprachkritikastereien und was der „Fachler" dazu sagt*. Darmstadt: Wissenschaftliche Buchgesellschaft.

Schiewe, Jürgen (1998): *Die Macht der Sprache. Eine Geschichte der Sprachkritik von der Antike bis zur Gegenwart*. München: Beck.

Schmid, Wolf (2006): Aufstieg und Niedergang der Sprache. In: *Deutsche Sprachwelt* 26, 7.

Schopenhauer, Arthur (1991): *Eristische Dialektik oder Die Kunst, Recht zu behalten in 38 Kunstgriffen dargestellt*. 7. Aufl. Zürich: Haffmans.

Schwarz-Friesel, Monika (2007): *Sprache und Emotion*. Tübingen/Basel: Francke.

Schwinn, Horst (2005): „Sprachkritik ist begründbar! Über die Verortung einer linguistischen Sprachkritik", in: *Aptum* 1/2005, 37-51.

Skupy, Hans-Horst (Hg.) (1993): *Das große Handbuch der Zitate*. München: Bassermann.

Sousa, Ronald de (2009): *Die Rationalität des Gefühls*. Frankfurt: Suhrkamp.

Spitzmüller, Jürgen (2005): *Metasprachdiskurse. Einstellungen zu Anglizismen und ihre wissenschaftliche Rezeption*. Berlin/New York: de Gruyter.

Thiele, Albert (2001): *So überzeugen Sie! Souverän diskutieren, präsentieren, verhandeln*. Niedernhausen/Ts.: Falken.

Toulmin, Stephen E. (2003): *The Uses of Argument*. Updated edition. Cambridge: Cambridge University Press.

Trabant, Jürgen (2008): „Globalesisch ist ein Sprachenkiller", in: *Deutsche Sprachwelt* 32, 3.

Walton, Douglas (1992): *The Place of Emotion in Argument*. University Park, Pennsylvania: Pennsylvania State University Press.

Personenbezeichnungen mit Unterstrich und geschlechtsneutrale Pronomen: Zur queerfeministischen Sprachkritik in Deutschland und Schweden

Magnus P. Ängsal

1 Einleitung

In diesem Beitrag wird zwei aktuellen Sprachwandelerscheinungen nachgegangen, deren Auftreten und Gebrauch auf sprachkritische Überlegungen zurückzuführen sind und die selbst Gegenstand sprachkritischer Bewertungen geworden sind. Zur Diskussion steht erstens die Unterstrichform des Deutschen (z.B. *Lehrer_innen*), einschließlich ihrer sprachkritischen Hintergründe.[1] Zweitens wird das aus dem Finnischen in das Schwedische entlehnte geschlechtsneutrale Pronomen *hen* auf sprachkritische Aspekte hin analysiert, doch auch der Gebrauch von *hen* wird in den Blick genommen, u. z. anhand exemplarischer Belege. Diesen beiden Erscheinungen ist eine ihnen zugrundeliegende queertheoretisch/queerfeministisch begründete Sprachkritik teilweise gemeinsam, die es in diesem Beitrag ebenfalls zu beschreiben gilt.

Es besteht zwischen Unterstrichformen im Deutschen und dem geschlechtsneutralen Pronomen *hen* im Schwedischen ein zentraler Unterschied, der an dieser Stelle zu nennen ist, da er die Vergleichbarkeit dieser beiden Phänomene miteinander etwas relativiert. Wie sich noch zeigen wird, ist die Unterstrichform eine an das Schriftsystem gebundene Erscheinung, während das *hen* ein sprachsystemspezifisches Phänomen ist, d.h. seine Funktion lässt sich nur anhand des schwedischen Sprachsystems (spezifisch des Systems der Personalpronomen) erklären.[2] Diese schrift- bzw. systemspezifischen Eigenschaften dienen im Folgenden als Hintergrund für die Analyse der mit diesen beiden Erscheinungen verbundenen sprachkritischen Ausführungen, die den Hauptfokus des Beitrages bildet. Die übergreifende Fragestellung dieses Artikels lautet demzufolge: Wel-

[1] Abschnitt 2 dieses Artikels, zu feministischer Sprachkritik und Unterstrichformen im deutschsprachigen Raum, basiert weitest gehend auf dem bereits erschienen Artikel Ängsal (2011), siehe hierzu das Literaturverzeichnis.

[2] Für den Hinweis auf diesen wichtigen Umstand bin ich Jörg Bücker dankbar.

che sprachkritischen Begründungen lassen sich für die beiden Phänomene feststellen? Nachgegangen wird auch der Frage, inwieweit Unterstrichformen und *hen* auch in den Sprachgebrauch Eingang gefunden haben, wenn auch bei *hen* wegen seiner leicht handhabbaren Suchbarkeit der Gebrauchsaspekt deutlicher in den Vordergrund rückt. Die letztgenannte Frage wird nicht anhand systematischer Abfragen von Sprach-korpora beantwortet, diesbezüglich ist diese Studie somit weder als repräsentativ noch als exhaustiv anzusehen, sondern es werden einzelne Belege in verschiedenen Texten angeführt, die höchstens eine Tendenz anzudeuten vermögen.

2 Unterstrichformen im Deutschen

2.1 Feministische Sprachkritik

Der feministischen Sprachkritik im deutschen Sprachraum, so wie man sie aus den Anfängen in den 1970er Jahren kennt, liegt der Standpunkt zugrunde, dass patriarchalische Strukturen durch Sprache nicht nur widergespiegelt, sondern auch sedimentiert und konstruiert werden. So lautete eine zentrale These in Robin T. Lakoffs einflussreichem Buch *Language and Woman's Place* (1975), das auch für sprachkritische Diskussionen in der Frauenbewegung und anderen feministischen Strömungen im deutschsprachigen Raum der 1970er- und 1980er Jahre wegweisend wurde. Diesem Standpunkt zufolge ist Sprache nicht nur Symptom, sie ist auch Agens, d.h. Handlungstragende, indem sie gesellschaftliche Umstände wie z.B. die Ungleichheit von Frauen und Männern mitprägt. Wenn folglich Sprache zur Benachteiligung von Frauen beitrage, müsse sie dementsprechend reformiert werden, damit Frauen und Männer Gleichbehandlung erfahren, und zwar auch und gerade in sprachlicher Hinsicht. Nicht nur von der feministischen Sprachkritik wurde diese Position zentral gesetzt, sie wurde auch weitgehend für die feministische Linguistik bestimmend,[3] die wiederum nicht in erster Linie der damaligen Sprachwissenschaft entstammte, sondern dem feministischen Umfeld (Gorny 1995: 518). Fast ausnahmslos wurde dabei von dem Vorhandensein zweier Geschlechterkategorien (‚Mann' und

[3] Diese Position ist jedoch auch seitens genderlinguistischer Forschung kritisiert worden, vgl. hierzu exemplarisch Klann-Delius (2005: 136-137, 138).

‚Frau') ausgegangen, ob es sich nun um das Redeverhalten *von* Frauen und Männern oder um das Sprechen und Schreiben *über* Frauen und Männer handelte – dies waren die von Lakoff (1975: 8, 42) erkannten Schwerpunkte der zu dieser Zeit noch recht jungen feministischen Linguistik. Dies gilt zum großen Teil auch für die feministische Sprachkritik in Deutschland. Nur ausgehend von einer angenommenen Zweigeschlechtlichkeit lassen sich auch die zahlreichen Bestrebungen verstehen, bei Referenz auf Frauen nicht mehr das Maskulinum (z.B. *der Lehrer*), sondern das movierte Femininum (*die Lehrerin*) anzuwenden. Bei geschlechtsübergreifenden Referenzen hat diese Strategie darin ihr Pendant, das derzeit noch übliche Maskulinum (z.B. *die Lehrer*) entweder durch Neutralformen (z.B. *Lehrende*) oder durch Beidbenennungen oder Splittingformen (z.B. *Lehrerinnen und Lehrer*, *LehrerInnen*, *Lehrer/innen*) zu ersetzen, so wie dies in zahlreichen Richtlinien für einen nicht-sexistischen Sprachgebrauch, z.B. Guentherodt et al. (1980), zum Ausdruck gebracht worden ist (vgl. Klann-Delius 2005: 184-191). Poststrukturalistisch orientierte und davon ausgehende queertheoretische Sichtweisen auf Geschlecht wurden jedoch, so Hornscheidt (2002: 18-40), von der feministischen Linguistik in den deutschsprachigen Ländern lange kaum rezipiert.

2.2 Personenbezeichnungen mit Unterstrich im Deutschen

Seit etwa zehn Jahren macht sich diesbezüglich eine Entwicklung bemerkbar: Neben der feministischen Sprachkritik, so wie sie oben beschrieben wurde, findet sich auch eine Sprachkritik, die in den nachstehenden Ausführungen als queerfeministisch bezeichnet werden soll. Man könnte sie auch, wie in Ängsal (2011: 273-274), postfeministisch nennen. Da der Oberbegriff Postfeminismus jedoch nicht nur queertheoretische Positionen, sondern darüber hinausgehende Ansätze zur Populärkultur usw. enthalten kann (Gamble 1999: 43), dürfte das Attribut queerfeministisch den Kern dieser Sprachkritik noch prägnanter erfassen, obwohl sich die Queertheorie in einer postfeministischen Strömung verorten lässt (Gamble 1999: 50).

Die queerfeministische Sprachkritik übt nicht nur an vermeintlich patriarchalischen und heterosexistischen Sprachverwendungen und Gesellschaftsstrukturen Kritik. Gegenstand ihrer Auseinandersetzungen bildet auch die feministische Sprachkritik, und zwar sowohl im Hinblick auf deren sprachtheoretische Standpunkte als auch auf deren Sichtweise auf Geschlecht. Dies wird noch weiter unten ausgeführt, an dieser Stelle ist aber v.a. auf die Kritik an der angenommenen Natürlichkeit von Geschlechterkategorien (und anderen Identitäten) seitens der Queertheorie hinzuweisen (Butler 1991: 59-60; vgl. einführend hierzu Degele 2008: 43-44). In einer queertheoretischen und (in ihrer feministischen Einbindung) queerfeministischen Konzeption werden die Kategorien ‚Mann' und ‚Frau' als solche hinterfragt und kritisiert, was sowohl die Auseinandersetzung mit früheren feministischen Positionen als auch die konkreten sprachpolitischen und sprachpraktischen Vorschläge der queerfeministischen Sprachkritik erklärt.

2.2.1 Der fixierte Unterstrich

Der fixierte Unterstrich in Personenbezeichnungen stellt den ersten Schritt einer Entwicklung der Beidbenennung zu einer anderen, auch sprachlich sichtbaren Geschlechterkonzeptualisierung dar. Wenn die Variante der Beidbenennung, in der ein versales ‚I' den Beginn des femininen Movierungssuffixes hervorhebt und so beide Geschlechter sichtbar macht, wie z.B. in *StudentIn* oder *LehrerIn*, dann kommt mit dem Unterstrich eine neue Dimension hinzu. Man vergleiche hierzu exemplarisch den folgenden Beleg auf der Homepage des österreichischen *Verbandes Sozialistischer Student_innen*:

> Der Verband sozialistischer Student_innen ist eine Organisation, in der sich viele junge Menschen und Studierende engagieren, weil sie gemeinsam die aktuelle Hochschulpolitik mitgestalten und sich gegen Ungerechtigkeiten in unserer Gesellschaft einsetzen wollen. Wir sind Teil der Österreichischen Hochschüler_innenschaft und setzen uns dort als Studierendenvertreter_innen direkt für deine Interessen ein.[4]

Wie sind nun solche Schreibweisen zu interpretieren? Antworten auf diese Frage finden sich vor allem in sprachkritischen Äußerungen von Akademikerinnen und Akademikern, die selbst diese Lösung bevorzugen und auch gebrauchen. Wenden wir uns zuerst Herrmann (2005: 64) zu:

> Der _ markiert einen Platz, den unsere Sprache nicht zulässt. Er repräsentiert all diejenigen, die entweder von einer zweigeschlechtlichen Ordnung ausgeschlossen werden

[4] Siehe http://home.vsstoe.at/ueber-uns/was-ist-der-vsstoe (eingesehen am 10.02.13)

> oder aber nicht Teil von ihr sein wollen. Mit Hilfe des _ sollen all jene Subjekte wieder in die Sprache eingeschrieben werden, die gewaltsam von ihr verleugnet werden.

Auch Antje Lann Hornscheidt, Skandinavistin und Professorin für Genderstudien, räumt ihrer eigenen Verwendung der Unterstrichvariante Platz ein, indem sie deren Funktion folgendermaßen sprachkritisch ausführt:

> Der Unterstrich signalisiert Brüche und Leerstellen in als eindeutig vorgestellten Genderkonzepten und irritiert damit eindeutige Wahrnehmungen. Während das Binnen-I beispielsweise die Sichtbarkeit der Gruppe der Frauen in generischen Appellationen erhöhen soll, wird durch den Unterstrich auf die Leerstellen in ebendiesem dichotomen Genderkonzept hingewiesen, die nicht alle gegenderten Lebensweisen erfassen kann. Durch den Unterstrich in personalen Appellationsformen wird somit die Vorgängigkeit und Natürlichkeit von Zweigeschlechtlichkeit in Frage gestellt. (Hornscheidt 2007: 104-105)

Auch auf der bereits oben zitierten Homepage des *Verbandes Sozialistischer Student_innen* wird die Schreibweise mit Unterstrich sprachkritisch begründet. Unter der Rubrik „Sprache" (die sich wiederum in der Sparte „Feminismus" befindet) ist Folgendes nachzulesen:

> Der VSStÖ hat sich für die queere Schreibweise entschieden und verwendet in allen Texten sowie auf allen Flyern, Plakaten usw. das Gender Underline_.
> [...]
> Als Gender Underline (= „Geschlechter-Zwischenraum") wird die meist durch einen Unterstrich gefüllte Lücke zwischen maskuliner und femininer Endung bezeichnet. Sie wird bei Wörtern eingefügt, welche Informationen über das soziale Geschlecht (Gender) enthalten.
> Der Gender Underline ist ein Mittel der sprachlichen Darstellung aller sozialen Geschlechter und Geschlechtsidentitäten um gegen die Bipolarität der Geschlechter anzukämpfen und diese auch sprachlich zu hinterfragen.[5]

Weiter unten auf derselben Seite wird noch ausgeführt, der „Gender Underline" komme nicht nur in Personenbezeichnungen zur Verwendung, sondern auch bei bestimmten Artikeln („der_die"), in Indefinitpronomen („Jede_r") und in Adjektiven („gute_r // ausgebildete_r").

Das Zweigeschlechtsmodell bzw. dessen Konzeptualisierung und Tradierung durch Sprache soll folglich mit Hilfe dieser Schreibweise überwunden werden. Aus den oben zitierten Begründungen zu dem Unterstrich bzw. zu dem „Gender Unline" lässt sich eine Sprachkritik herauslesen, für die erstens das Verhältnis

[5] Siehe http://home.vsstoe.at/inhalte/feminismus/sprache (eingesehen am 10.02.13).

von Sprache und Wirklichkeit und zweitens die Beziehung von Sprache und Politik, Moral und anderen Wertesystemen zentral ist. Mit Verweis auf Gaugers (1995: 41-49) Klassifizierung unterschiedlicher sprachkritischer Anliegen entfaltet somit diese Sprachkritik sowohl eine philosophisch als auch eine politisch sprachkritische Dimension.

Bei Hornscheidts (2007) Ausführungen deutet sich auch die für die queerfeministische Sprachkritik so zentrale Auseinandersetzung mit der feministischen Sprachkritik an: Diese setzte sich ja zum Ziel, Frauen sprachlich sichtbar zu machen, Asymmetrien von Frauen und Männern sprachlich zu beseitigen und sprachliche Sexismen überhaupt auszuräumen. Der queer-feministischen Sprachkritik geht es inzwischen um etwas anderes: Selbst der Vorstellung von ‚Frauen' und ‚Männern' sei eine offenere und dynamischere Sichtweise auf Geschlecht und Geschlechtidentitäten entgegenzusteuern, die nicht von einer Binarität der Geschlechter ausgeht und dabei weitgehend aus den einflussreichen Schriften von Judith Butler und aus den vor ihr mit begründeten Queertheorie schöpft. Dieser zufolge besitze das biologische Geschlecht keine natürliche Vorgängigkeit vor dem kulturellen oder sozialen Gender, sondern selbst die Vorstellung zweier biologischer Geschlechter ergebe sich erst aus diskursiven Aushandlungen (Butler 1991: 59-60). Geschlecht ist demnach keine Kategorie, die einen unproblematischen ontologischen Status besitzt, vielmehr wird Geschlecht durch performative Handlungen konstruiert – „performing gender" lautet hierfür die einschlägige Parole. Solche performativen Handlungen sind nach Butler und in ihrer Nachfolge Hornscheidt auch sprachlicher Natur. Das bedeutet, dass auch und gerade Sprache zum „performing gender" beiträgt, eine Position, durch welche sich die queerfeministische Sprachkritik von der feministischen absondert. Während die frühe feministische Sprachkritik generell darauf bestand/besteht, Sprache deswegen zu reformieren, weil sie das Wirklichkeitsbild der Sprachteilhaber beeinflusste, geht die queerfeministische Sprachkritik häufig von der diskursiven, auch sprachlichen Konstruktion von Wirklichkeit selbst aus. Danach wären als biologisch gegeben angesehene Kategorien wie ‚Mann' und ‚Frau' erst durch diskursives Handeln entstanden. Auf diese Position dürfte auch das intensive Interesse an sprachlichen Neuschöpfungen seitens der queerfeministischen Sprachkritik zurückgeführt werden können. Stellvertretend für diesen Standpunkt sei an dieser Stelle Hornscheidt (2008: 17) zitiert:

> Durch sprachliche Interaktionsprozesse werden Kategorien sprachlich aufgerufen und auf diese Weise als vorgängige Ordnungsgrößen hergestellt. Oder andersherum formuliert: Kategorien gibt es ausschließlich durch ihre sprachliche [sic!] Benennungen.

Als Weiterentwicklung des fixierten Unterstriches vor dem femininen Movierungssuffix findet sich zudem eine Variante, in welcher der Unterstrich bereits nach dem Wortstamm gesetzt wird, z.B. *Lehr_erin* und *Sprech_erin*. Diese Schreibweise dürfte im Vergleich zum Unterstrich vor dem Movierungssuffix wesentlich ungewöhnlicher sein, doch in dem Buch *Rassismus auf gut Deutsch. Ein kritisches Nachschlagewerk zu rassistischen Sprachhandlungen* (Nduka-Agwu/Hornscheidt 2010) kommt sie wiederholt zum Einsatz. In einem sprachkritisch angelegten Infokasten zu den in dem Band verwendeten Unterstrichen erläutern die beiden Herausgeberinnen diese Schreibwiese wie folgt:

> Um nicht die männliche, pseudoneutralisierende Schreibweise (z.B. Leser_in, Sprecher_in) ungebrochen als Norm stehen zu lassen, haben wir uns in der Einführung für die Form entschieden, in der der Unterstrich nach dem Wortstamm (Les_erin, Sprech_erin) gesetzt wird. (Hornscheidt/Nduka-Agwu 2010: 37-37)

Unter „männliche[r], pseudoneutralisierende[r] Schreibweise" in der Lösung mit Unterstrich vor Movierungssuffix ist hier wahrscheinlich die ununterbrochene Realisierung der Zeichenabfolge ‚Leser' und ‚Sprecher' zu verstehen, die dadurch trotzdem eine männliche Konzeptualisierung nahe legen könnte. Dass die teilweise Abstandnahme von der Schreibweise mit Unterstrich vor Movierungssuffix durch Hornscheidt/Nduka-Agwu (2010) von einer lebhaft sprachkritischen Diskussion innerhalb queerfeministischer Diskurse zeugt, ist ein Eindruck, der sich anhand einer Ermittlung von Personenbezeichnungen mit dynamischen Unterstrichen noch bekräftigt.

2.2.2 Der dynamische Unterstrich

Neben diesen beiden bereits genannten Varianten des fixierten Unterstriches besteht auch die Möglichkeit, auf einen wandernden oder dynamischen Unterstrich zurückzugreifen. An beliebiger Stelle im Wortinnern stehend, stellt der dynamische Unterstrich eine Weiterentwicklung des fixierten Unterstriches dar, hin zu einer radikaleren sprachpraktischen Umsetzung desselben sprachkritischen Standpunktes, dass das Verwenden zweier binärer grammatischer Formen (Maskulinum und Femininum) das Zweigeschlechtsmodell sprachlich reproduziere. Auch der dynamische Unterstrich kommt bei Hornscheidt/Nduka-Agwu (2010) zum Einsatz, er wird dort auch zum Gegenstand einer sprachkritischen Erläuterung erhoben. Diese soll hier in extenso angeführt werden, da sie deutlich den sprachkritischen Kontext der dynamischen Unterstrichlösung umreißt:

> Auf diese Weise [durch Verwenden des dynamischen Unterstriches; MPÄ] wird zum Ausdruck gebracht, dass es nicht – räumlich gesprochen – eine Lücke zwischen einer angenommenen genderspezifizierend männlichen und einer genderspezifizierend weiblichen Appellation gibt, wie dies in der fixierten Verwendung des Unterstrichs wie in „Leser_in" interpretiert werden könnte. Stattdessen sehen wir die konventionalisiert re-Produzierte Zweigeschlechtlichkeit als Kontinuum – ohne polare End- und Ausgangspunkte – und brechen sie durch das Wandern des Unterstrichs im Wort. Auf diese Weise werden auch Leerstellen und Brüche in dem hegemonial vorgestellten System natürlicher Zweigeschlechtlichkeit sprachlich sicht- und hörbar. Dies wird entsprechend durch Formen wie „Le_serin", Lese_rin usw. und mündlich durch eine kurze Unterbrechung des Redeflusses zum Ausdruck gebracht." (Hornscheidt/Nduka-Agwu 2010: 37)

Es bestehe bei Verwendung des fixierten Unterstriches somit Gefahr, trotz der entgegengesetzten Intention eine zweigeschlechtliche Interpretation zu evozieren. Und der dynamische Unterstrich dient dazu, eine mögliche zweigeschlechtliche Lesart des fixierten Unterstriches mit noch radikaleren sprachlichen Mitteln zu überwinden. Doch im Grunde genommen ist die ideologische Begründung dieselbe beim fixierten wie beim dynamischen Unterstrich: Der sprachlichen Reproduktion des Zweigeschlechtsmodells sei durch sprachliche Mittel entgegenzusteuern. Überhaupt, und das gilt für alle Varianten des Unterstriches, scheint ‚Leerstelle' ein Schlüsselwort zu sein, in konzeptueller wie zeichentheoretischer Hinsicht. Den – wie in der Queertheorie angenommen – vielfältigen, nicht festzulegenden, sich ständig wandelnden Geschlechteridentitäten, die durch konventionelle symbolische Zeichen nicht zu erfassen seien, entspricht dann in den Unterstrichlösungen eine ikonische Leerstelle, oberhalb des Unterstriches.

2.2.3 Zur Verwendung von Unterstrichlösungen

Wie bereits an anderer Stelle ausgeführt worden ist (Ängsal 2011: 280-282), scheinen sich vor allem in Bezug auf Verwendung und Verwendbarkeit der Unterstrichformen Unterscheide bemerkbar zu machen. Keine der Unterstrichlösungen scheint ernsthaft Eingang in die breitere Sprachöffentlichkeit, etwa in Medien, Bildungswesen, Behörden usw., gefunden zu haben. Diese Einschätzung basiert allerdings nicht auf systematischen Korpusabfragen oder Zeitungsarchivrecherchen, sondern bleibt in diesem Zusammenhang ein Eindruck, der noch empirisch überprüft werden müsste, damit genaue Aussagen getroffen werden können. Hornscheidt (2008: 422) bestätigt jedoch in ihren Ausführungen zu Unterstrichformen im Deutschen diese Impression. Bei einer Google-Suche im November 2011 ergab die Schreibweise *Student_in* 1780 Treffer, Varianten desselben Lexems mit dynamischem Unterstrich jedoch äußerst wenige (Ängsal 2011: 280-281). Auch wenn diese Einzelsuchen keineswegs repräsentativ für den Gebrauch von Unterstrichlösungen sind, so deutet sich wahrscheinlich eine Tendenz an, dass dynamische Unterstrichlösungen weitaus seltener als Schreibungen mit fixiertem Unterstrich vorkommen. Die Vermutung liegt nahe, dass die unsystematische Bildungsart dynamischer Unterstrichvarianten den Weg in eine breitere Sprechergemeinschaft gerade nicht erleichtert. Wie aus den oben zitierten Quellen hervorgehen dürfte, scheinen sich sprachkritische Diskussionen zu und Verwendungen von Unterstrichformen vorwiegend in akademischen, studentischen und linksautonomen Kreisen abzuspielen (vgl. Hornscheidt 2008: 422). Von einem breiten Durchbruch etwa in der Öffentlichkeit kann noch keine Rede sein.

3 Das geschlechtsneutrale Pronomen *hen*

3.1 Sprachstrukturelle Hintergründe

Wenden wir uns nun, auch im Vergleich zu den obigen Ausführungen, einer Erscheinung der schwedischen Sprache zu, die unter sprachkritischen Gesichtspunkten gewisse Ähnlichkeiten mit den Unterstrichen des Deutschen aufweisen. Der Deutlichkeit halber sei jedoch zuerst das schwedische Genussystem in aller Kürze erläutert.

Das Schwedische hat zwei grammatische Genera: Neutrum und Utrum, wobei Letzteres sprachgeschichtlich den Formzusammenfall von Femininum und Maskulinum ausmacht. Diesbezüglich gehen jedoch die Auffassungen weit auseinander. Teleman (1987: 106-108) unterscheidet zwei Genussysteme, ein grammatisches (Neutrum und Utrum) und ein semantisches (Maskulinum, Femininum, Inanimatum). Källström (1995: 33-34) seinerseits schlägt mit Rekurs auf eine andere Beschreibungstradition zum schwedischen Genussystem vor, Neutrum und Utrum als Hauptkategorien und Maskulinum, Femininum und „reale" (‚Realgenus') als Subkategorien des Genussystems anzusehen. Diese weitreichende Diskussion lassen wir zunächst dahingestellt, festhalten lässt sich dennoch, dass im heutigen Schwedisch nur im personalpronominalen Bereich und in der Adjektivdeklination zwischen Maskulinum und Femininum unterschieden wird (Teleman et al. 1999: 227-230, 270-272, 276-278). Dieser Unterschied, der sich in Flexionskategorien niederschlägt, geht jedoch nicht von dem grammatischen Genus des nominalen Wortes aus, mit Corbetts (1991) Terminologie: dem *controller gender*, sondern er unterliegt häufig referenziellen und semantischen Bedingungen. Das heißt, dass das (zumindest angenommene) biologische Geschlecht der aktuellen Referenten, sofern menschliche Lebewesen und bestimmte Tiere gemeint sind, den Ausschlag über die Wahl des Genus der pronominalen Form oder über die Flexion eines Adjektivs in attributiver Funktion gibt. Deutlich kommt der Unterschied von Maskulinum und Femininum bei Personalpronomen zum Ausdruck, dies bei der Nominativform der Personalpronomen in 3. Person Singular: *hon* (‚sie'), *han* (‚er'), bei der entsprechenden Objektform: *henne* (‚sie' ‚ihr'), *honom* (‚ihn' ‚ihm') und auch bei der entsprechenden Genitivform im Singular: *hennes* (‚ihr'), *hans* (‚sein') (Teleman et al. 1999: 270).[6]

Bei derartigen pronominalen Referenzen auf Personen liegt somit gewissermaßen ein sprachsystematischer Druck vor, entweder eine maskuline oder eine feminine Form zu verwenden, es sei denn, man wendet eine Splittingform (z.B. *hon/han, hennes/hans*) an oder ersetzt die personalpronominale Form durch ein umschreibendes Präsenspartizip, wie das geschlechtsneutrale *vederbörande* (‚der/die Betroffene'), oder durch das in erster Linie bei inanimaten Referenten verwendbare Personalpronomen *den* (‚es').

Es ist fraglich, ob die bereits genannten Alternativen den geschlechtsspezifizierenden Personalpronomen ernsthafte Konkurrenz zu bieten vermögen. Die eine Alternativlösung (*vederbörande*) ist im Vergleich zu den Personalpronomen *han/hon* deutlich weniger sprachökonomisch. Die andere Lösung (*den*) wird in dem von Sprachwissenschaftlern verfassten und sprachpflegerisch hoch angesehenen *Språkriktighetsboken* (2005: 75-79) empfohlen, obwohl diese Form in erster Linie zur Bezugnahme auf inanimate Referenten benutzt wird und sich daher als unpersönlich bis sogar pejorativ auffassen ließe.[7] *Språkriktighetsboken* (2005: 75-79) nennt zudem noch weitere Möglichkeiten, eine Geschlechtsspezifizierung zu vermeiden, beispielsweise Singularformen der Personalpronomen durch entsprechende Pluralformen, die immer geschlechtsneutral sind, zu ersetzen, oder auch Wiederaufnahmen nicht durch Pronomen, sondern durch das Substantiv zu realisieren. In der Pronomenverwendung im heutigen Schwedisch besteht allerdings ein wichtiger Unterschied zu der des Deutschen. Während in der deutschen Sprache generell das geschlechtsübergreifende Maskulinum, sowohl bei Personenbezeichnungen als auch bei Pronomen, immer noch tendenziell dominiert, scheint sich zumindest im Schreiben professioneller

[6] Zwei Anmerkungen seien an dieser Stelle notwendig. Erstens sieht das Schwedische im Bereich der Pronomen keinen grammatischen Unterschied von Dativ- und Akkusativformen vor (Teleman et al. 1999: 258). Zweitens funktionieren, auch dies im Unterschied zu denen des Deutschen, die bereits erwähnten Genitivformen des Personalpronomens in 3. Person syntaktisch etwa wie Possessivpronomen des Deutschen (Teleman et al. 1999: 299).

[7] Das *Språkriktighetsboken* besteht aus Sprachrichtigkeitsrichtlinien und wurde von dem damaligen *Svenska språknämnden* (‚Der schwedische Sprachausschuss') herausgegeben, der seit 2006 als *Språkrådet* (‚Der Sprachenrat') Teil der staatlichen Behörde *Institutet för språk och folkminnen* (‚Das Institut für Sprache und Folklore') fungiert.

Sprachbenutzer (Journalisten, Forscher usw.) des Schwedischen ein geschlechtsübergreifender, gedacht geschlechtsneutraler Gebrauch des femininen Personalpronomens *hon* etabliert zu haben (Einarsson 2004: 84-85).[8] Es sei hier angemerkt, dass im Unterschied zum Deutschen Personenbezeichnungen nicht besonders häufig Gegenstand feministischer Sprachkritik in Schweden geworden sind, während eher Pronomen, wie noch weiter unten auszuführen sein wird, in den Vordergrund sprachkritischer Auseinandersetzungen gerückt sind. Wahrscheinlich lässt sich dies auf sprachstrukturelle Unterschiede zurückführen. Grammatisches Genus im Schwedischen ist im Unterschied zum Deutschen auf der Sprachoberfläche, auch bei Personenbezeichnungen, eine selten sichtbare grammatische Kategorie, mit Ausnahme von Personalpronomen sowie Adjektiven. Das relative Desinteresse für Sprache und Sprachgebrauch seitens des schwedischen Feminismus könnte außerdem durch ideologische Setzungen jenseits sprachstruktureller Merkmale des Schwedischen zu erklären sein.

3.2 Zur Geschichte von hen *im Schwedischen*

Dass es zu der bereits oben ausgeführten Verallgemeinerung von *hon* und zur Empfehlung von *den* als geschlechtsneutralem Personalpronomen durch führende Sprachwissenschaftler und Sprachpfleger (vgl. *Språkriktighetsboken* 2005) kommen konnte, ist zum großen Teil auf sprachkritische Diskussionen seit den 1970er Jahren zurück zu führen. Wie Einarsson (2004: 82-84) bemerkt, wurden in soziolinguistischen Kreisen innerhalb der Skandinavistik in den 1970er Jahren sprachkritische Debatten zum schwedischen Pronomensystem geführt.

Neben der geschlechtsübergreifenden Verwendung von *hon* lässt sich nun seit 2011/2012 ein zunehmender Gebrauch des Pronomens *hen* (seltener *hän*) feststellen. Dies lässt sich exemplarisch durch eine Korpussuche in *Språkbanken* anhand von zwölf Jahrgängen der schwedischen Tageszeitung *Göteborgs-Posten* (2001 – 2012) belegen. Im Gesamtmaterial finden sich 184 Vorkommen der Grundform von *hen*, darunter 14 im Jahrgang 2011 und 153 im Jahrgang 2012. In den früheren Jahrgängen, 2001 – 2010, wird *hen* entweder überhaupt

[8] Unter *geschlechtsübergreifend* wird hier ‚in der aktuellen Bezugnahme oder Nennung auf Personen beider Geschlechter referierend' verstanden, siehe hierzu auch Pettersson (Ängsal) (2010: 138).

nicht oder bis zu drei Mal pro Jahrgang verwendet.[9] *Hen* ist, wie bereits oben genannt, aus dem Finnischen entlehnt worden und fungiert dort als Nominativform des Personalpronomens im Singular dritter Person (Sulkala und Karjalainen 1992: 271). Finnische Personalpronomen flektieren nach Kasus, jedoch nicht nach Genus (Sulkala und Karjalainen 1992: 271, 275). Folglich entspricht das finnische *hän* sowohl dem maskulinen (*han*) als auch dem femininen (*hon*) Personalpronomen des Schwedischen im Nominativ. Auch ist bei finnischen Substantiven das Genus keine Flexionskategorie, doch lässt sich, wie Sulkala und Karjalainen (1992: 268) bemerken, feminines Genus durch Derivation markieren.

Vor allem seit den in öffentlichen Medien geführten Diskussionen 2012 scheint sich *hen* zu einer immer mehr ernst zu nehmenden Alternativlösung zu geschlechtsspezifisch *han* bzw. *hon* zu entwickeln. Die Verwendung von *hen* allerdings lässt sich, soweit bekannt, in das Jahr 1966 zurückverfolgen, als der Sprachwissenschaftler Rolf Dunås in einer Sprachglosse in der Uppsalaer Tageszeitung *Upsala Nya Tidning* für das Pronomen plädierte (vgl. Parkvall 2012). Sporadische Vorschläge zur Einführung von *hen* (mit Objekt- und Genitivformen) wurden hin und wieder über die Jahre formuliert, auch in öffentlichen Medien. Dementsprechend lassen sich auch in schwedischen Tageszeitungen einzelne Belege von *hen* verzeichnen.[10] Doch das Interesse in der breiten Öffentlichkeit an einer ernsthaften Einführung von *hen* in den schwedischen Sprachgebrauch blieb lange begrenzt, und erst im Jahr 2012 entfaltete sich die bislang erste bedeutende, über sprachwissenschaftliche Kreise hinausreichende Debatte zum Thema.

Ausgelöst wurde diese Diskussion durch das Erscheinen des Kinderbuches *Kivi och Monsterhund* (‚Kiwi und Monsterhund'), in dem der Autor Jesper Lundqvist durchgehend *hen* statt der geschlechtsspezifischen Pronomen *hon*

---

9 Siehe hierzu http://spraakbanken.gu.se/korp/#lang=eng&search-tab=0&page=0&result-container=1&corpus=gp2001,gp2002,gp2003,gp2004,gp2005,gp2006,gp2007,gp2008,gp2009,gp2010,gp2011,gp2012&search=word|hen (eingesehen am 30.4.2013).

10 Siehe hierzu das schwedische Korpus *Språkbanken*: http://spraakbanken.gu.se/korp (eingesehen am 04.01.13).

(fem.) und *han* (mask.) verwendete. In einem Zeitungsinterview nach der Veröffentlichung seines Buches positioniert sich Lundqvist folgendermaßen:

> – Für mich war dies befreiend. Wenn man Kinderbücher schreibt, dann schreibt man immer über ein Mädchen oder einen Jungen, solche Stereotype gibt es ja. Ich habe immer in diese Richtung arbeiten wollen, dann werden aber alle Mädchen mutig und kühn. Das hat meine Kreativität beeinflusst, es ist wirklich lustvoll gewesen. (Pavlica 2012)[11]

Für Lundqvist scheint die Verwendung von *hen* somit in erster Linie sein schriftstellerisches Schaffen positiv beeinflusst zu haben, weil er von Geschlechterrollen abzusehen im Stande war. Sprachreflektion/ Sprachkritik ist in Lundqvists Aussage durchaus vorhanden, obwohl sie sich nicht ausdrücklich mit Vor- und Nachteilen verschiedener Ausdrucksmöglichkeiten auseinandersetzt. (vgl. Kilian/Niehr/Schiewe 2010: 1). Viel Aufmerksamkeit erhielt daraufhin die kostenlose Monatszeitschrift über Musik, Film und Kultur *Nöjesguiden*, als diese sich für die Februarausgabe 2012 entschied, sämtliche geschlechtsspezifische Personalpronomen (außer denen, die aus zitierten Quellen entstammten) durch *hen* zu ersetzen. Die Redaktionschefin Margret Atladottir beschrieb die Entscheidung als „eine Herausforderung für die Verfasser, und vor allem für euch, die Leser. Wie reagieren wir auf einen Text, dem han und hon fehlen? Wie fühlt sich das geschlechtsneutrale hen an? Fühlt es sich komisch an? Fühlt es sich gut an?".[12] Ebenso wenig wie die Äußerung von Lundqvist enthält Atladottirs Kommentar sprachkritische Erwägungen zu Vorteilen und Nachteilen von *hen* ausgehend von der Beziehung zwischen Sprache und Geschlecht. Vielmehr scheint es sich hier in erster Linie um ein Experiment gehandelt zu haben, das gewiss aus sprachkritischen Stimmungen in der Öffentlichkeit schöpfen konnte. Doch in den auf das Erscheinen von Lundqvists Kinderbuch nachfolgenden Debatten im Laufe des Jahres 2012 wurde der Status von *hen* auch unter sprachkritischen Gesichtspunkten intensiv ausgehandelt. Im Mittelpunkt standen dabei

[11] Übersetzung des Verfassers. Im Original: „– För mig var det befriande. När man skriver böcker för barn man ska alltid skriva om en flicka eller en pojke, det finns såna stereotyper. Jag har alltid velat jobba mot det men då blir alla flickor tuffa och modiga i stället. Så det här inspirerade mig kreativt, det har varit väldigt lustfyllt, säger Jesper Lundqvist."

[12] Übersetzung des Verfassers. Im Original: „en utmaning för skribenterna, och framförallt för er läsare. Hur reagerar vi på en text som saknar han och hon? Hur känns det könsneutrala hen? Känns det skumt? Känns det bra?" Siehe http://nojesguiden.se/blogg/margret-atladottir/darfor-anvander-vi-ordet-hen-ledare-i-nr-2-2012 (eingesehen am 10.02.13).

zwei Fragen, wozu *hen* überhaupt dienen mag und in welchen Fällen es verwendbar sein könnte.

3.3 hen *im sprachkritischen Kontext*

Es lassen sich drei Funktionen und Verwendungsweisen feststellen, die *hen* im sprachkritischen Diskurs zugeschrieben werden. Sämtliche rückten im Jahr 2012 in den Mittelpunkt sprachkritischer Diskussionen in der schwedischen Öffentlichkeit.

Erstens lässt sich festhalten, dass *hen* eine sprachliche Lücke schließt, und zwar so, dass es wegen seiner Kürze und morphologischer Ähnlichkeit zu den Personalpronomen *han* und *hon* entsprechenden geschlechtsneutralen Umschreibungen wie *vederbörande* überlegen zu sein scheint.[13] *Hen* kann mit anderen Worten dann zum Einsatz kommen, wenn das Geschlecht der Referenten unbekannt ist oder, aus welchem Grund auch immer, als irrelevant erachtet wird. Dies wäre die erste Funktion dieses Wortes. Hierzu bringt der Literaturkritiker und Hochschuldozent Magnus Eriksson in einem diesbezüglichen Kommentar in der schwedischen Tageszeitung *Svenska Dagbladet* ein Beispiel aus der Arbeit an einem universitären Kursplan, in dem das Geschlecht der davon betroffenen Studierenden offenbar irrelevant sei (Eriksson 2012). Bei derartig allgemeinen, bisweilen sogar generischen Aussagen, so Eriksson, eigne sich *hen* ausgezeichnet. Er fügt hinzu, dass auch in juristischen Verträgen *hen* funktional sein könnte, da dann Personenbezeichnungen wie „avtalsparten“ (‚der/die Vertragspartner/in‘) nicht wiederholt werden müssten. Eriksson stellt im Anschluss daran auch die Frage, wieso Anwälte und Verwaltungspersonal sich an der Debatte zu *hen* nicht beteiligten, da für sie dieses Pronomen durchaus anwendbar sein dürfte. Nach seiner Auffassung stellt also *hen* eine sprachökonomische Lösung dar, die weder weibliche (wie bei *hon*) noch männliche Personen (wie bei *han*) hervorhebt. Letzteres ist umstritten, und zwar aus demselben Grund, dass maskuline Personenbezeichnungen des Deutschen kontrovers sind: Sie tragen, selbst wenn vom Sprecher nicht intendiert, zu einer Konzeptualisierung der Referenten

---

[13] Vgl. hierzu auch die Ausführungen von Hultman (1992), der Pronominalisierungen der geschlechtsneutralen Personenbezeichnung *barn* (‚Kind‘) anhand einer Befragung schwedischer Schüler empirisch untersucht hat.

als überwiegend männlich bei (vgl. Hornscheidt 2008: 176-178, 181-203; Irmen/Linner 2005: 170; Teleman 1995: 97).[14]

Noch eine konzeptuelle Funktion von *hen* wird in dem eigentlich ersten sprachkritischen Diskussionsbeitrag zu diesem umstrittenen Wort im Jahr 2012 formuliert. Karin Milles, Skandinavistin und Genderforscherin, und Karin Salmson und Marie Tomicic, bei einem Verlag für Queerliteratur (Olika Förlag), nehmen Jesper Lundqvists oben genanntes Kinderbuch als Ausgangspunkt ihres Plädoyers für *hen*, das in der schwedischen Tageszeitung *Svenska Dagbladet* erschien. Einleitend stellen sie fest, die Wörter *han* och *hon* „transportieren eine Batterie von Vorstellungen über Eigenschaften mit, und Sprache und Wortwahl beeinflussen weitgehend unser Weltbild. Das Wort hen ermöglicht freiere Interpretationen, da es an diese Vorstellungen nicht gebunden ist“[15] (Milles/Salmson/Tomicic 2012).

Den Verfasserinnen geht es, im Unterschied zu Eriksson, nicht in erster Linie um das Beheben eines sprachlichen Bezeichnungsdefizits, sondern um das Einführen eines neuen Wortes, das Konzeptualisierungen von Personen jenseits traditioneller Geschlechterrollen und -normen evozieren könne. Darin lässt sich die zweite Funktionsweise von *hen* erkennen. Der Ansatz ist eher emanzipatorisch und normkritisch als nur sprachpraktisch. Ihrer Argumentation liegt somit ein letztendlich genderpolitisches Anliegen zugrunde, Mentalitäten und Werte durch eine sprachliche Neuerung zu ändern, weswegen ihr sprachkritischer Ansatz mit Rekurs auf Gauger (1995: 41-49) in erster Linie moralisch und politisch ist. Sie sprechen, ähnlich wie feministische und postfeministische Sprachkritikansätze im deutschsprachigen Raum, Sprache und Sprachgebrauch eine zentrale Rolle als vermittelnde oder konstitutive Instanz zu, angesiedelt zwischen ‚Welt‘ und ‚Sprachteilhaber‘: „Hen ist eine Lösung, die uns die Möglichkeit gibt, unvoreingenommener mit der Welt zu interagieren und einen Text zu lesen oder ein Ge-

[14] Zu Konzeptualisierungen von Pronomen und Personenbezeichnungen im Schwedischen sind allerdings erheblich weniger Perzeptionsstudien als zum Deutschen durchgeführt worden. Siehe hierzu Hornscheidt (2008: 131-181).

[15] Übersetzung des Verfassers. Im Original: „Orden hon och han bär med sig ett artilleri av föreställningar om egenskaper, och språk och ordval får stor betydelse för hur vi uppfattar världen. Ordet hen öppnar för friare tolkningar eftersom det inte är knutet till dessa föreställningar.”

spräch zu führen, in dem nicht Geschlechtszugehörigkeit, sondern die persönlichen Eigenschaften des Individuums wichtig sind."[16]

Die dritte angenommene Verwendungsweise von *hen* ähnelt der bereits beschriebenen, bringt jedoch eine zusätzliche genderideologische Komponente mit ins Spiel. Die mit dieser Funktionsweise verbundene Sprachkritik ist mit dem Standpunkt im Einklang, dass das Geschlecht der Referenten zuweilen unbekannt oder irrelevant ist und *hen* daher benutzt werden sollte, auch versteht sie, wie Milles/Salmson/Tomicic (2012), *han* und *hon* als an stereotype Geschlechtervorstellungen gebunden. Darüber hinaus jedoch propagiert sie dafür, das Zweigeschlechtsmodell an sich – so wie dies z.B. durch eine Ineinssetzung von biologischem Geschlecht und grammatischem Genus zum Ausdruck kommen kann – durch Sprache zu hinterfragen. Als Beispiel für diese Art von Sprachkritik sowie Verwendung von *hen* sei hier die Queer-Zeitschrift *Ful* (‚hässlich') herangezogen. Von deren Gründung 2002 bis 2008 hieß die Zeitschrift *Femkul* (Silbenkurzwort für *feminism* und *kultur*), mit dem neuen Namen jedoch entschied sich die Redaktion dafür, *hen* in den eigenen Sprachgebrauch konsequent einzuführen, und übernahm dabei eine Vorreiterrolle (Ekström 2010). Die Begründung hierfür findet sich auf der Homepage der Zeitschrift, unter der Rubrik „Manifest":

> Ful hat die Sprache. Wir verändern sie und er in HEN.
>
> Ful glaubt nicht an das Zweigeschlechtsmodell. Wir verleugnen dessen Existenz nicht. Wir geben zu, dass es eine hemmende Wirkung hat. Wir wollen dessen vermindernde Wirkung ausleuchten. Ful gibt zu, dass das Zweigeschlechtsmodell uns alle beeinflusst. Wir wollen jedoch auch dessen Begrenzungen entkommen. Wir gehen nicht davon aus, dass alle Menschen sie oder er, Frau oder Mann genannt werden können oder wollen oder sollten. Wir gehen davon aus, dass einige dies wollen. Vielleicht immer. Vielleicht nur manchmal.
> [...]
> Ful glaubt einfach nicht an das Zweigeschlechtsmodell. Wir wollen kein Zweigeschlechtsmodell. Wir wollen etwas Weiteres. Nicht alles lässt sich in er oder sie, sie oder er einteilen.[17]

[16] Übersetzung des Verfassers. Im Original: „Hen är en lösning som ger möjlighet att möta världen mer förutsättningslöst och att läsa en text eller föra ett samtal där det viktiga inte blir könstillhörighet utan individens personliga egenskaper."

[17] Übersetzung des Verfassers. Im Original: „ Ful har språket. Vi förvandlar hon och han till HEN. Ful tror inte på tvåkönsmodellen. Vi förnekar inte att den finns. Vi medger att den

Zu diesem queerfeministischen Anliegen, Geschlechtsidentitäten neu zu konzeptualisieren, kann dem Manifest zufolge also *hen* sprachlich beitragen. Dieser Standpunkt lässt sich am ehesten mit den sprachkritischen Ausführungen zu Unterstrichformen des Deutschen von Hornscheidt/Ndukwa-Agwu (2010) vergleichen. Genauso wie bei ihnen wird hier das Zweigeschlechtsmodell explizit in Frage gestellt und eine sprachliche Lösung als Mittel für dessen Überwinden vorgestellt und eingeführt, hier noch zugunsten einer „könlöst språk" (‚geschlechtslosen Sprache)", obwohl im bereits zitierten Manifest ausdrücklich betont wird, dass Geschlecht sich nicht nur in zwei spezifischen Wörtern niederschlägt.

Hierzu hat sich der Sprachwissenschaftler Mikael Parkvall in einem Essay im Feuilleton von *Svenska Dagbladet* geäußert (Parkvall 2012). Er räumt ein, dass *hen* eine sprachliche Lücke schließen könne, ganz im Sinne der oben angeführten Position von Eriksson. Er spricht sich zudem für die mit *hen* einhergehende Freiheit aus – die Freiheit, zwischen *han* und *hon* nicht wählen zu müssen. Doch wer eine gleichgestellte Gesellschaft anstrebt und, um an dieses Ziel zu gelangen, gerade die Sprache verändern will, erhoffe sich wahrscheinlich zu viel von der Sprache, so Parkvall. Mit Bezugnahme auf den Bericht *Global Gender Gap* des *World Economic Forum* stellt er nämlich fest, dass keine positive Korrelation von Pronomensystem und gesellschaftlicher Gleichstellung festgehalten werden kann. Dieser Tatsache, dass viele Sprachen, z.B. Türkisch, Finnisch und Zulu, über ein geschlechtsneutrales Pronomen in 3. Person verfügen, spricht Parkvall die Funktion als zentrales Argument gegen die Auffassung zu, sprachliche Strukturen, hier verstanden als sprachsystematisches Reservoir pronominaler Referenzmöglichkeiten, würden die Sicht der Sprachteilhaber auf die Wirklichkeit entscheidend beeinflussen.

---

hämmar. Vi vill belysa att dess existens förminskar. Ful erkänner att den påverkar oss alla. Men vi vill också fly dess begränsningar. Vi utgår inte ifrån att alla människor kan eller vill eller bör kallas hon eller han, kvinna eller man. Vi utgår ifrån att vissa vill det. Kanske alltid. Kanske ibland. [...] Ful tror bara inte på tvåkönsmodellen. Vi vill inte tvåkönsmodellen. Vi vill nåt mer. Allt är inte indelat i han och hon – hon och han. Siehe http://www.tidskriftenful.se/index.php?m=ful&o=manifest&mr=4 (eingesehen am 10.02.13).

Doch im selben Satz macht Parkvall zugleich an den Daten des *Global Gender Gap* fest, dass auch nicht Pronomensystem und geschlechtliche Verwirrung unter den Sprachbenutzern zusammenzuhängen scheinen. Damit entgegnet er denjenigen in der schwedischen Öffentlichkeit, die sich vehement gegen das Einführen und Verwenden von *hen* aussprachen. Gegenstimmen gab es nämlich auch: Nicht alle an den *hen*-Diskussionen Beteiligten waren dieser sprachlichen Neuerscheinung gegenüber positiv eingestellt. So äußerte sich die konservative Kolumnistin Elise Claeson in einem abgedruckten Chat mit Lesern der Tageszeitung *Svenska Dagbladet* u.a. folgendermaßen:

> Ja, ich habe es vorhin gesagt, und ich sage es gerne wieder: Kinder können dadurch durcheinander gebracht werden, wenn Erwachsene verleugnen, dass es zwei Geschlechter gibt, und ein Zwischen-Geschlecht vorschlagen. Kinder zeigen ein geschlechtstypisches Benehmen auf, bevor sie das Geschlecht anderer bestimmen können (…). Sie wissen früh, dass sie Junge oder Mädchen sind, und in diesem Punkt sollten sie bestätigt – nicht in Frage gestellt werden.[18]

Interessanterweise deutet sich auch in dieser Argumentation eine sprachkritische Haltung an, obwohl sie nicht explizit an den Tag gelegt wird: Das Verwenden von *hen*, so Claeson, würde gegen die Ordnung der Natur verstoßen, da diese zwei und keine weiteren Geschlechter vorsehe. Sprache habe mithin die Wirklichkeit korrekt abzubilden. Andererseits identifiziert Claeson eine Gefahr, dass *hen* das wahre Erkennen der Wirklichkeit durch die Kinder negativ beeinträchtigen und deren Sichtweise auf Geschlecht verstören könnte. Auch für die *hen*-Kritikerin Claeson scheint somit Sprache und Sprachgebrauch ein gewisses Potenzial zu haben, die Wahrnehmung der Wirklichkeit zu prägen.

Wir haben mithin drei verschiedene, jedoch nicht kategorisch voneinander abgrenzbare Funktionsweisen herausarbeiten können, die *hen* im sprachkritischen Diskurs zugeschrieben werden. Erstens kann sie zum sprach-ökonomischen Beheben eines Benennungsdefizits (wenn Geschlechtsspezifizierung irrelevant oder unmöglich ist) eingesetzt werden, zweitens bewusst zur Anwendung kommen, wenn mit *han* und *hon* mittransportiere Geschlechterstereotypen

[18] Übersetzung des Verfassers. Im Original: „Ja, det har jag sagt tidigare och jag säger gärna det igen: barn kan bli förvirrade av att vi vuxna förnekar att det finns två kön och föreslår ett mitti-mellankön. Barn visar könstypiskt beteende innan de kan bestämma könet på andra (…). De vet att de är pojke eller flicka tidigt och bör få det bekräftat – inte ifrågasatt." Siehe http://www.svd.se/nyheter/inrikes/chatt-hen_6909445.svd (eingesehen am 10.02.13).

unerwünscht sind. Drittens lässt sich *hen* auch als Mittel zum sprachlichen Überwinden des auch sprachlich reproduzierten Zweigeschlechtsmodells anwenden. Diese drei Positionen zeugen alle von einer Sichtweise auf das System der schwedischen Personalpronomen als unzureichend (vgl. Parkvall 2012).

3.4 Zur Verwendung von hen

Wie sieht es nun mit dem Gebrauch von *hen* im Gegenwartsschwedisch aus? Die in diesem Zusammenhang interessante Frage ist, ob wir es nur mit einer plötzlich entfachten Diskussion zu einem auf bestimmte Diskurse und Kommunikationsbereiche begrenzten sprachlichen Phänomen zu tun haben, oder ob *hen* den Weg in breitere Kreise der schwedischen Sprachgemeinschaft gefunden haben könnte. Es lassen sich hier bloß einige Schlüsseldaten nennen, mit denen kein Anspruch auf Repräsentativität erhoben werden soll, doch deutet sich hier eine wichtige Tendenz an. So ergibt z.B. eine Suchanfrage in dem schwedischen Zeitungsarchiv *Retriever*, dass in den vier größten überregionalen schwedischen Morgenzeitungen *Dagens Nyheter*, *Svenska Dagbladet*, *Göteborgs-Posten* und *Sydsvenska Dagbladet* im Zeitraum 1. Januar 2012 bis zum 31. Dezember desselben Jahres *hen* 449 Mal vorgekommen sind.[19] Angesichts dessen, dass *hen* lange Zeit kaum Verwendung fand, stellt dies eine auffällige Belegzahl dar, selbst wenn einige der Vorkommen metasprachlich in sprachkritischen Diskussionen zu *hen* angewendet werden. Dies lässt sich mit den Ratschlägen der für Sprachpflege in Schweden zuständigen Abteilung *Språkrådet* (Teil der Behörde *Institutet för språk och folkminnen*) vergleichen. Nach der Homepage von *Språkrådet* hat *hen* noch keinen Einzug in den allgemeinen Sprachgebrauch gehalten; es findet sich, den dortigen Richtlinien zufolge, jedoch schon eine Genitivform, *hens*, und zwei mögliche Objektformen, *hen* und *henom*.[20]

Auch in beispielsweise offiziellen Texten von Betrieben, Behörden und anderen in der schwedischen Gesellschaft wichtigen Institutionen finden sich etliche Belege. Es kommen z.B in dem Vorschlag zu einem neuen, im Jahre 2013 zu beschließenden Parteiprogramm der schwedischen grünen Partei *Miljöpartiet* etliche Verwendungen von *hen* vor, z.B. an einer Textstelle unter der Rubrik

[19] Siehe http://web.retriever-info.com/services/archive.html (eingesehen am 04.02.13).

[20] Siehe http://www.sprakradet.se/1950 (eingesehen am 10.02.13).

„Lika rättigheter“ (‚Gleiche Rechte‘): „Wir wollen, dass für jeden die Freiheit und Sicherheit bestehen soll, seine Identität so auszudrücken, wie *hen* es wünscht.“[21] (Kursivierung durch den Verfasser) Auch auf der Homepage der Schwedischen Kirche (*Svenska kyrkan*) findet sich *hen* wieder, so z.B. in einem Instruktionstext zum Prozedere der anstehenden Ernennung eines neuen Erzbischofs oder einer neuen Erzbischöfin von Schweden im Jahre 2014; die Kandidaten und Kandidatinnen in spe sind hier mit *hen* pronominalisiert worden.[22] Wenngleich dort weniger frequent, liefert auch die Wirtschaft gelegentlich Belege für *hen*. So konnte im November 2012 das Magazin *Resumé* berichten, dass die Fluggesellschaft Tuifly Nordic im Taxfree-Angebot nunmehr „dofter för hen“ (‚Parfüms für hen‘) anbieten (Rågsjö Thorell 2012). Damit waren, wie dem Interview mit einem Vertreter der Fluggesellschaft zu entnehmen ist, Parfüms gemeint, die sich sowohl an Frauen als auch an Männer wenden sollten.

Gewiss sind diese wenigen Beispiele keineswegs repräsentativ für den Gebrauch von Personalpronomen im heutigen Schwedisch. Dennoch sind sie, vor allem wegen der relativen Fülle an Belegen in den vier großen Tageszeitungen Schwedens, Anzeichen einer hier festzuhaltenden Tendenz: Im Bereich der schwedischen Personalpronomen scheint ein Sprachwandel stattzufinden, der möglicherweise erst begonnen hat. Diese Tendenz ist der auf die in diesem Abschnitt zur Diskussion stehende Fragestellung bezogenen Äußerung in *Språkriktighetsboken* (2005: 79) entgegenzuhalten: „Von der Aussicht jedoch, dass sich irgendeine dieser neuen Varianten [z.B. hen; MPÄ] im allgemeinen Sprachgebrauch wird etablieren können, lässt sich wohl sagen, dass sie minimal ist.“[23]

---

[21] Übersetzung des Verfassers. Im Original: „Vi vill att var och en ska ha trygghet och frihet att uttrycka sin identitet som *hen* önskar.“ Siehe https://partiprogram.mp.se/forslag-2/ (eingesehen am 04.01.13). Diesem Zitat ist noch hinzuzufügen, dass „var och en“ (‚jeden’) und „sin“ (‚seine’) im schwedischen Original geschlechtsneutral sind. Die von mir vorgenommene deutsche Übersetzung enthält jedoch in diesen beiden Fällen geschlechtsübergreifendes Maskulinum.

[22] Siehe http://svenskakyrkan.se/945088 (eingesehen am 10.02.13).

[23] Übersetzung des Verfassers. Im Original: „Men utsikten för att någon av de nyskapande varianterna ska kunna etablera sig i det allmänna språkbruket får nog sägas vara minimal.“

4 Schlussbemerkungen

In diesem Beitrag sind zwei sprachliche Erscheinungen beschrieben worden, die beide einen engen Bezug zur Sprachkritik haben und – wenn auch in unterschiedlichem Ausmaß – als Anzeichen von Sprachwandel interpretiert werden können. Das sind erstens Unterstrichformen im Deutschen (z.B. *Student_innen*) und zweitens das geschlechtsneutrale Pronomen *hen* im Schwedischen.

Was die Unterstrichformen im Deutschen angeht, scheint sich deren Verwendung noch auf bestimmte Diskurse und Kommunikationsbereiche (Gender-Studien, akademisches Umfeld, linksautonomes Umfeld, häufig im Internet und in akademischen Veröffentlichungen) zu beschränken. Die Frage, ob diese Formen Einzug in den allgemeineren Sprachgebrauch halten werden oder können, lässt sich derzeit nicht beantworten. Es sind in diesem Zusammenhang jedoch vor allem zwei Faktoren zu nennen, die für den Erfolg- oder Nicht-Erfolg der Unterstrichlösungen wahrscheinlich bestimmend sein werden. Erstens dürfte die Zukunft der Unterstrichlösung davon abhängen, inwieweit deren Vertreterinnen und Vertreter die morphologische Bildungsweise dieser Lösung, gekoppelt an ihre Semantik, plausibel machen können. Die Schreibweise muss, kurzum, verstanden werden, um benutzt zu werden. Dabei scheint die Lösung mit fixiertem Unterstrich, weil systematisch gebildet, eher als die Variante mit dynamischem Unterstrich begründbaren Ansprüchen an Plausabilität und Verstandenwerden genügen zu können.

Mit dem erstgenannten Faktor verzahnt, besteht der zweite Faktor, der den weiteren Weg der Unterstrichlösung bestimmen dürfte, in der Plausabilität der mit der Unterstrichlösung zusammenhängenden Sichtweise auf Geschlecht. Falls diese Schreibweise es zu einem Durchbruch in der breiteren Öffentlichkeit schaffen soll, so scheint eine Voraussetzung zu sein, dass die Kritik am Zweigeschlechtsmodell von vielen Menschen geteilt wird. Mit Verweis auf Kilian, Niehr und Schiewe (2010: 40) ließe sich behaupten, dass diese beiden Faktoren eng mit dem Begriff *aptum* (‚Angemessenheit') zusammenhängen. Die Verwendung der Unterstrichlösung außerhalb von Diskursen, in denen sie schon vorkommt, eine wichtige Funktion erfüllt und daher als angemessen anzusehen ist, hängt letztendlich davon ab, inwieweit diese Schreibweise auch in breiteren Kreisen von Sprechern als angemessen angesehen werden kann.

Mit *hen* verhält es sich im Vergleich zu den Unterstrichlösungen teilweise anders, denn wie wir bereits haben feststellen können, fungiert das geschlechtsneutrale Pronomen nicht nur als sprachliche Realisierung einer Kritik am Zweigeschlechtsmodell. Auch dient sie dem offensichtlichen Bedarf, im Bereich personaler Pronomen des Schwedischen nicht zwischen *hon* (mask.) und *hon* (fem.) wählen, beide Pronomen doppelt nennen oder eine längere Umschreibung verwenden zu müssen. *Hen* kann somit bei intendiert geschlechtsneutralen Nennungen zum Einsatz kommen, jenseits queer-theoretischer Positionen zu den Geschlechterkategorien. Auch hier ist der sprachkritische Begriff *aptum* applizierbar. Obwohl *hen* deutlich eine sprachliche Lücke schließt, sehen nicht alle, wie oben am Beispiel der konservativen Kolumnistin Claeson deutlich wurde, ein geschlechtsneutrales Pronomen als angemessen, sei es aus politisch/ideologischen oder aus sprachkonservativen Gründen. Bleibt die in diesem Beitrag beschriebene Tendenz bestehen, *hen* immer frequenter zu verwenden, und verfestigt sie sich zudem, dann dürfte *hen* in absehbarer Zeit zum Inventar des allgemeinen Sprachgebrauchs zählen.

Literatur:

a) Quellen aus dem Internet

Quellen mit Autor

Ekström, Andreas (2010): „Hos Ful är vi alla ‚hen'", in: *Sydsvenskan* 14.10.10, http://www.sydsvenskan.se/kultur--nojen/hos-ful-ar-vi-alla-hen/ (eingesehen am 10.02.13).

Eriksson, Magnus (2012): „‚Hen' fungerar – i formella texter", in: *Svenska Dagbladet* 12.05.12, http://www.svd.se/kultur/hen-fungerar-i-formella-texter_7220867.svd (eingesehen am 08.02.13).

Milles, Karin/Salmson, Karin/Tomicic, Marie (2012): „Det behövs ett nytt ord i svenska språket", in: *Svenska Dagbladet* 20.01.12, http://www.svd.se/opinion/brannpunkt/det-behovs-ett-nytt-ord-i-svenska-spraket_6784859.svd (eingesehen am 08.02.13).

Pavlica, Adrianna (2012): „Så började debatten om hen", in: *Göteborgs-Posten* 29.02.12, http://www.gp.se/nyheter/sverige/1.874481-sa-borjade-debatten-om-hen (eingesehen am 10.02.13).

Parkvall, Mikael (2012): „‚Hen'-kulturer är inte mer jämställda", in: *Svenska Dagbladet* 18.03.12, http://www.svd.se/kultur/understrecket/hen-kulturer-ar-inte-mer-jamstallda_6927977.svd (eingesehen am 08.02.13).

Rågsjö Thorell, Andreas (2012): „Säljer dofter för hen“, in: *Resumé* 12.11.12, http://www.resume.se/nyheter/reklam/2012/11/12/saljer-dofter-for-hen/ (eingesehen am 08.02.13).

Quellen ohne Autor

http://home.vsstoe.at/ueber-uns/was-ist-der-vsstoe (eingesehen am 10.02.13).
http://home.vsstoe.at/inhalte/feminismus/sprache (eingesehen am 10.02.13).
http://nojesguiden.se/blogg/margret-atladottir/darfor-anvander-vi-ordet-hen-ledare-i-nr-2-2012 (eingesehen am 10.02.13).
https://partiprogram.mp.se/forslag-2/ (eingesehen am 04.01.13).
http://spraakbanken.gu.se/korp (eingesehen am 04.01.13).
http://spraakbanken.gu.se/korp/#lang=eng&search-tab=0&page=0&result-contai-ner=1&corpus=gp2001,gp2002,gp2003,gp2004,gp2005,gp2006,gp2007,gp2008,gp2009,gp2010,gp2011,gp2012&search=word|hen (eingesehen am 30.4.2013).
http://www.sprakradet.se/1950 (eingesehen am 10.02.13).
http://www.svd.se/nyheter/inrikes/chatt-hen_6909445.svd (eingesehen am 10.02.13).
http://svenskakyrkan.se/945088 (eingesehen am 10.02.13).
http://web.retriever-info.com/services/archive.html (eingesehen am 04.02.13).

b) Forschungsliteratur

Ängsal, Magnus P. (2011): „Der Unterstrich bei Personenbezeichnungen als Ausdruck einer postfeministischen Sprachkritik“, in: *Aptum. Zeitschrift für Sprachkritik und Sprachkultur* 7/03, 270-287.

Butler, Judith (1991): *Das Unbehagen der Geschlechter*. Frankfurt am Main: Suhrkamp Verlag.

Corbett, Greville G. (1991): *Gender*. Cambridge: Cambridge University Press.

Degele, Nina (2008): *Gender/Queer Studies*. Fink: Paderborn (= UTB).

Einarsson, Jan (2004): *Språksociologi*. Lund: Studentlitteratur.

Gamble, Sarah (1999): „Postfeminism“, in: Gamble, Sarah (ed.): *The Icon Critical Dictionary of Feminism and Postfeminism*. Cambridge: Icon, 43-50.

Gauger. Hans-Martin (1995). *Über Sprache und Stil*. München: Beck.

Gorny, Hildegard (1995): „Feministische Sprachkritik“, in: Stötzel Georg/Wengeler, Martin (eds.): *Kontroverse Begriffe. Geschichte des öffentlichen Sprachgebrauchs in der Bundesrepublik Deutschlands*. Berlin/New York: de Gruyter, 517-562.

Guentherodt, Ingrid/Hellinger, Marlis/Pusch, Luise F./Trömel-Plötz, Senta (1980): „Richtlinien zur Vermeidung sexistischen Sprachgebrauchs“, in: *Linguistische Berichte* 69, 15-21.

Herrmann, Steffen Kitty (2005): „Queer(e) Gestalten. Praktiken der Derealisierung von Geschlecht", in: Haschemi Yekani, Elahe/Michaelis, Beatrice (eds.): *Quer durch die Geisteswissenschaften. Perspektiven der Queer Theory*. Berlin: Querverlag, 53-72.

Hornscheidt, Antje (2002): „Die Nicht-Rezeption poststrukturalistischer Gender- und Sprachtheorien der Feministischen Linguistik im deutschsprachigen Raum“, in: *Germanistische Linguistik* 167/168, 5-51.

Hornscheidt, Antje (2007): „Sprachliche Kategorisierung als Grundlage und Problem des Redens über Interdependenzen. Aspekte sprachlicher Normalisierung und Privilegierung", in: Walgenbach, Katarina/Dietze, Gabriele/Hornscheidt, Antje/Palm, Kerstin (eds.): *Gender als interdependente Kategorie. Neue Perspektiven auf Intersektionalität, Diversität und Heterogenität.* Opladen/Farmington Hills: Verlag Barbara Budrich, 65-105.

Hornscheidt, Antje (2008): *Gender resignifiziert. Schwedische (Aus)Handlungen in und um Sprache.* Berlin: Humboldt-Universität zu Berlin.

Hornscheidt, Antje Lann/Nduka-Agwu, Adibeli (2010): „Der Zusammenhang zwischen Rassismus und Sprache". In: Nduka-Agwu, Adibeli/Hornscheidt, Antje Lann (eds.): *Rassismus auf gut Deutsch. Ein kritisches Nachschlagewerk zu rassistischen Sprachhandlungen.* Frankfurt am Main: Brandes & Apsel, 11-49.

Hultman, Tor G. (1992): „Barnet – han eller den. Om genuskongruens vid ordet barn i gymnasisters språkbruk", in: Widmark, Gun/Källström, Roger/Hagåsen, Lennart/Hultman, Tor G. (eds.): *Svenska i harmoni. Fyra uppsatser om kongruens.* Uppsala: Hallgren & Fallgren, 75-122.

Irmen, Lisa/Linner, Ute (2005): „Die Repräsentation generisch maskuliner Personenbezeichnungen. Eine theoretische Integration bisheriger Befunde", in: *Zeitschrift für Psychologie* 213/3, 167-175.

Källström, Roger (1995): *Om svenskans genussystem: en diskussion av några analysalternativ.* Göteborg: Göteborgs universitet.

Kilian, Jörg/Niehr, Thomas/Schiewe, Jürgen (2010): *Sprachkritik. Ansätze und Methoden der kritischen Sprachbetrachtung.* Berlin/New York: de Gruyter.

Klann-Delius, Gisela (2005): *Sprache und Geschlecht. Eine Einführung.* Stuttgart/Weimar: Verlag J. B. Metzler.

Lakoff, Robin T. (1975): *Language and Woman's Place.* New York: Harper & Row.

Nduka-Agwu, Adibeli/Hornscheidt, Antje Lann (eds.) (2010): *Rassismus auf gut Deutsch. Ein kritisches Nachschlagewerk zu rassistischen Sprachhandlungen.* Frankfurt am Main: Brandes & Apsel.

Pettersson (Ängsal), Magnus (2010): „Generisch und geschlechtsübergreifend – einige terminologisch-begriffliche Bemerkungen", in: Andersson, Bo/Müller, Gernot/Stoeva-Holm, Dessislava (eds.): *Sprache – Literatur – Kultur. Text im Kontext. Beiträge zur 8. Arbeitstagung schwedischer Germanisten in Uppsala, 10.-11.10.2008.* Uppsala universitet, Studia Germanistica Upsaliensia, 129-140.

Språkriktighetsboken (2005). Utarbetad av Svenska språknämnden. Stockholm: Norstedts akademiska förlag.

Sulkala, Helena/Karjalainen, Merja (1992): *Finnish.* London: Routledge.

Teleman, Ulf (1987): „Hur många genus finns det i svenskan?" In: Teleman, Ulf (ed.): *Grammatik på villovägar.* Solna: Almqvist & Wiksell, 106-114.

Teleman, Ulf (1995): „Han, hon eller vem som helst". In: Sausverde, Ērika/Arbo, Paal (eds.): *Colloquia Scandinavistica Vilnensia.* Vilnius: Tyto Alba, 91-99.

Teleman, Ulf/Hellberg, Staffan/Andersson, Erik (1999): *Svenska akademiens grammatik.* Band 2: Ord. Stockholm: Svenska Akademien.

Gesprächskritik? Normative Gesprächsreflexion als Gegenstand der Kommunikationsgeschichte – am Beispiel der Gesprächsform *Diskussion*

Simon Meier

1 Einleitung: Was ist Gesprächskritik?

Sprachkritik richtet sich häufig auf Formen und Muster des Sprachgebrauchs unterhalb der Satzebene wie Wortneuschöpfungen, Fremdwörter oder (vermeintliche) grammatikalische Abweichungen. Dies gilt auch für sprachwissenschaftliche Auseinandersetzungen mit Sprachkritik, sei es im Rahmen einer linguistischen Metakritik der Sprachkritik (vgl. z. B. Wimmer 2009) oder hinsichtlich der Frage nach möglichen Auswirkungen sprachkritischer, etwa sprachpuristischer Diskurse auf Sprachwandel (vgl. hierzu Leweling 2005; Orgeldinger 1999). Allerdings sind immer wieder auch umfassendere kommunikative Muster bis hin zu ganzen Gesprächsformen Gegenstand kritischer Reflexion gewesen. Seit der Antike sind Texte überliefert, die sich aus kritisch-normativer Perspektive mit Voraussetzungen und Leistungen verschiedener Gesprächsformen oder gar des Gesprächs überhaupt befassen und zugleich den *status quo* der zeitgenössischen Gesprächskultur kritisch kommentieren. Diese Formen der kritischen Reflexion seien hier zusammenfassend und in Anlehnung an den Terminus „Sprachkritik" als „Gesprächskritik" bezeichnet.

Innerhalb der von Gauger vorgeschlagenen Klassifikation sprachkritischer Zugänge (vgl. Gauger 1995: 41-54) lassen sich die hier in den Blick genommenen gesprächskritischen Reflexionen der moralischen Sprachkritik zuordnen. Die dieser Form der Sprachkritik zugrunde liegende Annahme, dass die „in einer Gesellschaft hochfrequenten Sprechverwendungsweisen etwas aussagen können über den moralisch intellektuellen Zustand dieser Gesellschaft insgesamt" (Gauger 1995: 49), kann auch auf die Gesprächskritik übertragen werden. Als Beispiel für gesprächskritische Reflexionen kann etwa die platonische Sophismuskritik als Kritik an einer relativistischen und daher unredlichen Auffassung sowie Ausübung von Wissenschaft und Rhetorik (vgl. Tordesillas 2007:

993ff.) genannt werden. Mehr als 2000 Jahre später beklagt Adam Müller in seinen 1816 erschienenen *Zwölf Reden über die Beredsamkeit und deren Verfall in Deutschland*, dass die „heutige Generation so einförmig und so zerrissen, von dem was sie vereinigen sollte, nämlich den Ideen, so abgewendet“ (Müller 1816: 31) sei, dass „es viel mehr Lehrende als Lernende, und wenig wahres Gespräch giebt“ (Müller 1816: 31). In spezifischer thematischer Nuancierung finden sich nun solche gesprächskritischen Texte auch im 20. Jahrhundert. Als prototypisches Beispiel sei hier Horst Krügers 1956 in der wissenschaftsfeuilletonistischen Zeitschrift *Universitas* erschienener Essay *Die Schwierigkeit des Gesprächs* genannt, in dem es einleitend heißt:

> Die Kongresse und Tagungen unserer Zeit bestätigen es immer wieder –: das Gespräch ist in unserer Zeit schwierig geworden, die Kunst des Dialogs wird von uns nicht mehr beherrscht. Wir verlernen es immer mehr, wirklich miteinander zu reden, Gedanken auszutauschen, Meinungen anzuhören, Thesen, die nicht die unseren sind, gelten zu lassen. Eine tiefe Interesselosigkeit an der geistigen Welt kennzeichnet unsere Stunde. (Krüger 1956: 407)

In gesprächskritischen Reflexionen wird also die gängige Gesprächspraxis der jeweiligen Gegenwart in verschiedener Hinsicht als defizitär beurteilt und mit einem vorgreifend entworfenen Gesprächsideal kontrastiert, das zu verwirklichen den Zeitgenossen anempfohlen wird.

Im Folgenden möchte ich einen thematischen Strang des gesprächskritischen Diskurses im 20. Jahrhundert näher untersuchen. Als besonders ergiebiges Beispiel bietet sich die normative Reflexion über die Gesprächsform *Diskussion* zwischen 1930 und 1970 im (west-)deutschen Raum an, die von Vertretern verschiedener wissenschaftlicher Disziplinen getragen wurde und, bedingt durch politisch-gesellschaftliche Ereignisse, von mehreren Richtungswechseln geprägt war. Dazu werde ich zunächst den theoretischen und methodischen Rahmen meiner Untersuchung abstecken, bevor ich anschließend die gesprächskritischen Reflexionen über die Diskussion anhand von drei Zeitschnitten – um 1930, um 1950 und um 1968 – nachzeichne. Schließlich werde ich diskutieren, welchen Beitrag die Untersuchung von Gesprächskritik für eine linguistisch begründete Sprachkritik einerseits und für die Kommunikationsgeschichtsschreibung andererseits leisten kann.

2 Wie und wozu untersucht man Gesprächskritik?

Sprachkritische Reflexionen sind aus sprachgeschichtlicher Perspektive vor allem im Rahmen der sogenannten Sprachbewusstseinsgeschichte untersucht worden. Diese nimmt ergänzend zu den Veränderungen des Sprachsystems und der Sprachgebrauchsweisen „Veränderungen in den kommunikativen Mentalitäten, Einstellungen und Theorien" (Mattheier 1995: 15) in den Blick. Dabei ist die Annahme leitend, dass die zeittypischen Formen des Sprachbewusstseins einerseits aus der Sprachwirklichkeit einer Gesellschaft hervorgehen, andererseits aber die Wahl kommunikativer Mittel mitsteuern und somit die sprachlichen Verhaltensmuster ihrerseits prägen (vgl. Scharloth 2005: 120). Sprachbewusstseinsgeschichte ist somit integraler Bestandteil einer auf die Erklärung von Sprachwirklichkeit und Sprachwandel abzielenden Sprachgeschichte.

In vielen Untersuchungen zur Sprachbewusstseinsgeschichte interessieren vor allem die lexem-, grammatik- oder auch stilorientierten Reflexionen über Sprache und Varietäten etwa im Zuge von Bemühungen um Sprachnormierung, in denen kommunikative Aspekte häufig zweitrangig sind. Demgegenüber werden in einer Reihe neuerer Untersuchungen dezidiert kommunikationsbezogene Sprachreflexionen in den Blick genommen, deren Rekonstruktionen als Gegenstände einer „Kommunikationsbewusstseinsgeschichte" (Linke 2008a: 36) bestimmt werden können. Deren Aufgabe besteht Linke zufolge darin, „die Vorstellungen von den Bedingungen der Möglichkeit der Kommunikation wie auch von den Idealformen von Kommunikation, die eine Gesellschaft bzw. deren unterschiedliche Gruppierungen pflegen, in ihrem historischen Wandel auszuleuchten" (Linke 2008a: 36).[1] Ein ganz ähnliches Projekt wird in der historischen Dialogforschung unter der Bezeichnung „mentalitätsgeschichtliche Dialogforschung" (Kilian 2002: 46) verfolgt. Hier werden gesprächsreflexive Äußerungen als Ausdruck des „Wissen[s] der Menschen vom Gespräch und der normativen Ordnung zeitgenössischer Gesprächswelten" (Kilian 2002: 46) gedeutet. Beide Forschungsrichtungen eint die auch der Sprachbewusstseinsgeschichte zugrunde liegende Annahme, dass gesprächsreflexive Äußerungen und Texte nicht nur als *Indikatoren*, sondern auch als *Faktoren* des historischen

[1] Ein Beispiel für eine kommunikationsbewusstseinsgeschichtliche Untersuchung stellt Schröters (2011) Studie über Offenheit als Kommunikationsideal dar.

Wandels von Gesprächswirklichkeit aufgefasst werden. Gerade bei normativen Gesprächsreflexionen liegt dies nahe, da deren Urheber die zeitgenössischen Verhältnisse nicht einfach abbilden, sondern über Bewertung und Präskription von Gesprächsformen und -praktiken auch gezielt Einfluss zu nehmen versuchen. Insbesondere bei Vertreterinnen und Vertretern der Pädagogik oder auch der Kritischen Theorie, welche den hier zu untersuchenden gesprächsreflexiven Diskurs maßgeblich prägen, liegt der Wille zur Gestaltung kommunikativer Wirklichkeit auf der Hand. Das Projekt einer Kommunikationsbewusstseinsgeschichte stellt also den geeigneten theoretischen Rahmen für die Untersuchung von Gesprächskritik dar.

In methodischer Hinsicht kann sich eine kommunikationsbewusstseinsgeschichtlich orientierte Untersuchung gesprächskritischer Reflexionen an diskurslinguistischen Ansätzen orientieren, die durch die „Analyse textübergreifender Aussagenzusammenhänge […] Erkenntnisse über zeittypische Formen des Sprechens und Denkens über die Welt gewinnen" (Warnke 2008: 38) möchten und Diskursen wirklichkeitskonstitutive und aussagenregulative Kraft zuschreiben. Insbesondere die Beiträge zur historischen Diskurssemantik bieten sich hier an. Diese gehen der Bedeutungsaushandlung von Wörtern nach, die als Kristallisationspunkte von Diskursen und den sie tragenden Sichtweisen und Denkformen beschrieben werden können.[2] So sind gesprächskritische Texte häufig durch das Bemühen gekennzeichnet, die Bedeutung von Ausdrücken wie *Gespräch*, *Diskussion*, *Dialog* usw. zu bestimmen und gegen vermeintlich missbräuchliche Verwendungsweisen zu verwahren.[3] Zudem handelt es sich, wie noch zu zeigen sein wird, um Ausdrücke, bei denen sich eine „strittige Extension mit extrem unklaren Intensionsmerkmalen und klarer (zu Identifikation oder Abstoßung einladender) evaluativer Komponente" (Knobloch 1992: 12) verbindet. Wer wie der oben zitierte Krüger in Bezug auf die eigene Gegenwart schreibt, dass das Gespräch schwierig geworden sei und die Kunst des Dialogs aufgrund tiefer Interesselosigkeit an der geistigen Welt nicht mehr beherrscht

[2] Wörter stellen freilich nur ein mögliches, wenn auch zumeist das grundlegende Zugriffsobjekt diskurssemantischer Analysen dar. Auch umfassender Muster bis hin zu ganzen Textsorten (vgl. Herrgen 2000: 119-132) sind Gegenstand von Aushandlungsprozessen, die mit diskursanalytischen Methoden ausgewertet werden können.

[3] In dieser Hinsicht sind *gesprächs*kritische Äußerungen häufig auch *sprach*kritisch.

werde, der nimmt nicht nur in Anspruch, Gesprächswirklichkeit abzubilden, sondern fordert auch eine bestimmte Gesprächspraxis ein. Der Ausdruck *Gespräch* gewinnt durch derartige Verwendungskontexte den Status eines Schlüsselwortes, das eben diese Forderung in seine deontische Bedeutung (vgl. Hermanns 1989: 74) aufnimmt. Die im gesprächskritischen Diskurs zum Ausdruck kommenden Schreckbilder und Idealvorstellungen verdichten sich somit lexikalisch in den deontischen Bedeutungskomponenten dieser Schlüsselwörter und werden in deren Bedeutungsaushandlung analytisch greifbar.

Der gesprächskritische Diskurs, um den es im Folgenden gehen soll, wird hier anhand eines Textkorpus untersucht, in das Texte aus verschiedenen wissenschaftlichen Disziplinen (darunter Philosophie, Pädagogik, Sprachwissenschaft und Soziologie) eingegangen sind, die sich in kritisch-normativer Perspektive mit dem Gespräch befassen und zwischen 1930 und 1970 erstmals und in deutscher Sprache erschienen sind.[4] Dabei handelt es sich zumeist um populäre Texte, die über das enge Fachpublikum hinaus auch eine breitere Öffentlichkeit gebildeter Leserinnen und Leser ansprechen sollten. Pressetexte und literarische Texte werden dagegen nicht berücksichtigt. Ebenso unberücksichtigt bleiben primär kommunikationspräskriptive Texte wie Anstandsbücher und Ratgeber. Repräsentativität der auf der Grundlage des Korpus rekonstruierten Wirklichkeitsauffassungen und Denkstile über eine intellektuelle Elite hinaus, die die entsprechenden Texte produzierte und rezipierte, wird ausdrücklich nicht beansprucht. Gleichwohl gehe ich davon aus, dass insbesondere über die Vermittlung der Pädagogik, welche die wissenschaftlichen Gesprächskonzepte in Didaktiken und Lehrpläne überführte, die hier untersuchten Texte durchaus zu einer gewissen Breitenwirkung gelangt sind.

Aus diesem Korpus seien im Folgenden Texte bzw. Textteile herausgegriffen, die sich ausdrücklich mit der Gesprächsform *Diskussion* befassen. Ich wähle also das Wort *Diskussion* als analytischen Zugang und frage nach den wechselnden Konzeptionen der damit bezeichneten kommunikativen Praxis. Dabei beschränke ich mich auf drei Zeiträume, in denen sich die Bewertung dieser Ge-

---

[4] Da die Reflexion über das Gespräch und die Diskussion in Deutschland nach dem Zweiten Weltkrieg maßgeblich durch die Demokratisierungspolitik der Alliierten geprägt war, beschränken sich die vorliegenden Analysen auf den westdeutschen Raum. Vor allem die sowjetische Besatzungszone bzw. die DDR seien ausdrücklich ausgenommen.

sprächsform jeweils stark wandelt und von klarer Ablehnung über kritisch-distanzierte Würdigung bis hin zu utopischer Idealisierung reicht.

3 Beispielanalyse: Kritik der Diskussion im 20. Jahrhundert

3.1 Um 1930 – Diskussion als „entartetes Gespräch"

Der gelehrte kommunikationsreflexive Diskurs nach 1918 ist vor allem dadurch gekennzeichnet, dass das über Jahrhunderte gültige und gerade im langen 19. Jahrhundert durch das Bürgertum hochgehaltene Ideal der Konversation (vgl. etwa Simmel 1911; ausführlich hierzu Linke 1996: 132-227) seine normative Leitfunktion einbüßt. Im Zuge gemeinschaftsenthusiastischer Sozialtheorien und -utopien steigt stattdessen das durch Unmittelbarkeit und personale Zuwendung geprägte Gespräch jenseits geselliger Höflichkeitsnormen zum Ideal auf, das gleichsam den Kern gemeinschaftlichen Lebens darstellen soll und gesellschaftliche Konventionen als Entartungsformen erscheinen lässt (vgl. zeitgenössisch Buber 1953 [1919]: 290f.; zusammenfassend Meier 2013: Kap. 4.4). Aber auch die Diskussion, die im Kaiserreich vornehmlich als politische Praxis galt und somit ebenfalls der öffentlich-gesellschaftlichen Sphäre zugeordnet wurde, erfährt dadurch eine deutliche Abwertung, die sich ab etwa 1930 offen zeigt.

Eine prominente Figur in diesem Zusammenhang ist Martin Buber, der mit seinem 1923 erschienenen Buch *Ich und Du* dem neuen Gesprächsideal seine philosophische Fundierung verleiht und in einem erstmals 1930 publizierten Essay *Zwiesprache* das zunächst abstrakt formulierte Konzept der Ich-Du-Beziehung auf lebensweltliche Kontexte überträgt. Das Gespräch gilt bei Buber als Vollzugsform des sogenannten „Dialogischen" (Buber 1962: 180), welches die anthropologisch angemessene und ethisch bevorzugte Lebensweise des Menschen darstelle, indem es „lebendige Gegenseitigkeit" (Buber 1962: 192) zwischen den Partnern stifte und somit die Selbstentfremdung des Menschen in der modernen Gesellschaft überwinden helfe. Dabei macht Buber deutlich, dass „auch das eifrigste Aufeinanderzu-Reden kein Gespräch ausmacht" (Buber 1962: 175), und grenzt das Gespräch ausdrücklich von der Diskussion ab: „am deutlichsten zeigt das jener absonderliche Sport einigermaßen denkbegabter Menschen, den man zutreffend Diskussion, Auseinanderschlagung, nennt" (Buber 1962: 175). Im gleichen Text wird die Diskussion, hier der zeitgenössischen Semantik entsprechend mit der Alternativbezeichnung *Debatte* versehen (vgl. Verheyen 2010: 44), zusammen mit der Konversation als Beispiel für einen „dialogisch verkleideten Monolog“ angeführt:

> Eine Debatte, in der man seine Gedanken nicht so äußert, wie man sie vordem im Sinn hatte, sondern sie im Reden so zuspitzt, wie sie am empfindlichsten treffen können, und zwar, ohne sich die Menschen, zu denen man redet, irgend als Personen gegenwärtig zu halten […]. (Buber 1962: 192)[5]

Die Diskussion wird von Buber somit ausdrücklich als „Truggebilde“ (Buber 1962: 193) denunziert, die den Menschen von seiner eigentlichen Bestimmung, dem Leben im Geist der „Gemeinschaftlichkeit“ (Buber 1962: 205), abhalte.

Mit deutlich weniger Pathos, aber mit ähnlicher Bestimmtheit reflektiert etwa zeitgleich Karl Jaspers in seinem zeitdiagnostischen Buch *Die geistige Situation der Zeit* kritisch über die Kommunikationskultur der als ein „Zeitalter der Technik“ (Jaspers 1931: 28) beschriebenen Gegenwart. Ausdrücklicher als Buber nimmt Jaspers dabei auf die zeitgenössischen gesellschaftlichen Verhältnisse Bezug und moniert im Hinblick auf das heterogene Parteiensystem der Weimarer Republik, dass Politik auf den Kompromiss als „gegenseitiges Nachgeben zur Vermeidung der Entscheidung“ (Jaspers 1931: 43) angewiesen sei und dadurch der „Kampf um Wahrheit […] zu verwässern“ (Jaspers 1931: 44) drohe. Die Diskussion, die Jaspers im Unterschied zu Buber prinzipiell als wertvoll anerkennt (vgl. Jaspers 1923: 38), werde dadurch gewissermaßen entleert (vgl. auch Schmitt 1926: 10f.) und verliere selbst im Feld der Wissenschaft an Wert, indem sie zu bloßem Schmuckwerk werde:

> Das Feld dieser Bildung ist die Diskussion, welche heute Massenerscheinung geworden ist. Jedoch könnte Diskussion statt des Vergnügens […] nur dann wahre Befriedigung gewähren, wenn sie auch echte Kommunikation als Ausdruck eines Glaubenskampfes oder als Mitteilung von Erfahrungen und Erkenntnissen ist, welche einer gemeinschaftlich konstituierten Welt angehören. (Jaspers 1931: 103)

Die „Massenverbreitung des Wissens“ (Jaspers 1931: 103), so fährt Jaspers fort, führe zur „*Abnutzung* der Worte und Sätze“ (Jaspers 1931: 103) und mache

[5] Ein ähnliches Argument findet sich bei Löwith, der die Diskussion vom ‚eigentlichen‘ Gespräch dadurch unterschieden sieht, dass die Diskussionspartner in ihren Beiträgen mögliche Einwände vorwegnehmen und dadurch die freie Entgegnung bereits einschränken (vgl. Löwith 1928: 79).

„wesenhafte Verständigung unmöglich" (Jaspers 1931: 103). Die Diskussion sei daher längst Sache des Sophisten, der auf „platte Verständlichkeit" (Jaspers 1931: 154) abziele und „rhetorisch um Wirkung, nicht um Einsicht bekümmert" (Jaspers 1931: 154) sei. Der Diskussion als sozialer Praxis wird somit Symptomcharakter für die gegenwärtigen Entwicklungstendenzen hin zu einer „kommunikationslosen Welt" (Jaspers 1931: 151) zugeschrieben, welche das aufklärerische Leitbild rationaler Diskussion obsolet werden lassen und stattdessen für moralbewusste Individuen einen Rückzug aus der alles nivellierenden Öffentlichkeit (vgl. hierzu auch Jaspers 1932: 387) erforderlich machen.

Sowohl bei Buber als auch bei Jaspers gelten also die Agonalität demokratisch-öffentlicher Kommunikationsformen und ihr Gegenpol, die Suche nach dem Kompromiss, als mit ‚echtem' Gespräch unverträgliche Handlungsprinzipien. *Gespräch* und *Diskussion* sind zwei deontisch völlig unterschiedlich konnotierte, sich tendenziell ausschließende Ausdrücke. Obwohl beide Autoren die zentrale Bedeutung zwischenmenschlicher Kommunikation für die moralische Existenz des Menschen betonen, nehmen sie die Diskussion hiervon explizit aus.

Vor allem die Kompromissorientierung wird auch in späteren, bereits nationalsozialistisch geprägten Texten als Hauptdefizit der Diskussion hervorgehoben, die als demokratisch-parlamentarische Praxis ausdrücklich stigmatisiert wird. Die für Bubers und Jaspers' Position charakteristische Kritik an der Massengesellschaft rückt hier freilich in den Hintergrund zugunsten der Propagierung eines völkischen Kollektivs, die die offizielle und offiziell geduldete Kommunikation auf das gesamtgesellschaftlich Relevante einschränkt (vgl. Ehlich 1989: 21f.). Doch die Vorbehalte gegenüber der Gesprächsform *Diskussion* werden hierdurch nur noch verstärkt. Bereits im September 1933 heißt es in einer pädagogischen Zeitschrift:

> Denn die Diskussion ist die Bewegungsform der bürgerlichen Gesellschaft. Sie ist die Suche nach dem Kompromiß; der nationalsozialistische Staat kennt keine Opposition, sondern nur das Volk und seine Feinde – und darum auch weder Diskussion noch Kompromiß. (Günther 1933: 440)

Die Jaspers'sche Metapher der Verwässerung der Wahrheit durch Kompromiss wird ebenfalls wieder aufgegriffen und direkt in die nationalsozialistisch motivierte Demokratiekritik eingefügt:

> Eine ursprünglich reine und gute Idee wird dadurch ins Schlechte gebracht, daß wir sie zur Debatte stellen, so daß sie nun im Kuhhandel der vielen aufeinander eifersüchtigen Parteien zerredet und verwässert wird. (Baumgarten 1936: 214)

Weder Buber, der als führender jüdischer Intellektueller unmittelbar nach der nationalsozialistischen Machtergreifung Deutschland verließ, noch Jaspers, der 1937 zwangspensioniert und 1938 mit einem Publikationsverbot belegt wurde, ist freilich gedankliche Nähe zur nationalsozialistischen Ideologie vorzuwerfen. Allein, in der gegenwartsdiagnostisch formulierten Kritik an der Diskussion als gesellschaftlich bedingter ‚Entartungsform' des Gesprächs zeigt sich dennoch eine gewisse kommunikationsbewusstseinsgeschichtliche Kontinuität.

3.2 Um 1950 – ‚Angelsächsische' Diskussion und deutsche Anverwandlungen

Nach dem Ende der nationalsozialistischen Diktatur, welche die Diskussion als institutionalisierte politische Praxis weitestgehend abgeschafft hatte, hatten die Alliierten in den westdeutschen Besatzungszonen ihre Demokratisierungspolitik zu einem nicht unwesentlichen Teil als demokratische Bildungsarbeit gestaltet. Die angestrebte Einübung und Habitualisierung demokratischer Handlungsweisen wurde dabei nicht zuletzt durch die gezielte Förderung und Durchführung von öffentlichen Diskussionsveranstaltungen zu erreichen versucht (vgl. Verheyen 2010: 59-150). Als *discussion* wurden dabei formalisierte Gruppenkommunikationsverfahren bezeichnet, die in den USA seit den 1920er Jahren entwickelt und in einer Reihe von wissenschaftlichen Abhandlungen und praktischen Leitfäden beschrieben worden waren. Diese wurden nun auch in den alliierten Besatzungszonen zum Teil in Übersetzungen verbreitet und hatten großen Einfluss auf die sich neu formierende Pädagogik in Westdeutschland.

Ein Zeugnis hierfür stellt ein 1948 in der *Pädagogischen Rundschau* publizierter Bericht über eine Unterrichtsstunde dar, in der die Diskussion als Unterrichtsmethode zugleich erprobt und reflektiert wurde, indem folgendes Thema zur Diskussion gestellt wurde: „Ist es richtig, so wie es von der englischen Besatzungsmacht gewünscht wird, über viele Fragen Diskussionen durchzuführen, z. B. auch in unserem bürgerkundlichen Berufsschulunterricht?" (Meißner 1948: 362). Die Diskussion gilt dabei zugleich als Lernziel *und* als Methode: „Diskussionen sind wertvoll dadurch, dass sie überhaupt stattfinden! [...] Durch Diskussionen das Diskutieren zu erlernen und damit Persönlichkeit zu werden!" (Meißner 1948: 363). Die theoretische Begründung für diese Implementierung der Diskussion in den Kanon der Erziehungsmethoden wird beispielsweise in der 1949 erschienenen Broschüre *Diskussion als Unterrichtsmethode* formuliert, einer Adaption dreier amerikanischer Diskussionsleitfäden, in deren Vorwort der Herausgeber schreibt:

> Die amerikanischen Erzieher beschritten diesen neuen Weg bewußt und in der festen Überzeugung, daß die Diskussionsmethode unschätzbare Vorteile mit sich bringt. Die erreichten Erfolge geben ihnen recht, und wir in Deutschland haben kaum Grund, die Diskussion als Mittel der Erziehung abzulehnen. Diskussion ist Ausdruck wahrer Demokratie. (Damaske 1949: 8)

In ganz ähnlicher Weise ist im 1952 erschienenen *Lexikon der Pädagogik* im Artikel zur Diskussion die Rede von der „demokratischen Lebensauffassung, in der darum die D.[iskussion; S.M.] als nützlich, ja notwendig gepflegt wird" (Reiring 1952: 783). Die Diskussion erscheint als demokratische Praxis schlechthin und erfährt hierdurch eine deutliche Aufwertung hin zu einem umfassenden Ideal politischen und am Politischen partizipierenden Lebens und Handelns.

In vielen Texten wird dabei die Abgrenzung von der Diskussionsfeindlichkeit des Nationalsozialismus ausdrücklich zur Triebfeder für die Aufwertung der Diskussion erklärt. So schreibt etwa Theodor Wilhelm in seinem unter dem Pseudonym Friedrich Oetinger publizierten Buch *Wendepunkt der politischen Erziehung*, dass die von den Alliierten etablierten Diskussionsveranstaltungen im postdiktatorischen Deutschland notwendig, den Deutschen selbst aber auch ein Bedürfnis seien:

> Von innen gesehen macht sich in unserer Diskutierfreudigkeit die jahrelange Gängelung unserer Meinungen durch die staatliche Inquisition Luft; in den Augen der Besatzungsmächte ist die Diskussion die Patentempfehlung an Menschen, die erst wieder daran gewöhnt werden müssen, daß in der Demokratie jeder einzelne die Politik der Regierung mitträgt. Aus England und USA werden uns die Praktiken und Erfahrungen der Diskussion als Mittel der öffentlichen Meinungsbildung freigebig und wohlmeinend zur Verfügung gestellt. Vieles ist dankbar aufgegriffen worden und hat bereits Früchte getragen. (Oetinger 1951: 231)

Zugleich moniert Wilhelm jedoch, dass in Deutschland die Diskussion als autoritative Praxis aufgefasst werde, da „wir aus einer eigenartigen Haltung heraus ‚diskutieren‘, welche die Diskussion in das Gegenteil von dem verkehrt, was sie eigentlich sein soll. Sie ist bei uns mehr Deklamation als wirkliches Gespräch“ (Oetinger 1951: 232). Die weiteren Ausführungen zum ‚deutschen‘ Diskussionsstil, der vor allem auf die Durchsetzung eigener Standpunkte abziele und nicht, wie eigentlich gefordert, von der Bereitschaft getragen sei, auf den anderen zu hören, entspricht dabei weitgehend eben jenem Diskussionsverständnis, das bei Buber und Jaspers die Grundlage für die Ablehnung dieser Gesprächsform darstellte. Dass dieses – überkommene und noch immer nachwirkende – Begriffsverständnis irrig ist und auch Diskussionen wirkliche Gespräche sein können und sollen, ist Wilhelm zufolge eigentliche Lehre, die es aus den angelsächsischen Vorbildern zu ziehen gelte. Ein ähnliches Argument findet sich in Magda Kelbers erstmals 1954 erschienenem Diskussionsleitfaden, der sich auf das Engste und ausdrücklich an angelsächsischen Vorbildern orientiert. Doch hält Kelber auch fest, dass der Ausdruck *Rundgespräch* dem Ausdruck *Diskussion* vorzuziehen sei, da dieser „für viele nur die Form des Streitgesprächs umfasst“ (Kelber 1958: 115).

Die normativ unterlegte Kontrastierung deutscher und angelsächsischer Gesprächsformen und Begriffsverständnisse beschäftigt in der Folge sogar die Sprachwissenschaft. Der Anglist Wolfgang Schmidt-Hidding sieht in einem begriffsgeschichtlichen Aufsatz über *Das Gespräch im Deutschen und Englischen* die *discussion* dadurch charakterisiert, dass in ihr die Gesprächspartner „Mitberater an einer gemeinsamen Sache“ (Schmidt-Hidding 1953: 385) statt – wie in der deutschen Diskussion – Gegner sind. Doch im gleichen Text macht Schmidt-Hidding einen weiteren Unterschied zwischen deutschen und englischen Gesprächsauffassungen geltend, der eine vollständige Übernahme angelsächsischer Gesprächsformen problematisch erscheinen lässt. Denn im englischen Wortfeld des Gesprächs mit Elementen wie *chat*, *talk*, *conversation*, *discussion* usw. fehle der „direkte Ausdruck für Gespräch im Sinne des Sichaussprechens […]; ein Wort für das Gespräch, das beide Gesprächspartner ‚innerlich weiterbringt‘“ (Schmidt-Hidding 1953: 387).

Eben diese Gesprächsform sei aber ein typisch deutsches Bedürfnis, das durch die angelsächsischen Diskussionsformate nicht befriedigt werden könne:

> Disput, Diskussion, Debatte wurden von der deutschen Sprache zwar absorbiert, dennoch haftet den mit ihnen bezeichneten Gesprächsformen etwas Fremdes, nicht ganz zu uns Gehöriges an. […] So freimütig wir die Überlegenheit der englischen Gesprächshaltung in den praktischen und politischen Bereichen anerkennen, so dürfen wir hoffen, daß sich das „Gespräch", wie es die kontinentale und deutsche Tradition entwickelte, und wie es dem Angelsachsen weitgehend fehlt, zum geistigen Kontakt und zur Erörterung von Fragen, welche die menschliche Existenz betreffen, besonders eignet. (Schmidt-Hidding 1953: 395, 397)

In diesem sprachpuristisch anmutenden Argument deutet sich also eine bleibende Skepsis gegenüber den angelsächsischen Diskussionsformaten an, denen nunmehr wieder das Gespräch *entgegengesetzt* wird. Dabei werden Sach- und Bezeichnungsebene tendenziell vermischt, indem von einer Fremdheit der Ausdrücke auf eine Fremdheit der Gesprächsformen selbst geschlossen wird.

Eben diese Wortkritik als Medium der Gesprächskritik ist in der Folge eine überaus häufig wiederkehrende Figur der zeitgenössischen intellektuellen Gesprächsreflexion und dient wie bei Schmidt-Hidding oftmals dazu, ein typisch deutsches Gesprächsbedürfnis zu proklamieren, dem die als angelsächsisch apostrophierte Diskussion nicht genüge (vgl. hierzu Meier 2014). Willy Kramp etwa betont, dass die „Fähigkeit zu innerer Anteilnahme" (Kramp 1956: 583), welche die entscheidende Voraussetzung für das Gespräch darstelle, „die besondere Gabe und Möglichkeit gerade deutschen Wesens" (Kramp 1956: 583) sei. Er fährt fort, dass er das Gespräch „bewußt nicht ‚Diskussion' nennen möchte, weil es in vielen Fällen durchaus auch die menschlichen Tiefen, ja die Hoffnungen, Schicksale, Werthaltungen der im Gespräch befindlichen mit umfassen kann" (Kramp 1956: 587). Eberhard Müller schreibt in seinem Leitfaden *Die Kunst der Gesprächsführung*, dass in der angelsächsischen Diskussion das Gespräch „den Charakter eines rein technischen Vorganges" (Müller 1954: 20) gewinne. Dieser misslichen Tendenz sei die „leidenschaftliche Verteidigung und Erforschung geistiger Grundlagen, die Offenheit einer echten Hörbereitschaft für die persönlichen Tiefen der menschlichen Partner" (Müller 1954: 21) entgegenzusetzen, wie sie insbesondere für den deutschen Protestantismus charakteristisch sei. Geradezu offen nationalistisch äußert sich Maximilian Weller in seinem *Buch der Redekunst* von 1954, in dem es in Bezug auf die amerikanischen Diskussionstechniken heißt:

> Die oben genannten Sport- und Spielformen der Redekunst werden bei uns kaum ein längeres Dasein fristen. Schließlich hat die deutsche Wertschätzung des Fachlichen, Zünftigen und Ordentlichen einen berechtigten Kern. (Weller 1954: 340f.)

In überaus kondensierter Weise schreibt schließlich Rudolf Müller-Schwefe, der die Bedeutung angelsächsischer Diskussionsmodelle für den Aufbau einer demokratischen Gesellschaft im Nachkriegsdeutschland erörtert: „Aber unsere eigentliche Aufgabe ist, wenn wir unseren Erfahrungen treu bleiben wollen, nicht die Diskussion, sondern das Gespräch" (Müller-Schwefe 1956: 10). Durch die adversative Konjunktion mit *nicht – sondern* werden *Diskussion* und *Gespräch* auch sprachlich als einander ausschließend markiert (vgl. Zifonun/Hoffmann /Strecker 1997: 2416f.) und durch die Erhebung zur *Aufgabe* von ‚uns Deutschen' ausdrücklich deontisch konnotiert.

Nach anfänglicher, geradezu euphorischer Aufwertung der Diskussion nimmt also seit den frühen fünfziger Jahren insbesondere unter konservativen Intellektuellen die Skepsis wieder zu. So sehr auch die zentrale Bedeutung des Gesprächs für die Gesellschaft betont wird – „wir wollen lernen, miteinander zu reden" (Jaspers 1986 [1946]: 120) lautet eine häufig adaptierte Losung von Karl Jaspers (vgl. etwa Oetinger 1951: 231; Dahmen 1956: 34) –, so wird doch häufig bemerkt, dass dies nicht auf dem Wege öffentlicher Diskussion geschehen kann. Überaus deutlich wird Martin Buber, der das bereits früher entwickelte Ideal des echten Gesprächs in seinem Essay *Elemente des Zwischenmenschlichen* von 1954 erneuert:

> Aber eine öffentliche Debatte von noch so hohem „Niveau" kann weder spontan noch unmittelbar noch rückhaltlos sein; eine als Hörstück vorgeführte Unterredung ist von dem echten Gespräch brückenlos geschieden. (Buber 1954: 608)

Dementsprechend wird die persönliche Aussprache „in kleinem Kreise" (Dahmen 1956: 28) und „abseits der Öffentlichkeit" (Dahmen 1956: 124) erneut zum Ideal erhoben und zum moralischen Fundament der Gesellschaft erklärt. Dabei gelangt diese Sichtweise über die Vermittlung der Pädagogik zu großer Wirksamkeit. So zählt der Pädagoge Karl Stöcker in seinem überaus einflussreichen Buch *Neuzeitliche Unterrichtsgestaltung*[6] die Diskussion nur noch zu den „gesprächsähnliche[n] Formen“ (Stöcker 1954: 121), und auch in anderen Didaktiken wird dem persönlich-intimen Gespräch klar der Vorzug vor der als bloß sachlich abgewerteten Diskussion gegeben (vgl. etwa Netzer 1959: 88-90; Rössner 1967: 22).

1961 schließlich veröffentlicht der Anglist Alfons Hilgers, ein Schüler Schmidt-Hiddings, eine Studie zur Begriffsgeschichte von Termini des öffentlichen Gesprächs, in der der Versuch der Alliierten, die Diskussion in Deutschland anzusiedeln, für gescheitert erklärt wird:

> Wen aber wundert es da, daß die Diskussion im Laufe der Zeit ebenso abgewertet wurde wie die Debatte? Zu dem Gefühl, daß es sich letztlich doch um erfolgloses Gerede handele, gesellte sich nämlich nun noch der nicht ganz unbegründete Verdacht, die Diskussion stehe in enger Beziehung zu den nicht sehr populären Bemühungen der westlichen Siegermächte um die ‚re-education‘, die Umerziehung des Volkes zu der so lange beschimpften und nun suspekten Demokratie. (Hilgers 1960: 186f.)

Es ist dieses öffentlichkeits- und mithin diskussionsskeptische sowie häufig auch nationalkonservativ geprägte Klima, das Mitte der sechziger Jahre einer Reihe von reformorientierten Autoren Anlass gibt, das Ideal der Diskussion erneut und mit großer Leidenschaft zu verteidigen.

3.3 Um 1968 – Diskussion als Politisierung des Privaten

1965 veröffentlicht der in England wissenschaftlich sozialisierte Soziologe Ralf Dahrendorf sein viel gelesenes Buch *Gesellschaft und Demokratie* in Deutschland, in dem er ein tiefsitzendes Demokratiedefizit in Deutschland diagnostiziert. Geradezu symptomatisch hierfür sei die typisch deutsche Abneigung gegen die Diskussion, die doch schließlich der Vollzugsmodus politischer Partizipation sei. Hierin erkennt Dahrendorf ein Fortwirken jener Autoritätsgläubigkeit, die im Nationalsozialismus ihre totalitäre Zuspitzung erfahren habe:

[6] Das Buch erlebte bis 1984 insgesamt 18 Auflagen und hat insbesondere die Deutschdidaktik stark beeinflusst.

> Wer Gewißheit nicht kennt und nicht braucht, kann auf Diskussion und Kritik vertrauen; aber dem deutschen Recht wohnt eine unbändige Sehnsucht nach einer Gewißheit inne, für die jede Diskussion die Wahrheit in den Schmutz des Alltags zieht und verfälscht. [...] Noch hallt in den Institutionen der Gesellschaft und in den Köpfen der Menschen die autoritäre Aversion gegen soziale Konflikte nach. [...] Die Diskussion hat an Beliebtheit nicht sehr gewonnen [...]. (Dahrendorf 1965: 269, 472)

Bereits in einem 1964 erschienenen Aufsatz mahnt Dahrendorf an, dass „ohne Diskussion und Konflikt jede Gesellschaft zur Erstarrung verdammt ist" (Dahrendorf 1964: 62), und in seinem Essay *Aktive und passive Öffentlichkeit* betont er, dass politische Beteiligung nur auf kommunikativem Weg erfolgen kann, da „die aktive Öffentlichkeit nie nur auf einen Entwurf festgelegt sein darf. Die Diskussion ist das Element ihrer Existenz als Öffentlichkeit" (Dahrendorf 1967: 1120).

Diese Äußerungen Dahrendorfs fügen sich in einen in eben dieser Zeit entstehenden wissenschaftlichen Diskurszusammenhang ein, in dem insbesondere von soziologisch-politologischer Warte aus das Prinzip liberaler Öffentlichkeit erforscht und zugleich eingefordert wird. Damit einher geht eine umfassende Aufwertung der Diskussion. Franz Schneider bestimmt das „Diskussionsprinzip" (Schneider 1967: 14) als Rückgrat einer funktionierenden Demokratie und sieht daher die größte Gefahr für jede demokratische Gesellschaft im „Diskussions- und Öffentlichkeitsschwund" (Schneider 1967: 14), der derzeit gerade auch die Bundesrepublik Deutschland betreffe. Besonders aber Jürgen Habermas stellt die Diskussion ins Zentrum seiner wissenschaftlichen und publizistischen Tätigkeit. Schon in seiner einflussreichen Studie über den *Strukturwandel der Öffentlichkeit* bestimmt Habermas die „permanente Diskussion" (Habermas 1962: 52), in der „allein die Autorität des Arguments" (Habermas 1962: 52) zähle, als Vollzugsmodus bürgerlicher Öffentlichkeit. Diese sei imstande, Herrschaft ihrer Willkürlichkeit zu entheben, indem politische Entscheidungen und Handlungsrichtlinien zunächst der kritischen Diskussion in der Öffentlichkeit überantwortet werden, was zur „gewaltlosen Ermittlung des zugleich Richtigen und Rechten" (Habermas 1962: 104) führe. Dieses zunächst aus historischer Perspektive entfaltete Prinzip öffentlicher Diskussion fordert Habermas in der Folge gerade auch für die Gegenwart mit Nachdruck ein. Im Hinblick auf die fortschreitende „Entpolitisierung der Masse der Bevölkerung" (Habermas 1968:

78) betont Habermas, dass eine Gesellschaft mündiger Bürger auf die Diskussion nicht verzichten darf, so wie sie auch die politischen Entscheidungsprozesse nicht einer geschlossenen Schicht von Experten überlassen darf:

> Die öffentliche, uneingeschränkte und herrschaftsfreie Diskussion über die Angemessenheit und Wünschbarkeit von handlungsorientierenden Grundsätzen und Normen [...] – eine Kommunikation dieser Art auf allen Ebenen der politischen und der wieder politisch gemachten Willensbildungsprozesse ist das einzige Medium, in dem so etwas wie „Rationalisierung" möglich ist. (Habermas 1968: 98)

Die in den fünfziger Jahren etablierten deontischen Konnotationen von *Gespräch* und *Diskussion* – Habermas bezeichnet Diskussionen auch als „Gespräche der Staatsbürger untereinander" (Habermas 1968: 137) – werden hier vollständig überdeckt, so dass nun beide Ausdrücke gleichermaßen auf die Forderung nach politischer Beteiligung verweisen.

Die vor allem von Wissenschaftlern vorgetragene Forderung nach öffentlicher, uneingeschränkter und herrschaftsfreier Diskussion auf allen Ebenen der Gesellschaft wird vor allem von einer gesellschaftlichen Gruppe aufgenommen: der westdeutschen Studentenbewegung, die sich ebenfalls Mitte der sechziger Jahre formiert und 1968 kulminiert. Im Zuge der studentischen Proteste wird die Umstrukturierung der Hochschulen und von dort aus der gesamten Gesellschaft nach dem Prinzip der Diskussion eingefordert. Ganz im Sinne Dahrendorfs, der für universitäre „Lehrverfahren, die auf Dialog und Diskussion beruhen" (Dahrendorf 1965: 171) plädiert, sollen Universitäten in Forschung und Lehre „nach dem Gesetz der rationalen Auseinandersetzung unter in dieser Auseinandersetzung Gleichen" (SDS, zit. n. Lönnendonker 1975: 428) gestaltet werden. Habermas selbst springt der Studentenbewegung zur Seite, als er 1967 ein Arbeitspapier des Allgemeinen Studentenausschusses der FU Berlin in der Zeitschrift *Merkur* abdruckt und durch einen eigenen Vortrag *Universität und Demokratie* ergänzt. Den studentischen Appell, „die notwendige Diskussion über die Verbindung der Wissenschaft zur Gesellschaft" (Habermas 1967: 419) nicht länger zu verhindern und hochschulpolitische Entscheidungen „durch größtmögliche Kommunikation" (Habermas 1967: 418) zu legitimieren, schließt Habermas unmittelbar an seine eigene Forderung an, „Entscheidungen von einem in herrschaftsfreier Diskussion erzielten Konsensus abhängig" (Habermas 1967: 426) zu machen.

Es bleibt jedoch nicht bei bloßen Forderungen. Die gesprächskritischen Reflexionen werden unmittelbar handlungsleitend, und es gelingt den studentischen Aktivisten tatsächlich, innerhalb der akademischen Lehre die Diskussion zu institutionalisieren. Hiervon zeugt etwa ein von Dietrich von Oppen herausgegebener *Bericht von einer neuen Seminarform*, die im Wintersemester 1968/69 entwickelt und erprobt wird, in dem es unter ausdrücklicher Berufung auf Habermas heißt:

> Wissenschaftliche Arbeit zielt auf einen herrschaftsfreien Raum in der Universität. [...] Der im herrschaftsfreien Raum angestrebte Dialog zwischen Lehrenden und Lernenden kann von hineingetragener Herrschaft frei werden – nicht als bloße Utopie [...]. Wissenschaftliche Arbeit kann nur geleistet werden im „herrschaftsfreien Dialog", in dessen Verlauf die erkenntnishemmenden Widerstände ebenso wie die Interessen der einzelnen zur Sprache kommen und in die Erkenntnis selber als konstitutive Elemente eingehen. (Oppen 1969: 67, 72)

Doch auch über den engen Rahmen universitärer Lehrveranstaltungen hinaus wird die Forderung nach mehr Diskussionen geltend gemacht und in die Tat umgesetzt. Die Diskussion ist zugleich Ziel *und* Mittel der studentischen Proteste (vgl. hierzu Verheyen 2010: 244-299; 2012: 233-236), in deren Zuge auch aus dem amerikanischen Raum übernommene kommunikative Formen wie *teach-ins* und *sit-ins*, die die gewünschte Politisierung der Gesellschaft weiter vorantreiben sollen, in das kommunikative Repertoire aufgenommen werden.

Die mit der Aufwertung der Diskussion einhergehende Verankerung dieser Interaktionsform in der sozialen Praxis der Studentenbewegung ist somit nicht einfach eine Rückkehr zu den schon in der Nachkriegszeit eingeführten Diskussionsformaten. Deren überaus strenge Regelwerke, welche den Ablauf von Diskussionen teilweise minutiös regelten, verlieren immer mehr ihre Verbindlichkeit. Diskussionen sollen nun zeitlich unbegrenzt verlaufen und so lange dauern, bis eben der Konsens erreicht ist. Vor allem aber werden Diskussionen, die zunächst nur zu offiziellen Anlässen in geplanter Manier veranstaltet werden, in den privaten Raum ausgedehnt und somit auch informalisiert. Im Jahr 1951 hatte Wilhelm die Diskussion in erster Linie in Diskussionsabenden von Parteien oder öffentlichen Vorträgen mit anschließender Diskussion verortet und dabei die Diskussionsunfähigkeit der Deutschen beklagt, die „uns nach einer Diskussion so oft mit dem Gefühl tiefer Unbefriedigtheit oder Verstimmung *nach Hau-*

se gehen läßt" (Oetinger 1951: 236; Hervorh. S.M.). Nun können und sollen Diskussionen überall und zu jeder Tageszeit, also gerade auch *zu* Hause stattfinden und sich prinzipiell auf alle lebensrelevanten Themen erstrecken. Umgekehrt können nun auch private Gespräche als *Diskussion* bezeichnet werden. Ein Zeugnis hierfür ist etwa folgende Passage aus einer Publikation der Kommune 2, deren Alltag einem Bewohner zufolge „aus permanentem Gespräch mit den anderen in der Küche, im Bad, im Fahrstuhl" (Kommune 2, zit. n. Verheyen 2010: 269) besteht:

> Wir kamen jeden Abend zusammen (Eingezogene und Noch-Nicht-Eingezogene) und diskutierten darüber, wie man den SDS in ähnliche verbindliche Kollektive auflösen könne und welche inhaltlichen Arbeitsthemen für diese Gruppen wichtig wären. (Kommune 2, zit. n. Verheyen 2010: 271)

Die Losung einer umfassenden Politisierung des Privaten wird also gerade auch durch die Praxis pausenloser Diskussion zu verwirklichen versucht. Im Sprachgebrauch der Studentenbewegung kommt dem Ausdruck *Diskussion* daher auch die Funktion eines Schlagworts zu, mit dem die eigenen Demokratisierungsansprüche sprachlich klar markiert und von der vermeintlich undemokratischen Diskussionsskepsis des ‚Establishment' abgegrenzt werden können (vgl. Scharloth 2011: 221-233). Beides, die Praxis des Diskutierens in einer angeblich diskussionsscheuen Gesellschaft wie auch die der Selbstauszeichnung dienende metakommunikative Thematisierung der Diskussion als demokratische Praxis schlechthin, gehört wesentlich zum Protestinventar der Studentenbewegung.

4 Schlussfolgerungen

Die historische Rekonstruktion gesprächskritischer Reflexionen und Positionen, die hier anhand der Reflexion über die Gesprächsform *Diskussion* vorgenommen wurde, zeigt, dass die Diskussion in unterschiedlichen Zeiten und gesellschaftlichen Konstellationen ganz unterschiedlich bewertet wurde. Gilt sie zur Zeit der späten Weimarer Republik als Symptom einer im Niedergang begriffenen Kommunikationskultur, wird sie nach dem Zweiten Weltkrieg zunächst zur im postdiktatorischen Deutschland dringend geforderten demokratischen Praxis schlechthin erklärt, bevor sie allmählich als vermeintlich dem deutschen Wesen zuwiderlaufende Praxis erneut abgewertet wird. Mitte der sechziger Jahre wird die Diskussion schließlich abermals zum Grundprinzip gelingender Demokratie erklärt und erfährt im Zuge der radikalen Forderung nach umfassender Politisierung aller Gesellschafts- und Lebensbereiche auch als private Praxis eine deutliche Aufwertung. Sprachlich schlagen sich diese veränderlichen Auffassungs- und Beurteilungsweisen bereits darin nieder, dass *Gespräch* und *Diskussion* wechselnd als synonym und einander ausschließend vorgestellt und in je verschiedener Weise deontisch konnotiert werden. Schon in dieser Umstrukturierung des Begriffsfelds zwischenmenschlicher Kommunikation, aufgrund der dem Sprechen über das Gespräch zu verschiedenen Zeiten ganz unterschiedliche argumentative Funktionen zukommen, werden die sich wandelnden Auffassungsweisen der Gesprächswirklichkeit deutlich.

Diese Funktionen, welche die gesprächskritischen Reflexionen erfüllen, reichen von den kultur- und gesellschaftskritischen Argumentationen bei Buber und Jaspers über nationalkonservative Bestrebungen hin zu den ideologiekritisch motivierten Überlegungen bei Habermas und der zusätzlich als Generationenkonflikt ausgeprägten Gesellschaftskritik der Studentenbewegung. So wie Sprachen und Varietäten immer auch kulturelle Gegenstände sind, die aus den unterschiedlichsten Blickwinkeln und sozialen Konstellationen heraus nicht nur unterschiedlich beschrieben, sondern auch unterschiedlich bewertet werden, sind einzelne Gesprächsformen in weiterreichende kulturelle Kontexte eingebettet, welche ihre wechselnde Konzeptualisierung und Bewertung bedingen. Eine umfassende Darstellung der Formen und der Geschichte der Sprachkritik (vgl. etwa Schiewe 1998) sollte daher auch gesprächskritische Reflexionen mitberücksichtigen.[7] Dies gilt umso mehr, als an der Zugehörigkeit des Gesprächs zum Gegenstandsbereich der Linguistik kaum Zweifel bestehen, die Gesprächslinguistik selbst aber normative Zugriffe auf das Gespräch aus ihrem starken Deskriptivi-

[7] Die Unterschiede zwischen Sprachkritik und dem, was ich hier „Gesprächskritik“ nenne, sollen dadurch nicht geleugnet werden. Sprachkritik kann auf eindeutigere Weise die konkrete sprachliche *Form* benennen, auf die sich die kritische Beurteilung bezieht, und kann daher auch in präzisere Handlungsanweisungen, etwa in Stilfibeln, münden. Demgegenüber bleiben die Ausführungen über bestimmte Gesprächsformen eher abstrakt. Allein, der Hauptgrund für die hier vorgeschlagene Beiordnung von Gesprächskritik zur Sprachkritik liegt in den erwähnten kultur-, gesellschafts- und ideologiekritischen Motiven und Funktionen, welche beide Formen der kritischen Auseinandersetzung mit Sprachgebrauchsweisen haben können.

tätsanspruch heraus weitestgehend ausblendet (vgl. etwa Deppermann 2004: 19f.).

Aus der Perspektive einer linguistischen Metakritik lassen sich die hier in den Blick genommenen gesprächskritischen Äußerungen freilich leicht kritisieren. Ähnlich wie die wortkritisch orientierte Sprachkritik, welche einzelne Ausdrücke meist unter Vernachlässigung ihrer Verwendungskontexte beurteilt und mithin als unterkomplex gelten muss (vgl. Kilian/Niehr/Schiewe 2010: 91), lassen auch die diskussionskritischen Äußerungen die Kontexte dieser Kommunikationsform außer Acht. Zumeist wird pauschal über *die* Diskussion ein Urteil gefällt, ohne dass geklärt wird, in welchen Zusammenhängen und zu welchen Zwecken diese Gesprächsform angemessen sein kann (vgl. Dieckmann 1981: 181). Auch die Abgrenzung von Gespräch und Diskussion beschränkt sich zumeist auf die vermeintlich diesen Formen zugrundeliegenden Haltungen, ohne dass entsprechende Ausprägungen an der sprachlichen Oberfläche thematisiert werden.[8]

Die Kritikwürdigkeit gesprächskritischer Reflexionen von einem linguistischen Standpunkt aus darf jedoch nicht darüber hinwegtäuschen, dass entsprechende Konzeptualisierungen und Bewertungen des Gesprächs gleichwohl zur Gesprächswirklichkeit gehören, zu deren Erklärung eine Beschreibung der vorherrschenden Gesprächsformen und -praktiken nicht ausreicht. Denn diese sind „als kulturelle Hervorbringungen [...] sicherlich nicht unabhängig vom Metadiskurs beziehungsweise Normenkanon der entsprechenden gesellschaftlichen Gruppierung" (Linke 2008b: 124). Gerade die Reflexion über die Diskussion liefert hierfür ein anschauliches Beispiel. Denn die Diskussionskritik kann einerseits im Wandel ihrer Urteile und Funktionen mit der Gesprächspraxis korreliert werden, wie etwa an den im Zuge der Demokratisierungsprogramme geförderten Diskussionsveranstaltungen und ihrer Reflexion im pädagogischen Diskurs nach 1945 zu sehen ist. Andererseits kann Gesprächskritik durch Setzung von Wertstandards die Gesprächspraxis selbst beeinflussen. Die didakti-

[8] Selbst allerneueste Beiträge zur sogenannten Sprecherziehung, die seit den fünfziger Jahren auch das Gespräch mit einbezieht, grenzen einzelne Gesprächsarten abstrakt durch Angabe von allgemeinen Zielsetzungen wie Erkenntnisgewinn oder Wissensvermittlung voneinander ab, ohne dass deren sprachlich-interaktive Umsetzungen berücksichtigt, geschweige denn empirisch untersucht würden (vgl. Lemke 2012: 174-177).

schen Verwertungen gesprächsreflexiver Urteile haben ganze Lehrer- und Schülergenerationen geprägt, die vermeintlich von Diskussionen und Debatten grundverschiedene Gespräche einübten. Vor allem aber die Studentenbewegung dürfte durch ihre praktische Rezeption der Aufwertung der Diskussion durch Habermas und andere die Gesprächspraxis nachhaltig beeinflusst haben. Die Erwartungen an die Diskussion waren – von heute aus gesehen – freilich überzogen. Die Idee der Herrschaftsfreiheit entpuppte sich bald als unerreichbare Utopie, und die Praxis des Diskutierens fungierte dem Bekenntnis zu absoluter Öffentlichkeit zum Trotz als Distinktionsmerkmal (vgl. Verheyen 2012), das von Kontrahenten durchaus als autoritär empfunden wurde (vgl. Kämper 2012: 117ff.). Gleichwohl war das Diskussionsideal eben gerade *als* Ideal, als regulative Idee auch praktisch wirksam – so ist die „kommunikative Gattung Diskussion [...] inzwischen ein fest verankertes und kaum mehr wegzudenkendes Element unserer Alltagskultur" (Verheyen 2012: 241).

In diesem Sinne stellt die Geschichte der Gesprächskritik einen integralen Bestandteil der Geschichte des Gesprächs dar. Die wissenschaftliche Beschreibung und Erklärung von Sprachwandelprozessen, welche auch den Wandel von Sprachverwendungsweisen umfassen soll, kann und soll darum auch gesprächskritische Diskurse berücksichtigen. Eine Kommunikationsgeschichte, die über eine institutionenorientierte Mediengeschichte (vgl. etwa Wilke 2000) hinausgehen und auch die Geschichte der interpersonalen Kommunikation berücksichtigen möchte, kann auch solche Quellen mit Gewinn untersuchen. Bei der Behandlung gesprächskritischer Äußerungen als Zugänge zur Geschichte von Gesprächsformen und -praktiken ist freilich Vorsicht geboten. Ein empirischer Abgleich von Gesprächsreflexion und Gesprächspraxis, der z. B. für die Zeit der Studentenbewegung etwa durch überlieferte Tonbandaufnahmen und -protokolle auch möglich ist (vgl. Scharloth 2011: 40-43), ist hierfür eine notwendige Ergänzung. Doch wenigstens für die Hypothesengenerierung sowie für die Distanzierung von den eigenen, in Bezug auf die (gerade im Bereich der Wissenschaft hochgeschätzte) Diskussion wohl immer auch normativ geprägten Vorannahmen scheint mir ein historischer Zugriff auf gesprächskritische Reflexionen unverzichtbar zu sein.

Literatur:

a) Quellen

Baumgarten, Eduard (1936): *Die geistigen Grundlagen des amerikanischen Gemeinwesens. Bd. I. Benjamin Franklin. Der Lehrmeister der amerikanischen Revolution*, Frankfurt a.M.: Klostermann.

Buber, Martin (1953): *Hinweise. Gesammelte Essays*, Zürich: Manesse.

Buber, Martin (1954): „Elemente des Zwischenmenschlichen“, in: *Neue Schweizer Rundschau* 21, 593-608.

Buber, Martin (1962): *Werke. Erster Band: Schriften zur Philosophie*, München: Kösel.

Dahmen, Hans (1956): *Das Zeitalter des Gesprächs und der Begegnung*, Nürnberg: Glock und Lutz.

Dahrendorf, Ralf (1964): „Ungewißheit, Wissenschaft und Demokratie“, in: Delius, Harald und Patzig, Günther (eds.): *Argumentationen. Festschrift für Josef König*, Göttingen: Vandenhoeck & Ruprecht, 43-66.

Dahrendorf, Ralf (1965): *Gesellschaft und Demokratie in Deutschland*, München: Piper.

Dahrendorf, Ralf (1967): „Aktive und passive Öffentlichkeit“, in: *Merkur. Deutsche Zeitschrift für europäisches Denken* 21(12), 1109-1122.

Damaske, Hans Ernst (1949): *Diskussion als Unterrichtsmethode. Anregungen für die Behandlung von Streitfragen und Problemen des Tages in der Schule*, Stuttgart: Müller.

Günther, A.E. (1933): „Die dramatische Dichtung des neunzehnten Jahrhunderts im politischen Deutschunterricht“, in: *Zeitschrift für Deutsche Bildung* 9(9), 439-443.

Habermas, Jürgen (1962): *Strukturwandel der Öffentlichkeit. Untersuchungen zu einer Kategorie der bürgerlichen Gesellschaft*, Neuwied: Luchterhand

Habermas, Jürgen (1967): „Universität in der Demokratie – Demokratisierung der Universität“, in: *Merkur. Deutsche Zeitschrift für europäisches Denken* 21(5), 416-433.

Habermas, Jürgen (1968): *Technik und Wissenschaft als ‚Ideologie‘*, Frankfurt a.M.: Suhrkamp.

Hilgers, Alfons J.W. (1960): *Debate. Ein Beitrag zur Klärung der Wörter und Begriffe des Parlaments und des öffentlichen Gesprächs*, Bonn: Rheinische Friedrich-Wilhelms-Universität.

Jaspers, Karl (1923): *Die Idee der Universität*, Berlin: Springer.

Jaspers, Karl (1931): *Die geistige Situation der Zeit*, Berlin, Leipzig: de Gruyter.

Jaspers, Karl (1932): *Philosophie. Zweiter Band: Existenzerhellung*, Berlin: Springer.

Jaspers, Karl (1986): „Die Schuldfrage“, in: Jaspers, Karl: *Erneuerung der Universität. Reden und Schriften 1945/46*, Heidelberg: Schneider, 113-213.

Kelber, Magda (1958): *Fibel der Gesprächsführung*, Opladen: Leske.

Kramp, Willy (1956): „Der Raum des Gesprächs in unserer Zeit“, in: *Die Sammlung* 11, 581-589.

Krüger, Horst (1956): „Die Schwierigkeit des Gesprächs“, in: *Universitas* 11, 407-409.

Lönnendonker, Siegward (ed.) (1975): *Dokumentation Freie Universität Berlin. Teil IV: Die Krise (1964-1967)*, Berlin: Freie Universität Berlin.

Löwith, Karl (1928): *Das Individuum in der Rolle des Mitmenschen. Ein Beitrag zur anthropologischen Grundlage der ethischen Probleme*, München: Drei Masken.

Meißner, Heinz (1948): „Diskussion über das Diskutieren", in: *Pädagogische Rundschau* 2(8), 362-364.

Müller, Adam (1816): *Zwölf Reden über die Beredsamkeit und deren Verfall in Deutschland*, Leipzig: Göschen.

Müller, Eberhard (1954): *Die Kunst der Gesprächsführung. Ein Weg zum gemeinsamen Denken*, Hamburg: Furche.

Müller-Schwefe, Hans-Rudolf (1956): *Die Stunde des Gesprächs. Wesen und Bedeutung des Dialogs in unserer Zeit*, Hamburg: Furche.

Netzer, Hans (1959): *Erziehungslehre*, Bad Heilbrunn: Klinkhardt.

Oetinger, Friedrich (1951): *Wendepunkt der politischen Erziehung. Partnerschaft als pädagogische Aufgabe*, Stuttgart: Metzler.

Oppen, Dietrich von (ed.) (1969): *Lehrfreiheit und Selbstbestimmung. Bericht von einer neuen Seminarform*, Stuttgart, Berlin: Kreuz.

Reiring, Hugo (1952): „Diskussion", in: Rombach, Heinrich (ed.): *Lexikon der Pädagogik. I. Band: Abb – Fertigkeit*, Freiburg: Herder, 782-784.

Rössner, Lutz (1967): *Gespräch, Diskussion und Debatte im Unterricht der Grund- und Hauptschule*, Frankfurt a.M., Berlin, Bonn, München: Diesterweg.

Schmidt-Hidding, Wolfgang (1953): „Das Gespräch im Deutschen und Englischen", in: *Die neueren Sprachen* 2, 377-398.

Schmitt, Carl (1926): *Die geistesgeschichtliche Lage des heutigen Parlamentarismus*, 2. Aufl., München, Leipzig: Duncker & Humblot.

Schneider, Franz (1967): *Politik und Kommunikation. Drei Versuche*, Mainz: Hase & Koehler.

Simmel, Georg (1911): „Soziologie der Geselligkeit", in: *Verhandlungen des Ersten Deutschen Soziologentages*, Tübingen: Mohr, 1-16.

Stöcker, Karl (1954): *Neuzeitliche Unterrichtsgestaltung*, München: Ehrenwirth.

Weller, Maximilian (1954): *Das Buch der Redekunst. Die Macht des gesprochenen Wortes in Wirtschaft, Technik und Politik*, Düsseldorf: Econ.

b) Forschungsliteratur

Deppermann, Arnulf (2004): „‚Gesprächskompetenz' – Probleme und Herausforderungen eines möglichen Begriffs", in: Becker-Mrotzek, Michael und Brünner, Gisela (eds.): *Analyse und Vermittlung von Gesprächskompetenz*, Frankfurt a.M.: Lang, 15-27.

Dieckmann, Walther (1981): „Diskussion und Demokratie. Zum Diskussionsbegriff in der schulischen Gesprächserziehung", in: *Politische Sprache, politische Kommunikation. Vorträge, Aufsätze, Entwürfe*, Heidelberg: Winter, 159-186.

Ehlich, Konrad (1989): „Über den Faschismus sprechen – Analyse und Diskurs", in: Ehlich, Konrad (ed.): *Sprache im Faschismus*, Frankfurt a.M.: Suhrkamp, 7-34.

Gauger, Hans-Martin (1995): *Über Sprache und Stil*, München: Beck.

Hermanns, Fritz (1989): „Deontische Tautologien. Ein linguistischer Beitrag zur Interpretation des Godesberger Programms (1959) der Sozialdemokratischen Partei Deutschlands", in: Klein, Josef (ed.): *Politische Semantik. Beiträge zur politischen Sprachverwendung*, Opladen: Westdeutscher Verlag, 69-149.

Herrgen, Joachim (2000): *Die Sprache der Mainzer Republik (1792/93). Historisch-semantische Untersuchungen zur politischen Kommunikation*, Tübingen: Niemeyer.

Kämper, Heidrun (2012): *Aspekte des Demokratiediskurses der späten 1960er Jahre. Konstellationen – Kontexte – Konzepte*, Berlin, Boston: de Gruyter.

Kilian, Jörg (2002): *Lehrgespräch und Sprachgeschichte. Untersuchungen zur historischen Dialogforschung*, Tübingen: Niemeyer.

Kilian, Jörg/Niehr, Thomas/Schiewe, Jürgen (2010): *Sprachkritik. Ansätze und Methoden der kritischen Sprachbetrachtung*, Berlin, New York: de Gruyter.

Knobloch, Clemens (1992): "Überlegungen zur Theorie der Begriffsgeschichte aus sprach- und kommunikationswissenschaftlicher Sicht", in: *Archiv für Begriffsgeschichte* 35, 7-24.

Lemke, Siegrun (2012): *Sprechwissenschaft/Sprecherziehung. Ein Lehr- und Übungsbuch*, unter Mitarbeit von Philine Knopp, Frankfurt a.M. u.a.: Lang.

Leweling, Beate (2005): *Reichtum, Reinigkeit und Glanz. Sprachkritische Konzeptionen in der Sprachreflexion des 18. Jahrhunderts*, Frankfurt a.M. u.a.: Lang.

Linke, Angelika (1996): *Sprachkultur und Bürgertum. Zur Mentalitätsgeschichte des 19. Jahrhunderts*, Stuttgart, Weimar: Metzler.

Linke, Angelika (2008a): „Kommunikation, Kultur und Vergesellschaftung. Überlegungen zu einer Kulturgeschichte der Kommunikation“, in: Kämper, Heidrun und Eichinger, Ludwig M. (eds.): *Sprache – Kognition – Kultur. Sprache zwischen mentaler Struktur und kultureller Prägung*, Berlin, New York: de Gruyter, 24-50.

Linke, Angelika (2008b): „Zur Kulturalität und Historizität von Gesprächen und Gesprächsforschung", in: *Gesprächsforschung* 9, 115-128.

Mattheier, Klaus J. (1995): „Sprachgeschichte des Deutschen: Desiderate und Probleme“, in: Gardt, Andreas et al. (eds.): *Sprachgeschichte des Neuhochdeutschen. Gegenstände, Methoden, Theorien*, Tübingen: Niemeyer, 1-18.

Meier, Simon (2013): *Gesprächsideale. Normative Gesprächsreflexion im 20. Jahrhundert*, Berlin, Boston: de Gruyter.

Meier, Simon (2014): „Angelsächsische Diskussion und deutsches Gespräch? Zur nationalkulturellen Aufladung von Kommunikationsformen in der Nachkriegszeit“, in: Meier, Simon/Rellstab, Daniel H./Schiewer, Gesine L. (eds.): *Dialog und (Inter-) Kulturalität. Theorien, Konzepte, empirische Befunde*, Tübingen: Narr, 105-123.

Orgeldinger, Sibylle (1999): *Standardisierung und Purismus bei Joachim Heinrich Campe*, Berlin, New York: de Gruyter.

Scharloth, Joachim (2005): *Sprachnormen und Mentalitäten. Sprachbewusstseinsgeschichte in Deutschland im Zeitraum von 1766-1785*, Tübingen: Niemeyer.

Scharloth, Joachim (2011): *1968. Eine Kommunikationsgeschichte*, München: Fink.

Schröter, Juliane (2011): *Offenheit. Die Geschichte eines Kommunikationsideals seit dem 18. Jahrhundert*, Berlin, New York: de Gruyter.

Schiewe, Jürgen (1998): *Die Macht der Sprache. Eine Geschichte der Sprachkritik von der Antike bis zur Gegenwart*, München: Beck.

Tordesillas, Alonso (2007): „Sophistik“, in: Ueding, Gert (ed.): *Historisches Wörterbuch der Rhetorik. Bd. 8: Rhet – St*, Tübingen: Niemeyer, 990-1027.

Verheyen, Nina (2010): *Diskussionslust. Eine Kulturgeschichte des "besseren Arguments" in Westdeutschland*, Göttingen: Vandenhoeck & Ruprecht.

Verheyen, Nina (2012): „Distinktion durch Diskussion. 1968 und die sozialen Funktionen verbaler Interaktion“, in: Kämper, Heidrun et al. (eds.): *1968. Eine sprachwissenschaftliche Zwischenbilanz*, Berlin, Boston: de Gruyter, 227-244.

Warnke, Ingo H. (2008): „Text und Diskurslinguistik“, in: Janich, Nina (ed.): *Textlinguistik. 15 Einführungen*, Tübingen: Narr, 35-52.

Wilke, Jürgen (2000): *Grundzüge der Medien- und Kommunikationsgeschichte. Von den Anfängen bis ins 20. Jahrhundert*, Köln, Weimar, Wien: Böhlau.

Wimmer, Rainer (2009): „Sprachkultur, Sprachkritik, Sprachverfall – eine Positionsbestimmung“, in: *Der Deutschunterricht* 61(5), 4-13.

Zifonun, Gisela/Hoffmann, Ludger/Strecker, Bruno (1997): *Grammatik der Deutschen Sprache. 3 Bände*, Berlin, New York: de Gruyter.

Deutsch(land) schafft sich ab? Das Ende der Kulturnation in Thilo Sarrazins Sprach- und Migrationskritik

Arndt Kremer

1 Thilo Sarrazin und die Renaissance der Rasse

Kontroversen um brisante Publikationen und Äußerungen Prominenter konzentrieren sich häufig auf wenige Punkte – so auch die Debatte in den „Tagen des Eifers“ (Käppner 2010: 4) um Thilo Sarrazins Buch „Deutschland schafft sich ab. Wie wir unser Land aufs Spiel setzen“, das Ende August 2010 erschienen war. Die Kritik richtete sich insbesondere gegen ein Gespenst der deutschen Geschichte, das, so schien es, Sarrazin wieder heraufbeschworen hatte: die These der fast vollständigen Determiniertheit des Menschen durch biologisch-genetische Prädispositionen.[1] Sarrazin nahm dabei für sich in Anspruch, das angebliche Tabu aufzubrechen, „dass Menschen unterschiedlich sind – nämlich intellektuell mehr oder weniger begabt, fauler oder fleißiger, mehr oder weniger moralisch gefestigt – und dass noch so viel Bildung und Chancengleichheit daran nichts ändert.“ (Sarrazin 2010: 9). In den Diskussionen um Sarrazins Bemerkungen zu Erblichkeitsannahmen – sei es von individueller Intelligenz, sei es zur Bestimmung einzelner Gruppen – gingen jedoch andere brisante Aspekte wie seine Sprachkritik, die einem tiefen Misstrauen in die Aufgaben, Möglichkeiten und Ziele von Bildungspolitik geschuldet ist, eher unter.

Thilo Sarrazin, als früherer Berliner Finanzsenator, prominenter Sozialdemokrat und Vorstandsmitglied der Deutschen Bundesbank wahrlich kein Unbekannter, war schon in der Vergangenheit durch äußerst provokative Thesen zu Migranten und Hartz IV-Empfängern in die Schlagzeilen der Presse geraten.[2]

---

[1] Z. B. Al-Wazir (2010). Eine gute Übersicht der schier endlosen Zahl an Presse-Artikeln in Print- und Internetquellen zu Sarrazins Thesen bis 2012 liefert Stein (2012: 149–189). Broder wiederum verteidigt Sarrazin, dieser habe das Richtige mit falscher Wortwahl gesagt (vgl. Broder 2010).

[2] Debatten, Artikel und Sendungen zu Sarrazins Behauptungen über die ökonomische und kulturelle Unproduktivität von Migranten und Sozialhilfeempfängern sind Legion und in je-

In seinem Buch, dessen Sprache bereits Gegenstand eigenständiger diskurslinguistischer Publikationen geworden ist (Stein 2012)[3], markierte er die Demarkationslinie noch einmal neu, indem er die Antagonisten benennt: einer nach und nach sinkenden Zahl bildungsnaher deutscher Bürger steht laut Sarrazin eine rapide anwachsende Zahl von Angehörigen bildungsferner Schichten vor allem türkischer und arabischer Provenienz gegenüber. In seinen Ausführungen spielt die deutsche Sprache als Gradmesser des Bildungs- und Intelligenzniveaus eine zentrale Rolle, wobei Sarrazin teils sprachkritisch argumentiert.

Seine sprachkritischen Äußerungen enthalten jedoch weder eine gezielte Stilkritik noch eine Kritik spezifischer Sprachformen einer bestimmten Sprechergruppe, eines Mediums oder einer Institution. Sie warnen viel allgemeiner vor dem zuerst regionalen und schließlich nationalen Sprachtod des Deutschen, der durch schrittweisen und dann vollständigen Sprachaustausch, also durch die phonetische, lexematische, semantische, pragmatische etc. Substituierung des Deutschen als dominanter Verkehrs- und Umgangssprache durch Sprachen von in Deutschland lebenden türkisch-arabischen Migranten erfolgen würde. Insofern zielt Sarrazins Sprachkritik auch gegen das Sprachverhalten der mehrheitlichen Sprechergemeinschaft des Deutschen und hier insbesondere bestimmter intellektueller und politischer Entscheidungsträger, welche die axiologische Qualität der deutschen Sprache, also die Dimension der hinter den sprachlichen Äußerungen stehenden Werte ihrer Muttersprache, gering achten würden, immer bereit, aus falsch verstandener Toleranz die Signifikanten und dann das gesamte Sprachsystem gegenüber den Forderungen überaus selbstbewusster Sprecher von Fremdsprachen zu opfern.

Ganz entscheidend befeuert wurde die auch in internationalen Medien geführte Debatte dann durch ein kurz nach Erscheinen des Buches veröffentlichtes Zeitungsinterview, in dem Sarrazin die Existenz eines spezifischen und distinktiven Gens „alle[r] Juden" behauptete und, mit scheinbar philosemitischem Gestus, eine Vorreiterstellung jüdischer Intelligenz deklarierte (Seibel/Schu-

---

dem Forum zu Sarrazin nachzulesen. Hier nur als zwei Beispiele: Onken (2008), Schulz (2009).

[3] Stein (2012) befasst sich diskurslinguistisch vor allem mit Argumentationstopoi in den Debatten um sein Buch, jedoch nur marginal mit Sarrazins Sprachkritik selbst.

macher/Fahrun 2010: 4; Schultz 2010), wobei er eigentlich nur bereits im Buch angeführte, aber da weniger beachtete Behauptungen von einer „überdurchschnittlichen Vermehrung der besonders Intelligenten [unter den osteuropäischen Juden]“ auf die Spitze getrieben hatte (Sarrazin 2010: 95).[4] Gilman sieht darin eine Art kulturellen Epochenwandel, wenn nicht eingeläutet, dann doch immerhin bestätigt: Letztlich sei Sarrazins These eines spezifischen jüdischen Genes Ausdruck eines neuen, zweiten Zeitalters der Biologie, welches das erste Zeitalter der Biologie und Rassentheorie des 19. Jahrhunderts wiederhole, dies zwar mit anderem Vokabular, aber doch mit äquivalent verqueren Argumentationen (vgl. Gilman 2012: 47).[5]

Ob Sarrazins Buch und die Publikationen anderer Meinungsbildner tatsächlich eine Renaissance der Rasse eingeläutet haben, bleibt dahingestellt, lässt sich sein Buch doch nicht ohne Bruchstellen in eine Linie mit herkömmlichen antisemitischen, rassistischen und xenophoben Ideologien[6] einordnen, was auch Gilman zugibt. Verbindungslinien und Anknüpfungspunkte zu biologistischen Argumentationsketten können jedoch durchaus gezogen werden, wobei für den Kontext dieses Aufsatzes drei Fragen von besonderem Interesse sind: Wie definiert Sarrazin den Zustand der „deutschen“ Kultur in der Gegenwart, was prognostiziert er für die Zukunft? Wodurch werden die Maßstäbe des positiven Ideals einer „gesunden“ Nation erreicht und wodurch verfehlt? Und vor allem: Welche Rolle spielt bei alledem die deutsche Sprache, z. B. in Abgrenzung zur sprachlich-kulturellen Orientierung der von ihm vorgestellten Migranten-

---

[4] Diese Behauptung vor allem bescherte dem Buch ein internationales Echo. Vgl. dazu zum Beispiel Woodhead (2010), vgl. Rosenthal (2010).

[5] Gilman führt an: „Our ‚second age of biology’ seems to be repeating the claims (albeit with substantially different evidence) of the first. In 2010 a scandal rocked Germany that illustrated how very much the debate about ‚racial biology’ is alive…“ (Gilman 2012)

[6] Unter Ideologie verstehe ich generell eine Summe von Konzepten oder Ideen, welche die Wirklichkeitsauffassung, Verhaltensmuster und Zielvorstellungen eines Kollektives oder eines Individuums bestimmen: „a systematic body of ideas articulated by a particular group of people.” (Storey 2012: 2) Ideologiekritisch gedeutet, wäre Ideologie nach Max Scheler ein klassen- und gruppenbezogenes Vorurteilswissen, das sich zu legitimieren versucht, indem es sich mit anderen Denkweisen und Vorstellungen zu einer nur noch schwer auflösbaren Einheit vermischt (vgl. Straßner 1987: 8). Im Sinne von Marx und später von Foucault wären Ideologien politisch-soziale Formationen als „distorted images of reality“, die im Interesse der Mächtigen liegen, um sie gegen die Interessen der Machtlosen einzusetzen (Storey 2012: 2-3).

gruppen? Das heißt auch: Wie manifestieren sich Sarrazins Äußerungen sprachlich, welche sprachkritischen Bewertungsmuster lassen sich darin erkennen und in welche Argumentationsmuster sind diese wiederum eingebettet?

Wenn dabei im Folgenden von Argumentations-Topoi die Rede ist, so ist dies im Sinne der Definition Martin Wengelers zu verstehen, der Topoi als kontextabhängige und typisierte „Denkfiguren des Herangehens an eine […] Fragestellung“ sieht, die „pro und contra eine bestimmte Position, Handlung oder Entscheidung in einem Diskurs versprachlicht [werden]“ (Wengeler 2003b: 68). Argumentationstopoi sollen dabei von der Richtigkeit des Arguments überzeugen. Zwar lehnt sich der Topos-Begriff in diskurslinguistische Untersuchungen von Auseinandersetzungen schriftlicher oder nicht-schriftlicher Art an Aristoteles‘ Definition von Topoi als Syllogismen an, legt den Schwerpunkt aber auf den rhetorischen, alltagslogischen Plausibilitäts- und Gültigkeitsfaktor und nicht auf die Frage der logischen „Wahrheit“ eines Arguments (Wengeler 2003b: 60).

Dieser Beitrag verfolgt indes weder eine detailliert historisch-systematische und kontextspezifische Topos-Analyse, wie sie z. B. Wengeler (2003a und b) am Beispiel der Arbeitsmigrationsdebatte in deutschsprachigen Medien von 1960 bis 1985 detailliert durchgeführt hat, noch soll methodisch diskurslinguistisch vorgegangen werden, wie es beispielsweise Stukenbrock anhand des Sprachnationalismus-Diskurses und Warnke im Hinblick auf den Menschenrechts-Diskurs durchexerziert haben (vgl. Stukenbrock 2005, vgl. Warnke 2006). Stattdessen wird eine ideengeschichtliche Traditionslinie von Sprachreflexion als Bewertung der Bedeutung von Sprache in der deutschen Geschichte und Literatur nachgezeichnet und diese dann der Sprachkritik Sarrazins gegenübergestellt, wobei ähnliche oder konträre Argumentationsmuster aufzudecken sind.

Sarrazins Publikation muss in den historischen Kontext gestellt werden, der ihr vorausgeht und von dem sich der Autor, ob nun bewusst oder nicht, abgrenzt. Die öffentliche Kontroverse war vermutlich unter anderem deshalb so virulent, weil Sarrazin mit seinen Thesen bestimmte „mnemische Energie[n]“ (Assmann/ Hölscher 1988: 12), also Inhalte des kulturellen Gedächtnisses der bundesrepublikanischen Gesellschaft im Migrationsdiskurs aktiviert hatte. Schließlich hat es in der deutschen Geschichte einerseits nicht nur eine bis in die heutige Zeit nachwirkende Bewegung gegeben, welche die Rolle der deutschen Sprache für nationale Identität und Zugehörigkeit exzeptionell hoch bewertet hatte, ohne dabei auf genetische Determinanten zurückzugreifen. Mit dem Nationalsozialismus war darüber hinaus zweitens eine anti-aufklärerische und anti-humanistische Gegenbewegung auf den Plan getreten, welche die Rolle der Sprache und Kultur zu bloßen Derivaten der Rasse degradiert hatte, zur „Stimme des Blutes". Dies soll im Folgenden näher ausgeführt werden.

2 Historischer Aufriss

2. 1 Die Idee der Kulturnation als Sprachnation im Zuge der „Deutschen Bewegung"[7]

Sprache ist mehr als nur Instrument und Medium zum Zwecke der Kommunikation, mehr auch als ein System von Zeichen und Regeln. Sie ist darüber hinaus ein Ausdruck und Kristallisationspunkt sowohl kultureller Werte und Normen als auch von Identität, ein Fenster zum Selbstsein und Selbstseinkönnen des Einzelnen ebenso wie der Gemeinschaft (vgl. Crystal 2010: 13). Sprache etabliert und versichert Identität, weshalb der Sprachgebrauch eines Menschen uns Informationen liefert „über seine geographische, ethnische und soziale Herkunft und über den Kontext der Äußerung" (Crystal 2010: 66). Insofern sind *Sprache* respektive *Kultur* und *Nation* immer wieder als Korrelate angesehen worden.

Und dies wiederum prädestiniert die Sprache als Objekt der Kritik, je nachdem welche Rolle man ihr für die Herausbildung und Festigung individueller wie kollektiv-nationaler Identität zumessen will. Die Idee einer deutschen *Kulturnation*, die vor allem durch die deutsche Sprache als Standardvarietät bestimmt, zusammengehalten und gefestigt wird, ist oft kolportiert und analysiert worden (Reichmann 1978: 390). Der Begriff gewann an Popularität durch den Historiker Friedrich Meinecke, der in seinem einflussreichen Werk

---

[7] Dieses Unterkapitel des Aufsatzes basiert auf Ausführungen in meiner Dissertation. Vgl. Kremer (2007: 25–75).

„Weltbürgertum und Nationalstaat“ von 1908 die *Kulturnation* als ein Gebilde definierte, das auf gemeinsame kulturelle Traditionen und Werte wie einer allgemein akzeptierten Standardsprache fußt, während im Unterscheid dazu die Staatsnation sich vor allem auf eine gemeinsame politischen Geschichte und Verfassung beruft (Herzfeld 1969: 10). Es ist immer wieder daran zu erinnern, dass die nationale Bewegung im Deutschland des 18. Jahrhunderts ursprünglich als eine emanzipatorische Bewegung entstanden ist, die sich gegen erstarrte kulturelle und politische Wertvorstellungen gerichtet hatte (Dann 1994: 17–18). Eine relativ kleine Anzahl überwiegend nichtadliger Literaten und Intellektueller hatte sich seit den 1770er Jahren unter dem Eindruck der Aufklärung formiert und damit die geistige Keimzelle für das Projekt einer gesamtstaatlichen Einigung gebildet. Der Philosoph Wilhelm Dilthey war es, der für diese emanzipatorische Minderheitenbewegung den Begriff der „Deutschen Bewegung“ prägte.[9] Der Literatur der Weimarer Klassik kam dafür eine entscheidende Rolle zu. Auch wenn die von Goethe rückblickend als „deutsche literarische Revolution“ (Goethe 1968: 51) bezeichnete kulturelle Umorientierung des Sturm und Drang nicht zwangsläufig eine politische Nationalisierung Deutschlands erstrebt hatte, so schärfte sie doch den Blick für das, was man nun verstärkt als das Eigene empfand und mit dem Attribut ‚deutsch‘ versah.

Dieser protonationalistische Patriotismus hob das angeblich originär oder neuartig Eigene von einem spezifisch Anderen ab: *Deutsches Wesen*, *deutscher Geist* und *deutsche Sprache* wurden nun der traditionellen Hegemonie französischer Philosophie, Kultur und Sprache vor allem im deutschen Adel entgegengesetzt. Die Vertreter der deutschen Bewegung verstanden Bildung als Mittel zur Integration in eine nicht mehr primär ständeexklusiv organisierte Gemeinschaft, welche sich mit ihren Partikularinteressen als unfähig erwiesen hatte, die Einheit Deutschlands zu erreichen. Doch wie schien diese überhaupt erreichbar, das heißt: welcher Teil der konfessionellen, territorialen und dialektalen Teilungstrias versprach das größte Konsenspotenzial?

[8] Der Terminus stammt von Hermann Nohl, erstmals verwendet in „Die deutsche Bewegung und die idealistischen Systeme“ von 1911. Vorgedacht hatte ihn Wilhelm Dilthey in: Dilthey (1946).

Nicht nur dass sich die reformatorische Glaubensspaltung nach 1648 als unumkehrbare Tatsache etabliert hatte, auch die politische Einheit eignete sich nicht als Nahprojekt in einem Reich, in dem seit dem 18. Jahrhundert mit Preußen und Österreich zwei verfeindete deutsche Staaten um die Vorherrschaft stritten. Was blieb, war allein die Sprache. Sie war Teil der Bildung, und sie wurde Bildung. Eine deutsche Literatursprache geriet mehr und mehr zum „Sozialsymbol" (vgl. Linke 1996: 9–11), wodurch *Bildungsbürgertum* und *Bildungsdeutsch* in einen wechselseitigen „Wirkungs- und Verwertungszusammenhang" (Mattheier 1991: 42) kamen. Der Gedanke einer *Sprachnation der Gebildeten* (Frühwald 1986: 129–141) trat nun zunehmend an die Stelle eines überwiegend universal-sakral intendierten Zusammenhalts, welcher die Kaiseridee des Heiligen Römischen Reichs deutscher Nation legitimiert und tausend Jahre lang bis zum Zusammenbruch des Reiches getragen hatte. Dieses Konzept bildete einen ganz wesentlichen Part in der deutschen Ideengeschichte und ist – die Beispiele aus den Reden Merkels, Thierses und anderer zeigen es – bis heute wirksam. Beeinflusst wurde die Idee einer dem Politischen entweder seltsam enthobenen oder die politische Leerstelle ersetzenden Sprach- und Kulturnation nach dem Sturm und Drang dann besonders von romantischen Theoretikern und Dichtern wie Novalis oder Schlegel.

All dies konnte jedoch nicht über die politische Kluft hinwegtäuschen, die Deutschland von anderen größeren europäischen Nationen trennte. Während Frankreich und England sich Ende des 18. Jahrhunderts längst als starke Zentralmächte etabliert hatten, war die Agonie des Heiligen Römischen Reiches deutscher Nation so weit fortgeschritten, dass Schiller und Goethe in den Xenien von 1797 fragten: „Deutschland? Aber wo liegt es? Ich weiß das Land nicht zu finden." (Schiller/Goethe 1943: 320). Die ideelle Sphäre kultureller Errungenschaften wird der realistischen Sphäre der fehlenden politischen Einheit gegenübergestellt. Dabei wird deutlich, auf welcher Seite die Präferenzen der beiden Dichter liegen: „Wo das gelehrte [Deutschland] beginnt, hört das politische auf." (Schiller/Goethe 1943: 320). Die Dichter wenden sich hier gegen nationale Borniertheit, welche das Freiheitsideal der Klassik als einer Aufhebung der Trennung von Bildung und Macht, Kunst und Politik zu gefährden droht. Statt zentralistischen Träumen nachzuhängen und sich in der illusorischen Idee einer Einheitsnation zu verlieren, sollten die deutschen Landsleute lieber dem Ideal anthropologischer Progression nachstreben:

> Zur Nation euch zu bilden, ihr hofft es, Deutsche, vergebens/ Bildet, ihr könnt es, dafür freyer zu Menschen euch aus. (Schiller/Goethe 1943: 321).

Dieses vielleicht am häufigsten zitierte Distichon aus den Xenien, welches die Idee eines letztlich genuin deutschen unpolitischen Humanismus und Kulturstrebens entfaltete, übte eine derartige Wirkung auf nachfolgende Generationen aus, dass Thomas Mann noch 1918 im Angesicht eines vollends übersteigerten wilhelminischen Nationalismus vom „weltbürgerlichen Volk" der Deutschen schreiben konnte, das mit seinem unbedingten Fokus auf alles Kulturelle und Unpolitische dem französischen oder englischen Nationalbegriff diametral entgegenstehe (Mann 1974: 111). Vor allem durch die Epoche der Romantik zieht sich diese Vorstellung eines deutschen Sonderweges und einer deutschen Sonderstellung in der europäischen Kultur, die teils rationalistisch-voluntaristisch oder essentialistisch-universalistisch begründet werden. Novalis grenzt die Deutschen, ganz ähnlich wie viel später Thomas Mann, von kurzfristigen militaristischen, parteipolitischen oder ökonomischen Interessen anderer Nationen ab, indem er ihr Streben nach „einer höheren Cultur" zum Maßstab macht, der ihnen zwangsläufig „ein größeres Übergewicht über die anderen im Laufe der Zeit geben" wird (zit. n. Dilthey 2006: 213). August Wilhelm Schlegel, der sicherlich wichtigste Theoretiker der Romantik, verleiht sogar der Hoffnung Ausdruck, dass die Universalität als deutscher Eigenheit den „kosmologischen Mittelpunkt für den menschlichen Geist zu stiften" imstande sei – mit dem Deutschen als der bevorzugten Sprache der gebildeten Nationen:

> Es ist daher gewiß keine zu sanguinische Hoffnung anzunehmen, dass der Zeitpunkt nicht so gar entfernt ist, wo das Deutsche allgemeines Organ der Mittheilung für die gebildeten Nationen seyn wird. (Schlegel 1989: 336).

Manchem mag dies bereits wie ein Vorgeschmack auf nationalistische Überheblichkeit klingen, doch muss hier deutlich differenziert werden: Die Romantik mag, wie Safranski hervorgehoben hat, eine in erster Linie „deutsche Affäre" gewesen sein (Safranski 2007), doch von Überheblichkeit, gar nationalistischem Chauvinismus waren Romantiker wie Novalis und Schlegel sicher nicht motiviert. Nicht Deutschland allein, sondern die Welt muss als universalistisches Projekt in ihrer räumlichen, zeitlichen und seelischen Dimension romantisiert werden.

Die einigenden Kräfte einer sorgsam gepflegten Muttersprache wurden dabei im Laufe der Jahre mit diversen Metaphern umschrieben: Die Metapher des einigenden „Bandes“ war schon erwähnt worden. Stukenbrock hat die lange und einflussreiche Tradition dieses Sprach-Bildes im sprachreflexiven Diskurs des 19. und 20. Jahrhunderts beleuchtet (vgl. Stukenbrock 2005: 447–448). So hatte Gottfried Wilhelm Leibniz bereits 1679 in seiner Schrift „Ermahnung an die Teutsche, ihren Verstand und Sprache besser zu übern“ hervorgehoben: „Das band der sprache, der sitten [...] vereinigt die menschen auf eine sehr kräftige wiewohl unsichtbare weise.“ (Leibniz 1986: 798)

Jacob Grimm und anderen Sprachforschern des 19. Jahrhunderts erschien die deutsche Sprache nicht nur als das „festeste Band“, sondern auch als Pfeiler, der „ein Volk noch zusammen hält, wenn andere Stützen brechen“ (Grimm 1888: 519). *Bindeglied*, *Einheitsband* und *Stützpfeiler*, *Grenzstein*, *Befreierin* und *Vaterlandsersatz*: diese Liste metaphorischer und metasprachlicher Topoi, die in der Sprache eine Art Projektionsfläche Einheit stiftender Erwartungen sehen, ließe sich lange fortsetzen. Insofern ist Jacob Grimms emphatische Passage in der Einleitung zu dem Nationalprojekt eines „Deutschen Wörterbuchs“ als Einladung an alle zu verstehen („welchen reichs, welchen glaubens ihr seiet“), einzutreten „in die euch allen aufgethane halle eurer angestammten, uralten sprache“ (Grimm 1854: 68).

Auch Sprachphilosophen wie Johann Gottfried Herder und Wilhelm von Humboldt, deren vergleichend-historische Sprachbetrachtungen ein wichtiges theoretisches Fundament für das Konzept der sprachbestimmten Kulturnation bildeten, zeigen sich von dieser oft metaphorisch-emphatischen Redeweise über Sprache beeinflusst. Menschliches Denken ist für Herder immer schon sprachlich verfasst, und es involviert und evoziert – analog zu Johann Georg Hamanns Interpretation von Sprache – sinnliche Wahrnehmung und Geist. Und wie für Wilhelm von Humboldt so steht auch für Herder fest, dass jedes Sprechen und Denken eine spezifische Weltsicht offenlegt. In diesem Punkt argumentieren beide – Humboldt wie Herder – meist wissenschaftlich, da sie sich, von Ausnahmen abgesehen, eindeutig wertender Termini über andere Sprachen und damit einer monoperspektivischen Sprachkritik enthalten. Dennoch zeigt sich vor allem Herder überzeugt von der eigentlich unwissenschaftlichen Theorie eines *Genius Linguae*, eines Sprachgeistes als einer organischen Kraft, die grammatisch, semantisch oder eben auf einer oft nicht näher definierten nationalen Ebene zum Ausdruck komme und somit auch interpretierbar sei – eine Vorstellung, die sich im 19. Jahrhundert äußerster Popularität in ganz Europa erfreute[7] und erst an Bedeutung verlor durch Ferdinand de Saussures Forderung, Sprache als System und nicht in erster Linie als Wortgeschichte zu analysieren – oder gar als Organismus zu deuten (Saussure 2001).

Der Einzelne wird er selbst und kommt zu sich selbst, indem er spricht und sprachlich denkt. Zugleich aber stiftet die Muttersprache nationale Identität. Herders einprägsamer Chiasmus: „Jede Nation spricht also, nach dem sie denkt, und denkt, nach dem sie spricht“ (Herder 1877: 18) verschränkt beide Komponenten, Sprache und Nation, aufs engste miteinander: Sprachen bedürfen der Nationen, die sie sprechen, und Nationen können wiederum nicht anders sein als sprechend. Die Weltanschauungen, Traditionen und Grundsätze einer Nation sind in der Sprache enthalten und werden in ihr und durch sie interaktiv permanent ausgehandelt. Humboldt führt dazu aus:

> Die Geisteseigenthümlichkeit und die Sprachgestaltung eines Volkes stehen in solcher Innigkeit der Verschmelzung in einander, dass, wenn die eine gegeben wäre, die andere müsste vollständig aus ihr abgeleitet werden können. [...] Die Sprache ist gleichsam die äußerliche Erscheinung des Geistes der Völker; ihre Sprache ist ihr Geist und ihr Geist ihre Sprache. (Humboldt 1907: 42)

Konkret ist es vor allem die Poesie des einfachen Volkes, in der sich das Wesen einer Nation ausdrückt. Herders Sammlung „Stimmen der Völker in Liedern“

---

[9] Anthony Ashley-Cooper, Earl of Shaftesbury, schrieb bereits 1715 über “the rising Genius of our [British] nation”, den er auch in der englischen Sprache wirkend sah (Shaftesbury, AAC, Earl of, A Letter concerning the Art or Science of Design, written from Italy, on the occasion of the Judgement of Hercules to my Lord. Naples (1715), 397–8. Zit. n. Smith 1991: 75). Lord Shaftesburys Neffe, James Harris, konstatierte dann 1751, spätere Organismus-Metaphern vorwegnehmend, in seinem Buch “Hermes: Or a philosophical inquiry concerning language and universal grammar”, das im 19. Jahrhundert zu einem der populärsten Werke zur Universalgrammatik wurde: „Nations, like single men, have their peculiar ideas […] these peculiar ideas become the Genius of their language, since the symbols must of course correspond to their archetype“ (Harris 1969: 407).

von 1778/ 1779 ist ein programmatisches Projekt (Herder 1990).[10] Die Volkspoesie bringt den je eigenen, unverwechselbaren Weltentwurf jeder Nation hervor und enthält deren Ursprünge. Fehlende Sprachliebe und -kompetenz sind deshalb nicht nur auf individueller, sondern auch auf kollektiver Ebene folgenschwer. Jeder, der der Sprache absichtlich fremd gegenübersteht, setzt sich zugleich außerhalb des Volkes. Andererseits gilt dann aber auch:

> Wer in derselben Sprache erzogen ward, wer sein Herz in sie schütten, seine Seele in ihr ausdrücken lernte, der gehört zum Volk dieser Sprache. (Herder 1883: 287)

Eine Nation wird nach Herder erst durch die Sprache „erzogen und gebildet". Insofern ist das Zukunftsprojekt einer geeinten deutschen Nation dadurch zu verwirklichen, dass man auf die kulturellen Güter der Vergangenheit zurückgreift, sie pflegt und achtet. Es war offensichtlich für Herder, dass die Nation eine weithin gesprochene und akzeptierte Nationalsprache erforderte, welche die territorialen und sozialen Trennlinien überwinden konnte. In der Familienmetaphorik eines durch die *Mutter-Sprache* zusammengehaltenen *Vater-Landes* fand Herder ein passendes Bild dafür. Er schreibt:

> Ohne eine gemeinschaftliche Landes- und Muttersprache, in der alle Stände als Sprossen eines Baumes erzogen werden, giebt es kein wahres Verständniß der Gemüter, keine gemeinsame patriotische Bildung, keine innige Mit- und Zusammenfindung, kein vaterländisches Publikum mehr [...] Wenn die Stimme des Vaterlandes die Stimme Gottes ist, so kann diese zu gemeinschaftlichen, allumfassenden, und aufs tieffste greifenden Zwecken nur in der Sprache des Vaterlandes tönen; sie muß von Jugend auf, durch alle Classen der Nation an Herz und Geist erklungen seyn. (Herder 1822: 145)

Das Kompositum Mutter-Sprache, das zwei Teile aus unterschiedlichen Identifikations- und Ordnungsfeldern – familiäre Abstammung und Sprache – unkritisch „übereinanderblendet" (Gardt 1999, 92), findet sich bereits im 17. Jahrhundert, wird aber erst seit der zweiten Hälfte des 19. Jahrhunderts geradezu inflationär gebraucht. Der Prozess der Nationenwerdung erschöpft sich für Herder jedoch nicht in der bloßen Entfaltung der eigenen nationalen Substanz. Essentiell ist es, sich mit den Sprachen und kulturellen Selbstentwürfen anderer Völker positiv auseinanderzusetzen (vgl. Irmscher 2001: 45). Indem das Innere der Nation sich verwirklicht, kehrt es sich zugleich nach außen und lässt das Volk

---

[10] Vgl. zu Herders Programm der Sprache als „Bildnerin der Nation", vorzüglich verwirklicht in der Volkspoesie (vgl. Dann 1987: 319–322).

in den weltgeschichtlichen Zusammenhang treten. Bei Humboldt führt das Erlernen einer Fremdsprache zu einem Perspektivenwechsel der „Weltansichten" und zur Objektivation der je eigenen, sprachlich verfassten Gedankenwelt (Humboldt 1907: 60), bei Herder ist es die Beschäftigung mit den kulturellen Schätzen anderer Völker, insbesondere fremder Sagen- und Märchentexte, Mythen und Lieder. Insofern bilden Humboldts und Herders Ideen durchaus „Anschlussmöglichkeiten für das Konzept der interkulturellen Bildung" (Auernheimer 2012: 69). Das gilt bei Humboldt ganz besonders auch für sein dialogisches Sprachverständnis und für seine hermeneutische Idee der Grenzen des Verstehens, die sich sowohl in modernen Kommunikationstheorien als auch in der Interkultureellen Pädagogik als produktives Moment der Entfremdung von eigenen kulturellen Orientierungsmustern wiederfindet: „Alles Verstehen ist daher immer zugleich ein Nicht-Verstehen." (Humboldt 1907: 64–65)

Die Tragweite des für Herder so wichtigen Begriffs der „Humanität" erschöpft sich nicht in der Übersetzung „Menschheit" und „Menschlichkeit" als individuelles Menschsein und vorurteilsfreie Haltung zum Mitmenschen. „Humanität" fordert auch ein, dass jede Nation eine solidarische Wertegemeinschaft mit anderen Nationen bildet. Nationalität und Humanität bedingen theoretisch einander und dürfen praktisch-ethisch nicht ohne einander sein (vgl. Irmscher 1994: 190–191). Deutlich kritisiert Herder die Vertreter eines chauvinistischen Nationalismus, welche die geistigen Reichtümer fremder Nationen verneinen oder verachten: Die *Tendenz der Menschennatur* fasset ein *Universum* in sich, dessen Aufschrift ist: „Keiner für sich allein, jeder für Alle, so seid ihr alle euch einander werth und glücklich." (Herder 1883: 300)

Herders und Humboldts Sprachmodelle bildeten das theoretisch-philosophische Fundament für die Deutsche Bewegung und deren Projekt einer geeinten Nation. Die Sprache als das „bildende Organ" der Gedanken (Humboldt 1907: 53) verhieß auch, das bildende Organ der Nation wie ihrer Ideen- und Geistesgeschichte zu sein. Weil die Gedankenschätze des Volks in der Sprache konserviert waren und durch sie ausgesprochen wurden, war es zwingend notwendig, die Form der Sprache zu pflegen, zu erforschen und pädagogisch-wissenschaftlich zu vermitteln. Die Märchensammlung der Gebrüder Grimm findet darin ebenso ihre eigentliche Begründung wie ihr Nationalprojekt eines deutschen Wörterbuches, das vor allem

Wortgeschichte als Sprachgeschichte betrieb. Das Korrelat von Sprache und Nation war für nationale Bewegungen und nationale Ideologien in erster Linie unter drei Gesichtspunkten interessant:

- Sprache *erhält* die Nation, da sie die Wissensbestände der Nation bzw. des Volkes enthält.
- Sprache *ersetzt* die Nation, wenn diese im politisch-geografischen Sinne nicht mehr existiert.
- Sprache *etabliert* die Nation neu, indem sie das Volk nationalisiert.

Die diesen Thesen gemeinsame argumentative Denkfigur bzw. der Argumentationstopos lautet in etwa: Wenn die deutsche Sprache das allen Deutschen gemeinsame Kulturgut als kulturelles Gedächtnis der Nation bildet, dann kann sie auch alle Sprecher des Deutschen zu einer (nationalen) Gemeinschaft vereinen.

Im Zuge der zunehmenden Nationalisierung der Gesellschaft bis zur Einheit von 1871 geriet die Sprache, vordem im Sinne Grimms vor allem als ein ‚Heilmittel' gegen die politische und gesellschaftliche Zerrissenheit verstanden, zum Distinktions- und „Erkennungszeichen" (Reichmann 1978: 393) der Dazugehörigkeit – und damit eben auch zum Mittel der Exklusion. Erst dadurch kam die klassen- und prestigeschaffende Dimension der Deutschen (Sprach-) Bewegung wirklich zum Zuge: Die Aufwertung des ‚Hochdeutschen' zu einer „lingua ipsa Germania" (Gardt 2000a: 171) und das damit einhergehende Ideal einer eben immer auch artikulatorisch zu testierenden „Reinheit der Hochsprache" (Linke 1991: 265) diktierten das Sprachprestige, und das Sprachprestige wiederum entschied über das Sozialprestige eines Sprechers oder einer Sprachgruppe. Eine einzelne Varietät wurde zur Leitvarietät erklärt, eine singuläre Kulturdimension zur ‚Leitkultur' erhoben. Regionale Dialekte standen dadurch ebenso zur Disposition wie die gruppenspezifische Sprachen oder Sprachvarietäten innerhalb Deutschlands (Sorbisch, Polnisch, Jiddisch).

Hierin genau lag und liegt die Gefahr einer Pervertierung des Konzeptes einer sprachbestimmten Kulturnation, die nicht vergessen werden darf. Als Deformation einer – nach Humboldt interkulturell offenen, dialogischen und auch polyglotten Bildungsidee – führte sie zu den bekannten Resulaten eines übersteigerten, chauvinistischen Nationalismus.

2.2 Kulturnation heute: ein „unschuldiges Wort"?

Die spezifische Idee ist wiederholt in die Kritik geraten und für beendet erklärt worden. Einerseits betont die Nationalismusforschung seit ca. 40 Jahren die Konstruiertheit dieser Dichotomie, die letztlich übersehe, dass Sprache und Kultur keine rein objektiven Kriterien bilden, sondern von Individuen gestaltet und entschieden werden. Nationen seien organisierte Produkte eines „social engineering" (Hobsbawm: 1990), „cultural artefacts", die – als „imagined communities" (Anderson: 2006) – auf unhistorischen Mythen beruhten (Hobsbawn 1990: 10).[11] Zweitens wird die fehlende Offenheit dieses Konzeptes bemängelt, da die restriktive Forderung nach kulturell-sprachlicher Adaption der so genannten „Mehrheitskultur" durch Minderheiten ein in Wahrheit kaum aufzuhebendes Exklusionskriterium setzt, das transkulturelle Prozesse vernachlässigt oder ignoriert. Sprache als Standardvarietät werde letztlich zum Maßstab und Gradmesser kultureller Hegemonie als Suprematie der Zielkultur. Nach Weltsch, der wie viele andere heutige Gesellschaftswissenschaftler lieber von Transkulturalität als einem nicht nur wechselseitigen, sondern auch fließenden Prozess gegenseitiger Beeinflussung spricht, dient das Argument einer leitenden Kultur nur als Ersatzargument für eine zwar nicht-biologistische, aber doch ähnliche Ziele verfolgende Form der Ausgrenzung, sozusagen eine „Blutsgemeinschaft soft" (Weltsch 2011: 308).[12] Irene Götz wiederum kritisiert ein zunehmend stolzes und selbstverständliches Zelebrieren der Kulturnation in Festreden und Bürgerfesten, das die historisch erfolgte Gefahr des Missbrauchs vergessen hat:

---

[11] Seit den 1970er und 1980er Jahren ist vor allem die anglo-amerikanische Nationalismusforschung, die mit dem Begriff *Nationalismus* im Ganzen unbefangener umgeht als die deutschsprachige, weitaus vorsichtiger geworden in Bezug auf ontologische Terminologien und metaphorisch-hyperbolisch anmutende Verdinglichungen. Die meisten Forscher folgen mittlerweile Ernest Gellners Verdikt, dass erst Nationalismus die Nation geformt hat und nicht umgekehrt (vgl. Gellner 1983: 55), wie etwa noch Smith (vgl. Smith: 1998: 187–191) und Armstrong (vgl. Armstrong 1982) behaupten. Auch das eigene Forschungsgebiet wird einer kritischeren Beobachtung unterzogen. Nationalismusforschung tendiere nach Hobsbawn dazu, die Sicht von unten („the view from below") zu ignorieren oder zu vernachlässigen: „the assumptions, hopes, needs, longings and interests of ordinary people, which are not necessarily national and still less nationalist." (Hobsbawm 1990: 10).

[12] „Die Rede von einer ‚Kulturnation' substituiert den Gemeinschaftsnenner Blut durch Kultur. So wie einst durch Blut, so soll die Nation jetzt durch Kultur zusammengeschweißt werden. ‚Kulturnation' ist Blutsgemeinschaft soft." (Weltsch 2011: 308).

> so als sei diese viel gespielte Grundmelodie eines bis 1945 Überlegenheitgefühle vermittelnden und danach tabuisierten nationalen Habitus zu keiner Zeit desavouiert gewesen (Götz 2011: 17).

Schließlich fanden und finden sich kritische Stimmen, die eine gefährliche Missverständlichkeit des Terminus *Kulturnation* für die heutige Zeit reklamieren, ihn als historisch unhaltbares Konstrukt der Forschung ansehen und hoffen, „daß seine Konjunktur heute beendet ist" (Dann 1996: 49).[13] Doch das Gegenteil ist eingetreten. Noch im Oktober 2008 standen die Feiern zur deutschen Einheit unter dem Motto „Kulturnation Deutschland". Bundeskanzlerin Angela Merkel beschwor dabei in einer Rede die Kultur und Sprache als „einigendes Band für Deutschland". Sie begründete dies mit den in diesem Kontext häufig verwendeten Argumenten der Herkunft, Heimat und Identität, die ein nicht näher bestimmtes Zugehörigkeitsgefühl qua Sprache und Kultur als eine Einheit empfinden lasse:

> Kunst und Kultur geben uns ein Gefühl dafür, wo wir herkommen, wo wir zu Hause sind und wie sich unsere Identität zusammensetzt. Sie dokumentieren in hohem Maße Zusammengehörigkeit und fördern den Zusammenhalt einer Gesellschaft. Das heißt also, Kultur ist das einigende Band für unser Deutschland. Deshalb sprechen wir auch nicht umsonst von der Kulturnation Deutschland (Merkel 2008).

Die Bundeskanzlerin griff mit der Band-Metapher auf eine Denkfigur zurück, die sich über Jahrhunderte durch die deutsche Ideengeschichte zieht und von Evelyn Ziegler in ihren historischen Verwendungsweisen umfassend untersucht worden ist (vgl. Ziegler 2002: 111–139). Für denselben Kontext bemühte der damalige Kulturstaatsminister Bernd Neumann in einem Zeitungsbeitrag anlässlich des 20. Jahrestags der Deutschen Einheit eine andere Metapher, welche die Einheit bildlich umschließen sollte: Die Kulturnation habe als „unzerstörbare Klammer zwischen Ost und West" gewirkt (Naumann 2010). Fünf Jahre zuvor hatte der damalige Bundestagspräsident Wolfgang Thierse, selbst von Haus aus Kulturwissenschaftler, in einem Interview mit dem *Deutschlandradio* im April 2005 an die historischen Implikationen des Konzeptes erinnert. Das „schöne große Wort" der „deutschen Kulturnation" sei, so Thierse, vor dem Aufkommen des Nationalsozialismus auch ein „unschuldiges Wort" gewesen, weil es im Rückgriff auf die Ideen von Schiller und Herder vor allem auf die Sprache als einheitsstiftende Kraft gesetzt habe:

> Die deutsche *Nation* entstand, als der deutsche *Nationalstaat* historisch noch in weiter Ferne lag. Die *Deutschen* konnten *nicht* auf feste Grenzen zurückgreifen, wenn sie einen Begriff von sich als Nation entwickeln wollten. Was sie gemeinsam hatten, waren Sprache, Traditionen und Symbole, die Erinnerung an einige große Köpfe wie Luther oder Gutenberg oder – schon nicht mehr ganz so unproblematisch – die Erinnerung an das versunkene Alte Reich (Thierse 2005). [Hervorhebungen im Original]

All diese metaphorischen Referenzen zur Idee einer deutschen und zwar: spezifisch deutschen Kulturnation, die als „einigendes Band" oder als „unzerstörbare Klammer"[14] gewirkt haben soll, dann aber wiederum mehr oder minder unverbunden neben der Politik und Wirtschaft steht, mag tatsächlich – genauso wie die Sonderwegsthese der deutschen Bewegung – ein „invertierter Mythos" des Bildungsbürgertums (Gretz 2007: 9), eine letztlich unhistorischen Selbststilisierung sein. Doch Mythen verlieren ihre Wirkung nicht, nur weil sie erfunden wurden. Die „Erfindung der Nation" als übersteigerte Transgressionsidee sozialpolitischer Imagination (Anderson 2006) schließt notwendig nationale Mythen mit ein, die dann zu einer Art Diskursformation werden (Calhoun 1997: 3). Zu diesen Rede- und Denkweisen über Kultur gehört auch die Sprachkritik als metasprachlicher Diskurs über Sprache.

Will man unter Sprachkritik generell „die positive wie negative Würdigung der menschlichen Sprache und ihrer Leistungen sowie des Gebrauchs, der von ihr gemacht wird" (Kilian/Niehr/Schiewe 2010: 1), verstehen, dann sind letztlich alle Bewertungen von Sprache, welche die Ebene der Beschreibung verlassen, also eher präskriptiv als deskriptiv operieren, sprachkritischer Natur. Das gilt besonders für Affirmationen und Interpretationen, die Sprache als Medium und Movens nicht nur individueller, sondern kollektiv-nationaler Identität ansehen, weil in der öffentlichen, populären Sprachkritik immer noch von teils stark wertenden metaphorischen Termini wie dem Bild der Sprache als Organismus, den

---

[13] Schon früher hatte Dann dazu geraten, den Begriff ganz zu vermeiden (vgl. Dann 1987: 316).

[14] Bei der Wirkung solcher Metaphern muss die lange Reihe an oft disparaten Konnotationen, die der einzelne Leser oder Hörer mit Denotaten wie *Band, Stützpfeiler* oder *Klammer* verbindet, berücksichtigt werden. Zur linguistischen Bedeutung dieser Metaphern, bei denen in einer gedachten Ähnlichkeitssetzung Ursprungs- und Zielbereich in einer einseitigen, nicht reversiblen Reihenfolge zusammenfallen vgl. Searle (1993: 91–92), Lakoff (1993: 203) sowie Kremer (2012: 368).

„lebenden“ und „toten“ Sprachen, von der Familienmetaphorik (*Muttersprache*) oder vom „schädlichen“ Einfluss von Fremdwörtern die Rede ist.

3 Sarrazins Sprach- und Migrationskritik: Diagnosen des Verfalls

Letztlich ist das Theorem vom Primat der Kultur – durchaus auch als invertierter Mythos vom Land der Dichter und Denker – Teil dessen geworden, was Jan Assmann als „kulturelles Gedächtnis“ bezeichnet hat, nämlich als den „jeder Gesellschaft und jeder Epoche eigentümlichen Bestand an Wiedergebrauchs-Texten, -Bildern, -Riten [...], in deren Pflege sie ihr Selbstbild stabilisiert und vermittelt...“.[15] Blut, Gene, Konfession oder andere prädeterminatorische Elemente hatten darin keinen bedeutenden Platz, nicht einmal bei den Sprachnationalisten Johann Gottlieb Fichte und Ernst Moritz Arndt, schon gar nicht bei den eher universalistisch justierten Sprachphilosophen Herder und Humboldt. Erst die Antisemiten und unter ihnen vor allem die Nationalsozialisten gaben dem Konstrukt einer „Stimme des Blutes“ Priorität.

Es war offensichtlich, dass gegen Ende des 19. Jahrhunderts die Mehrheit der deutschen Juden auch sprachlich so weit akkulturiert war, dass den Judenfeinden ein nicht explizit biologistisch-rassisch wertender Kulturantisemitismus unzeitgemäß erschien (Kremer 2007: 76–89). Insofern wurde die Wirkung von Sprache auf Identität und Volkszugehörigkeit von den nationalsozialistischen Judenfeinden abgewertet, teilweise sogar ganz negiert (Kremer 2007: 99). In antisemitischen Zeitschriften wie dem „Hammer“, der von 1902 bis 1940 herausgegeben wurde und damit das langlebigste judenfeindliche Periodikum der damaligen Zeit darstellt, finden sich immer wieder metaphorische Bemerkungen zur Sprache als bloßem „Gewand“ oder „Rock“ der Gedanken – beides könne auch abgelegt werden und diene letztlich nur der Mimikry, also Maskierung einer minderwertigen Rasse wie der des Juden[16] (Kremer 2013:

---

[15] Assmann/ Hölscher (1988: 15); vgl. auch generell zu Erinnerung und kollektivem Gedächtnis Assmann (2007).

[16] Der Argumentationstopos, dass die Sprache letztlich nur ein auswechselbares „Kleid“, „Gewand“ oder ein „Rock“ sei, wobei die „Stimme des Blutes“ unverwechselbar durchscheine, findet sich immer wieder in antisemitischen Publikationen wie dem *Hammer*. Exemplarisch hier nur ein Beleg unter vielen: Der antisemitische Autor Ludwig Wilser behauptet 1909, dass die Sprache „nicht ererbt, sondern erlernt wird und sich wechseln läßt wie ein Rock, während

397–422). Hitler schreibt in „Mein Kampf" von 1924 über den „kaum faßlichen Denkfehler, zu glauben, daß, sagen wir, aus einem Neger oder einem Chinesen ein Germane wird, weil er Deutsch lernt und bereit ist, künftighin die deutsche Sprache zu sprechen." (Hitler 1933: 337). Indem der Jude französisch rede, denke er dennoch jüdisch, und auch als Schriftsteller der deutschen Sprache lebe er „nur das Wesen seines Volkstums aus". Kurzum: „Sie [die Sprache des Juden] ist ihm nicht das Mittel, seine Gedanken auszudrücken, sondern das Mittel, sie zu verbergen." (Hitler 1933: 337). Eine deutlichere Abkehr von Herders und Humboldts Wechselwirkung von Sprache und Geist ist kaum denkbar.

Nun ist jedoch zu beobachten, dass neuerdings verstärkt Versuche wiederkehren, den Einzelnen wie die Gemeinschaft vor allem biologistisch-genetisch zu determinieren, und dies nicht etwa nur von Seiten der üblichen verdächtigen nationalistisch-rechtsextremen Kreise, sondern auch durch Vertreter bürgerlicher Kreise selbst sozialdemokratischer Couleurs. Kommen wir an diesem Punkt also zurück zu Sarrazins Buchveröffentlichung „Deutschland schafft sich ab. Wie wir unser Land aufs Spiel setzen" von 2010, welche die Diskussionen in den Medien einen Herbst lang beschäftigt hatte.

Laut Sarrazin ist der „gesunde Selbstbehauptungswille als Nation" (Sarrazin 2010: 18) vor allem deshalb in Gefahr, weil eine „Erblichkeitsannahme von 80 Prozent" (Sarrazin 2010: 98) bei gleichzeitig hoher Geburtenrate bildungsferner Schichten (worunter Sarrazin nicht nur, aber ganz besonders Familien mit türkischem und arabischem Migrationshintergrund zählt) und niedriger Geburtenrate bildungsnaher Schichten das kulturell-geistige Potenzial der deutschen Bevölkerung kontinuierlich absenkt. Allen „Bildungsoptimisten" der 68er Generation zum Trotz (Sarrazin 2010: 188) werden die Deutschen damit, banal gesprochen, immer dümmer – womit sie sich in einer vor allem auf geistige Spitzenleistungen angewiesenen globalisierten Welt selbst obsolet machen

aus seiner Haut noch niemand gefahren ist. [...] So kann die Sprache [...] kein untrügliches Merkmal für die Abstammung eines Volkes bilden." (Wilser 1909: 399–400). In einem nicht namentlich gekennzeichneten Artikel mit der Überschrift „Sprachverderbnis und Sprachverein" heißt es dann 1927 unmissverständlich: „Man sagt: das Blut ‚spricht'. Wo der unverbildete deutsch-germanische Mensch spricht, spricht er blutsecht deutsch; wo der Jude ‚deutsch' spricht, spricht er ‚jüdisch-deutsch.'" (O.A. 1927: 78).

(Sarrazin 2010: 93, 393). Unter Humanbiologen und Genetikern herrscht tatsächlich Konsens, dass Intelligenz zum Teil erblich bedingt ist. Allerdings widersprechen zahlreiche Wissenschaftler nicht nur Sarrazins Zahlen, sondern auch seinen Schlussfolgerungen.[17] Das gilt selbst für diejenigen, auf die er sich in seinem Buch mehrfach beruft. Kritisiert wird etwa, dass Sarrazin Intelligenz fälschlich als absolute Größe begreife und deren zahlreiche Varianzen übersehe (Stern 2010).[18]

In seinem letzten Kapitel, einer zugespitzten Albtraumvision von Deutschland in 100 Jahren, widmet Sarrazin eine längere Passage der Zukunft der deutschen Sprache, deren dramatischen Prestigeverlust er anhand einzelner möglicher Zukunftsszenarien auf der Mikro- und auf der Makroebene beleuchtet. Das – wie er ironisch ausführt – „leidige Problem" der Sprache (Sarrazin 2010: 402) wird in dieser düsteren Vision radikal gelöst. Überall, wohin der seherische Chronist der Jahre 2030 bis 2100 schaut – in Legislative, Judikative, Exekutive, in der Bildung und im Alltag der Menschen – befindet sich das Deutsche als dominierender Verkehrsdialekt, als Nationalsprache und als Umgangssprache auf dem Rückzug. Das Bundesverfassungsgericht erklärt die Ablehnung eines „Bewerber[s] mit Migrationshintergrund" aufgrund „sprachliche[r] Mängel" für rechtswidrig, weil diskriminierend (Sarrazin 2010: 402); sieben Jahre später gehören dem höchsten deutschen Gericht dann schon je ein Richter „mit türkischem und arabischem Migrationshintergrund" an (Sarrazin 2010: 402–403).

Einmal derart fremdländisch infiltriert, nimmt laut Sarrazin die Senatsmehrheit die unveräußerlichen Bürger- und Menschrechte im Grundgesetz zum Anlass, das Primat von Schulunterricht in der Muttersprache der Einwohnermehrheit eines Stadtbezirkes zu legitimieren, was in Ballungszentren mit hohem Ausländeranteil das faktische Verschwinden von Deutsch als Unterrichtssprache

---

[17] So führt der Bonner Humangenetiker Markus Nöthen in einem Interview an: „Fest steht, dass Intelligenz zu gewissen Teilen vererbt werden kann, es durch die Vielzahl der beteiligten Gene aber bei Nachkommen immer wieder zu neuen Kombinationen kommt. Weniger intelligente Eltern können hochintelligente Kinder haben und umgekehrt. Die Bandbreite ist riesengroß. Außerdem spielen die sozialen, wirtschaftlichen und kulturellen Bedingungen, in denen Kinder aufwachsen, für die Intelligenz ebenfalls eine wichtige Rolle." (Sauer 2010).

[18] Im Falle der These eines Genes, das alle Juden teilten, hat Gilman aufgelistet, wie umstritten diese Behauptung unter Genetikern selbst ist (vgl. Gilman 2012: 49).

bedeutet. Dies wird in Sarrazins Vision juristisch-ethisch, tatsächlich aber polemisch begründet: Die Senatsmehrheit des Verfassungsgerichts argumentiert, dass es ein Angriff auf die Menschenwürde sei, wenn Kinder mit türkischer und arabischer Muttersprache „auf Deutsch radebrechen, anstatt sich frei in der eigenen Muttersprache auszudrücken." (Sarrazin 2010: 403)

Forderungen aus der Politik, Deutsch wenigstens als übergeordnete Verkehrssprache zu erhalten, werden mit dem Argument abgeschmettert, dass mit dem Englischen bereits eine globale lingua franca existiere (Sarrazin 2010: 403). Neben dem türkischen und arabischen Muttersprachenunterricht und dem Englischen als erster verpflichtender Fremdsprache wird Deutsch schließlich zu einer zweiten Fremdsprache herabgestuft, die dann gleichberechtigt neben vielen anderen Fremdsprachen steht. Die sozialen Folgen im Alltag der Menschen sind in diesem „Alptraum" Sarrazins dramatisch: Schulen trennen sich auf in solche für Türken, für Araber und für Deutsche, Wohngebiete werden nach Herkunft und Sprache gettoisiert, in den Ämtern, Gerichten und bei der Polizei wird je nach Wohngebiet ausschließlich türkisch, arabisch oder deutsch gesprochen, der Lebensstandard in Deutschland sinkt rapide, bis das Pro-Kopf-Einkommen hinter dem von Indien und China gefallen ist. Als letzter Schritt stehen selbst die nationalen Grundsymbole wie die Flagge Deutschlands zur Disposition (Sarrazin 2010: 403–404).

Erwähnenswert ist, dass der ehemalige Berliner Finanzsenator seinem negativen Zukunftsbild eine positive Variante, „eine Alternative", entgegenstellt, in welcher die von ihm diagnostizierte exorbitante „Fruchtbarkeit" unter türkischen und arabischen Migrantinnen durch eine restriktivere Sozialtransferpolitik auf Durchschnittsniveau gesenkt werden kann. Dies und eine konsequent durchgeführte Sprachpolitik, die ausreichende Kenntnisse des Deutschen zur Voraussetzung für Familiennachzug macht und Deutsch zur verbindlichen Unterrichtssprache in allen Bildungseinrichtungen aufwertet, führt schließlich dazu, dass „immer weniger Türkisch und Arabisch auf den Straßen" zu hören sein wird (Sarrazin 2010: 404–407). In seinem Buch überwiegen jedoch die pessimistischen Passagen. In ihnen prognostiziert Sarrazin einen potenziellen Sprach- und Kulturverfall, der nicht nur die Identität der Deutschen auf kollektiver und individueller Ebene massiv gefährdet, sondern das gesamte

Bildungsniveau des Landes derart sinken lässt, dass selbst die literarischen Portalshüter dem Vergessen anheimfallen.

> Das Deutsche in Deutschland verdünnt sich immer mehr, und das intellektuelle Potential verdünnt sich noch schneller. Wer wird in 100 Jahren „Wanderers Nachtlied" noch kennen? Der Koranschüler in der Moschee nebenan wohl nicht. (Sarrazin 2010: 393)

Sarrazin möchte aber das Deutsche als Mehrheits- und Einheitssprache bewahren und das Gefühl für nationale Identität für nachfolgende Generationen schützen, damit „meine Nachfahren in 50 und auch in 100 Jahren noch in einem Deutschland leben, in dem die Verkehrssprache Deutsch ist und die Menschen sich als Deutsche fühlen." (Sarrazin 2010: 392). Der ehemalige Berliner Spitzenpolitiker wiederholt hier einige bekannte Thesen einer populärwissenschaftlichen Sprachkritik als einer Kritik am Sprachgebrauch, der als pathologisch-gefährlicher Sprachverfall diagnostiziert und markiert wird (nicht umsonst betitelt er sein drittes Kapitel mit „Zeichen des Verfalls"). Rudi Keller hat bündig formuliert, wie die vorherrschende Schlussfolgerung des Kritikers von Sprachwandel als Sprachverfall im Allgemeinen lautet: „Der gegenwärtige Zustand meiner Sprache ist der korrekte, gute und schöne, und von nun an geht's rapide bergab" (Keller 2004: 4).

Sarrazin macht sich indes, anders als viele populäre Sprachkritiker wie Bastian Sick oder Wolf Schneider, gar nicht die Mühe, dies anhand von ‚Verstößen' gegen semantische, phonologische oder syntaktische Konventionen im Einzelnen zu belegen und damit sprachkonservativ-puristisch Wort- oder Stilkritik im Sinne einer Dichotomie von eigentlicher und uneigentlicher, guter und schlechter Wortverwendung und -bedeutung zu betreiben (Kilian/Niehr/Schiewe 2010: 89–90). Seine Erläuterungen zum Absinken der Sprachkompetenz bleiben allgemein, allenfalls werden ganz vereinzelt Quellen zitiert, die – wie eine BASAF AG-Studie über Rechtschreibekenntnisse von 2008 – mit zweifelhaften Termini in sprachkritischer Tradition einen zunehmenden Mangel an „Sorgfalt und Akribie" in Texten erkannt haben wollen, den man selbst in Tageszeitungen finde (Sarrazin 2010: 70).[19]

---

[19] Sarrazin zitiert hier aus der Studie BASF AG (Hrsg.) 2008, Langzeitstudie über Rechtschreib- und elementare Rechenkenntnisse im Ländervergleich, Münster, 3.

Es geht Sarrazin auch gar nicht in erster Linie um eine Kritik am Einfluss von Fremd- oder Lehnwörtern auf die sogenannte Standardsprache, die ja im Gebrauch ihrer regionalen, funktionalen und sozialen Varianzen selbst einer „inneren Mehrsprachigkeit“ unterliegt. Interferenz-Phänomene, Übergangssprachen und Soziolekte werden von ihm nicht berücksichtigt. Stattdessen spielt sein Szenarium die schrittweise erfolgte Substitution des Deutschen durch Migrantensprachen durch, die selbst erstaunlicherweise keinen anderssprachigen Einflüssen (Entlehnungen, Grammatikalisierungen etc.), etwa durch Sprachkontakte, zu unterliegen scheinen: „Das Deutsche“, so Sarrazin, „kann aus Mitteleuropa verschwinden, so wie das Griechische aus Kleinasien verschwand. Es wird nur schneller gehen und wahrscheinlich ohne Blutvergießen.“ (Sarrazin 2010: 394). Der Kultur- und Sprachverfall mündet laut Sarrazin in den Sprachtod[20]. Deutschland schafft sich ab – und Deutsch gleich mit.

Der Verfalls-Topos bei Sarrazin lautet: *Wenn Deutsch als lingua franca in Deutschland durch andere Varietäten ersetzt wird, so wird dies zum Erlöschen der deutschen Sprache als Verkehrs- und Umgangssprache führen.* Dieser auch in der Mediendebatte zu seinem Buch immer wieder aufgegriffene konsekutive Topos eines schleichenden Kultur- und Sprachverfalls (Stein 2012: 113–117), der die Sprache bedroht oder, in extremer Form, sogar zum Tod der Sprache Deutsch führen kann, ist ein geradezu prototypisches, seit dem 19. Jahrhundert (u. a. bei Gustav Wustmann und Eduard Engel) vermehrt auftretendes Argument der populärwissenschaftlichen Sprachkritik, vor allem gerichtet gegen den Einfluss von Lehnwörtern und hier zumeist gegen Anglizismen (Kilian/Niehr/Schiewe 2010: 47). Der Anglizismendiskurs spielt bei Sarrazin jedoch seltsamerweise kaum eine Rolle. Er streift diesen lediglich mit dem hier schon angeführten Hinweis, dass das Englische bei der prozessualen Verdrängung und Ersetzung des Deutschen als Leitvarietät durch türkisch-arabische Sprachvarietäten der Migranten in Deutschland die Rolle einer allgemeinen, aber dann auch

[20] „Sprachtod“ wird von Crystal wie folgt definiert: „A language dies when no one speaks it any more.“ (Crystal 2000: 1). Ein Verschwinden der Sprache auf der Ebene der *parole* kann durch eine vorherige Archivierung per Schrift oder Tonträger des Sprachsystems dann nur noch bedingt ausgeglichen werden.

hier nur vorübergehenden Verständigungssprache, eben als „gemeinsames Kommunikationsmittel“ (Sarrazin 2010: 403), übernehmen würde.

Zahlreiche Sprachwissenschaftler haben deutlich gemacht, dass die sprachlichen Varianzen und Jugendsprachen besonders unter deutsch-türkischen Männern, also die zahlreichen Ausprägungen migrantischer Dialekte und Mischsprachen, nicht einfach nur dadurch klassifiziert und deklassiert werden dürfen, dass man den Sprechern ein anhaltendes und systematisches Verfehlen des standardisierten Deutsch vorhält. Im Gegenteil zeigen sie „einen Spielraum, der mit seiner Kreativität die deutsche Sprache erweitert.“ (Göttert 2010: 351). Oder, wie es Keller formuliert: „Was wir als Sprachverfall wahrnehmen, ist der allgegenwärtige Sprachwandel, aus der historischen Froschperspektive betrachtet“ (Keller 2004: 4).

Sarrazins sprachlich-kulturelle Untergangsszenarien des Abendlandes ignorieren indes die jeder Sprache inhärenten idiomatischen Wandlungsprozesse, Sprachkontakte, Interferenzen etc. Auch das – in der Mehrsprachigkeitsforschung mittlerweile ebenfalls kritisch betrachtete – Spracherwerbs-Szenario einer dominanten Sprachvarietät und anderer subdominanter, also schwächer entwickelter Varietäten in bilingualen Kontexten (Cantone/Kupisch/Müller/Schmitz 2008) wird von Sarrazin nicht in Erwägung gezogen. Als einzige positive Alternative zur Substitution der deutschen Sprache wird allein die idiomatische Assimilation präsentiert. Erst wenn Türkisch und Arabisch zunehmend aus der Lebenswelt der Migrantinnen und Migranten in Deutschland verschwunden sein werden, kann nach Sarrazin überhaupt Integration als Anpassung gelingen.

Seine Ausführungen zeigen, wie resistent die Vorstellung, dass kulturelle Assimilation die Grundvoraussetzung für die Zugehörigkeit zu einem Staatsvolk ist und diese garantiert, seit dem 18. und 19. Jahrhundert in Deutschland geblieben ist. Dahinter steht meist die Idee von der Notwendigkeit, in der als überlegen vorgestellten Zielkultur gleichsam kulturell aufzugehen. Die Möglichkeit, dass in (inter-)kulturellen Transformationsprozessen etwas Drittens entsteht, wird gar nicht erst in Erwägung gezogen. Aber schon ein Blick auf die Geschichte der deutsch-jüdischen Minderheit legt offen: Auch die größtmögliche Anpassung hatte nicht zu einer Aufhebung der Anfeidungen geführt, sondern sogar das Gegenteil bewirkt. Der nicht nur akkulturierte, sondern assimilierte Jude wurde zur größten Gefahr für die Separationsstrategien der Antisemiten und musste deshalb mit den schärfsten Stigmata künstlich markiert werden, „bis hin zu dem assimilations-, vor allem aber vernunftresistenten Rassenkonstrukt" (Kremer 2007: 3). Das, was niemandem mehr anders erschien, musste unbedingt als anders gekennzeichnet werden.

Sarrazins Ausführungen unterscheiden sich von herkömmlichen Formen der Sprachkritik noch durch einen anderen, wichtigen Punkt: Laut Schiewe hat alle gegenwärtige und vergangene Sprachkritik zumindest die Auffassung gemeinsam, „dass mittels Sprache die Sprache selbst und ihr Gebrauch bewertet werden können, und zwar mit dem Ziel einer ‚Verbesserung'" (Schiewe 2007: 369). Selbst wenn man jedoch dem mit diffus metaphorischem Vokabular wie der „Verdünnung" von Sprache operierenden Zukunftsbild Sarrazins folgen wollte, so ließe sich dieser Prozess ja gerade nicht durch eine – durchaus auch sprachkritisch intendierte – Pädagogik aufhalten, die mittels Verbesserung der Sprachkompetenz von in Deutschland lebenden Migrantinnen und Migranten Integrationserfolge verspricht, wozu beispielweise die Steigerung von Berufschancen zählt. Bei einer genetischen Prädisposition der Intelligenz von zu 80 Prozent[21] sind die Effekte von Bildung, wozu Sprachbildung gehört und in einem weiteren Sinne auch Sprachkritik gehören kann, so marginal, dass letztlich nur die Steigerung der Geburtenrate von bildungsnahen Schichten die „Leitkultur" der Gesellschaft retten könnte. Nicht die Sprache, Kultur und Ausbildung entscheiden langfristig über das geistige Niveau einer Gesellschaft, sondern die Fertilität: „Denn ganz gleich, wie die Intelligenz zustande kommt: Bei höherer relativer Fruchtbarkeit der weniger Intelligenten sinkt die durchschnittliche Intelligenz der Grundgesamtheit." (Sarrazin 2010: 98– 99).

Dies wird mit Zitaten Darwins und Mendels begründet, mithin durch Lehrwerke des 19. Jahrhunderts, die der Jurist Sarrazin sämtlich als unbestreitbare wissenschaftliche Fakten auch für die heutige Zeit hinstellt. Darwins „natürliche Zuchtwahl im Sinne von ‚survival of the fittest'" sei dabei kulturellen

[21] Sarrazins Zahlen schwanken, bleiben aber immer im Rahmen einer Vererbbarkeit menschlicher Intelligenz von „50 bis 80 Prozent", was als Forschungskonsens hingestellt wird (Sarrazin 2010: 350).

Steuerungen (z. B. fehl geleiteter linker Bildungspolitiker) ausgesetzt (Sarrazin 2010: 353) – ein Prozess, der wiederum „die Entwicklungsaussichten Deutschlands verdüstert" (Sarrazin 2010: 64).[22] Sprache wird dadurch – wieder einmal – zum Derivat der Biologie. Es ist schon erwähnt worden, dass Sarrazin diejenigen Bildungstheoretiker und -politiker, die seine kulturpessimistische und biologistische Auffassung nicht teilen, als realitätsfremde Vertreter einer linken 68er Generation diffamiert, die immer noch von multikulturellen heilen Welten fabulieren, während sie tatsächlichen Problemen gegenüber weitgehend blind geworden sind.

Letztlich bleibt Sarrazins Veröffentlichung eine genaue Definition von Sprache genauso schuldig wie sie eine klare Bestimmung dessen vermissen lässt, was unter Nation zu verstehen sei, deren darwinschen „Selbstbehauptungswillen" er gleichwohl gerettet und gestärkt wissen will. Seine Sprachkritik, die an keinen innersprachlichen Beispielen konkretisiert wird, entpuppt sich als Gegenpart zu den universalistisch orientierten Ideen einer sprachbestimmten Kulturnation im Sinne Herders und Humboldts, die weder substantielle Verbindungen zu biologistischen Theoremen noch Abwertungen anderer Sprachen zuließen. Denn Sarrazins migrationspolitische Thesen verknüpfen nicht nur ein radikales Nützlichkeitsdenken als Topos wirtschaftlicher Verwertbarkeit von Individuen und Gruppen mit populären Sicherheitstopoi, durch die Muslime vorrangig als Belastung oder als Gefahr angesehen werden; sie offenbaren auch einen teils chauvinistischen Nationalismus voller kultureller Homogenitätsvorstellungen, die zudem hoch problematisch mit genetischen Determinanten operieren.

4 Resümee

In diesem Aufsatz war versucht worden, das Konzept der sprachbestimmten Kulturnation in seinen historischen Voraussetzungen und Manifestationen aufzuzeigen und im Anschluss daran Thilo Sarrazins sprachkritische Äußerungen als Fortsetzung eines historischen Diskurses zu analysieren, wobei sein Wieder-

---

[22] Vgl. auch: „Intelligenz ist aber zu 50 bis 80 Prozent erblich. Deshalb bedeutet ein schichtabhängiges unterschiedliches Verhalten leider auch, dass sich das vererbte intellektuelle poten-

aufgreifen biologistischer Denkweisen gleichzeitig eine radikale Umkehrung dieses Konzeptes der Kulturnation als Sprachnation bedeutet. Im Prinzip konnte man nach Herders, Humboldts und Grimms Konzept zum Bürger einer Nation werden, indem man die Sprache der Nation beherrschte, ohne damit seine Herkunftssprache vernachlässigen, gar aufgeben zu müssen. Sprachliche Heterogenität wird von diesem Bildungsideal explizit nicht ausgeschlossen. Und doch: Man mag dieses Konzept als überholte Idee kritisieren, die ein bestimmtes Ausschlusskriterium – eben mangelnde Beherrschung einer kulturellen und nationalen Leitvarietät – an die Stelle anderer Exklusionsfaktoren setzt. Man darf auch die Gefahr einer Radikalisierung hin zu einem übersteigerten Sprachnationalismus nicht übersehen, die schon einmal in der deutschen Geschichte ihren Ausdruck gefunden hatte.

Insofern könnte man, Friedrich Meinecke folgend[23], das Konzept einer Staatsnation oder Willensgemeinschaft bevorzugen, die sich vor allem auf ein Bekenntnis zur Verfassung im Sinne eines Habermaschen „Verfassungspatriotismus" (Habermas 1992) und einer grundlegenden Akzeptanz des Demokratiesystems gründet. Es bleibt aber eine Tatsache, dass man dem Kriterium der Sprachkompetenz entsprechen *kann*, während manche anderen Parameter kaum oder gar nicht erreichbar sind. Anders gesagt und beides, Kultur- und Staatsnationsidee verknüpfend: In einem Staat, der sich vor allem über die Verfassung, Geschichte und eine gemeinsame Sprache definiert, ist es zumindest möglich, qua Kompetenz- und Wissenserweiterung zum Bürger zu werden – und zwar ausdrücklich unter der Garantie des staatlichen Schutzes anderer kulturell-sprachlicher Identitäten –, während in einem Szenarium, das die Gene, Religionen und diffuse kulturelle Unterschiede zum distinktiven Maßstab der Zugehörigkeit oder Nichtzugehörigkeit macht, nur ein mehr oder minder explosives Nebeneinander grundverschiedener Bevölkerungsschichten denkbar ist.

Den von Sarrazin als bildungsfern markierten und insbesondere im islamischen Kulturkreis entdeckten Migrantinnen und Migranten wird Geist und Geistvolles per se abgesprochen. Ihr umfangreicher Beitrag zur Kultur in Deutschland, den sie in transkulturellen Prozessen mitgeformt haben und täglich

---

zial der Bevölkerung kontinuierlich verdünnt." (Sarrazin 2010: 91–92).

[23] Vgl. Seite 6 dieses vorliegenden Aufsatzes und Crystal (2010: 13).

mitformen – etwa durch eine Kultur der Mehrsprachigkeit, durch Soziolekte, in der Literatur und Musik, in der Wirtschaftsleistung etc. – wird nicht erwähnt. Optionen einer Politik der Mehrsprachigkeit durch gezielte schulische Sprachförderung der Mehrheitssprache *und* der Herkunftssprachen tauchen – anders etwa als in ähnlichen kontrovers diskutierten und sehr kritischen Publikationen zum Thema Migration und Integration[24] – in Sarrazins Buch nicht auf. Sprachliche Diversität bzw. Heterogenität als „zwingende Voraussetzung für eine gelingende interkulturelle Bildung" (Roth 2011: 129) ist nicht erwünscht.

Mit seiner Behauptung, dass genetische Parameter dominant und prädisponierend für intellektuelle Kapazitäten und damit auch für die Qualität der Sprachverwendung sind, konterkariert Sarrazin ultimativ jegliche Möglichkeit einer positiven Wendung seiner Elegie über den angeblichen Untergang des Abendlandes, den er im Stile eines Kulturpropheten besingt.

Literatur:

Al-Wazir, Tarek (2010): „Ein rassistischer Unsinn." In: *Der Spiegel*, 35/2010, 30. August 2010, 127–129.

Anderson, Benedikt (2006): *Imagined Communities. Reflections on the Origin and Spread of Nationalism*. New York: Verso.

Armstrong, John A. (1982): *Nations before Nationalism*. Chapel Hill: University of North Carolina Press.

Assmann, Jan (2007): *Das kulturelle Gedächtnis. Schrift, Erinnerung und politische Identität in frühen Hochkulturen*. München: Beck.

Assmann, Jan/Hölscher, Toni (eds.) (1988): *Kultur und Gedächtnis*. Frankfurt/M.: Suhrkamp.

Auernheimer, Georg (2012): *Einführung in die interkulturelle Pädagogik*. Darmstadt: Wissenschaftliche Buchgesellschaft.

Broder, Henryk M. (2010): „Thilo und die Gene. Streitfall Sarrazin: Haben eigentlich alle dasselbe Zeug gekifft?" In: *Der Spiegel* 36/2010, 6. September 2010, 163–163. Online unter: http://www.spiegel.de/spiegel/print/d-73600019.html, aufgerufen am 1. September 2014.

Buschkowsky, Horst (2012): *Neukölln ist überall*. Berlin: Ullstein.

Calhoun, Craig (1997): *Nationalism*. Buckingham: Open University Press.

Cantone, Katja/Kupisch, Tanja/Müller, Natascha/Schmitz, Katrin (2008): „Rethinking language dominance in bilingual children." In: *Linguistische Berichte* 215/2008, 307–342.

Crystal, David (2000): *Language Death*. Cambridge: Cambridge University Press.

[24] Dazu zählen etwa die Veröffentlichung des Bezirksbürgermeisters von Berlin-Neukölln, Heinz Buschkowsky (2012) oder das Buch der früheren Berliner Amtsrichterin Kirsten Heisig (2010).

Crystal, David (2010): *Die Cambridge Enzyklopädie der Sprache*. Berlin: Haffmanns & Tolkemitt.

Dann, Otto (1987): „Herder und die deutsche Bewegung." In: Sauder, Gerhard (ed.): *Johann Gottfried Herder 1744–1803. Studien zum achtzehnten Jahrhundert*, Bd. 9. Hamburg: Meiner, 308–340.

Dann, Otto (1994): „Deutsche Nationsbildung im Zeichen französischer Herausforderung." In: Dann, Otto (ed.): *Die deutsche Nation. Geschichte – Probleme – Perspektiven*. Vierow bei Greifswald: SH-Verlag (Kölner Beiträge zur Nationsforschung; 1), 9–23.

Dann, Otto (1996): *Nation und Nationalismus in Deutschland 1770–1990*. München: Beck.

Dilthey, Wilhelm (2006): *Dichter als Seher der Menschheit. Die geplante Sammlung literarhistorischer Aufsätze von 1895. Gesammelte Schriften*, Band 25. Göttingen: Vandenhoeck & Ruprecht.

Dilthey, Wilhelm (1946): „Die dichterische und philosophische Bewegung in Deutschland 1770–1800". In: Nohl, Hermann (ed.): *Die Philosophie des Lebens. Eine Auswahl aus seinen Schriften*. Frankfurt/M.: Vittorio Klostermann, 5–24.

Frühwald, Wolfgang (1986): „Die Idee kultureller Nationsbildung und die Entstehung der Literatursprache in Deutschland." In: Dann, Otto (ed.): *Nationalismus in vorindustrieller Zeit*. München: Oldenbourg Wissenschaftsverlag, 129–141.

Gardt, Andreas (2000): „Nation und Sprache in der Zeit der Aufklärung." In: Gardt, Andreas (ed.): *Nation und Sprache. Die Diskussion ihres Verhältnisses in Geschichte und Gegenwart*. Berlin/New York: de Gruyter, 169–198.

Gardt, Andreas (1999): „Sprachpatriotismus und Sprachnationalismus. Versuch einer historisch-systematischen Bestimmung am Beispiel des Deutschen." In: Gardt, Andreas/Haß-Zumkehr, Ulrike/Roelcke, Torsten (ed.): *Sprachgeschichte als Kulturgeschichte*. Berlin/New York: de Gruyter, 89–113.

Gellner, Ernest (1983): *Nations and Nationalism*. Oxford: Blackwell.

Gilman, Sander L. (2012): „Thilo Sarrazin and the Politics of Race in the Twenty-First Century." In: *New German Critique* 39, 3/2012, 47–59.

Goethe, Johann Wolfgang von (1968): *Aus meinem Leben. Dichtung und Wahrheit. Dritter und vierter Teil (1814/1833)*. Berlin/Weimar: Aufbau-Verlag.

Göttert, Karl-Heinz (2010): *Deutsch. Biografie einer Sprache*. Berlin: Ullstein.

Götz, Irene (2011): *Deutsche Identitäten. Die Wiederentdeckung des Nationalen nach 1989*. Köln u.a.: Böhlau.

Gretz, Daniela (2007): *Die deutsche Bewegung. Der Mythos von der ästhetischen Erfindung der Nation*. München: Wilhelm Fink.

Grimm, Wilhelm (1888): „Bericht über das Deutsche Wörterbuch (1846)." In: Hinrichs, Gustav (ed.): *Wilhelm Grimm. Kleinere Schriften*. Bd. 1. Berlin: F. Dümmler, 508–520.

Grimm, Jacob (1854): „Vorrede." In: Grimm, Jacob/Grimm, Wilhelm: *Deutsches Wörterbuch*, Bd. 1. Leipzig: S. Hirzel, Leipzig, Sparten I–LXVII.

Habermas, Jürgen (1992): *Faktizität und Geltung. Beiträge zur Diskurstheorie des Rechts und des demokratischen Rechtsstaates*. Frankfurt/M.: Suhrkamp.

Harris, James (1969): *Hermes: Or, a pilosophical inquiry concerning language and universal grammar* (1751). Reprint Menston: London (English Linguistics 1500–1800,76).

Heisig, Kirsten (2010): *Das Ende der Geduld – konsequent gegen jugendliche Gewalttäter*. Freiburg u. a.: Herder.

Herder, Johann Gottfried (1990): „Volkslieder (1774)." In: Gaier, Ulrich (ed.): *Johann Gottfried Herder: Volkslieder, Übertragungen, Dichtungen. Werke in zehn Bänden*. Bd. 3. Frankfurt/M.: Deutscher Klassiker Verlag, 9–430.

Herder, Johann Gottfried (1877): „Über die neuere Deutsche Literatur. Fragmente, als Beilagen zu den Briefen, die neueste Literatur betreffend (1768)." In: Suphan, Bernhard (ed.): *Herders Sämmtliche Werke*. Bd. 2. Berlin: Weidmann, 1–202.

Herder, Johann Gottfried (1822): „Briefe zur Beförderung der Humanität, zweite Hälfte, Schluß (1793–1797)." In: Müller, Johannes von (ed.): *J. G. von Herders Sämmtliche Werke. Zur Philosophie und Geschichte. Erster Teil*. Karlsruhe: Cottasche Buchhandlung.

Herder, Johann Gottfried (1883): „Briefe zur Beförderung der Humanität (1793–1797)." In: Suphan, Bernhard (ed.): *Herders Sämmtliche Werke*. Bd. 18. (Briefe 81–124), Berlin: Weidmann.

Herzfeld, Hans (ed.) (1969): *Friedrich Meinecke: Werke. Weltbürgertum und Nationalstaat*. München: Oldenbourg.

Hitler, Adolf (1933): *Mein Kampf*. München: Zentralverlag NSDAP.

Hobsbawm, Eric J. (1990): *Nations and Nationalism since 1780. Programme, Myth, Reality*. Cambridge: Cambridge University Press.

Humboldt, Wilhelm von (1907): „Über die Kawi Sprache auf der Insel Java, nebst einer Einleitung über die Verschiedenheit des menschlichen Sprachbaues und ihren Einfluß auf die geistige Entwicklung des Menschengeschlechts (1830–1835)." In: Leitzmann, Albert/Gebhardt, Bruno/Richter, Wilhelm (eds.): *Wilhelm von Humboldts Gesammelte Schriften*, Bd. 1–25, Bd. 7, Berlin: B. Behr,1–344.

Irmscher, Hans Dietrich (1994): „Nationalität und Humanität im Denken Herders." In: *Orbis Litterarum* 49/1994, 189–215.

Irmscher, Hans Dietrich (2001): *Johann Gottfried Herder*. Stuttgart: Reclam.

Käppner, Joachim (2010): „Tage des Eifers". In: *Süddeutsche Zeitung* 66/2010, 31. August 2010, 4.

Keller, Rudi (2004): „Ist die deutsche Sprache vom Verfall bedroht?". Online unter: http://www.phil-fak.uni-duesseldorf.de/uploads/media/Sprachverfall.pdf, aufgerufen am 20. September 2014.

Kilian, Jörg/Niehr, Thomas/Schiewe, Jürgen (2010): *Sprachkritik. Ansätze und Methoden der kritischen Sprachbetrachtung*. Berlin/New York: de Gruyter.

Kremer, Arndt (2007): *Deutsche Juden – deutsche Sprache. Jüdische und judenfeindliche Sprachkonzept und -konflikte 1893–1933*. Berlin/New York: de Gruyter.

Kremer, Arndt (2012): „Die *Ratte* Mensch. Pejorative Tiermetaphern als riskantes Sprachmittel der Stigmatisierung." In: Knutsen, Karen Patrick/Kvam, Sigmund/ Langemeyer, Peter/ Parianou, Anastasia/ Solfjeld, Kare (eds.): *Narratives of Risk/ Narrative des Risikos. Interdisciplinary Studies/ Interdisziplinäre Beiträge*. Münster u. a.: Waxmann, 364–393.

Kremer, Arndt (2013): „'The blood talks'. Racist anti-Semitic Determination and Devaluation of Language in the Journal *Der Hammer* 1902–1932." In: Nagel, Michael/ Zimmermann, Mosche (eds.): *Judenfeindschaft und Antisemitismus in der deutschen Presse über fünf Jahrhunderte: Erscheinungsformen, Rezeption, Debatte und Gegenwehr. Five hundred years of Jew-Hatred and Anti-Semitism in the German Press: Manifestations and Reaction*. Bd. 1. Bremen: Edition lumiére, 397–422.

Lakoff, George (1993): „The Contemporary Theory of Metaphor." In: Ortony, Andrew (ed.): *Metaphor and Thought*. Cambridge: Cambridge University Press, 202–251.

Leibniz, Gottfried Wilhelm (1986): „Ermahnung an die Teutsche, ihren Verstand und Sprache besser zu üben (1679)." In: Preußische Akademie der Wissenschaften, später Deutsche Akademie der Wissenschaften zu Berlin bzw. Akademie der Wissenschaften der DDR, seit 1993 Berlin-Brandenburgische Akademie der Wissenschaften (ed.): *Gottfried Wilhelm Leibniz. Sämtliche Schriften und Briefe*. 4. Reihe. Bd. 3. Berlin: Akademie-Verlag, 795–820.

Linke, Angelika (1991): „Zum Sprachgebrauch des Bürgertums im 19. Jahrhundert. Überlegungen zur kultursemiotischen Funktion des Sprachverhaltens." In: Wimmer, Rainer (ed.): *Das 19. Jahrhundert. Sprachgeschichtliche Wurzeln des heutigen Deutsch*. Berlin/New York: de Gruyter, 41–72. (Institut für deutsche Sprache; Jahrbuch 1990)

Linke, Angelika (1996): *Sprachkultur und Bürgertum. Zur Mentalitätsgeschichte des 19. Jahrhunderts*. Stuttgart/Weimar: Metzler.

Mann, Thomas (1974): „Betrachtungen eines Unpolitischen (1918)." In: Mann, Thomas: *Gesammelte Werke in 13 Bänden*. Bd. 12. Frankfurt/M.: Fischer, 7–589.

Mattheier, Klaus J. (1991): „Standardsprache als Sozialsymbol. Über kommunikative Folgen gesellschaftlichen Wandels." In: Wimmer, Rainer (ed.): *Das 19. Jahrhundert. Sprachgeschichtliche Wurzeln des heutigen Deutsch*. Berlin/New York: de Gruyter, 41–72. (Institut für deutsche Sprache; Jahrbuch 1990)

Merkel, Angela (2008): *Rede von Bundeskanzlerin Angela Merkel anlässlich der Festveranstaltung „10 Jahre Beauftragter der Bundesregierung für Kultur und Medien" am 28. Oktober 2008"*. Online unter: <http://www.miz.org/dokumente/MF_018_Bundeskanzlerin_Rede_10Jahre_BKM_2008.pdf>, aufgerufen am 20. August 2014.

Naumann, Bernd (2010): *In der Kultur ist die Einheit Alltag*., 3. Oktober 2010, Online unter: <http://www.bundesregierung.de/ContentArchiv/DE/Archiv17/Namensbeitrag/2010/09/2010-10-03-neumann-weser-kurier.html>, aufgerufen am 20. August 2014.

O.A. (1927): „Sprachverderbnis und Sprachverein". In: *Der Hammer. Blätter für deutschen Sinn/ Zeitschrift für nationales Leben* 591, Februar 1927, 78.

Onken, Henning (2008): „Hartz-IV-Menü. Sarrazin: So sollten Arbeitslose einkaufen." In: *Der Tagesspiegel*, 11. Februar 2008. Online unter: <http://www.tagesspiegel.de/berlin/landespolitik/hartz-iv-menue-sarrazin-so-sollten-arbeitslose-einkaufen/1164148.html>, aufgerufen am 20. August 2014.

Reichmann, Otto (1978): „Deutsche Nationalsprache. Eine kritische Darstellung." In: *Germanistische Linguistik*, Heft 2–5. Marburg, 389–423.

Rosenthal, John (2010): „The Saracen and the Jews." In: *Weekly Standard*, 1. September 2010. Online unter: <http://www.weeklystandard.com/blogs/saracen-and-jews>, aufgerufen am 20. August 2014.

Roth, Hans-Joachim (2011): „Kommunikation und Sprache". In: Holzbrecher, Alfred (ed.): *Interkulturelle Schule. Eine Entwicklungsaufgabe*. Schwalbach/Ts: Wochenschau Verlag, 117 – 141.

Safranski, Rüdiger (2007): *Romantik. Eine deutsche Affäre*. München: Hanser.

Sauer, Stefan (2010): „'Es gibt keinen Volks-IQ'. Interview von Stefan Sauer mit Markus Nöthen." In: *Kölner Stadt-Anzeiger*, 31. August 2010. Online unter: <http://www.ksta.de/politik/interview-es-gibt-keinen-volks-iq-,15187246,12644942.html>, aufgerufen am 20. August 2014.

Saussure, Ferdinand de (2001): *Grundlagen der allgemeinen Sprachwissenschaft* (Cours de linguistique générale) (1916). Berlin/New York: de Gruyter.

Sarrazin, Thilo (2010): *Deutschland schafft sich ab. Wie wir unser Land aufs Spiel setzen.* Berlin: Deutsche Verlags-Anstalt.

Schiewe (2007): „Angemessenheit, Prägnanz, Variation. Anmerkungen zum guten Deutsch aus sprachkritischer Sicht." In: Burkhardt, Armin (ed.): *Was ist gutes Deutsch? Studien und Meinungen zum gepflegten Sprachgebrauch.* Mannheim u.a.: Dudenverlag, 369–380.

Schiller, Friedrich von/Goethe, Johann Wolfgang von (1943): „Epigramme und Xenien/ Musenalmanach (1797)." In: Oellers, Norbert (ed.): *Schillers Werke. Nationalausgabe.* Begründet v. Julius Petersen, fortgeführt v. Lieselotte Blumenthal u. Benno Wiese, hg. im Auftrag der Stiftung Weimarer Klassik und des Schiller-Nationalmuseums Marbach. Köln/ Weimar: Böhlau.

Schlegel, August Wilhelm (1989): „Vorlesungen über Enzyklopädie der Wissenschaften. Dritter Teil: Vorlesungen über die romantische Poesie (1803/04)." In: Behler, Ernst/Jolles, Frank (eds.): *A. W. Schlegel. Kritische Ausgabe der Vorlesungen.* Bd. 3. Paderborn u. a.: Schöningh, 1–373.

Schultz, Tanjev (2010): „Zorn auf Sarrazin." In: *Süddeutsche Zeitung* 66/ 2010, 30. August 2010, 4.

Schulz, Stefan (2009): „Sarrazin schockierte mit Angriffen auf Migranten." In: *Berliner Morgenpost*, 30. September 2009. Online unter: <http://www.morgenpost.de/jahresrueckblick/article1182304/Sarrazin-schockierte-mit-Angriffen-auf-Migranten.html>, aufgerufen am 20. August 2014.

Searle, John R. (1993): „Metaphor." In: Ortony, Andrew (ed.): *Metaphor and Thought.* Cambridge: Cambridge University Press, 83–111.

Seibel, Andrea/Schumacher, Hajo/Fahrun, Joachim (2010), „Ich bin kein Rassist". In: *Welt am Sonntag*, 29. August 2010. Online unter: <http://www.welt.de/welt_print/politik/article9263576/Ich-bin-kein-Rassist.html>, aufgerufen am 20. August 2014.

Smith, Anthony D. (1991): *National Identity.* University of Nevada Press: Las Vegas, Reno.

Smith, Anthony D. (1998): *Nationalism and Modernism: A Critical Survey of Recent Theories of Nations and Nationalism.* London/New York:Routledge.

Stein, Christina (2012): *Die Sprache der Sarrazin-Debatte: Eine diskurslinguistische Analyse.* Marburg: Tectum-Verlag.

Stern, Elsbeth (2010): Was heißt hier erblich? In: *Zeit Online*, 2. September 2010. Online unter: <http://www.zeit.de/2010/36/Intelligenz-Sarrazin/seite-1>, aufgerufen am 20. August 2014.

Storey, John (2012), Cultural Theory and Popular Culture. An Introduction, London u. a., Pearson.

Straßner, Erich (1987): *Ideologie – Sprache – Politik: Grundfragen ihres Zusammenhangs.* Tübingen: Niemeyer (Konzepte der Sprach- und Literaturwissenschaft 37).

Stukenbrock, Anja (2005): *Sprachnationalismus. Sprachreflexion als Medium kollektiver Identitätsstiftung in Deutschland (1617–1945).* Berlin/New York: de Gruyter.

Thierse, Wolfgang (2005): „Die Kulturnation. Von Schiller lernen?" In: *Deutschlandradio Kultur* am 3. April 2005. Online verfügbar unter: <http://www.dradio.de/dkultur/sendungen/signale/362015/>, aufgerufen am 20..August 2014.

Warnke, Ingo (2006): „Diskurs und Nichtdiskurs als Kategorien einer Theorie der Sprachfunktion. Zum Referenzkonzept in der linguistischen Diskursanalyse am Beispiel des

Menschenrechtsdiskurses." In: Bogdal, Klaus M./Geisenhanslücke, Achim (eds.): *Die Abwesenheit des Werks. Nach Foucault.* Heidelberg: Wissenschaftsverlag der Autoren, 53–66.

Wengeler, Martin (2003a): Topos und Diskurs. Begründung einer argumentationsanalytischen Methode und ihrer Anwendung auf den Migrationsdiskurs. Tübingen: Max Niemeyer.

Wengeler, Martin (2003b): „Argumentationstopos als sprachwissenschaftlicher Gegenstand. Für eine Erweiterung linguistischer Methoden bei der Analyse öffentlicher Diskurse." In: Geideck, Susan/Liebert, Wolf-Andreas (eds.): *Sinnformeln. Linguistische und soziologische Analysen von Leitbildern, Metaphern und anderen kollektiven Orientierungsmustern.* Berlin/New York: de Gruyter, 59–82.

Weltsch, Wolfgang (2011): *Immer nur der Mensch? Entwürfe zu einer anderen Anthropologie.* Berlin: Akademie Verlag.

Wilser, Ludwig (1909): „Herkunft und Volkstum der Deutschen". In: *Der Hammer. Blätter für deutschen Sinn/ Zeitschrift für nationales Leben* 169, Juli 1909, 399–400.

Woodhead, Michael (2010): „'All Jews share a certain gene': German banker sparks outrage with 'stupid' comments." In: *The Daily Mail,* 30. August 2010. Online unter: <http://www.dailymail.co.uk/news/article-1307188/Jews-share-certain-gene-German-banker-Thilo-Sarrazin-sparks-outrage.html>, aufgerufen am 20. August 2014.

Ziegler, Evelyn (2002): „Die Band-Metapher im nationalsprachlichen Diskurs des 19. Jahrhunderts." In: Cherubim, Dieter/Jakob, Karlheinz/Linke, Angelika (eds.): *Neue deutsche Sprachgeschichte. Mentalitäts-, kultur- und sozialgeschichtliche Zusammenhänge.* Berlin/New York: de Gruyter, 111–139.

Sprachkritische Kommentare in der Forenkommunikation – Form, Funktion und Wirkung

Birte Arendt & Jana Kiesendahl

1 Einführung und Erkenntnisinteresse

Internetkommunikation gilt gemeinhin als normentoleranter als schriftbasierte Offlinekommunikation. Die im Vergleich zur geschriebenen Standardsprache von den Sprachbenutzern/Usern produzierten Normabweichungen stellen nach Dürscheid (2005) sogar ein konstitutives Charakteristikum der Internetkommunikation dar. Im Gegensatz zu dieser „Fehler"-toleranz finden wir in der Forenkommunikation aber auch fehlerdiagnostische und -korrektive Äußerungen, die wir als sprachkritische Stellungnahmen von Laien einordnen. In den Kommentaren werden Normverstöße markiert, durch Spott sanktioniert oder durch explizite Fremdkorrekturen bearbeitet. In den sprachkritischen Äußerungen zeigt sich also ein starkes Normbewusstsein. Der vorliegende Beitrag fokussiert diese Äußerungen und zielt darauf ab, Aussagen über das Fehlerkonzept und Normbewusstsein von Laien sowie über die Funktion von sprachkritischen Äußerungen zu tätigen.[1] Damit gliedert sich der Beitrag in Studien zur language ideology, zur folk- bzw. Laienlinguistik, zur Sprachkritik und zur Online-Kommunikation (vgl. ausführlicher Abschnitt 2). Wir gehen davon aus, dass sich die kritisierenden User als Norm- und/oder Humor-„experten" inszenieren und der sprachkritische Kommentar somit eine wichtige Rolle bei der Konstruktion der virtuellen Identität bildet.

Unser Beitrag verfolgt drei Ziele. Wir wollen erstens sprachkritische Äußerungen in der Online-Kommunikation als linguistischen Untersuchungsgegenstand etablieren und analytisch beschreiben. Dies zielt zweitens konkret darauf ab, Formen, Funktionen und Wirkungsweisen sprachkritischer Kommentare von Laien in Kommentarforen aufzuarbeiten, um auf dieser Grundlage das sprachliche Normenverständnis von NichtlinguistInnen zu rekonstruieren.

---

[1] Wir danken den HerausgeberInnen dieses Sammelbandes sowie Philipp Dreesen und Pavla Schäfer für konstruktive Kritik und anregende Diskussionen.

Drittens stellt der Beitrag das eigens dazu entwickelte methodische Handwerkszeug vor. Unsere Studie ist im Bereich der Wahrnehmungslinguistik zu verorten, die sich mit der Perzeption sprachlicher Phänomene befasst, ihrer Kategorisierung (z.B. als Fehler), ihrer Interpretation (als Zeichen von „Dummheit“) und der Wirkung, die die Äußerung der Wahrnehmungen in metasprachlichen Kommentaren erzeugt, z.B. die Etablierung einer Hierarchie zwischen Kritiker und Kritisiertem. Wir konzentrieren uns somit auf verbalhygienische Praktiken, die nach Cameron (1995: 1f.) einen konstitutiven Teil der Sprachpraxis ausmachen.[2]

1.1 Sprachkritikbegriff und Art der Daten

Schiewe/Wengeler (2005) verstehen unter Sprachkritik

> eine mit Wertung verbundene Reflexion über Sprache und Sprachgebrauch […] z.B. zum Zwecke der Klärung von etwas nicht Verstandenem, zur Erläuterung des Gemeinten oder zur Kommentierung des Gesagten unter dem Gesichtspunkt seiner Form. (Schiewe/Wengeler 2005: 3)

Wir gehen von einem partiell weiteren Sprachkritikbegriff aus, der die Fokussierung der Form jedoch beibehält. Die folgenden Ausführungen dienen dazu, unseren Sprachkritikbegriff zu entfalten. Darüber hinaus soll im Folgenden die Art der Daten illustriert sowie ihre Einordnung als „sprachkritische Kommentare“ begründet und anhand dessen unser Prozess der Korpusbildung transparent gemacht werden. Das Beispiel 01 illustriert einen expliziten sprachkritischen Kommentar mit der Funktion der Abwertung eines spezifischen Sprachgebrauchs und mithin des betreffenden Sprachbenutzers. Im vorliegenden Fall wird die Verwendung eines Kurzwortes statt seiner „Langversion“, konkret von

---

[2] Cameron (1995: 1f.) erläutert die Bedeutsamkeit, Funktion und Wirkung von Verbalhygiene wie folgt: „For my purposes it contains a deeper insight into language using as a human activity: that humans do not just use language, they comment on language they use. Frequently they find it wanting and [...] propose to improve it. [...] Practices like these, born of an urge to improve or 'clean up' language, exemplify the phenomenon I call verbal hygiene. [...] I am interested, though, in the possibility that verbal hygiene in the abstract is as basic to the use of language as vowels are to its phonetic structure, and as deserving of serious study. [...] Yet I do believe that the essential precondition for these practices – normativity – *is* fundamental. It is part of what language-using is about, and not just something perversely 'grafted on'.“

„Kilo“ statt „Kilogramm“, in einem Text der Online-Ausgabe der Zeitschrift *technology review* moniert. Die kritisierten Kurzwörter würden gleichsam von Faulheit und ungenauem Denken zeugen. Die Sprachthematisierungen wirken hier als explizite Sprecherkategorisierungen des Kritisierten: Ihm werden Merkmale attribuiert, die mit formalen Merkmalen seiner sprachlichen Äußerungen begründet werden. Es handelt sich um ein Implikaturverfahren auf metasprachlicher Basis. Diese Strategie ist für die populäre Sprachkritik nicht untypisch.

Bsp. 01:

> 27. Januar 2012 15:16
>
> **Deshalb kaufe und lese ich Spektrum der Wissenschaft**
>
> (684 Beiträge seit 11.04.04)
>
> Selten genug, dass ich mich hier verirre, ich machs kurz:
>
> ungenaue Sprache = ungenaues Denken
>
> wer zu faul zum Schreiben ist, soll es lassen
> wer zu faul zum Lesen ist, soll es lassen
>
> lieber "überbestimmt" als ungenau, GH, OK?
>
> Es gibt genug Dampfplauderer (z.B. BWL, Marketing) in der Welt.
>
> cu,

Quelle: http://www.heise.de/tr/themen/foren/S-Deshalb-kaufe-und-lese-ich-Spektrum-der-Wissenschaft/forum-220332/msg-21354734/read/ [Stand 01/2013]

Der Sprachgebrauch wird hier als semiotische Ressource bearbeitet, die als ikonische und indexikalische Zeichen interpretiert werden. Bezogen auf das obige Beispiel bedeutet dies Folgendes: Ein ikonischer Prozess liegt vor, wenn ungenaue Sprache als Abbild ungenauen Denkens gerahmt wird; indexikalisch, wenn ungenaue Sprache als Anzeichen von Faulheit interpretiert wird.[3] Genau hier liegt die soziale Brisanz der sprachkritischen Äußerungen: Sie sind in der

[3] Andere populäre Deutungen schließen von einem vermeintlichen „Fehler“, d.h. von der Performanz, auf die zugrundeliegende Kompetenz, wobei von einer 1:1-Entsprechung ausgegangen wird. Eine Ursache für derartige Sinnkonstitutionen liegt u.U. in der schulischen Sozialisation, bei der die Leistungsbewertung auf ganz ähnlicher Grundlage erfolgt. Im weiteren Textverlauf und in Arendt/Kiesendahl (2011) wird dieser Aspekt vertieft. Vgl. zur Popularität derartiger Schlüsse auch Schneider (2007:3f.).

Lage, die Anderen durch das Diagnostizieren von abweichendem, normwidrigem Sprachverhalten zu diskreditieren und zu stigmatisieren (vgl. Goffman 1992). Unter argumentationsanalytischer Perspektive, primär mit Bezug auf den rhetorischen Toposbegriff, können die Attribuierungen von moralischen (Faulheit) und kognitiven (ungenaues Denken) Defiziten und Devianzen als argumentum ad hominem gedeutet werden, mit welchem der Adressat negativ kategorisiert wird. Gesteigert wird diese Argumentationslinie abschließend durch die implizite Rahmung des Kritisierten als „Dampfplauderer". Die negative Fremdkategorisierung fungiert als effizientes rhetorisches Mittel: Durch diesen Prozess wird der Kritiker von der Beweislast für seine eigenen – konträren – Thesen dergestalt entbunden, dass er die Thesen des Gegenübers implizit dadurch ad absurdum führt, dass er dem Gegenüber durch die Diffamierungen das Potenzial zur sinnvollen Argumentation abspricht. Es schließt ihn – um mit Foucault (2003) zu sprechen – aus der Gruppe der „sprechenden Subjekte" aus, indem Wissen und die (Standard-)Sprachkompetenz als nötige – aber hier nicht vorhandene – Qualifikation gerahmt wird.[4] Dadurch ist es nicht mehr nötig, die Thesen inhaltlich zu bearbeiten. Gleichzeitig werden mit den sprachkritischen Äußerungen explizit präskriptive, polemische Empfehlungen eines „Schreibverzichts" realisiert: „wer zu faul zum Schreiben ist, soll es lassen /wer zu faul zum Lesen ist, soll es lassen". Der Sprachgebrauch wird dadurch an Regeln geknüpft, deren Definition dem Kritiker obliegt. Damit inszeniert sich der User in Bsp. 01 als statushoher Normexperte mit der „Macht", den Sprachgebrauch anderer kontrollierend und regulierend zu „überwachen".

[4] Foucault (2003) beschreibt in seiner „Ordnung des Diskurses" verschiedene Kontrollmechanismen, die den Diskurs, und mithin was sagbar ist, schützen sollen. Die „Selektion der sprechenden Subjekte" durch das Ritual, die Diskursgesellschaft, die Doktrin und die Erziehung versteht er als Verknappungsprozedur und erläutert den Mechanismus wie folgt: „Niemand kann in die Ordnung des Diskurse eintreten, wenn er nicht gewissen Erfordernissen genügt, wenn er nicht von vornherein dazu qualifiziert ist." (Foucault 2003: 26) Die sprachkritischen Äußerungen haben das Potenzial, dem Kritisierten die Qualifikation zur Teilhabe am Diskurs, und konkreter an der Diskussion, abzusprechen und die Wirksamkeit seiner Aussagen zu entkräften. Dadurch ist es nicht mehr notwendig, auf den Inhalt des Geäußerten einzugehen. Insofern besitzen sprachkritische Kommentare ein hohes Potenzial zur egozentrischen Manipulation.

Das Beispiel 02 zeigt eine Kommentarinteraktion zum Artikel „Unbeliebt – aber sowas von schön!“, der am 25.04.2013 auf 20min.ch erschien (vgl. www.20min.ch/people/International/ story/Unbeliebt---aber-sowas-von-schoen--22784019). Das Beispiel präsentiert erstens eine deutlich implizitere Form der Sprachkritik und zweitens das mögliche Funktionsspektrum derartiger Äußerungen im humoristisch-sprachspielerischen Bereich. Im Artikel geht es darum, dass Gwyneth Paltrow vom amerikanischen Magazin „People“ zur schönsten Frau der Welt gewählt wurde.

Bsp. 02

Who is pretty?
Na ja, Schönheit liegt im Auge des Betrachters. Mir gefällt die Sylvie Van der Vart halt schon viel besser, auch Fernando Brandao. Aber der absolute Hit für mich ist (ausser meiner Frau), die Jana Ina (Zarella).

ein bisschen bi schadet nie:-)
ach Fernando gefällt dir auch. interessant :-)

Dies empört die Kommentatoren. Der Kommentar „Who is pretty?“ präsentiert – ganz nach dem typischen Muster des Gros der Kommentare – einige Gegenvorschläge zur Auswahl. Der Kommentar „ein bisschen bi schadet nie:-)“ reagiert auf den vorherigen Beitrag, was systemgeneriert durch eine Platzierung unter den Bezugskommentar, eine Einrückung und farbliche Markierung deutlich gemacht wird. Wir werten letzteren Kommentar als sprachkritische Äußerung aufgrund der sequentiell orientierten Analyse, auch wenn der Kommentar selbst keineswegs eine metasprachliche Markierung enthält, sondern allein durch die Positionierung und die Wiederholung des relevant gesetzten Bezugsausdrucks (Fernando) als metasprachliche Stellungnahme erkennbar wird. Grundlegend für eine derartige Klassifikation sind folgende Überlegungen: Es liegt im ersten Kommentar ein vermeintliches „semantisches Zuordnungsproblem“ (vgl. Selting 1987: 134f.) vor, das durch die Graphemdifferenz zwischen o und a verursacht wird. Der Name der gemeinten Person lautet Fernanda. Der sprachkritische Kommentar fokussiert ein sprachliches Phänomen auf der ausdrucksseitigen Ebene. Die Abweichung von der Erwartung wird wahrgenommen und in Kommentar 2 relevant gesetzt, indem er die Graphemdifferenz als Ausdruck für einen männlichen Vornamen interpretiert und im zweiten Schritt auf dieser Basis Rückschlüsse auf die sexuelle Orientierung zieht. Es handelt sich um ein absichtliches Missverstehen der Äußerung des Bezugskommentars, da die Differenz (o vs. a) als intentionaler Zeichengebrauch interpretiert wird. Die Funktion der Belustigung wird über den sequentiellen Kontext (absichtliches Missverstehen) hinaus durch zweimaligen Gebrauch von Smileys und einen Nickname[5], der Lachen onomatopoetisch imitiert, erzeugt. Wie in Bsp. 01 geht es auch hier maßgeblich darum, wie etwas gesagt wird – und im vorliegenden Fall, was damit ausgedrückt wird. Das Wie wird mit Erwartungen verglichen und bei einer wahrgenommenen Abweichung wird Letztere in den sprachkritischen Kommentaren zum Gegenstand gemacht – in unterschiedlichen Formen und mit unterschiedlichen Funktionen. Grundlegend ist für uns somit ein weiter Sprachkritikbegriff, der sprachkritische Äußerungen wie folgt definiert:

Sprachkritische Äußerungen sind reaktive Sprachthematisierungen, die maßgeblich auf die ausdrucksseitige Realisation Bezug nehmen und diese retrospektiv als zumeist negativ bewertete Abweichung von Erwartungen rahmen. Grundlegend ist ein kontrastierendes Prinzip der In-Bezugsetzung von wahrgenommenem sprachlichen Ausdruck und den Erwartungen und Ansichten über explizite und implizite Sprachnormen. Auf der Grundlage einer differenzierten Mittel-Zweck-Relation ist von einem polyfunktionalen Potenzial sprachkritischer Kommentare auszugehen. Das heißt, dass die sprachkritischen Kommentare z.B. als Belustigung, Aufklärung, Normentradierung und -regulierung oder zur Beseitigung von Verständigungsproblemen eingesetzt werden.

1.2 Erkenntnisinteresse

Dieses einführende Beispiel zeigt u.E. sehr prägnant das Potenzial, das in dem vorliegenden Untersuchungsgegenstand steckt. Ausgehend von den folgenden fünf Thesen lässt sich ein breites Spektrum an Untersuchungsfragen beantworten.

---

[5] Aus datenschutzrechtlichen Gründen kann der Nickname hier nicht veröffentlicht werden.

Sprachkritik bildet einen wichtigen Baustein des alltäglichen Sprachgebrauchs. Ein Zugang zu einem breiten Spektrum an sprachkritischen Kommentaren von Laien ist über Forenkommunikation möglich. In den sprachkritischen Kommentaren werden Normen der linguistischen Laien sichtbar.

Sprachkritische Äußerungen sind polyfunktional im Sinne einer differenzierten Mittel-Zweck-Relation. Forenspezifische Aspekte lassen sich mittels sprachkritischer Äußerungen herauspräparieren. An diese Thesen sind konkrete Forschungsfragen geknüpft wie:

- Welche Phänomene („Fehler“) werden wie kommentiert und korrigiert?
- Welche sprachlichen Normen spiegeln sich in den sprachkritischen Äußerungen wider?
- Wird auf der Grundlage eines binären (richtig/falsch) oder skalierten Maßstabs bewertet?
- Welche Funktionen haben sprachkritische Äußerungen?
- Welche Inferenzen werden aus dem kritisierten Sprachgebrauch über den Sprecher gezogen?
- Welche Wirkungen erzeugen sprachkritische Äußerungen beim Kritisierten?
- Was leisten sprachkritische Äußerungen in Bezug auf die Identitätsinszenierung?
- Wie werden die Interaktionsrollen ‚Kritisierter‘/‚Kritiker‘ sprachlich hergestellt?

Die Fragen bauen sukzessive aufeinander auf. Die Frage nach den Funktionen sprachkritischer Äußerungen nimmt dabei eine exponierte Position ein. Was bewegt die Menschen dazu, den Sprachgebrauch anderer, unbekannter Personen im Internet zu kritisieren? Im Supermarkt, im Zug, im Café etc. sind wir auch häufig Zeugen von Dialogen, in denen normabweichend kommuniziert wird. Eine Kommentierung dieser Normabweichungen durch fremde Personen wird indes nicht getätigt, zumindest nicht adressiert an diejenige Person, die die Normabweichung produziert hat. Daher gehen wir davon aus, dass die medialen Bedingungen der Kommunikation in Kommentarforen Einfluss auf unseren Untersuchungsgegenstand haben.

Aus der Kenntnis dessen, was Laien als sprachliche Fehler auffassen, wie sie diese kommunizieren und ggf. begründen, lassen sich Aussagen über das Normenverständnis von Nichtlinguisten ableiten. Die rekonstruierende Erfassung des Äußerungskontextes und die Beschreibung des sprachkritischen Kommentars in seiner sequenziellen Einbettung erlauben Einsichten in die Polyfunktionalität von Sprachthematisierungen, deren Aufgaben über die Verständnissicherung weit hinausgehen. Vielmehr gehen wir von einem multiplen Wirkungsspektrum aus, das sich den spezifischen kontextuellen Bedingungen der Internetkommunikation verdankt und deren Erfassung wir als konstitutiven Teil der Forschung zur linguistischen Sprachkritik ebenso ansehen wie zur Forschung der computervermittelten Kommunikation.

In diesem Beitrag präsentieren wir eine Pilotstudie zu sprachkritischen Äußerungen in Kommentarforen und Social Networks. Es handelt sich dabei um erste Tendenzen. Zunächst wird der aktuelle Forschungsstand dargelegt (Kap. 2). Im dritten Abschnitt (Kap. 3) präsentieren wir unser „Kritiklinguistisches Mehrebenenmodell" zur Analyse sprachkritischer Äußerungen in Kommentarforen. Dem schließen sich erste Ergebnisse (Kap. 4) aus verschiedenen Kommentarforen an. Neben einer vollständigen Beispielanalyse eines Kommentarthreads anhand des „Kritiklinguistischen Mehrebenenmodells" werden Kommentarstrukturen, Begründungen sowie medienspezifische Korrekturverfahren in den Blick genommen.

2 Forschungsstand

Unser Projekt reiht sich in Forschungen zu Sprachkritik (vgl. Kilian et al. 2010), Sprachnormen (vgl. Bartsch 1987; Hartung 1977; Kiesendahl 2011, 2012), Spracheinstellungen (vgl. Arendt 2010, 2011; Neuland 1988; Riehl 2000), language ideology (vgl. Woolard/Schieffelin 1994, Cameron 1995), folk linguistic (vgl. Preston 2010) und Wahrnehmungslinguistik (vgl. Anders 2010) ebenso ein wie zur Online-Kommunikation bzw. computervermittelten Kommunikation (vgl. Fraas 2012; Androutsopoulos 2006, 2010; Dürscheid 2005; Beck 2006, Meißelbach 2009) sowie zur interaktiven Identitäts- und Rollenkonstruktion (Goffman 1999; Kiesendahl 2011; Lucius-Hoehne/ Deppermann 2004). Die bisherigen Forschungen messen dem Kontext jeder Äußerung im Allgemeinen und jeder metasprachlichen Äußerung im Besonderen einen immanenten Stellenwert zu, was sich im Terminus „Kontextsensitivität" zeigt (vgl. Tophinke/Ziegler 2006, Arendt 2011). Es wird davon ausgegangen, dass sprachkritische Äußerungen in einem systematischen Zusammenhang mit dem Kontext stehen, indem sie dort ganz typische und u.U. spezifische Funktionen erfüllen. Gleichzeitig wird der Kontext durch die Äußerungen selbst hergestellt, was als Kontextualisierung beschreibbar ist (vgl. Auer 1999). Unter Sprachnormen verstehen wir mit Larrew (2005: 106) zwei verschiedene Sachverhalte:

> Zum einen wird mit dem Begriff ‚Norm' das kodifizierte Regelwerk der Standardsprache bezeichnet, dem die Funktion einer Sozialnorm zukommt, durch Institutionen gesichert wird und Produkt einer historischen Entwicklung ist […]. Zum anderen wird der Normbegriff auf sprachliche Erscheinungen bezogen, die zum Sprachgebrauch gehören, jedoch nicht kodifiziert und institutionell nicht gesichert sind.

Die Unterscheidung zwischen Sprachsystem- und Sprachgebrauchsnorm sehen wir als notwendig an. Sprachgebrauchsnormen erhalten ihre Legitimation durch ihre häufige Verwendung (vgl. Larrew 2005: 106). Bei Sprachkritik handelt sich – wie oben bereits definiert – um reaktive Sprachthematisierungen mit einer Bewertungskomponente, die eine kritisierbare Abweichung von einer Norm z.B. als „Fehler" problematisiert. In Übereinstimmung mit den bisherigen Forschungen gehen wir davon aus, dass die sprachkritischen Äußerungen einerseits vom Kontext geprägt sind, z.B. in Form systemgenerierter Kommunikationsmodi[6] und vorgegebener Themen, andererseits dass die Äußerungen selbst spezifische – zumeist sequenzielle – Kontexte konstituieren, was sich in Positionierungen als Kritiker und Kritisierter äußert. Die Online-Kommunikation stellt mit ihren verschiedenen Kommunikationsformen und -modi diverse spezifische Kontexte bereit, die u.a. durch folgende Merkmale geprägt sind: Pseudonymität der Kommunikation (vgl. Beck 2006), Statusegalisierung (Höflich/Gebhardt 2001), Vielfalt sprachlicher Normen (vgl. Dürscheid 2005) und Ent- und Rekontextualisierung[7] (Beck 2006, Fraas/Pentzold 2008). Im Ergebnis der theoretischen Auseinandersetzung gehen wir davon aus, dass den

---

[6] Das „liken" und Kommentieren – auch anderer Kommentare – macht die verbalisierte Bezugnahme auf sprachliche Äußerungen erst möglich und präsentiert sie in systemimmanenter Form mithilfe spezifischer Markierungen, wie z.B. der Platzierung unter den Bezugskommentar.

[7] Damit wird auf eine grundsätzliche Differenz zur Face-to-face-Kommunikation hingewiesen, bei der die Kommunikationspartner bereits durch ihr Äußeres, ihre institutionellen Rollen, die in spezifischen Räumen verkehren, sowie non- und paraverbale Zeichen aktiv Kontexte herstellen und interpretierbar gestalten. Aufgrund der überwiegen schriftbasierten Online-Kommunikation spricht man von einer Kanalreduktion. Entkontextualisierung definiert Beck (2006: 27) dementsprechend als „Herauslösen aus der raumzeitlichen Konkretheit und der distinkten Zeichenhaftigkeit körperlicher Kopräsenz". Unter Re-Kontextualisierung wird die Reaktion auf die Entkontextualisierung in Form der Imagination des Kommunikationspartners und mithin des Kontextes aufgrund der genutzten Zeichen verstanden. Vor diesem Hintergrund kommt sowohl den Nicknames als auch und im Beson-

sprachkritischen Kommentaren ein immenses Kontextualisierungspotenzial innewohnt, indem sie die Identität und Beziehungsdefinition der User sicht- und lesbar dynamisch herstellen und spezifisch konturieren. Da sie die Wahrnehmung von Sprachhandeln zum Thema haben, ermöglichen die Kommentare Einsichten in mögliche Konzeptionen des hoch komplexen Phänomens Sprache. Sie prägen darüber hinaus den Sprachgebrauch sowie die Situationsdefinition maßgeblich.

Allerdings weisen die Forschungen auch Lücken auf. So besteht in der systematischen Bes chreibung deutschsprachiger Forenkommunikation als auch in der methodischen Umsetzung des Konzepts von „Kontextsensitivität" erheblicher Forschungsbedarf. Zwar hat sich Walther Dieckmann (2012) in seinem Schlusskapitel mit sprachkritischen Kommentaren auf *tagesspiegel.de* beschäftigt, allerdings primär unter dem Gesichtspunkt der Motivation dieser Kommentare. Zudem beziehen sich die Kommentare ausschließlich auf Sprachglossen des Tagesspiegel-Redakteurs Bernd Matthies. Der Wirkungsaspekt dieser sprachkritischen Leserkommentare, eine systematische Kategorisierung dieser sowie die Untersuchung forentypischer (im Sinne forenunterscheidender) Merkmale werden nicht berücksichtigt. Auch das Konzept der Kontextsensitivität bedarf weiterer Differenzierungen und einer konsequenten Operationalisierung[8]. Darüber hinaus sehen wir es als dringend erforderlich an, den Untersuchungsgegenstand der „verbal hygiene", also der „Practices [...], born of an urge to improve or 'clean up' language" (Cameron 1995: 1), stärker in den wissenschaftlichen Fokus zu rücken und ihr Potenzial für die Beschreibung aber auch Herausbildung von (Sprach-)Normen herauszustellen.

deren den Kommentaren selbst enormes Kontextualisierungspotenzial zu, wie wir in Abschnitt 4.4. kurz anreißen.

[8] In diesem Zusammenhang ist zum Beispiel zu klären, was als Kontext einer Äußerung zu betrachten ist, inwiefern eine lokale oder globale Orientierung für eine Differenzierung notwendig ist oder aber, ob eine Unterscheidung in Makro-, Meso-, Mikro- oder ggf. Nanokontext zu erwägen ist (vgl. Arendt 2011, Fraas/Meier/Pentzold 2012:7).

3 Methodische Vorgehensweise

Das Korpus setzt sich aus verschiedenen sprachkritischen Kommentaren in Kommentarforen zusammen. Bei den Kommentarforen wird nach Zielgruppe und Themenkreis unterschieden, um die oben erwähnte Forenspezifik untersuchen zu können. Dazu analysieren wir in regelmäßigen Abständen Kommentarthreads zu Artikeln auf folgenden Seiten: BILD.de, heise-online.de, web.de, tagesschau.de, 20min.ch, das Gamerforum d2jsp.de, weight watchers.de, spiegel Online.de, androidpit.de, FAZ.net und als Vergleich die Social Network Site Facebook.

Ergänzend kommen Hinweise von anderen WissenschaftlerInnen hinzu, die vom vorliegenden Projekt wissen, da es grundsätzlich schwer ist, derartige Daten systematisch zu erheben (insbesondere Formen impliziter Sprachkritik). Eine Einordnung als sprachkritischer Kommentar ist letztlich immer eine – wenn auch von theoretisch-methodischen Überlegungen geleitete – Interpretationsleistung.

Ein erstes Korpus mit ca. 100 sprachkritischen Kommentaren liegt derzeit vor und wird sukzessive angereichert. Eine Ausweitung auf andere Kommentarforen ist vorgesehen. Auf der Grundlage des eingangs definierten Sprachkritikbegriffs und bisheriger Forschungsergebnisse haben wir die folgende Merkmalsmatrix erstellt. Dieser Erstellung lag die Überlegung zugrunde, dass genau die Merkmale klassifikatorisch relevant sind und fokussiert werden müssen, die auch die User nutzen um erstens die Relation und zweitens die intendierte Funktion ihrer Äußerungen zu markieren. Insofern klassifizieren wir Kommentare als „sprachkritisch", wenn eine Relation zu einem sprachlichen Ausdruck z.B. durch Wiederholung (Zitat) oder Korrektur desselben erkennbar ist (vgl. Bsp. 02, 04, 12), eine konstatierte Abweichung auf ein ausdrucksseitiges Phänomen bezogen ist, wie z.B. Tippfehler oder stilistische Anmerkungen (vgl. Bsp. 03, 04, 12), metasprachliche Äußerungen vorliegen (vgl. Bsp. 01, 04), es sich um „off-topic"-Kommentare handelt, die vom eigentlichen Thema des Artikels, Bezugskommentars bzw. Threads abweichen und insofern nur teilresponsiv sind (vgl. 04, 13 und kontrastierend dazu auch Bsp. 09, 10), die Relation zur kritisierten Bezugsäußerung durch systemgenerierte Platzierung, farbliche Kontrastierung, explizite Adressierung o.ä. ausgedrückt wird (vgl. Bsp. 02, 13) und Wertungen in Form evaluativer Ausdrücke bzw. Negationen vorhanden sind (vgl. Bsp. 01, 03).

Es handelt sich bei der Aufzählung um einen Merkmalskatalog mit primär heuristischer Funktion, inwiefern er vollständig ist und welche Charakteristika konstitutiv sind, werden zukünftige Analysen auf dem Feld der Kritiklinguistik (vgl. Arendt/Kiesendahl i.Dr.) wie auch der Sprachkritikforschung zeigen. Anhand eines Beispiels soll unser Untersuchungsgegenstand sowie die methodische Vorgehensweise verdeutlicht werden. Am 5.2.2012 war auf BILD.de zu lesen:

Bsp. 03:

Gefällt mir 104

NACH DER TRENNUNG

Heidi Klum wulffte auf Seals Mailbox

NACH SEINEM 4. TALKSHOW-JAMMERAUFTRITT PLATZTE IHR DER KRAGEN UND SIE VERBOT IHM, WEITERHIN ÖFFENTLICH PRIVATES PREISZUGEBEN

Quelle: http://www.bild.de/unterhaltung/leute/heidi-klum/verbietet-noch-ehemann-seal-privates-preiszugeben-22458148.bild.html [Stand: 5.2.2012]

Die Überschrift führte zu einer Reihe sprachkritischer Kommentare, die insbesondere die Wortwahl des Neologismus *wulffen* thematisierten. In dem gleichen Zeitraum stand der ehemalige Bundespräsident Christian Wulff im Kreuzfeuer der Kritik, da er dem Chefredakteur der BILD-Zeitung auf die Mailbox sprach, um die Veröffentlichung eines bestimmten Artikels zu unterbinden.

Die folgenden zwei Kommentare auf den Artikel „Heidi Klum wulffte auf Seals Mailbox" stehen stellvertretend für unseren Untersuchungsgegenstand:

Bsp. 04:

Lieber BILD Schreiberling, also diese Überschrift: "Heidi Klum wulffte auf Seals Mailbox" ist ja so blöd und linguistisch so daneben das wir uns über miserable Unwörter gar nicht mehr wundern müssen. Liest sich ja schon fast wie eine Artikelüberschrift von Hart IV'ler für Harz IV'ler... Und zum Thema, was hinter verschlossenen Türen passiert geht uns nichts an und wenn er privates ausplaudern muss zzgl. zu seinen angeblichen gewaltausbrüchen die er haben soll muss man diesen einhalt gebieten und dafür sorgen das es zügig zur ruhe kommt. meine meinung: getroffene hunde bellen.

3 | Melden

Quelle: http://www.bild.de/ka/p/ugc/22461038/comment/popular [Stand: 21.02.2013]

Bsp. 05:

Claudia ich muss schon leicht schmunzeln. du redest davon das du mehr Intelligenz als Heidi hast bist aber nicht in der Lage ordentlich deutsch zu schreiben. soger= sogar/ inteligenz= Intelligenz / und jetzt das geilste Wort euseres = äußeres / verschtand = verstand das sind nur kleine beispiele. deine texte sind überflutete von solchen Fehlern.
ich glaube ja du bist einfach nur neidisch auf sie.

2 | Melden

Quelle: http://www.bild.de/ka/p/ugc/22461038 [Stand: 21.2.12]

Kommentare zu einem redaktionellen Artikel können in drei verschiedenen Formen auftauchen: Sie können sich 1. inhaltlich mit dem Thema des Artikels befassen (die Trennung von Heidi und Seal), sie können 2. eine rein sprachliche Bewertung sein (wie Bsp. 05) oder aber 3. eine Mischung aus inhaltlicher Stellungnahme und sprachlicher Bewertung (wie Bsp. 04). Für unsere Untersuchung sind Kommentare der zweiten und dritten Form relevant.

Die methodische Grundlage bildet unser „Kritiklinguistisches[9] Mehrebenenmodell" zur Analyse sprachkritischer Kommentare in Kommentarforen. Es fußt einerseits auf den im Forschungsstand benannten theoretischen Erkenntnissen und andererseits auf den Ergebnissen unserer ersten Pilotstudie. Wir gehen davon aus, dass dieses Modell zum einen zentrale Aspekte des Gegenstandes erfasst, zum anderen aber auch in der Lage ist, kontextuelle Besonderheiten herauszupräparieren.

[9] Unter Kritiklinguistik verstehen wir eine Linguistik, die sich dezidiert mit der sprachlichen Realisation von Kritik, ihrer Markierung, Funktionalität und Wirkung befasst. Als eigenes Forschungsfeld mit dem Schwerpunkt auf Sprachkritik haben wir es in Arendt/Kiesendahl (i.Dr.) entworfen.

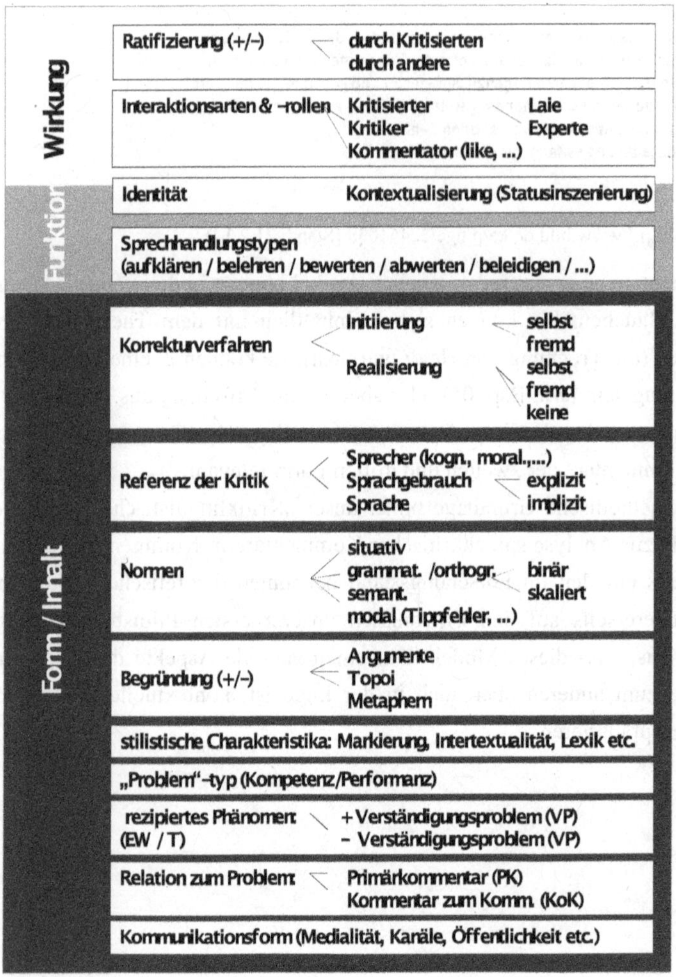

Abb. 1: Kritiklinguistisches Mehrebenenmodell

Die Analysekategorien wurden sowohl deduktiv (insbesondere aus gesprächsanalytischer Forschungsliteratur) als auch induktiv (aus dem Untersuchungsmaterial) gewonnen. Ein Methodenmix aus Inhaltsanalyse (Merten 1995), Sprechhandlungsanalyse (Kiesendahl 2011) und Diskursanalyse (Spitzmüller/Warnke 2011) lieferte die relevanten Untersuchungskategorien unseres Modells.

Die Analyseaspekte lassen sich grob drei Dimensionen zuordnen: Die unteren Ebenen fokussieren formale Aspekte, die mittlere Ebene dient primär der Beschreibung funktionaler Merkmale und die dritte Ebene fokussiert die interaktionale Dimension und Beziehungsgestaltung, indem wir dort Wirkungsaspekte beleuchten. Das Modell ist folglich von unten nach oben zu lesen.

Wenn wir sprachkritische Äußerungen beschreiben, müssen wir zunächst zentrale Charakteristika der Kommunikationsform benennen. Für das Kommentarforum von BILD.de hieße das bspw., dass es sich um ein öffentliches Forum handelt, in dem schriftbasierte Äußerungen getätigt werden können, wenn man sich zuvor als Mitglied registriert hat. Grundsätzlich ist unter kontextspezifischen Gesichtspunkten von pseudonymer Kommunikation nach dem Prinzip many-to-many auszugehen, in der die User – anders als z.B. im Experten-Forum – als linguistische Laien agieren. Aufgrund der räumlichen Distanz und der Asynchronität der Kommunikation steht nur eine begrenzte Anzahl an Kommunikationskanälen zur Verfügung, nämlich allein der verbale Kanal, der auf das Schriftbild begrenzt ist.

Sprachkritische Kommentare lassen sich in zwei Gruppen bezüglich des zu kritisierenden Sachverhaltes einordnen: Sie können sich, wie in Bsp. 04, auf einen redaktionellen Text eines Presseorgans beziehen (PK) oder, wie in Bsp. 05, ein Kommentar zu einem anderen Userkommentar sein (KoK). Es ist dann danach zu fragen, ob eine Einzelwortkritik oder Textkritik ausgeübt wird und ob dieses kritisierte Einzelwort (EW) oder der Text (T) ein Verständigungsproblem (VP) erzeugt oder nicht. Damit kann aufgedeckt werden, was von den Usern als „Fehler" wahrgenommen wird.

Der Kritiker lässt durch seine Argumentation üblicherweise Rückschlüsse darauf zu, ob er das manifestierte sprachliche Problem als Kompetenz- oder Performanzfehler betrachtet und zeigt damit auf, *wie* die „Fehler" interpretiert werden. Eine Analyse enthüllt die zumeist unbewussten indexikalischen Attribuierungsprozesse, die aufgrund eines wahrgenommenen Sprachgebrauchs realisiert werden. Die Äußerungen, die auf die Zuschreibung mangelnder Intelligenz verweisen (Bsp. 04: „so blöd und linguistisch so daneben"), sind als Indikator für ein wahrgenommenes Kompetenzproblem lesbar. Für eine formale Beschreibung sprachkritischer Äußerungen sind auch stilistische Charakteristika aufschlussreich, so z.B. wenn sich ein User durch einen hochfrequenten Fachwortgebrauch als Experte inszeniert.

Ein weiterer Analyseschritt ist die Frage nach der inhaltlichen Einordnung der Problemmanifestationen in sprachkritischen Äußerungen. Welche sprachlichen Normen werden berührt? Sind es überwiegend grammatisch-orthographische Normen, die Anlass für Kritik liefern, oder wird eher auf situative Normen(abweichungen) Bezug genommen? Daran schließt sich die Frage an, ob die Bewertung der Normabweichung binär in „richtig/falsch“ oder skaliert nach dem Angemessenheitsprinzip („meistens“, „oftmals“, „selten“) erfolgt. Die Äußerung „so blöd und linguistisch so daneben“ folgt dem Richtig/Falsch-Konzept, für das der Intensifier so ein Indikator ist.

Aufschlussreich ist auch die Analyse nach dem Referenzobjekt innerhalb des propositionalen Aktes einer sprachkritischen Äußerung: Wer oder was wird eigentlich kritisiert? Der Sprecher, sein Sprachgebrauch oder die Sprache als System? Wird implizit präskriptiv oder explizit präskriptiv kritisiert? Wir gehen davon aus, dass jede sprachkritische Äußerung präskriptiv angereichert ist, da Kritik zumeist auf eine Verhaltensänderung beim Adressaten abzielt. Innerhalb des Forschungsfeldes Kritiklinguistik kann und sollte das Spannungsverhältnis zwischen Deskriptivität und Präskriptivität näher in den Blick genommen werden.

Ein nächster Analyseaspekt ist die formale Beschreibung des Korrekturverfahrens. Hierbei handelt es sich um eine deduktive Kategorie, die von Schegloff et al. (1977) stammt und in der Gesprächs- und Konversationsanalyse außerordentlich prominent ist. Bei der Korrektur unterscheiden wir danach, welcher Aktant das Korrekturverfahren initiiert und wer die „Fehler“-korrektur tatsächlich ausführt. Anders als bei Schegloff et al. (1977) und Selting (1987) unterscheiden wir auf der Realisationsebene nicht nur Fremd- und Selbstkorrektur, sondern auch die ausbleibende Korrektur. Diese Unterkategorie haben wir induktiv aus unseren Befunden generiert, denn es zeigt sich – und dies ist keine singuläre Beobachtung – dass Korrekturverfahren zwar initiiert, aber nicht realisiert werden, d.h. es wird keine Alternative zu der kritisierten Sprachverwendung angeboten.

Die zweite Dimension unseres „Kritiklinguistischen Mehrebenenmodells" nimmt funktionale Aspekte in den Blick. Auf der Grundlage einer Sprechhandlungsanalyse wird beschrieben, was der Schreiber tut, indem er sich äußert: Will er aufklären/belehren/abwerten/beleidigen ...? Zudem stellt sich die Frage, ob der sprachkritische Kommentar die Funktion der Statusinszenierung übernehmen kann. Diese Dimension enthüllt das Funktionsspektrum sprachkritischer, aber auch allgemein metasprachlicher Äußerungen.

Die dritte Ebene unseres Modells fokussiert verschiedene Wirkungsaspekte des Kommunikats und beleuchtet primär die wechselseitige Konstruktion der interaktiven Beziehung. Welche Interaktionsrollen werden sprachlich hergestellt und damit vor allem auch dem Kritisierten zugewiesen? Durch die Interaktionsrollen ‚Kritiker'/‚Kritisierter' werden aktiv Hierarchien und damit Statusunterschiede etabliert. So inszeniert sich der Kritiker im obigen Bsp. 04 als sprachlich kompetenter in Relation zum BILD-Redakteur, indem er ihn erstens durch den pejorativen Ausdruck *Schreiberling* fachlich abqualifiziert und zweitens Fachwortschatz („linguistisch") verwendet.[10] Unter dem Aspekt der Wirkung interessiert zudem die Frage, ob, wie und von wem der sprachkritische Kommentar ratifiziert wird. So ermöglicht das Anklicken des „Gefällt mir"-Buttons eine Ratifizierung durch andere, ohne dass diese eigenständig einen Kommentar formulieren müssen. Weiterhin kann der Kritisierte selbst auf die Kritik reagieren. Die verschiedenen Ratifizierungsaktivitäten bilden ein zentrales Analyseobjekt auf der Wirkungsdimension von sprachkritischen Äußerungen.

Die Analyse der drei Ebenen Form, Funktion und Wirkung ermöglicht u.E. eine multiperspektivische Beschreibung sprachkritischer Äußerungen.

[10] Es besteht auch die Möglichkeit, dass „linguistisch" analog zum englischen „linguistic" nicht fachsprachlich, sondern lediglich als synonym für „sprachlich" verwendet wurde. In beiden Fällen steht diese Wortwahl für einen gehobenen Sprachstil, der auf eine sprachlich kompetente Person schließen lassen kann.

4 Ergebnisse

4.1 Sprachkritische Leserkommentare auf BILD.de

Anhand eines Threads werden wir nun unser Modell anwenden und charakteristische Merkmale metasprachlicher Äußerungen in Online-Foren vorstellen. Wir werfen erneut einen Blick auf den Nachrichtentext der BILD-Zeitung „Heidi Klum wulffte auf Seals Mailbox" .

Dieser Artikel wurde von den LeserInnen insgesamt 133 Mal kommentiert. Die Kommentare lassen sich inhaltlich drei verschiedenen Gruppen zuordnen:

A: sprachliche Bewertungen,

B: inhaltliche Bewertungen des redaktionellen Textes,

C: Mischformen (sprachliche und inhaltliche Bewertungen innerhalb eines Kommentars).

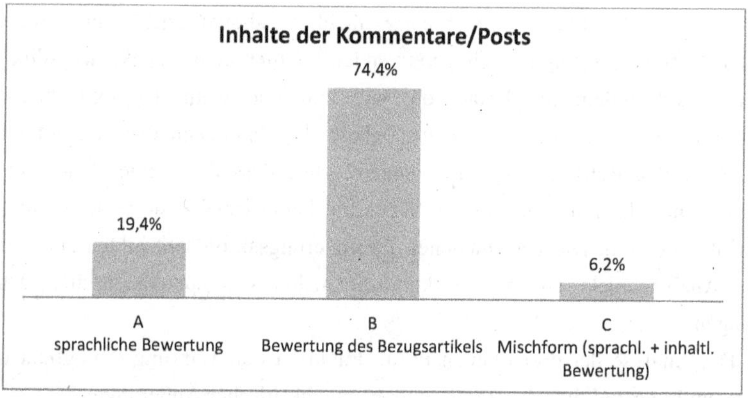

Abb. 2: Inhalte der Kommentare/Posts

Die Abb. 2 zeigt ein deutliches Übergewicht rein inhaltsbezogener Kommentare. Fasst man jedoch die Gruppen A und C zusammen, enthalten immerhin 25% der Kommentare dieses Threads eine sprachkritische Äußerung. Es handelt sich bei metasprachlichen Äußerungen in Online-Foren folglich nicht um Einzelfälle, sondern im Gegenteil um regelmäßig auftauchende Phänomene, wie die Breite des Korpus zeigt, das durch Hinweise sukzessive angereichert wird.

Anhand des aus Kap. 3 bereits bekannten Kommentars (Bsp. 04) sollen zunächst einige formale Aspekte in den Blick genommen werden.

Bsp. 04:

> Lieber BILD Schreiberling, also diese Überschrift: "Heidi Klum wulffte auf Seals Mailbox" ist ja so blöd und linguistisch so daneben das wir uns über miserable Unwörter gar nicht mehr wundern müssen. Liest sich ja schon fast wie eine Artikelüberschrift von Hart IV'ler für Harz IV'ler... Und zum Thema, was hinter verschlossenen Türen passiert geht uns nichts an und wenn er privates ausplaudern muss zzgl. zu seinen angeblichen gewaltausbrüchen die er haben soll muss man diesen einhalt gebieten und dafür sorgen das es zügig zur ruhe kommt. meine meinung: getroffene hunde bellen.
>
> 3 | Melden

Quelle: http://www.bild.de/ka/p/ugc/22461038 [Stand: 21.2.12]

Der User kritisiert den Neologismus *wulffte*.[11] Ein Drittel der sprachkritischen Kommentare in diesem HeidiSeal-Thread beziehen sich auf das Verb *wulffen*. Es handelt sich hier um eine Einzelwortkritik, die laut William Dodd (2007: 18) häufigste Form der Sprachkritik. Schwitalla (2008: 27f.) hat ein allgemeines Strukturschema für sprachkritische Äußerungen im alltäglichen Gespräch – also für die Face-to-Face-Kommunikation aufgestellt. Dieses Schema ist in das „Kritiklinguistische Mehrebenenmodell" mit eingeflossen, allerdings in modifizierter Form, da es durchaus Unterschiede zur pseudonymen Onlinekommunikation gibt, auf die wir später konkreter eingehen.

Die sprachkritische Verwendung eines Wortes besteht Schwitalla (2008) zufolge aus drei oder vier Teilen:

- aus dem Bezugsausdruck,
- aus einem Hinweis auf die Problematik des Ausdrucks,
- aus der Korrektur,
- manchmal zusätzlich aus einer Ratifizierung der Korrektur.

[11] Mittlerweile hat sich dieser Neologismus zunehmend verbreitet und landete bei der kürzlich stattgefundenen Wahl des Jugendwortes 2012 auf dem vierten Platz (vgl. http://www.welt.de/vermischtes/weltgeschehen/article111479604/Jugendwort-des-Jahres-Yolo-vor-wulffen.html). Das Verb *wulffen* hat in Anspielung auf den Ex-Bundespräsidenten Christian Wulff drei Bedeutungen: „1) jemandem eine lange Nachricht auf der Mailbox hinterlassen, 2) nicht die ganze Wahrheit sagen, ohne ausdrücklich zu lügen, 3) möglichst viel mitnehmen, ohne zu bezahlen." (http://www.interkorrektor.de/sprachblog-wulff-wulffen-auswulffen.php)

Der Bezugsausdruck (1.) ist auch in Online-Kommentaren obligatorischer Bestandteil der Einzelwortkritik. Er wird zumeist wortwörtlich wiederholt, in einigen Foren aber auch durch die Quote-Funktion eingeblendet.[12] Schwitalla (2008: 28f.) zufolge gibt es unterschiedliche Formulierungsformate für den Hinweis auf die Unangemessenheit des Bezugsausdrucks (2.). Das häufigste Format in unserem HeidiSeal-Thread ist das Zitat des Bezugsausdrucks in Verbindung mit einem negativen Kommentar:

> „Eure Überschrift ... wulffte auf ... ist einfach nur ekelerregend."

> „..., also diese Überschrift ‚Heidi Klum wulffte auf Seals Mailbox' ist ja so blöd und linguistisch so daneben ..."

Durchaus auffällig ist, dass in diesem Thread von BILD.de die negative Bewertung ganz überwiegend nicht begründet wird. Zumeist wird lediglich etwas konstatiert, eine Begründung mit dem Ziel der Nachvollziehbarkeit fehlt indes in der Regel. Diese Beobachtung deckt sich mit Dieckmanns Beobachtung, dass viele Kommentare nicht auf die Klärung eines Sachverhaltes abzielen und daher nur ein sehr schwaches oder gar kein argumentatives Potential besitzen (vgl. Dieckmann 2012: 169).

Die Unangemessenheit des Bezugsausdrucks wird sprachlich insbesondere durch pejorative Ausdrücke und Redewendungen markiert, die ausschnitthaft in Abbildung 3 zu lesen sind. Ob es sich dabei um eine forenspezifische Beobachtung handelt, kann erst der Vergleich mit anderen Forentypen zeigen.

[12] Diese Funktion steht den Usern auf BILD.de nicht zur Verfügung. Sie müssen den Bezug zum Einzelwort demzufolge durch erneutes Eintippen herstellen.

Abb. 3: Pejorative Ausdrücke und Redewendungen in Bezug auf „wulffen"

Schwitallas (2008: 27f.) dritter Bestandteil einer sprachkritischen Äußerung ist die Korrektur. Bei der Korrektur unterscheiden wir die Korrekturinitiierung sowie die Korrekturrealisierung durch einen selbst oder durch Fremde. In diesem Thread wird die Korrektur erwartungsgemäß durch Fremde initiiert. Dieses Ergebnis ist keineswegs trivial, auch wenn es sich um geschriebene Sprachdaten handelt. Dieckmann (2012: 173) verweist auf einen Kommentar, in dem ein User seinen eigenen Kommentar, in dem er von einem *Volonteur* schrieb, selbst korrigierte: „Berichtigung Ich meinte natürlich: Volontär Volontär Volontär Vertippdepp grüßt." Eine selbstinitiierte Korrektur ist folglich auch in geschriebener Sprache möglich.

Überraschend war indes das Ergebnis, dass die Korrektur – bis auf eine Ausnahme – nicht realisiert wurde, d.h. es wurde keine Alternative zur kritisierten Sprachverwendung angeboten. Diese Beobachtung wirft die Frage nach den Gründen für die ausbleibende Korrektur auf. Unseres Erachtens ist eine Korrektur maßgeblich dann notwendig, wenn ein Verständigungsproblem vorliegt und der Sinn der Äußerung in Gefahr ist. Das ist in diesen Beispielen jedoch nicht der Fall. Die Verständigung ist durchaus gegeben. Wieso äußern sich User dann zum Sprachgebrauch unbekannter Personen, wenn gar kein Verständigungsproblem vorliegt? Es geht offenbar vielmehr um den Ausdruck negativer Sprechergefühle und -einstellungen sowie – und das scheint das

Hauptmotiv zu sein – um das Sichtbarwerden als Online-Identität. Als Online-Identität kann ich nur sichtbar werden, indem ich mich äußere. Sprachkritische Äußerungen scheinen ein probates Mittel zu sein, um sich insbesondere als sprachlich gebildeter User zu inszenieren oder seinen Sinn für Komik durch sprachspielerische sprachkritische Kommentare zu präsentieren, um dadurch die Aufmerksamkeit anderer auf sich zu ziehen.

Wie oben erwähnt, gibt es genau eine Ausnahme in diesem Thread, und zwar einen Kommentar, der eine Korrektur enthält. Während bei den vorherigen Beispielen der Sprachgebrauch des BILD-Redakteurs kritisiert wurde, richtet sich im Beispiel 06 die Kritik an die Userin Claudia[13], die den folgenden Kommentar zum BILD-Artikel formulierte:

Bsp. 06:

Nein ich bin nicht hässlich und bin soger ohne schminke 1000 mal schöner als dise frau,mag keine leute was nur wiegen schönes euseres andere leute toll finden.Möchte das eine person mein herz und meine inteligenz toll findet und nicht mein euseres.Möchte ernst genomen werden und nicht als schöne puppe betrachtet sein.Heidi malt bild eine frau was nur eine ''schöne ''-(das habe ich nicht ernst gemeint) puppe ist ohne verschtand und herz.

2 | Melden

Quelle: : http://www.bild.de/ka/p/ugc/22461038 [Stand: 05.02.13]

Ein Großteil der sprachkritischen Äußerungen (60,6%) bezieht sich auf die Rechtschreibkompetenz der Userin. Allerdings erfolgt nur in einem einzigen Kommentar eine Korrektur:

[13] Syntaktisch und orthographisch liegt die Annahme nahe, dass es sich bei der Userin nicht um eine Muttersprachlerin handelt. Für die Analyse ist dies nicht von Interesse, da wir die Reaktionen auf diesen Kommentar und nicht den Primärkommentar selbst untersuchen. Zudem lässt der gewählte Nickname auf einen weiblichen Klarnamen schließen, der hier aus datenschutzrechtlichen Gründen nicht veröffentlicht werden darf.

Bsp. 05:

> Claudia ich muss schon leicht schmunzeln. du redest davon das du mehr Intelligenz als Heidi hast bist aber nicht in der Lage ordentlich deutsch zu schreiben. soger= sogar/ inteligenz= Intelligenz / und jetzt das geilste Wort euseres = äußeres / verschtand = verstand das sind nur kleine beispiele. deine texte sind überflutete von solchen Fehlern.
> ich glaube ja du bist einfach nur neidisch auf sie.
>
> 2 | Melden

Quelle: : http://www.bild.de/ka/p/ugc/22461038 [Stand: 05.02.13]

Der User des bereits bekannten Beispiels 05 wiederholt die orthographischen Fehler und korrigiert diese verbunden durch ein Gleichheitszeichen. Indem er in Zeile zwei auf die Intelligenz referiert und diese in Bezug zur Unfähigkeit „ordentlich deutsch zu schreiben“ stellt, rahmt er die Abweichung von orthographischen Normen als Kompetenzproblem.

Gleichzeitig begeht der Kritiker selbst Normverstöße, die wiederum nicht zum Gegenstand der Kritik durch andere werden, sondern offenbar als Performanz“fehler“ toleriert werden. Es handelt sich hierbei um keine singuläre Beobachtung, sondern auch in anderen Foren zeigt sich, dass der Kritiker häufig selbst von (zumeist orthographischen und grammatischen) Normen der geschriebenen Standardsprache abweicht.

Als Ergebnis und wesentlichen Unterschied zu Schwitallas Strukturschema in alltäglichen Gesprächen halten wir an dieser Stelle fest: Eine Korrektur des Bezugsausdrucks erfolgt auf BILD.de i.d.R. nicht. Daraus folgt, dass auch der vierte Bestandteil des Strukturschemas – die Ratifizierung der Korrektur – nicht erfolgt. Stattdessen wird aber ein anderes Phänomen sichtbar: Der Hinweis auf die Problematik des Bezugsausdrucks (also der zweite Teil des Strukturschemas) wird durch andere User mit dem „Gefällt mir“-Button bestätigt. Damit wird die Problemmanifestation ratifiziert, nicht aber die Korrektur.

Die Möglichkeit, mittels eines Klicks auf ein „Daumen-hoch“-Symbol sprachökonomisch seine positive Stellungnahme abzugeben, ist ein relativ neues Phänomen, das im Zuge der Popularität von Facebook – dem weltweit größten sozialen Netzwerk (vgl. http://de.wikipedia.org/wiki/Soziales_Netzwerk_%28 Internet%29) – seine Verbreitung fand. Die Analyse der Verteilung des „Gefällt mir“-Buttons lässt Rückschlüsse auf die Akzeptanz sprachkritischer Kommentare zu. Im HeidiSeal-Thread wurden sprachkritische Kommentare 26% häufiger geliked[14] als andere Äußerungen. Andere User fühlen sich durch diese Äußerungen angesprochen und motiviert, ihre Zustimmung auszudrücken. (Sprach-) kritik macht offenbar Spaß und ist ein wichtiger Bestandteil des Sprachgebrauchs.[15]

4.2 „Kilo oder Kilogramm?" – Kommentarstruktur und Begründungen

Am Beispiel eines umfangreichen Kommentarthreads von der Seite technology review zu einem redaktionellen Artikel werden wir in den folgenden Ausführungen zunächst die Kommentarstruktur beleuchten. Die interaktiven Bezüge zwischen wahrgenommenem Sprachgebrauch, den kritischen Kommentaren und den Reaktionen auf die Kommentare stehen hierbei im Zentrum. Zweitens fokussieren wir hier argumentative Passagen, denn in den Begründungen werden die zumeist impliziten Normen der Bewertung expliziert. Das folgende Beispiel ist nicht nur eine Sprachkritik, sondern zugleich eine Kritik der Sprachkritik, denn wir erleben auch, wie auf metasprachliche Äußerung reagiert wird, und können damit – wie mit der Analyse der Like-Buttons – die Wirkung in Form von u.U. typischen Rezeptionspraktiken sprachkritischer Kommentare erfassen. Der auslösende Artikel „Kilo oder Kilogramm" erschien am 25.01.2012 und wurde innerhalb von 5 Tagen 33mal direkt oder indirekt kommentiert. Damit ist er der im Monat Januar 2012 am meisten kommentierte Beitrag in diesem Forum.

Was war passiert? Wie erklärt sich die „Kommentarflut"? Der Tenor und auch Untertitel des – im Folgenden ausschnitthaft zitierten – Artikels lautet: „Die saloppe Verkürzung von Maßeinheiten ist keine sprachliche Schlamperei".

[14] Unter „liken" versteht man das Anklicken des „Gefällt mir"-Buttons, der auch Like-Button genannt wird.

[15] Im Einzelfall ist auf der Grundlage der Likes nicht zu entscheiden, ob Kritik im allgemeinen, der User oder speziell die getätigte Sprachkritik geliked wird.

Bsp. 07:

Kilo oder Kilogramm?

25.01.12 - von

Schlagwörter: Einheiten

Neulich beschwerte sich ein Leser, dass wir in einem unserer Stücke ein Gewicht in „Kilo" statt in „Kilogramm" angegeben hätten. Ich muss gestehen: Ich habe es im aktuellen Heft wieder getan. Und werde es weiterhin tun.

Ich bin der Meinung, dass Sprache zwar so genau wie nötig, aber auch so kurz wie möglich sein sollte. Und das Kriterium, an der ich die Genauigkeit messe, ist nicht: Würde es auch so in Physik-Lehrbüchern stehen? Sondern: Liegt für den Leser irgendeine Verwechslungsgefahr vor? Im Falle von Kilo: Ganz klar nein. Im Zusammenhang mit „wiegen" ist es für jeden, jeden, jeden Leser völlig klar, dass es sich um Kilogramm und nicht um Kilobyte, Kilometer, Kilopond oder sonstwas handelt.

[...]

Nun höre ich schon den Einwand: Dann schreibt's solche Einheiten halt trotzdem vollständig hin, stört ja schließlich keinen. Doch – mich stört's. Solche Über-Bestimmtheit macht Sprache starr, spröde und umständlich. Ich glaube, bei einem journalistischen Beitrag die Bereitschaft der Leser voraussetzen zu dürfen, mich nicht willentlich misszuverstehen. Juristen haben es da schwerer – sie müssen ihre Texte auch gegen gezieltes Falschverstehen wasserdicht machen. Genau darum sind Gesetze, Verträge und Urteilsbegründungen in der Regel auch so unerquicklich zu lesen. (wst)

Quelle: http://www.heise.de/tr/blog/artikel/Kilo-oder-Kilogramm-1420899.html [Stand: 12/2012]

Wie das obige Zitat belegt, plädiert der Artikel für die Verwendung von *Kilo* statt *Kilogramm*. Es handelt sich um eine Einzelwortkritik an *Kilogramm*, die mit Rekurs auf semantische und situative Normen die Langversion zurückweist. Semantisch argumentiert der User dafür, dass die Bedeutung des Kurzwortes als Gewichtsangabe erschließbar ist. Eine Verwendung von Kilogramm lehnt er mit Bezug auf die situative Norm der Äußerungsqualität als umständlich ab. Damit kategorisiert er die Verwendung von Langversionen als „Überbestimmtheit", was die Rezeption nicht erleichtere, sondern erschwere. Zentrale Sprachbewertungskriterien sind also Verständlichkeit und Leserorientierung. Die Argumente arbeiten mit den Topoi aus der Kausalität (vgl. Kienpointner 1996). Dabei handelt es sich um ein gängiges rhetorisches Prinzip, mit dem bereits Kindergartenkinder argumentieren (vgl. Arendt 2014). Konkret wird hier der Topos aus der Konsequenz genutzt, mittels dessen eine Handlung o.ä. dadurch befürwortet bzw. abgelehnt wird, dass sie zu negativ bewerteten Konsequenzen gerade nicht (Verwechslungsgefahr) bzw. doch führe (Überbestimmtheit). Im Zentrum der Argumentation steht nicht ein spezieller User, sondern ein konkretes Sprachverhalten. Das ist insofern relevant, dass auf dieser Grundlage die Argumentation als sachlich und vernünftig bewertet werden kann.[16] Der Artikel reagiert selbst auf eine sprachkritische Äußerung von Lesern bzw. Usern. Die Struktur der Vorgeschichte und Geschichte ließe sich wie in Abb. 4 visualisieren. Es handelt sich bei dem Text „Kilo" – in der Abb. 4 das dunkelgraue Rechteck – selbst um eine sprachkritische Äußerung, die als Rechtfertigung auf eine Userkritik reagiert und diese als unberechtigt zurückweist.

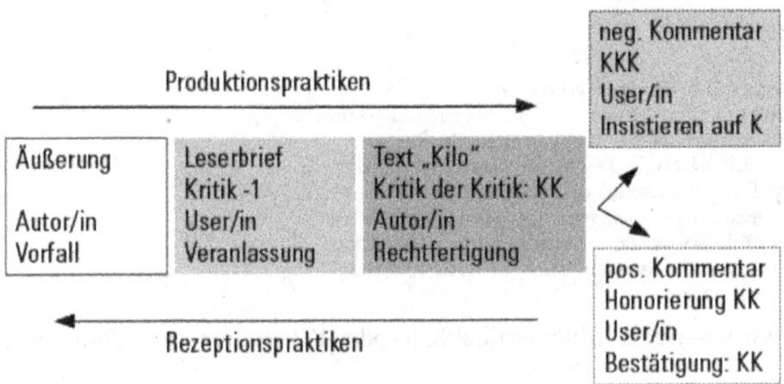

Abb. 4: Texteinbettung in einen Vorwurf-Rechtfertigungs-Prozess

Eine typische Reaktion, die auf der Ausgangskritik insistiert (in Abb. 4 das hellgraue Rechteck oben rechts), zeigt im folgenden Textkommentar eine Fokusverschiebung. Es wird erneut sowohl auf eine semantische als auch auf eine situative Norm rekurriert.

[16] Vernünftiges Argumentieren hat nach Kienpointner (1996: 23) die Einigung in beiderseitigem Interesse zum Ziel und unterscheidet sich vom zweckrationalen Argumentieren mit dem Ziel der Manipulation und Aggression.

Bsp. 08:

25. Januar 2012 14:37

Kilo = ? > Kilogramm, Kilometer, Kilotone, etc.

(1 Beitrag seit 19.06.04)

Sehr geehrter Herr

Ich habe als gebildeter Akademiker mit deutschen und österreichischen Wurzeln kein Verständnis für das was Sie unter dem Begriff „Über-Bestimmtheit" definieren. Im Gegenteil, gerade für vielfach im Gebrach befindlichen Vorsätze wie Kilo, Centi, Deka, usw. sollte der eindeutige Zusammenhang nicht fehlen und vom Verfasser durch den Kontext sublimiert werden. z.B. werden in Österreich im Wienerischen mit Kilo 100 Euro bezeichnet und sowohl österreichische Kollegen aus Niederösterreich als auch deutschstämmige Kollegen aus Tschechien bezeichnen 100Km/h als Kilo.

Ihr Beispiel „Dollar" weist in einer ganz anderen Richtung, die zumindest noch vor wenigen Jahren gültige Leitwährung der Weltwirtschaft der US Dollar, durfte auch einem unkundigen Leser durch Sublimation des Vorsatzes US ein Begriff sein.

Für den Fall, dass Ihnen die Vielfalt des Vorsatzes Kilo alleine in der Deutschen Sprache nicht bekannt sein sollte, können Sie sich z.B. hier kundig machen: http://de.wikipedia.org/wiki/Kilo

MfG,

Quelle: http://www.heise.de/tr/themen/-foren/S-Kilo-Kilogramm-Kilometer-Kilotone-etc/forum-220332/msg-21343194/read/ [Stand 05.02.2013]

Es geht hier nicht mehr um den Gebrauch von Kilo, sondern um die Kategorisierung in Bsp. 07, dass dies eine Form der „Über-Bestimmtheit" wäre. Diese pejorative Kategorisierung wird hier kritisiert, was im weiteren Text mit Rekurs auf das Verständlichkeitsargument auch begründet wird. Der User arbeitet hier zunächst mit alltagslogischen Schlussregeln (vgl. Kienpointner 1996, Schwarze 2010), konkret mit den Topoi aus der Einordnung, indem er den vorliegenden Fall „Kilogramm statt Kilo" als nicht zum Definitionsbereich „Überbestimmtheit" zugehörig rahmt. Die negative Wertung von Überbestimmtheit wird damit nicht entkräftet, wohl aber die pejorative Subkategorisierung des konkreten Falls.[17] Diese verdeutlicht, dass „Überbestimmtheit" unter Laien als negatives Kriterium einer Äußerung angesehen wird und eine angemessene „Bestimmtheit" die Norm darstellt, wie auch immer diese z.B. in Relation zur Kontextabstraktheit zu definieren wäre. Die Beispiele aus Österreich und

[17] Schwarze (2010: 61) definiert die Topoi aus der Einordnung wie folgt: „Einordnungsschlüsse basieren auf der Herstellung von einordnenden Relationen zwischen verschiedenen Größen, die miteinander in spezifischen konventionalisierten Formen in Beziehung gesetzt werden." Damit sind z.B. Teil-Ganzes- und Gattung-Art-Relationen gemeint.

Tschechien arbeiten wiederum mit den Topoi aus der Kausalität und fungieren als Belegerzählung dafür, dass es aufgrund der Abkürzung „Kilo" dort zu Verwechslungen und damit zu negativen Konsequenzen kommen kann. Ein Verständigungsproblem wird imaginiert, das durch genauere Bezeichnungen zu beheben wäre. Der Verstehenskontext ist also nicht beim Leser vorauszusetzen, sondern soll vom Autor geschaffen werden. Diese projizierten Missverständnisse basieren auf dem Argument der positiv konnotierten Verständlichkeit, die allein durch eindeutige Wörter erreicht werden kann.

Die Auffassung des Users in Bsp. 07 und sein Sprachgebrauch werden in Bsp. 08 aus mangelndem Wissen erklärt und damit als Kompetenzproblem klassifiziert. „Nemo" arbeitet hier sowohl mit den Topoi aus konventionalisierten Schlussregeln, wenn er mit dem Topos aus der Autorität durch den Verweis auf Wikipedia arbeitet. Gleichzeitig wird durch die Unterstellung mangelnden Wissens der Kritisierte als Person durch das argumentum ad hominem diskreditiert, das nach Kienpointner (1996: 17) als Kennzeichen „destruktiven Streitens" und nicht als vernünftiges Argumentieren gilt. Der User inszeniert sich selbst als wissend und darüber als statushoch sowie als Anwalt der unter den Missverständnissen Leidenden. Es handelt sich hierbei um einen typischen laienlinguistischen Habitus (vgl. Niehr 2011: 100f.).

Der Kontext als wichtigste sinnkonstitutive Verstehensressource bleibt unberücksichtigt. Solche Argumentationsstrukturen sind aus der Anglizismenkritik hinlänglich bekannt, bei welcher Anglizismen dekontextualisiert, als unverständlich markiert und auf dieser Grundlage abgelehnt werden.[18] Im Gegensatz dazu argumentieren die Ko-Kommentare (KoK), die sich gegen den insistierenden Tenor in den Textkommentaren (PK) wenden (vgl. Abb. 4, rechts unten: Honorierung der Rechtfertigung), explizit mit dem Kontext und der anvisierten Zielgruppe. Ein Verstehen ist erwartbar und möglich, wenn der Leser „noch alle Tassen im Schrank hat" (Bsp. 09).

[18] So heißt es bspw. in einem anglizismenkritischen Artikel bezüglich der Lexik der Deutschen Bahn aus der Zeitschrift „Deutsche Sprachwelt" vom Verein für Sprachpflege e.V. „Verständnisstau auf deutschen Verkehrswegen. [...] Freilich ist es mühsam, [...] die Schlaglöcher auf dem Weg zur Verständlichkeit zu füllen." (Paulwitz 2011: 1)

Bsp.: 09

30. Januar 2012 22:05

Re: Kilo = ? > Kilogramm, Kilometer, Kilotone, etc.

(279 Beiträge seit 28.06.04)

schrieb am 25. Januar 2012 14:37

> Sehr geehrter Herr
>
> Ich habe als gebildeter Akademiker mit deutschen und österreichischen
> Wurzeln kein Verständnis für das was Sie unter dem Begriff
> „Über-Bestimmtheit" definieren.
Jetzt fehlt aber noch der Hinweis auf "den Herrn Doktor?", oder wie
darf ich das verstehen?

In der UGS, und um die geht es hier IMHO salopp im Zusammenhang mit "populärwissenschaftlichen Abhandlungen", darf man "ungenau" sein solange der (potentielle) Leser "noch alle Tassen im Schrank hat", oder?

(BTW: Selbst "Akadämlicher" :-))

Quelle: http://www.heise.de/tr/themen/foren/S-Re-Kilo-Kilogramm-Kilometer-Kilotone-etc/forum-220332/msg-21366200/read/ [Stand 30.01.2013]

Ein Blick auf die Gesamtstruktur des Threads unter Einbeziehung der inhaltlichen Ausrichtung, wie in Abb. 5 dargestellt, verdeutlicht die komplexe multirelationale Interaktionsstruktur, die den Kommentaren zugrunde liegt und die in der linearen Darstellung im Netz nicht sichtbar wird.

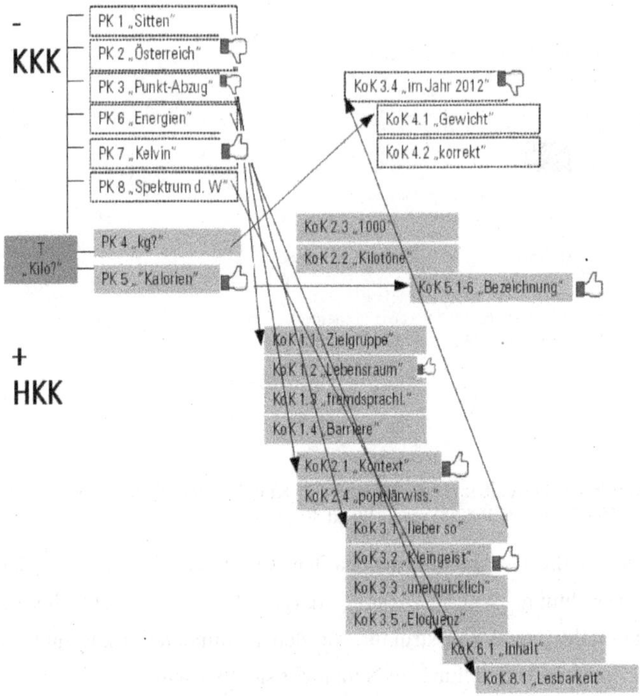

Abb. 5: Rezeption des Textes in interaktiver Kommentarstruktur

Wenn wir uns die Verteilung der Kommentare ansehen, dann lassen sich diese einteilen in Kommentare, die auf den Text bezogen sind, PK – in der Abbildung in Spalte 2 – und Kommentare, die andere Kommentare kommentieren, KoK, – in Spalte 3ff. Auf den Text direkt nehmen 8 PK Bezug, wovon 6 den Text kritisch bewerten, was durch inhaltliche Ablehnung realisiert wird aber auch durch die Ablehnung von im Text verwendeten Wörtern wie „unerquicklich". Darauf wird z.B. wie folgt explizit präskriptiv reagiert: „"Unerquicklich". Solche Wörter wollen wir doch bitte bleiben lassen. Was kommt als nächstes? "Garstig"? Wir leben doch nicht mehr im Jahre 1842."[19] Auf die Textkritik reagieren wiederum 23 Kommentare. Die überwiegende Mehrzahl reagiert auf die negative Textkritik selbst negativ und kritisiert die dort geäußerte Kritik,

[19] Online unter: http://www.heise.de/tr/themen/foren/S-Zweimal-Punkt-Abzug/forum-

wodurch sich die Bewertung des Ausgangstextes „Kilo statt Kilogramm“ in Zustimmung umkehrt. In der Abbildung zeigt sich diese Ausrichtung durch eine Anordnung der negativen Textkommentare, die auf der ursprünglichen Userkritik insistieren, oberhalb von T im Bereich „- KKK“. Dieses Kürzel steht mit „-“ für eine ablehnende Haltung zum Inhalt von T und mit „KKK“ für Kritik der Kritik der Kritik, bzw. Kritik an der Rechtfertigung in T. Das Gros der PK ist in der obigen Abbildung unterhalb von T im Bereich „+ HKK“ angeordnet. Das „+“ steht für die Zustimmung zu T und „HKK“ für die Honorierung der Kritikkritik, d.h. für die Honorierung der Rechtfertigung. Die Pfeile verdeutlichen die Bezüge der Kommentare, d.h. auf welchen Vorgängertext sie reagieren. Trotz der – auf den ersten Blick vielleicht – verwirrenden Struktur zeigt die Analyse ein klares Ergebnis: Die Kommentare beziehen sich überwiegend auf Kommentare von anderen Usern und werden primär genutzt, um Missfallen und Ablehnung auszudrücken und dadurch Status zu demonstrieren. Direkte positive Honorierungen, wie sie in Abb. 5 in Spalte 2 im Bereich unterhalb von T platziert worden wären, fehlen in diesem Thread völlig. Da der Userkreis dieses Forums männlich dominiert ist, ist dieses statusorientierte Kommunikationsverhalten u.U. auch mit Gender-Aspekten erklärbar. Danach wird die Geschlechterdifferenz als interaktive Hervorbringung interpretiert, die u.a. durch kulturell geprägte Konzepte von weiblichem und männlichem Kommunikationsverhalten geprägt sind.[20] Demnach gehört es z.B. zur sprachlichen Inszenierung von Männlichkeit, Hierarchie und Kompetitivität zu demonstrieren. Wenngleich der Ansatz in poststrukturalistischer Perspektive als verkürzend und ontologisierend kritisiert sowie die binären Geschlechtsauffassungen vor allem in den queer studies dekonstruiert wurden (vgl. Hark 1999; Butler 2009, 2003; Jagose 2001), bietet es sich unserer Ansicht nach an, das inszenierte Geschlecht der maßgeblichen Akteure eines Forums als wichtige Variable bei der Erarbeitung der Forentypik zu berücksichtigen. Die Klarnamen, Nicknames und internen Statistiken zu den Seiten können hierbei relevante Hinweise liefern.

Wir sehen in Abb. 5 die komplexe Struktur einer Streitinteraktion, bei welcher man sich nicht über eine gemeinsame Bewertung des Sachverhaltes

220332/msg-21343316/read/[Stand 30.01.2013].

[20] Vgl. zu aktuellen Ansätzen der Genderlinguistik Günthner/Hüpper/Spieß (2012).

einigen kann. Normen werden artikuliert, kritisiert, reflektiert und tradiert. Auffällig sind die – im Vergleich zu BILD.de – langen Kommentare und die Begründungen. Von den 28 sprachkritischen Äußerungen kommen lediglich 5 ohne Begründungen aus, das sind knapp 18%. Dies zeigt eine deutliche Differenz zu den Leserkommentaren auf BILD.de und verdeutlicht die Forentypik – nicht ausschließlich in Relation zum Geschlecht der Akteure.

4.3 Medienspezifisches Korrekturverfahren

Für das Kommentarforum auf BILD.de haben wir konstatiert, dass die Korrektur i.d.R. nicht erfolgt. Dieses Ergebnis ist jedoch nicht auf sämtliche andere Foren übertragbar. Korrekturen tauchen in anderen Korpusbelegen durchaus auf, und dies mitunter in einer Form, die exklusiv im Web 2.0 zu finden ist. Die folgenden Beispiele stammen aus einem Gamerforum, in dem ein User einen Thread mit der folgenden Frage eröffnet:

Bsp. 10:

„*Kann Es Sein Das Gürüstebauer Seid Dem Anfang irgentwas mit güros zu tun hat?*“[21]

Das Korrekturverfahren, das innerhalb dieses Threads mehrfach auftaucht, hat das Format FehlerKorrektur.de und hat damit den Charakter eines Hyperlinks:

Bsp. 11:

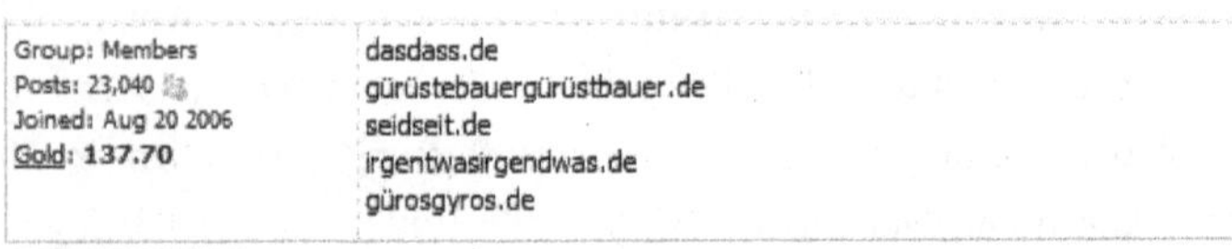
Group: Members
Posts: 23,040
Joined: Aug 20 2006
Gold: 137.70

dasdass.de
gürüstebauergürüstbauer.de
seidseit.de
irgentwasirgendwas.de
gürosgyros.de

Quelle: http://forums.d2jsp.org/topic.php?t=57181572&f=149 [Stand: 06.02.2013]

Auf den Webseiten www.seitseid.de und www.das-dass.de kann man sich über die verschiedenen Verwendungsweisen von *seit* und *seid* bzw. *das* und *dass* informieren. Die Angabe eines vermeintlichen Hyperlinks fungiert als Korrek-

[21] Möglicherweise hat der User als Akt des „Trollings“ ganz bewusst sprachkritische Kommentare provoziert, um andere User zu ärgern oder um Aufmerksamkeit zu bekommen. Die Reaktionen sind in jedem Fall authentische Daten, die damit auch auswertbar sind.

turverfahren, indem der Kritisierte implizit dazu aufgefordert wird, sich auf der angegebenen Webseite über die korrekte Verwendung der jeweiligen Schreibweise zu informieren. Was man nun zunehmend beobachten kann ist, dass aufgrund dieser beiden tatsächlich existierenden Webseiten das Korrekturformat „FehlerKorrektur.de" stellvertretend für sämtliche orthographische Korrekturen verwendet wird, obwohl es die vermeintliche Webseite gar nicht gibt. Gürüstebauergürüstbauer.de, irgentwasirgendwas.de und gürosgyros.de sind keine existierenden Webseiten, auch wenn sie formal den Anschein erwecken. Es handelt sich hierbei um eine Form der Sprachkritik, die sich nur durch die Entwicklung des Internets herausbilden konnte und deshalb medienspezifisch ist.

4.4 Sprachliche Inszenierung von Statusunterschieden

Auf der Funktions- und Wirkungsebene des „Kritiklinguistischen Mehrebenenmodells" ist die Identität des Users angesiedelt. Eine sprachkritische Äußerung kann die Funktion haben, den User als Online-Identität sichtbar zu machen und sich bewusst als Sprachexperte zu inszenieren. Gleichzeitig kann der sprachkritische Kommentar auf der Wirkungsebene, und damit aus der Perspektive des Rezipienten, aber auch die Wirkung erzeugen, der Emittent sei ein Sprachexperte, ohne dass dieser es beabsichtigt. Der Aspekt der Identität berührt daher zwei Dimensionen des Modells.

Es soll nun gezeigt werden, wie die User aktiv Hierarchien und damit Statusunterschiede etablieren. Wir bleiben bei den Beispielen 10/11. Die folgende Abbildung zeigt ausschnitthaft den Interaktionsverlauf dieses Threads und ist von unten nach oben zu lesen.

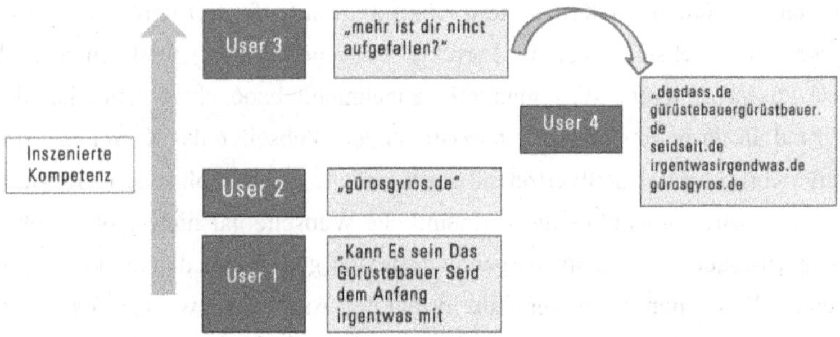

Abb. 6: Hierarchieetablierung

Auf den Ausgangskommentar von User 1 reagiert ein zweiter User mit der Korrektur „gürosgyros.de". Indem er korrigiert und auf eine orthographische Normabweichung referiert, positioniert er sich höher, da er vorgibt, kompetenter zu sein. Diese Korrektur veranlasst User 3 zu der Frage: „mehr ist dir nihct aufgefallen?"[22] Die vermeintliche Frage ist polyfunktional. Sie ist einerseits eine negative Kommentierung, dass User 2 die anderen Fehler nicht erkannt hat, und zugleich die Aufforderung an ihn, die weiteren Fehler zu identifizieren.

Auch dies ist eine Positionierungsaktivität, bei der sich User 3 mit erhobenem Zeigefinger inszeniert und sich über User 2 stellt. Interessant ist nun die Wirkung, die diese Aufforderung auslöst: Ein vierter User listet nur sechs Minuten später gehorsam alle Fehler und Korrekturen auf, auch wenn ihm das bei *Gerüstbauer* nicht gelungen ist. Er ratifiziert damit die Höherpositionierung von User 3 und erkennt ihn als Normautorität an. Die User stellen – so zeigt das Beispiel – durch ihren Sprachgebrauch aktiv Hierarchien her.

4.5 Sprachkritik auf Social Network Sites am Beispiel von facebook

Bislang haben wir uns in diesem Beitrag mit Kommentarforen auseinandergesetzt. Doch auch auf Social Network Sites, wie Facebook, studiVZ, aber auch in Skype-Chats sind sprachkritische Äußerungen präsent. Im Unterschied zu den zuvor diskutierten Beispielen ist hier jedoch die Beziehungskonstellation

[22] Auch hier sehen wir einen weiteren Beleg für den Befund, dass die Kritiker selbst häufig ebenfalls Normabweichungen vom geschriebenen Standard (wie Tippfehler, konsequente Kleinschreibung etc.) produzieren.

eine andere. Die Pseudonymität ist aufgehoben, die User kennen sich meistens persönlich. Gerade bei facebook sind die Mitglieder üblicherweise mit ihrem realen Namen gelistet und oftmals auch untereinander bekannt. Es sind zumeist orthographische Normabweichungen, die auf facebook kommentiert werden:

Bsp. 12:

Matthias postet, dass er gerade beim Zahnarzt war und offenbar keine Schmerzen hatte. Er produziert dabei einen Orthographiefehler, der vielleicht auch nur ein Tippfehler ist, aber zumindest von Marcel als Orthographiefehler gerahmt wird, was ihn zu einer Korrektur des Normverstoßes bewegt. Diese Korrektur kann auch die Funktion einer Art „Frotzelei" haben, wofür ein verhältnismäßig enger Bekanntheitsgrad eine Voraussetzung wäre, um situativ angemessen zu agieren. Der sprachkritische Kommentar wird einerseits von fünf Usern geliked (also durch Dritte ratifiziert), andererseits reagiert aber auch der Kritisierte selbst, indem er die Korrektur wiederholt, durch Großbuchstaben betont und sich bedankt.[23]

Dieses Beispiel zeigt, dass unter einander bekannten Personen die Ratifizierung oder mindestens Kommentierung der Kritik erfolgt, während in der pseudonymen Kommunikation i.d.R. keine Wirkung durch den Kritisierten selbst verbalisiert wird, sondern nur Dritte die sprachkritische Äußerung durch den „Like"-Button bestätigen. Es gibt offenbar das Bedürfnis, die durch die

[23] Nach Beck (2006: 112) antworten in Newsgroups nur ein Viertel der beobachteten Regelverletzer öffentlich auf die gegen sie erhobenen Vorwürfe. Auf den SNS zeigt sich nach un-

sprachkritische Äußerung hervorgerufene Gesichtsverletzung sprachlich auszugleichen. Die Vergleichsstudien zeigen, dass die Ebene der Ratifikation bzw. sichtbaren Wirkung von sprachkritischen Kommentaren auch ein mögliches Differenzierungskriterium für die unterschiedlichen Kommunikationsformen im Web 2.0 darstellt.

5 Fazit und Ausblick

Die hier präsentierten Ergebnisse basieren auf einer Pilotstudie, die anhand einer größeren Datenmenge zu überprüfen und zu modifizieren ist. Erste Tendenzen zeigen, dass meistens kein Verständigungsproblem vorliegt, wenn Sprachkritik geübt wird. Daher bleibt auch die Korrektur des als problematisch markierten Bezugsausdrucks aus. Es sind zumeist orthographische und semantische Normabweichungen, die zum Gegenstand der Kritik werden, wobei der Normenverstoß i.d.R. als Kompetenzproblem gerahmt wird. Folgende Funktionsvarianten sprachkritischer Kommentare sind denkbar: User kommentieren den Sprachgebrauch anderer, um selbst als Online-Identität sichtbar zu werden. Sie wollen auf den Sprachgebrauch der Sprachgemeinschaft einwirken, denn Sprache ist ein wesentlicher Identitätsbaustein. Sprachkritische Kommentare können zudem die Funktion haben, den Adressaten zu necken oder zu ärgern, aber auch sich selbst als humorvolle Person (auf Kosten anderer) darzustellen. User nutzen sprachkritische Kommentare in Foren vermutlich aber auch zur Entladung negativer Stimmungen in einem durch Anonymität geschützten Raum.

Eine weitere vorläufige Beobachtung zeigt, dass sprachkritische Kommentare häufiger „geliked“ werden als andere Kommentare. Über diese Wirkung hinaus bilden sie die Basis für Anschlusskommunikation und eröffnen so diverse Interaktionsmöglichkeiten. Diese metasprachliche Anschlusskommunikation kontextualisiert den Sprachgebrauch und u.U. auch die Sprachkritik selbst als kritikwürdig und rahmt die Bezugsäußerung retrospektiv in spezifischer Weise als sprachlich unangemessen. Die Werturteile werden häufig nicht begründet,

---

seren Studien hierin eine deutliche Differenz zu den Kommentarforen, da dort der Kritisierte in den wenigsten Fällen auf die Sprachkritik reagiert.

sondern als feststehende Tatsachen behauptet (z.B. Bsp. 04). Die Bewertung erfolgt primär explizit präskriptiv[24] nach einem binären Maßstab in richtig und falsch (z.B. Bsp. 04, 05). Durch diese Aktivitäten stellen die Kritiker Hierarchien her: Es geht mitnichten ausschließlich um die Beurteilung rein sprachlicher Phänomene, sondern die Sprachthematisierungen sind auch Mittel zum Zweck: Sie sind hoch wirkungsvolle Mittel, sich durch inszeniertes Sprachwissen als gebildet und dadurch als statushoch darzustellen (z.B. Bsp. 03, 08).[25] Die auf Sprachurteilen basierende – durch die sprachkritischen Kommentare praktizierte – „Konstruktion" abweichenden Verhaltens kann als soziale Selektions- und Regulationspraxis wirksam werden, die gesellschaftliche Differenzen ebenso schafft wie sie die Basis sprachbezogener Stigmatisierungen tradieren kann. Die offensichtliche Parallelität dieses Gestus mit populären Sprachratgebern verdeutlicht die Problematik derselben. Durch den Bestsellerstatus, den einige der normhüterischen Publikationen erreichen, prägen sie ganz entscheidend, was über Sprache und Sprachverhalten sagbar ist. Wir sehen es als vordringliche Aufgabe der linguistischen Sprachkritik an, im Bereich der Sprachbewertung aufklärend und perspektivpluralisierend wirksam zu werden.

Laien als homogene Gruppe gibt es nicht. Vielmehr ist von einer Forentypik mit einer je eigenen Usergruppe auszugehen. Gerade die unterschiedlichen Bewertungen in Kap. 4.2 (Kilo vs. Kilogramm) haben über die Forentypik hinaus eine differenzierte Rezeption sowohl sprachlicher Phänomene als auch sprachkritischer Aktivitäten erkennen lassen, die eine Pluralität an Positionen verdeutlicht. Gleichwohl dominiert der „normhüterische" Gestus. Eine differenziertere Kategorisierung des „Laien" verbunden mit einer begrifflichen Präzisierung ist unserer Ansicht nach jedoch unerlässlich.

Anhand einer aussagekräftigen Datenmenge sollen diese Ergebnisse auf ihre Validität hin geprüft werden. Dabei stellt insbesondere die Analyse forenspezifischer Aspekte eine Erweiterung der Pilotstudie dar. Wir gehen davon aus,

[24] Es sind weitere Forschungen notwendig, die eine Terminologie zur Erfassung von Normkonzepten aufstellen. Wir differenzieren zwischen implizit präskriptiven Kommentaren und explizit präskriptiven Kommentaren.

[25] Auf die historische Tradition, Sprachwissen und vor allem Standardsprachkompetenz als Ausdruck von Bildung zu begreifen, kann an dieser Stelle nicht ausführlich eingegangen werden. Vgl. dazu aber Arendt (2010: 77-91) und Linke (1995).

dass unterschiedliche und unterschiedlich artikulierte Sprachkonzepte und Normentoleranzen aufdeckbar sind, aus denen sich letztlich auch eine Art Usertypologie erarbeiten lässt. Denkbar wäre z.B. eine Typologisierung im Sinne der Differenzierung in Troll, Regulars, Impersonation (vgl. Beck 2006: 114) auf der Grundlage ihrer sprachkritischen Äußerungen.

Literatur:

Anders, Christina A. (2010): *Wahrnehmungsdialektologie. Das Obersächsische im Alltagsverständnis von Laien.* Berlin/New York: de Gruyter.

Androutsopoulos, Jannis (2010): „Localizing the Global on the Participatory Web." In: Coupland, Nikolas (ed.): *The Handbook of Language and Globalisation.* Oxford, 203-231.

Androutsopoulos, Jannis et al. (eds.) (2006): *Neuere Entwicklungen in der linguistischen Internetforschung.* Hildesheim: Wiley-Blackwell.

Arendt, Birte/Kiesendahl, Jana (i.Dr.): „Sprachkritische Äußerungen in Kommentarforen – Entwurf des Forschungsfeldes ‚Kritiklinguistik'." In: Niehr, Thomas (eds): Sprachwissenschaft und Sprachkritik – Perspektiven ihrer Vermittlung. Bremen: Hempen.

Arendt, Birte (2014): „Konfliktbearbeitungen von Kindergartenkindern – verbale resp. argumentative und nonverbale Muster." In: *Mémoires de la Société Néophilologique de Helsinki,* 21-34.

Arendt, Birte/Kiesendahl, Jana (2011): „Die Notwendigkeit von Sprachreflexion im Unterricht: Zur Wirkung von Sprachgebräuchen." In: Dies. (eds.): *Sprachkritik in der Schule.* Göttingen: v&r unipress, 165-190.

Arendt, Birte (2011): „Laientheoretische Konzeptionen von Sprache und Dialekt am Beispiel des Niederdeutschen. Eine kontextsensitive Analyse von Spracheinstellungsäußerungen sowie ihre methodologische Fundierung." In: *Niederdeutsches Wort.* Beiträge zur niederdeutschen Philologie, 133-162.

Arendt, Birte (2010): *Niederdeutschdiskurse. Spracheinstelllungen im Kontext von Laien, Printmedien und Politik.* Berlin: Erich Schmidt.

Auer, Peter (1999): *Sprachliche Interaktion.* Tübingen: Niemeyer.

Bartsch, Renate (1987): *Sprachnormen. Theorie und Praxis.* Tübingen: Niemeyer.

Beck, Klaus (2006): *Computervermittelte Kommunikation im Internet.* München/Wien: Oldenbourg.

Butler, Judith (2003): „Imitation und Aufsässigkeit der Geschlechtsidentität." In: Kraß, Andreas (ed.): *Queer [sic!] denken. Gegen die Ordnung der Sexualität.* Frankfurt/M.: Suhrkamp, 144-168.

Butler, Judith (2009): *Das Unbehagen der Geschlechter.* Nachdruck. Frankfurt/M.: Suhrkamp.

Cameron, Deborah (1995): *Verbal Hygiene.* London: Routledge.

Dieckmann, Walther (2012): *Wege und Abwege der Sprachkritik.* Bremen: Hempen.

Dodd, William J. (2007): *Jedes Wort wandelt die Welt. Dolf Sternbergers politische Sprachkritik.* Göttingen: Wallstein.

Dürscheid, Christa (2005) : „Normabweichendes Schreiben als Mittel zum Zweck." In: *Muttersprache* 115, Heft 1, 40-53.

Foucault, Michel ([9]2003): *Die Ordnung des Diskurses*. Frankfurt/M.: Fischer.

Fraas, Claudia et al. (2012): *Online-Kommunikation*. München: Oldenbourg.

Fraas, Claudia/Pentzold, Christian (2008): „Online-Diskurse – Theoretische Prämissen, methodische Anforderungen und analytische Befunde." In: Warnke, Ingo H./Spitzmüller, Jürgen (eds.): *Methoden der Diskursanalyse. Sprachwissenschaftliche Zugänge zur transtextuellen Ebene*. Berlin/New York: de Gruyter, 291-326.

Goffman, Erving (1992): *Stigma. Über Techniken der Bewältigung beschädigter Identität*. Frankfurt/M.: Suhrkamp.

Goffman, Erving ([5]1999): *Interaktionsrituale. Über Verhalten in direkter Kommunikation*. Frankfurt/M.: Suhrkamp.

Günthner, Susanne/Hüpper, Dagmar/Spieß, Constanze. (eds.) (2012): *Genderlinguistik. Sprachliche Konstruktionen von Geschlechtsidentität*. Berlin/Boston: de Gruyter.

Hark, Sabine ([2]1999): *deviante Subjekte. Die paradoxe Politik der Identität*. Opladen: VS Verlag für Sozialwissenschaften.

Hartung, Wolfdietrich (1977): „Zum Inhalt des Normbegriffs in der Linguistik." In: Hartung, Wolfdietrich (ed.): *Normen in der sprachlichen Kommunikation*. Berlin: Akademie-Verlag.

Höflich, Joachim/Gebhardt, Julian (2001): „Der Computer als Kontakt- und Beziehungsmedium. Theoretische Verortung und explorative Erkundungen am Beispiel des Online-Chats." In: *Medien & Kommunikation* 49, Heft 1, 24-43.

Jagose, Annamarie (2001): *Queer Theory. Eine Einführung*. Berlin: Querverlag.

Kienpointner, Manfred (1996): *Vernünftig argumentieren*. Reinbek/Hamburg: Rowohlt.

Kiesendahl, Jana (2012): „Normabweichungen und ihre Wirkungsweisen am Beispiel universitärer E-Mail-Kommunikation." In: Günthner, Susanne/Imo, Wolfgang/Meer, Dorothee/Schneider, Jan Georg (eds.) (2012): *Kommunikation und Öffentlichkeit: Sprachwissenschaftliche Potenziale zwischen Empirie und Norm*. Berlin/New York: de Gruyter, 205-225.

Kiesendahl, Jana (2011): *Status und Kommunikation. Ein Vergleich von Sprechhandlungen in universitären E-Mails und Sprechstundengesprächen*. Berlin: Erich Schmidt.

Kilian, Jörg et al. (2010): *Sprachkritik*. Berlin/New York: de Gruyter.

Larrew, Olha (2005): *Norm, Normen, Normabweichungen. Eine historische und empirische Untersuchung zur wissenschaftlichen Bewertung morphosyntaktischer Konstruktionen im Deutschen*. Hamburg: Dr. Kovac.

Linke, Angelika (1995): „Zur Rekonstruktion sprachlicher Vergangenheit. Auf der Suche nach der bürgerlichen Sprachkultur im 19. Jahrhundert." In: Gardt, Andreas et al. (eds.): *Sprachgeschichte des Neuhochdeutschen*. Tübingen: de Gruyter, 369-397.

Lucius-Hoene, Gabriele/Deppermann, Arnulf (2004): „Narrative Identität und Positionierung." In: *Gesprächsforschung – Online-Zeitschrift zur verbalen Interaktion*, 166-183.

Meißelbach, Christoph (2009): *Web 2.0 – Demokratie 3.0? Demokratische Potentiale des Internets*. Baden-Baden: Nomos.

Merten, Klaus (1995): *Inhaltsanalyse. Einführung in Theorie, Methode und Praxis*. Opladen: VS Verlag für Sozialwissenschaften.

Neuland, Eva (1988): „‚Wie hört der sich denn an?!' Spracheinstellungen als Gegenstand der Sprachreflexion." In: *Diskussion Deutsch*, Heft 99, 53-73.

Niehr, Thomas (2011): „Von der „Fremdwortseuche" bis zur „Sprachpanscherei". Populäre Fremdwortkritik gestern und heute." In: Arendt, Birte/Kiesendahl, Jana (eds.): *Sprachkritik in der Schule*. Göttingen: v&r unipress, 91-119.

Paulwitz, Thomas (2011): „Hier geht's zur deutschen Sprache. Bundesverkehrsminister und Deutsche Bahn wollen wieder mehr Deutsch." In: *Deutsche Sprachwelt*, Nr. 43, 1.

Preston, Dennis R. (2011): „Perceptual Dialectology in the 21st Century." In: Anders, Christina A. et al. (eds.): *Perceptual Dialectology: Neue Wege der Dialektologie*. Berlin/New York: de Gruyter, 1-27.

Riehl, Claudia Maria (2000): „Spracheinstellungen und Stereotype im Licht diskursiver Praxis." In: Deminger, Szilvia et al. (eds.): *Einstellungsforschung in der Soziolinguistik und Nachbardisziplinen*. Frankfurt/M.: Peter Lang, 141-160.

Schegloff, Emanuel et al. (1977): „The Preference for Self-Correction in the Organisation of Repair in Conversation." In: *Language*, 53, 361-382.

Schiewe, Jürgen/Wengeler, Martin (2005): „Einführung der Herausgeber zum ersten Heft." In: *Aptum. Zeitschrift für Sprachkritik und Sprachkultur*, Heft 1, 1-13.

Schneider, Jan Georg (2007): „Sprache als kranker Organismus. Linguistische Anmerkungen zum Spiegel-Titel ‚Rettet dem Deutsch!'" In: *Aptum. Zeitschrift für Sprachkritik und Sprachkultur*, Heft 01, 1-23.

Schwarze, Cordula (2010): *Formen und Funktionen von Topoi im Gespräch*. Frankfurt/M.: Peter Lang.

Schwitalla, Johannes (2008): „Sprachkritik im Gespräch." In: *Aptum. Zeitschrift für Sprachkritik und Sprachkultur*, Heft 1, 21-42.

Selting, Margret (1987): „Fremdkorrekturen als Manifestationsformen von Verständigungsproblemen." In: *Zeitschrift für Sprachwissenschaft*, Heft 1, 37-58.

Spitzmüller, Jürgen/Warnke, Ingo (2011): *Diskurslinguistik. Eine Einführung in Theorien und Methoden der transtextuellen Sprachanalyse*. Berlin/Boston: de Gruyter.

Tophinke, Doris/Ziegler, Evelyn (2006): „„Aber bitte im Kontext!" Neue Perspektiven einer dialektologischen Einstellungsforschung." In: Voeste, Anja/Gessinger, Joachim (eds.): *Dialekt im Wandel. Perspektiven einer neuen Dialektologie*. Duisburg: OBST, 203-222.

Völzing, Paul-Ludwig (1982): *Kinder argumentieren. Die Ontogenese argumentativer Fähigkeiten*. Paderborn u.a: Schöningh.

Woolard, Kathryn A./Schieffelin, Bambi (1994): „Language Ideology." In: *Annual Review of Anthropology*, 55-82.

Sprachkritik in der Interaktion – Zur kollaborativen Hervorbringung sprachkritischer Äußerungen über Praktiken migrationsbedingter Mehrsprachigkeit[1]

Katharina König

Unter dem Terminus „Sprachkritik" lassen sich verschiedene Formen sprachreflexiven Handelns fassen, mit denen eine Bewertung der Angemessenheit von Sprachgebräuchen vorgenommen wird: Sprachkritik kann etwa im Rahmen sprachwissenschaftlicher Forschung situiert sein (vgl. Burkhardt 2007; Schiewe/Wengeler 2005) oder von so genannten „linguistischen Laien" betrieben werden (vgl. Antos 1996). Die Gegenstände sprachkritischer Arbeiten können von einer Wortkritik (vgl. Bär 2002) bis hin zur Kritik sprachlichen Handelns (vgl. Roth 2002; 2004) reichen. Die Durchführung einer kritischen Sprachgebrauchsreflexion kann hierbei sowohl explizit als auch implizit erfolgen (vgl. Schiewe/Wengeler 2005; Schwitalla 2008). Unabhängig davon, von wem sie unter welchen Gesichtspunkten und auf welche Art und Weise auch durchgeführt wird, kann als allgemeine Definition von Sprachkritik festgehalten werden, dass sie als „wertende Metasprache" (Roth 2004: 16) aufzufassen ist.

> Sprachkritik kann zunächst allgemein als eine mit Wertung verbundene Reflexion über Sprache und Sprachgebrauch charakterisiert werden. […] In einer sprachkritischen Äußerung wird von der metasprachlichen Funktion Gebrauch gemacht, indem etwas mit Sprache über Sprache ausgesagt und zusätzlich noch eine Bewertung des Gegenstands der Aussage vorgenommen wird. (Schiewe/Wengeler 2005: 3)

Als Grundlage der Bewertung von Angemessenheit einer sprachlichen Handlung können verschiedene Bezugsebenen relevant gesetzt werden (Angemessenheit in Bezug auf die SchreiberInnen/SprecherInnen, auf die AdressatInnen, auf den Gegenstand oder auf das Sprachsystem, vgl. Bär 2002). Kienpointner verweist jedoch darauf, dass eine genaue Festlegung des Grades von Angemessenheit bzw. Unangemessenheit aus sprachwissenschaftlicher Perspektive nicht immer klar zu vollziehen ist:

---

[1] Für Anmerkungen und Kommentare danke ich den Herausgeberinnen sowie Susanne Günthner, Beate Weidner, Lars Wegner und Benjamin Stoltenburg.

> Ungeachtet der grundsätzlichen Berechtigung von Sprachkritik bleibt in vielen Einzelfällen die genaue Bestimmung des Status einer Äußerung als (in)kongruent, (in)korrekt oder (un)angemessen auf der Ebene des Sprechens im Allgemeinen, der Einzelsprache oder des Diskurses sehr schwierig [...] (Kienpointner 2005: 203)

Ähnlich fällt der Befund für die laienlinguistische Sprachkritik aus: Auch wenn Burkhardt (2007: 9) von einer „Normensehnsucht der Sprachbenutzer" spricht, lassen sich auch hier kontroverse Debatten über den vermeintlich „richtigen" Sprachgebrauch ausmachen. Die Angemessenheit von Sprachgebräuchen wird somit zum Gegenstand diskursiver Aushandlungen, die nicht nur im Medium der Schriftlichkeit geführt werden. Auch Gespräche können zu Orten von Sprachkritik werden, sodass mit Schwitalla (2008) bei in *face-to-face*-Interaktionen stattfindenden Sprachgebrauchsbewertungen von einer „dialogischen Sprachkritik" gesprochen werden kann (siehe auch Heinz/Horn 2013), die von den SprecherInnen an die Gesprächssituation angepasst wird. So kann etwa die Ausrichtung auf die jeweiligen GesprächspartnerInnen und ihre bekannten oder antizipierten sprachreflexiven Einstellungen bestimmen, wie Sprachkritik vorgenommen oder plausibilisiert wird. Die Analyse einer solchen im dialogischen Austausch eines Gesprächs realisierten und verhandelten Sprachkritik stellt den methodischen Ansatzpunkt des vorliegenden Beitrags dar.

Für die Untersuchung dieser „dialogischen Sprachkritik" wird die Frage gestellt, wie die metasprachliche Bewertung spezifischer Sprachgebräuche in der Interaktion hervorgebracht und in Ausrichtung auf die jeweiligen GesprächspartnerInnen vollzogen wird. Hauptsächlicher Gegenstand der hier untersuchten metasprachlichen Sequenzen, die sprachbiographischen Interviews (vgl. Tophinke 2002) entnommen sind (siehe Abschnitt 1 zu einer Korpusbeschreibung), ist die Kritik an rekonstruierten Praktiken[2] von migrationsbedingter Mehrsprachigkeit, die die interviewten Personen zu ihrem eigenen „kommunikativen Haushalt" (Luckmann 1988) zählen. Die ausgewählten Sequenzen sind im Bereich einer „Sprachkritik des kommunikativen Handelns" (Kilian/Niehr/Schiewe 2010; vgl. auch Roth 2002; 2004) zu verorten. Spezifisch wird danach gefragt, wie die mehrsprachig aufgewachsenen SprecherInnen ihre eigenen Praktiken der Mehrsprachigkeit im Kontext von sprachbiographischen

[2] In Schwitallas (2008) Terminologie kann festgehalten werden, dass der Akt der Produktion und der Akt der Kritik an einem Sprachgebrauch zeitlich versetzt stattfinden.

Interviews metasprachlich beschreiben und beurteilen. Als Praktiken der Mehrsprachigkeit werden im Folgenden solche kommunikativen Verfahren gefasst, bei denen die Wahl der jeweiligen Sprache(n) mit bestimmten interaktionalen Funktionen verbunden ist (vgl. auch Keim 2004; Günthner 2011b). So können bestimmte Sprachen für spezifische Gesprächsphasen wie Begrüßungen oder Verabschiedungen genutzt werden; oder die jeweilige Sprachwahl dient bestimmten kommunikativen Zwecken wie etwa der Herstellung einer Gruppenidentität und somit der Abgrenzung von SprecherInnen anderer Sprachen.

In dem vorliegenden Beitrag wird der Blick nun darauf gerichtet, wie die SprecherInnen selbst ihre Praktiken der Mehrsprachigkeit im Rahmen von sprachbiographischen Interviews beschreiben und bewerten. Ebenso soll betrachtet werden, wie die SprecherInnen vorherrschende Sprachideologien zur Mehrsprachigkeit (hier spezifisch: die Vorstellung eines normativen Monolingualismus und die Norm „sprachlicher Reinheit“; vgl. Abschnitt 2) in ihren Gesprächsbeiträgen aktualisieren und als Bezugsnorm etablieren. Die dialogische Perspektive auf eine so vollzogene Sprachkritik soll dabei ermöglichen, die interaktionalen Abstimmungsleistungen zwischen interviewter und interviewender Person beim Vollzug metasprachlicher Bewertungen in den Blick nehmen zu können.

1 Die interaktionale Analyse von Sprachkritik zu Praktiken migrationsbedingter Mehrsprachigkeit

Die Bewertung von (etwa formaler oder situativer) Angemessenheit sprachlicher Äußerungen ist Gegenstand der linguistisch begründeten Sprachkritik (vgl. Schiewe 2011). Die jeweilige Angemessenheitsbeurteilung erfolgt dabei meist mit Blick auf einzelsprachliche Norm- und Regelsysteme, in denen u.a. Aspekte der Situations- und Kontextspezifik kodiert sind. Im Kontext von Sprachkritik wird Mehrsprachigkeit häufig nur unter den Perspektiven einer „inneren Mehrsprachigkeit“ bzw. „innersprachlichen Zweisprachigkeit“, also des Varietätensystems einer Einzelsprache (Löffler 2005; als sprachkritische Arbeit hierzu etwa Arendt/Kiesendahl 2011), oder eines „Fremdworteinflusses“ in den Blick genommen (vgl. exemplarisch für die Debatte um Anglizismen im Deutschen: Eisenberg 2011; Spitzmüller 2005; 2009).[3] Vereinzelt weisen LinguistInnen darauf hin, dass auch die (Un)Angemessenheit von Praktiken migrationsbedingter Mehrsprachigkeit zum Gegenstand sprachkritischer Forschung gemacht werden müsse (vgl. etwa Wimmer 2009). Als eine implizite Sprachkritik[4] können hier etwa Arbeiten aus dem Bereich der Migrationslinguistik gewertet werden, die sich gegen eine reine Problemperspektive auf *Codemixing* oder ethnische Stile wenden (vgl. etwa Auer 2003; Dittmar 2010; Keim 2007; Wiese 2012) und stattdessen auf die „sprachliche Virtuosität" (Keim/Knöbl 2007) der multilingualen SprecherInnen in Deutschland verweisen. Im Kontext solcher Untersuchungen werden Sprachmischungen also nicht als Ausdruck mangelnder Sprachkompetenz im Sinne einer „doppelten Halbsprachigkeit" eingestuft; vielmehr wird die Bedeutung von Mustern des *Codemixings* für die Konstitution eines Gruppenstils hervorgehoben (vgl. etwa Aslan 2004).

In einigen migrationslinguistischen Arbeiten finden sich immer wieder auch Verweise auf metasprachliche Bewertungen, die die multilingualen SprecherInnen selbst in Bezug auf ihre jeweilige Sprachwahl äußern. Eine solche „laienlinguistische Sprachkritik" (Kilian/Niehr/Schiewe 2010) lässt sich etwa in Studien von Auer/Dirim 2000; Günthner 2011a oder Keim 2007 ausmachen, in denen die untersuchten mehrsprachig aufgewachsenen SprecherInnen Beschreibungen und Bewertungen des eigenen Sprachwahlverhaltens vornehmen. Auch der vorliegende Artikel nimmt die subjektive sprachkritische Perspektive migrationsbedingt mehrsprachiger SprecherInnen in Deutschland in den Blick und leistet so einen Beitrag zur Erforschung von laienlinguistischer Sprachkritik zu Praktiken migrationsbedingter Mehrsprachigkeit. In Anlehnung an Hinnenkamp/Meng (2005), die für den Diskurs um Migration und Mehrsprachigkeit die Normen bzw. „Sprachmythen" einer nationalstaatlichen Einsprachigkeit und der sprachlichen Reinheit als zugleich vorherrschend wie auch hinterfragungswürdig beschreiben (vgl. Abschnitt 2), soll betrachtet werden, ob und wie diese Normen in

[3] Auch im Themenbereich der Migration können einige sprachkritische Arbeiten verortet werden (vgl. etwa Jung 1997; Kämper 2008; Scarvaglieri/Zech 2013). Eine spezifische Auseinandersetzung mit migrationsbedingter Mehrsprachigkeit findet hier jedoch meist nicht dezidiert statt.

[4] Vgl. Schiewe/Wengeler (2005) zum Begriff der impliziten Sprachkritik.

den sprachkritischen Reflexionen migrationsbedingt mehrsprachiger SprecherInnen aufgenommen und bearbeitet werden.

Eine solche thematische Ausrichtung steht in engem Zusammenhang mit linguistischen Arbeiten über Sprachideologien zu Mehrsprachigkeit, die als gesellschaftlich-sozial verortete Vorstellungs- und Wertsysteme einen Bezugsgegenstand für eine sprachkritische Auseinandersetzung mit Praktiken der Mehrsprachigkeit bilden können (vgl. Günthner 2011b; siehe auch Gal 2006; Günthner/Linke 2006: 17ff.; vgl. Abschnitt 2). Im Folgenden sollen Sprachideologien gefasst werden als "beliefs, feelings, and conceptions about language structure and use which often index the political economic interests of individual speakers, ethnic and other interest groups, and nation states." (Kroskrity 2010: 192; vgl. auch Silverstein 1979). In dieser Definition zeigt sich zum einen, dass mit diesem Konzept weniger individuelle Einstellungen und Präferenzen beschrieben werden als vielmehr der Zusammenhang zwischen sprachlicher Variation bzw. Sprachwahl auf der Mikroebene und gesellschaftlich-sozialer Differenzierung auf der Makroebene (vgl. Woolard 1998); zum anderen illustriert diese Definition, dass Ideologie im Kontext der Erforschung von Sprachideologien nicht im Sinne eines „falschen Bewusstseins", sondern in Anlehnung an Vološinov (1975) als „Ensemble der Annahmen und Voraussetzungen, die von den Menschen mitgedacht werden, wenn sie kommunizieren" (Auer 1999: 213), verstanden wird.

In dem vorliegenden Beitrag soll in Anlehnung an aktuelle gesprächsanalytische Ansätze zur Erforschung von Spracheinstellungen bzw. Sprachideologien in der Interaktion (vgl. Arendt 2011; Laihonen 2008; Liebscher/Dailey-O'Cain 2009; Tophinke/Ziegler 2006) betrachtet werden, wie im Kontext des sprachbiographischen Interviews sprachkritische Bewertungen zu migrationsbedingter Mehrsprachigkeit situiert und sequentiell ausgebaut bzw. mit welchen sprachlichen Mitteln diese ausgestaltet werden. Insgesamt sollen die folgenden Fragestellungen bearbeitet werden:

- Welche Praktiken von migrationsbedingter Mehrsprachigkeit (wie etwa Sprachmischungen oder die kontextspezifische Wahl einer bzw. mehrerer Sprachen; vgl. Günthner 2011a,b) werden in den sprachbiographischen

Interviews im Sinne einer „Sprachkritik des kommunikativen Handelns" (Kilian/Niehr/Schiewe 2010) problematisiert?
- Welche Sprachideologien (Gal 2006; Kroskrity 2010) zu Mehrsprachigkeit werden dabei von den Interagierenden im jeweiligen Interaktionskontext aktualisiert?
- Inwieweit richten die mehrsprachigen SprecherInnen ihre sprachkritischen Äußerungen auf die interviewenden Personen aus bzw. wie wird Sprachkritik zu Praktiken migrationsbedingter Mehrsprachigkeit gemeinsam von den Interagierenden hervorgebracht?

Untersuchungsgrundlage bildet ein Korpus von fünf sprachbiographischen Interviews mit migrationsbedingt mehrsprachig aufgewachsenen InterviewpartnerInnen, die im Rahmen von universitären Germanistik-Seminaren und Bachelor-Arbeiten zur Migrationslinguistik (Quelle: lAuDa, linguistische Audiodatenbank am Lehrstuhl von Prof. Dr. Susanne Günthner, WWU Münster) und im Rahmen eines Dissertationsprojektes zu vietnamesisch-deutschen SprecherInnen (vgl. König 2014) entstanden sind.[5] Alle interviewten Personen sind mehrsprachig aufgewachsen, weil sie selbst oder ihre Eltern nach Deutschland emigriert sind. Als Familiensprache wurden neben dem Vietnamesischen das Aramäische, Iranische, Polnische und Türkische angegeben. Mit Ausnahme des Interviews mit der Deutsch-Vietnamesin HUE kennen sich alle interviewten und interviewenden Personen bereits aus privaten Kontexten. Zwar handelt es sich bei den untersuchten Interviews um speziell für einen spezifischen Forschungskontext herbeigeführte Interaktionen, jedoch müssen die Interagierenden auch in einer solchen künstlich hervorgebrachten Situation ein Gespräch – im Sinne der Konversationsanalyse verstanden als eine regelgeleitete und prozessual ausgebaute und auf die GesprächspartnerInnen ausgerichtete mündliche Interaktion (Deppermann 2008: 8f.) – konstituieren und aufrecht erhalten, sodass auch Interview-Interaktionen als „soziale Praktik" verstanden werden können (vgl. Talmy 2010; 2011). Als solche können sie selbst auch zum Gegenstand einer *in situ*-

[5] Die Interview-Daten sind nach GAT 2 (Selting et al. 2009) transkribiert worden und liegen hier in anonymisierter Form vor. Für einen Überblick siehe Tabelle 1 im Anhang.

Sprachkritik werden.[6] Der Beitrag widmet sich daher zudem auch der Frage, wie eine Sprachkritik am Sprachgebrauch im Interview von den Interagierenden gemeinsam hervorgebracht und ausgehandelt wird.

2 Die kollaborative Aktualisierung von Sprachkritik zu Mehrsprachigkeit im Interview

In ihrer Einleitung zu dem Band „Sprachgrenzen überspringen", der sich mit dem Themenbereich sprachlicher und kultureller Hybridität befasst, setzen sich Hinnenkamp/Meng (2005) mit zwei kritisch zu hinterfragenden „Sprachmythen" auseinander, die sie in Zusammenhang mit auch in der Migrationslinguistik geführten Debatten zum Status von (v.a. migrationsbedingter) Mehrsprachigkeit in Deutschland für vorherrschend erachten: Dies ist zum einen der Mythos von Deutschland als einem einsprachigen Land, der sich mitunter als „monolingualer Habitus" (Gogolin 2008) manifestiert. Die Idee einer solchen normativen Einsprachigkeit weist (migrationsbedingter) Mehrsprachigkeit einen marginalen bzw. normabweichenden Status zu. Eine Einzelsprache wie das Deutsche, so ein zweiter „Mythos", sei zudem von fremdsprachlichen Einflüssen freizuhalten. In diesem Anspruch drückt sich die Idee einer anzustrebenden und damit normativen „sprachlichen Reinheit" aus. Die hier untersuchten Daten sollen dahingehend untersucht werden, inwiefern die interviewten SprecherInnen diese „Sprachmythen" in ihren sprachreflexiven Äußerungen aufnehmen bzw. bearbeiten.

Diese bei Hinnenkamp/Meng (2005) als „Mythen" bezeichneten grundlegenden Werthaltungen können auch als „Sprachideologien" aufgefasst werden, die in Deutschland in Bezug auf (migrationsbedingte) Mehrsprachigkeit bestimmend sind (vgl. Lüdi (1996) zur „Einsprachigkeitsideologie"). Sprachideologien werden hierbei verstanden als "cultural ideas, presumptions and presuppositions with which different social groups name, frame and evaluate linguistic practices" (Gal 2006: 13). Als „unhinterfragt normative Vorgaben" (Günthner et al. 2012: 1), an denen sich die SprecherInnen in ihren sprachkritischen Bewertungen orientieren, werden die Sprachideologien selbst meist als nicht weiter be-

[6] Vgl. Schwitalla (2008: 26): „Mündliche Sprachkritik folgt […] meist unmittelbar auf die beanstandete Äußerung […]."

gründungsbedürftig behandelt. Es kann argumentiert werden, dass die vorherrschenden Sprachideologien zu Mehrsprachigkeit als diskursives oder sprachkritisches Hintergrundwissen (vgl. Heinz/Horn 2013) bei sprachbiographischen Interviews zwischen einsprachig aufgewachsenen InterviewerInnen und zweisprachig aufgewachsenen Interviewten aktiv sind und sich die Interagierenden bei ihren metasprachlichen Bewertungen in den Interviewgesprächen auf diese Ideologien beziehen. In diesem Abschnitt soll daher betrachtet werden, wie die beiden genannten Sprachideologien zu migrationsbedingter Mehrsprachigkeit in sprachbiographischen Interviews in der Interaktion mit den Interviewerinnen aktualisiert und bearbeitet werden. Die metasprachliche Rekonstruktion verschiedener Praktiken von Mehrsprachigkeit im Interview kann dabei insofern als Sprachgebrauchskritik bzw. Kritik sprachlichen Handelns aufgefasst werden, als die Interviewten in diesen Sequenzen ihr eigenes mehrsprachiges Handeln rekonstruieren und bewerten.

2.1 Zur Kritik einer Geheimsprachnutzung

Die von Lüdi (1996) als „Einsprachigkeitsideologie" bezeichnete Vorstellung von Deutschland als einem einsprachigen Land kann in verschiedenen normativen Ansprüchen zum Ausdruck gebracht werden. In dem folgenden Ausschnitt aus einem sprachbiographischen Interview wird diese Sprachideologie dadurch aktualisiert, dass der polnisch-deutsch zweisprachig aufgewachsene MAT die Nutzung des Polnischen als Geheimsprache kritisch bewertet. Zu Beginn der Sequenz berichtet er zunächst davon, dass er bei Gesprächen in seinem polnisch-deutschen Freundeskreis die jeweilige Interaktionssprache situationsspezifisch auswählt:

Beispiel 1: lAuDa #177 [0:03:09-0:04:07]

```
001 MAT  ähm spreche das vor allem (.) zu HAUse,
002      mit meinen ELtern,
003      (--)
004      auch mIt meinem besten f_ähm besten
         KUMpel,
005      (--)
```

```
006       unterhalten wir uns oft auf POLnisch,
007       (.)
008       allerdings auch oft auf DEUTSCH,
009       (--)
010       das ist (.) sEhr geMISCHT,
011       (--)
012       kommt auf die situatiOn gerade AN-
013       (---)
014  VERA wird das bei euch auch als so ne art
          gehEImsprache beNUTZT?=
015       =also wenn: (.) ihr nicht WOLLT-
016       dass andere leute euch verSTEhen,
017       (.)
018  MAT  ja auch wenn es <<:-)> wenn es äh (.)
          n_bisschen geMEIN ist,
019       (.)
020       und UNhöflich,>
021       [hehi?          ]
022  VERA [((Lachansatz))]
023  MAT  <<:-)> aber ich muss schon ZUgeben,
024       dass dass wir das ähm in seltenen fällen
          schon als gehEImsprache NUTzen;
025       (.)
026       doch das STIMMT;>
027       (-)
028       °h oder auch beim ähm (.) beim beim SPORT;
029       =wenn wir zum beispiel FUßball spielen-
030       und die anderen °h ähm (.) NICHT (.)
          wissen sollen-
031       was wir als nächstes MAchen,
032       dann (.) sprechen wir uns natürlich auf
          POLnisch ab.
033       das ist natürlich PRAKtisch in der (.) In
```

```
             der situation;
034          [((leises Lachen))]
035 VERA     [((lachen))       ]
036 MAT      °h ja in der FIRma,
037          (.)
038          in der ich ARbeite,
039          nutze ich auch ähm (.) oft das POLnische,
040          weil wir viele (.) viel korresponDENZ mit
             pOlnischen firmen haben,
```

Zu Beginn der Sequenz berichtet MAT, dass er in Gesprächen mit einem Freund je nach „situatiOn“ (012) entweder das Polnische oder das Deutsche nutze. Eine Erläuterung, in welchen Situationen er welche Sprache wählt, findet jedoch auch nach einer längeren Gesprächspause (013) hier noch nicht statt. An dieser Stelle setzt die Interviewerin VERA mit ihrer Frage ein, ob MAT mit seinem Freund eine der beiden genannten Sprachen[7] auch als „gehEImsprache“ (014) nutze. Die so eingeführte Bezeichnung für einen im Bereich der Mehrsprachigkeit situierten Sprachgebrauch wird im Folgenden genauer erläutert („also wenn: (.) ihr nicht WOLLT-/dass andere leute euch verSTEhen,“, 015f.). Die Interviewerin stellt hier also ein Beispiel zur Disposition, in der die Wahl für eine bestimmte Sprache funktional sein kann. Auch wenn sich in VERAs Frage keine Merkmale einer Bewertung der angesprochenen Geheimsprachpraxis finden,[8] schränkt MAT seine prinzipiell bejahende Antwort sofort durch eine Negativwertung dieser Praktik ein: „ja auch wenn es <<:-)> wenn es äh (.) n_bisschen geMEIN ist,/(.)/und UNhöflich,>“ (018-020). Auch die Realisierung dieser Einschränkung in *smile voice* und das angehängte Lachen („post-utterance completion laugh particle“, Jefferson 1979, hier Zeile 021) deuten darauf hin, dass er sich von dem genannten Sprachgebrauch als Geheimsprache distanziert (vgl. etwa

[7] Aus VERAs Frage ist nicht eindeutig abzuleiten, dass sie sich nach der Nutzung des Polnischen als Geheimsprache erkundigt. Die von MAT zuletzt genannte Sprache, auf die sie mit dem Demonstrativpronomen „das“ verweisen kann, ist das Deutsche (008). Erst mit der Nennung eines Beispiels für Polnisch als Geheimsprache (028) wird die Frage von MAT als auf eine bestimmte Sprache zugeschnitten behandelt.

[8] Solche Kontextualisierungshinweise, wie ein Lachen oder lachendes Sprechen, finden sich etwa in Beispiel 2 (Zeile 019).

Haakana 2001; Schwitalla 2001). Dies drückt sich ebenso in der sich anschließenden, ebenfalls in *smile voice* wiedergegebenen Formulierung „ich muss schon ZUgeben," (023) aus (Imo 2007: 118 zu einem ähnlichen Fall mit „sagen müssen"). MAT räumt so zwar ein, seine Mehrsprachigkeit für die Nutzung einer „gehEImsprache" (024) einzusetzen (er übernimmt hier also die von VERA eingeführten Bezeichnung), diese Praktik wird jedoch in ihrer Bedeutung dahingehend herabgestuft, dass sie nur sehr selten zum Einsatz komme („in seltenen fällen", 024).

Im Folgenden führt MAT ein Beispiel für eine Situation an („beim SPORT", 028), in der er das Polnische als Geheimsprache nutzt. Hier wird der Einsatz als Geheimsprache im Gegensatz zu den vorherigen Negativwertungen als selbstverständlicher Vorgang gerahmt („natürlich auf POLnisch", 032; „das ist natürlich PRAKtisch", 033). Allerdings behandelt MAT das Beschriebene durch ein angehängtes Lachen abermals als Lachgegenstand, wodurch er auch an dieser Stelle eine Distanzierung von der Praktik der Geheimsprachnutzung vornimmt. Wie auch schon in Zeile 022 wird diese distanzierende Bewertung des Gesagten in dem gemeinsamen Lachen durch die Interviewerin (035) gespiegelt (vgl. Glenn 2003 zu „shared laughter").

Insgesamt erweisen sich MATs Bewertungen einer Geheimsprachnutzung im Kontext von Mehrsprachigkeit in dieser Sequenz also zum Teil als gegensätzlich: Zum einen aktualisiert er durch die negative Sprachkritik an der Praktik der Geheimsprachnutzung die Sprachideologie einer normativen Einsprachigkeit, die im Sinne von unhinterfragten normativen Vorgaben (vgl. Günthner et al. 2012: 1) als nicht weiter begründungsbedürftig behandelt wird. Er bringt hier die Norm zum Ausdruck, dass ko-präsente, aber nicht direkt adressierte Personen durch die Wahl einer für sie unverständlichen Sprache nicht vom Gesprächsgeschehen ausgeschlossen werden dürfen. Die instrumentelle Nutzung von Mehrsprachigkeit in einem einsprachigen Umfeld wird also als Bruch eines generell geltenden Kooperationsprinzips situiert; durchgehende Einsprachigkeit und damit Nachvollziehbarkeit des Interaktionsgeschehens für alle ko-präsenten Personen werden als Norm behandelt. Zum anderen gibt MAT gleichzeitig an, in seinem Sprachverhalten zwar selten, aber mit einer gewissen Selbstverständlichkeit („natürlich") von dieser normativen Setzung abzuweichen. Hier zeigt sich, wie der Sprecher den Widerspruch zwischen der von ihm explizierten Norm („bisschen geMEIN", 018; „Unhöflich", 020) und seinem alltäglichen Sprachnutzungsverhalten verhandelt.

Die „Ideologie" eines monolingualen Habitus, die sich in dem normativen Anspruch verfestigt, in Anwesenheit von Nicht-Polnisch-SprecherInnen immer Deutsch zu sprechen, wird in dem vorliegenden Beispiel in einem zunächst bewertungsneutralen Kontext aktualisiert. Die Frage der Interviewerin VERA enthält weder auf lexikalischer noch auf prosodischer Ebene Kontextualisierungshinweise, die eine negative Bewertung der genannten Geheimsprachnutzung implizieren. Durch die schnell erfolgende negative Bewertung einer auf solche Weise funktionalen Sprachwahl nimmt MAT dennoch mögliche negative Reaktionen auf sein Eingeständnis einer Geheimsprachnutzung vorweg.[9] Hierdurch zeigt MAT eine dialogische Ausrichtung auf antizipierte Wertungen auf Seiten der Interviewerin an, die so die Ausgestaltung seiner Antwort auf VERAs Frage mitbestimmt (vgl. Deppermann/Blühdorn 2013 zu „recipient design"). VERA wiederum wirkt der von MAT auf diese Weise eingenommenen Problemperspektive nicht entgegen, sondern zeigt durch ihr geteiltes Lachen (022, 035) jeweils eine Affiliation im Sinne einer Aktivität „with which a recipient displays that s/he supports the affective stance expressed by the speaker" (Lindström/Sorjonen 2013: 351; vgl. auch Stivers 2008) an. Auf diese Weise wird in dieser Sequenz im Sinne einer „dialogischen Sprachkritik" zum einen die Normativität der Einsprachigkeitsideologie aktualisiert (auch wenn MAT zu erkennen gibt, dass sein tatsächlicher Sprachgebrauch von dieser Norm abweicht) und zum anderen von beiden Interagierenden ratifiziert, ohne die so etablierte Norm als begründungsbedürftig zu behandeln.

2.2 Problematisierungen von Sprachmischungen

Die mit der Einsprachigkeitsideologie eng zusammenhängende Ideologie sprachlicher Reinheit wurde in der Sprachkritik bislang vornehmlich in der Auseinandersetzung mit dem Gebrauch von Fremdwörtern im Deutschen (hier v.a. Anglizismen; siehe etwa Eisenberg 2011; Spitzmüller 2005; 2009) diskutiert.

[9] Hierdurch weist MATs Redebeitrag strukturelle Ähnlichkeiten zu *disclaimer*-Konstruktionen auf (vgl. Hewitt/Stokes 1975).

Aber auch im Themenfeld der migrationsbedingten Mehrsprachigkeit drückt sich die normative Idee einzelsprachlicher Reinheit in der Annahme aus, dass Sprachhybridisierungen bzw. -mischungen zu vermeiden seien (für kritische Auseinandersetzungen hiermit vgl. Keim/Knöbl 2007; Wiese 2011). Auch in den hier untersuchten Interviewdaten wird eine solche negative Sprachkritik in der sprachreflexiven Auseinandersetzung mit Sprachmischungen realisiert. In dem folgenden Ausschnitt aus einem sprachbiographischen Interview mit dem deutsch-aramäisch zweisprachig aufgewachsenen ELAI aktualisiert dieser die Sprachideologie der sprachlichen Reinheit, indem er eine Vermischung seiner beiden Sprachen negativ bewertet. Vor Einsetzen der Sequenz hat ELAI davon erzählt, dass ihn seine Eltern immer wieder aufgefordert haben, zu Hause nur Aramäisch zu reden, damit die Sprache nicht verloren geht.

Beispiel 2: lAuDa #660 [0:09:33-0:10:57]

```
001 ELAI also ich mach_s ja HEUte noch;=
002      =ich spreche ja jetzt heute (.) auch immer
         noch °h (-) äh: auf araMÄisch;
003      aber (-) da kommt !IM!mer wieder das
         DEUTSCHe raus;
004      (.)
005      (also) man spricht halt <<len> Immer
         wieder> irgendwie DEUTSCH,
006      (.)
007      äh:: mit den ELtern;
008      weil (.) weil sich das einfach so:
         EINgelebt hat.
009      beZIEhungsweise man-
010      (-)
011      dass man auch irgendwie gar nicht (---)
         darüber NACHdenkt;
012      WIE man antwortet-
013      oder auf welcher SPRAche man antwortet;=
014      =man ANTwortet einfach.
015      und dann: (-) ist es entweder auf DEUTSCH,
```

016 auf araMÄisch-
017 aRAbisch-
018 ode:r (.) was weiß Ich auf welcher SPRAche;
019 ANNA ((leises Lachen))
020 (.)
021 SPRAchenmischmasch;
022 ELAI ja (.) JA;
023 das IST (.) so;
024 also das aramäische ist mittlerweile schon geMISCHT?
025 (.)
026 es ist halb gemischt mit DEUTSCH,
027 und äh (-) <<creaky> äh:> das ist ganz SCHLIMM manchmal.
028 wenn man (.) also (.) wenn ich DEUTSCH,
029 wenn ich rIchtig DEUTSCH spreche,
030 dann muss ich mich schon drauf konzenTRIEren,
031 dass ich kEIne aramäischen wörter mit REINmische,
032 (-)
033 äh:: (.) wenn ich also es ist dann NUR halt,
034 wenn ich mit meinen ELtern rede.
035 (-)
036 oder (.) UMgekehrt;
037 wenn ich araMÄisch spreche,
038 dann muss ich echt drauf AUFpassen,
039 dass ich keine DEUTschen wörter mit rEInmische;
040 weil das ganz SCHLIMM geworden ist,
041 (-)
042 äh man dEnkt einfach nicht mehr drüber

```
            NACH;
043         (.)
044         man (.) REdet einfach.
045         und dann MISCHT sich das irgendwie-
046         un: (-) TJA;
```

Auch wenn ELAI zunächst angibt, dass er sich prinzipiell an der von den Eltern gesetzten Regel, zu Hause nur Aramäisch zu sprechen, orientiert (001f.), relativiert er diese Angabe zu seinen Sprachgebrauchsgewohnheiten dahingehend, dass er (hier referenziert durch ein verallgemeinerndes „man“; vgl. König 2012) angibt, häufig auch ins Deutsche zu wechseln („!IM!mer wieder", 003; „<<len> Immer wieder>“[10], 005). In der Folge deutet ELAI durch die Auflistung von möglichen Sprachen, in denen er seinen Eltern antwortet (015-018; hier verweist er neben Aramäisch und Deutsch auch auf das Arabische oder andere mögliche Sprachen), eine Ungeordnetheit bzw. Regellosigkeit seiner Sprachwahl an, die er auch zuvor bereits in seinen Einschätzungen „dass man irgendwie gar nicht (---) darüber NACHdenkt;“ (011) und „man ANTwortet einfach.“[11] (014) zum Ausdruck gebracht hat. Während an dieser Stelle also von ELAI keine explizite Bewertung des Sprachwechsels (Eltern fragen auf Aramäisch, ELAI antwortet häufig auf einer anderen Sprache) vorgenommen wird, behandelt die Interviewerin ANNA das Gesagte nun durch ihr Lachen (019) als Belustigungsgegenstand und kommentiert das Gehörte durch den Begriff „SPRAchenmischmasch;“ (021).

ELAI ratifiziert ANNAs Klassifikation (022f.) und nimmt im Folgenden die Idee der Sprach*mischung* auf, indem er spezifiziert, dass sein Aramäisch inzwischen vom Deutschen durchzogen ist (024-026). An dieser Stelle erfolgt eine explizite Negativwertung dieser Sprachhybridisierungen als „ganz SCHLIMM“ (027). Zudem bringt ELAI hier die normierende Idee an, dass „rIchtig DEUTSCH“-Sprechen (029) nicht mit einem Gemischtsprechen zu vereinbaren ist. Diese ablehnende Haltung gegenüber den nachfolgend näher beschriebenen

[10] Die Verringerung der Sprechgeschwindigkeit bei der Angabe in Zeile 005 kann bereits als Kontextualisierungshinweis für eine negative Evaluation dieses Sprachwechsels gedeutet werden.

[11] Zur Funktion von „einfach“ siehe Spreckels (2009).

Sprachmischungen (Deutsch-Aramäisch; Aramäisch-Deutsch) wird auch im Weiteren von ELAI angezeigt: Die durch das Modalverb „müssen" zum Ausdruck gebrachte deontische Modalität bei der Beschreibung des Vermeidens von Sprachmischungen („dann muss ich mich schon darauf konzenTRIEren", 030; „dann muss ich echt drauf AUFpassen", 038) kontextualisiert, dass es sich bei dieser sprachlichen Praktik um eine Normabweichung handelt, die es zu vermeiden gilt.[12] Als abschließende Begründung, warum diese Vermeidung von Sprachmischungen für ihn wichtig ist, verweist ELAI auf die zuvor bereits geäußerte Negativbewertung „weil das ganz SCHLIMM geworden ist" (040). Auch hier findet sich die Idee der Nicht-Motiviertheit solcher Sprachmischungen wieder („man dEnkt einfach nicht mehr drüber NACH;/(.)/man REdet einfach.", 042ff.; abermals als verallgemeinerbare Erfahrung durch das Indefinitpronomen „man" gerahmt).[13] In der vorliegenden Sequenz aktualisiert der Sprecher durch die negative Sprachkritik an Mischungen seiner beiden Sprachen die Sprachideologie „einzelsprachlicher Reinheit". Eine genaue Begründung dieses subjektiven Urteils über das eigene, von dieser Norm abweichende Sprachverhalten findet jedoch im Rahmen dieser „laienlinguistischen" Sprachkritik nicht statt (auch von ANNA wird eine solche Begründung nicht relevant gesetzt; vgl. Günthner et al. 2012 zu „unhinterfragt normative[n] Vorgaben"). Lediglich die Mischung von Sprachen wird erklärt („man dEnkt einfach nicht mehr drüber NACH;", 042), wobei in dieser Anzeige von Regellosigkeit ebenfalls eine Kritik an der Praktik des Mischens zum Ausdruck kommt.

Inwiefern liegt hier nun eine „dialogische Sprachkritik" (Schwitalla 2008) vor? Während ELAI in dem ersten Teil der Sequenz allenfalls durch eine starke Betonung und durch die Reduktion des Sprechtempos bei der Häufigkeitsangabe „immer wieder" eine negative Wertung impliziert, erfolgt eine explizite Negativbewertung von Sprachmischungen erst, nachdem die Interviewerin ANNA ihrerseits eine Negativwertung durch ihr Lachen und den negativ konnotierten[14]

---

[12] Zugleich kann ELAI hier auch anzeigen, dass ihm die Einhaltung dieser Vermeidungsnorm schwerfällt.

[13] Die Wiederholung der Einschätzung dient hier gleichzeitig als Anzeige eines thematischen Abschlusses (vgl. Schegloff 2011).

[14] Siehe etwa den Eintrag im Duden-Wörterbuch, das für den Eintrag „Mischmasch" eine Verwendung als „ugs., meist abwertend" festhält (Duden 1999: 2598).

Terminus „SPRAchenmischmasch“ (021) zum Ausdruck gebracht hat. An dieser sequentiellen Entwicklung und schrittweisen Verstärkung einer negativen Sprachkritik lässt sich aufzeigen, dass die in der hier analysierten Sequenz vorgenommene Sprachkritik in kollaborativer Abstimmung auf (häufig indirekt durch Lachen angezeigten) Bewertungen der Interviewerin vollzogen wird.

2.3 Sprachgebrauchskritik und Lachen

Anhand des folgenden Beispiels soll analysiert werden, wie die Angemessenheit eines mehrsprachigkeitsbedingten Sprachgebrauchs von der interviewten und der interviewenden Person gemeinsam als „problematischer“ bzw. nicht angemessener Gegenstand etabliert wird. Konversationelle Praktiken des Lachens (alleiniges Lachen, sprechbegleitendes Lachen, *smile voice*; vgl. Kohler 2008; siehe auch Holt 2013; Schwitalla 2001) haben sich in den beiden vorausgehenden Sequenzen bereits als bedeutsamer Teil von sprachkritischen Reflexionen im Rahmen von sprachbiographischen Interviews erwiesen. Aus diesem Grund wird Lachen in diesem Abschnitt noch einmal gesondert auf seine Funktionalität für die Aktualisierung und Konstruktion von Sprachideologien hin untersucht.

Die Studentin LINDA interviewt in dem folgenden Ausschnitt ihre Arbeitskollegin CAN, deren Vater aus der Türkei und deren Mutter aus Deutschland stammt. CAN gibt an, dass sie Türkisch vor allem passiv beherrscht, also besser verstehen als selbst sprechen kann, und zudem durch ihr Umfeld auch Urdu gelernt hat.

Beispiel 3: lAuDa #171 [0:05:50-0:06:11]

001 LINDA WECHselst du manchma:l ähm-
002 (--)
003 <<acc> wEnn du dich mit deinen ausländischen freunden unterHÄLTST->
004 auch in DEren sprAche,
005 der du eigentlich vielleicht nicht so MÄCHtig bist,
006 wenn du jetzt SAGST-
007 du kannst beim türkischen nur WORTfetzen,
008 dass du TROTZdem manchmal irgendwie-

```
009          (---)
010 CAN      ja:;
011          vielleicht SCHIMPFwörter;
012          hehehehe,
013 LINDA    <<:-)> SCHIMPFwörter;>
014 CAN      <<:-)> würd ich jetzt SAgen;>
015          [hehe;]
016 LINDA    [hehe ]he;
017          (--)
018          °h <<:-)> Alles KLAR;>
019 CAN      joa;
020 LINDA    und wenn die sich unterHALten,
021          wie viel verstehst du daVON?
```

LINDA erkundigt sich nach CANs sprachlichen Gewohnheiten in ihrem durch Mehrsprachigkeit geprägten Freundeskreis und fragt konkret danach, ob CAN auch im Sinne eines „Crossing“ (Rampton 2005) Teile der Sprachen ihrer FreundInnen beherrscht. Als Hypothese markiert („vielleicht“) nennt CAN nun „SCHIMPFwörter“ (010) als einen Bereich, in dem sie auch in den Sprachen in ihrem Freundeskreis kompetent ist. Durch ein angehängtes Lachen (vgl. Jefferson 1979 zu „post-utterance completion laugh particles“; vgl. auch Shaw/Hepburn/Potter 2013 zu „post-completion action modulators“) wird der genannte Kompetenzbereich als Lachgegenstand identifiziert. In einem Kontext, in dem in LINDAs Frage keine Kontextualisierungshinweise gegeben wurden, die eine unernst gerahmte Modalität erwartbar machen, kann CANs Einsatz von Lachen als Mittel gewertet werden, mit dem sie die genannten Schimpfwörter als „unpassenden“ bzw. „problematischen Gegenstand“ rahmt (vgl. Potter/Hepburn 2010: 1551: „marking an awareness of its problematic status“). LINDA nimmt das ausgedehnte Lachen CANs zunächst nicht auf, wiederholt dann aber CANs Antwort in *smile voice* („<<:-)> SCHIMPFwörter;“, 013), wodurch auch sie das Gesagte als Lachgegenstand ratifiziert. Durch ihr ebenfalls in *smile voice* realisiertes „würd ich jetzt Sagen“ in Zeile 014 markiert CAN ihre Antwort retrospektiv nochmals als bloß vorläufig an und relativiert mit dieser Einheit – einem

Heckenausdruck gleich – retrospektiv die Gültigkeit der Angabe.[15] Die *smile voice* zeigt dabei an, dass CAN die spaßhafte Modalität beibehält, was sich auch in dem nun geteilten Lachen der beiden Interagierenden spiegelt (016). LINDAs anschließendes ebenfalls in *smile voice* gehaltenes „Alles KLAR;“ (018) hat an dieser Stelle nicht allein die Funktion einer Verstehensbekundung (vgl. Deppermann/Schmitt 2008), sondern kann auch als spaßhafte Anzeige eines Erwartungsbruchs gewertet werden, wodurch LINDA also noch einmal das Motiv aufnimmt, dass es sich bei den von CAN genannten Schimpfwörtern um einen „problematischen“ Sprachgebrauch im Rahmen ihrer mehrsprachigen Kompetenzen handelt. Eine weitere Erläuterung, wie weit etwa CANs Kompetenz in diesem Bereich geht oder in welchen Kontexten sie Schimpfwörter im Sinne eines „Crossing“ (Rampton 2005) nutzt, findet nicht statt; das gemeinsame Lachen leitet somit zugleich in einen thematischen Abschluss über (vgl. Holt 2010 zur themenabschließenden Funktion von geteiltem Lachen).

An diesem Ausschnitt zeigt sich, dass die implizit vorgebrachte Sprachkritik (vornehmlich Schimpfwörter in einer fremden Sprache verwenden zu können, wird als „unangemessen“ bzw. „problematisch“ behandelt) als kollaborative Hervorbringung von beiden Interagierenden zu konzeptionalisieren ist. Die von CAN durch ihr Lachen kontextualisierte Distanzierung von dieser in einem mehrsprachigen Umfeld situierten Praktik wird von LINDA in ihrer *smile voice* und in dem später erfolgenden geteilten Lachen ratifiziert. Die Interagierenden sichern sich somit gegenseitig eine geteilte, affiliative Bewertung zu. Auch hier zeigt sich abermals die Notwendigkeit, die im Sinne einer „dialogischen Sprachkritik“ realisierten metasprachlichen Bewertungen als kollaborativ erzeugte Produkte der Interaktion zu verorten.

3 *in situ*-Sprachkritik im Interview

Die bislang analysierten Beispiele von Sprachkritik in sprachbiographischen Interviews können als metasprachliche Reflexionen über die Angemessenheit der jeweils rekonstruierten sprachlichen Praktiken von migrationsbedingter Mehr-

[15] Vgl. Diewald (2006: 308), die solche Ausdrücke als sprachliche „Hecken“ klassifiziert, die als „explizites gesetztes Signal, das das Ausgesprochene in irgendeiner Form einschränkt“ verwendet werden.

sprachigkeit verstanden werden. Verhandlungen von sprachlicher Angemessenheit finden in den untersuchten sprachbiographischen Interviews jedoch nicht nur in dieser rekonstruktiven Perspektive statt, sondern auch das Interaktionsgeschehen im Interview selbst kann *in situ* von den Interviewten zum Gegenstand einer sprachkritischen Auseinandersetzung werden (vgl. Schwitalla 2008).

Eine Dimension von sprachlicher Angemessenheit, die von den Interagierenden für den Sprachgebrauch im Interview selbst aktualisiert wird, ist die einer sprachlich-formalen Richtigkeit in den Beiträgen der interviewten Personen. Neben den mehrsprachigkeitsbezogenen Ideologien der normativen Einsprachigkeit und Sprachreinheit, so soll in diesem Abschnitt aufgezeigt werden, kann auch die „standard language ideology" (Milroy/Milroy 1999) in den Interviewgesprächen evoziert und ratifiziert werden.

Vor Einsetzen der folgenden Sequenz hat die deutsch-iranisch zweisprachig aufgewachsene ANDIA berichtet, dass sie sich sowohl als Deutsche als auch als Iranerin fühlt. Auf Nachfrage der studentischen Interviewerin bezieht sie diese Selbstpositionierung auf die mehrsprachige Praktik des „Gemischtsprechens".

Beispiel 4: lAuDa #179 [0:16:09-0:16:54]

```
001 ELA   also du SWITCHST dann auch nen bisschen;
002       (.)
003       zwischen i[denti]TÄten;[=oder,]
004 ANDIA            [NJA:-]
005                               [ich   ] glaube das
          SIEHT man auch vor allen dingen-
006       wenn (-) wenn ich jetzt schon mit meiner
          mutter nen ganz normales teleFONgespräch
          führe,
007       dadurch dass ich halt IMmer so-
008       °hhh (--) also (.) BEIde:-
009       (.)
010       von beiden sprachen die WÖRter be[nutze,]
011 ELA                                    [hm_hm,]
012 ANDIA SIEHT man ja schon-
```

```
013        dass das halt (-) nIcht EINheitlich ist;
014        und irgendwie dass man DAS nimmt,
015        was (.) was grad KOMMT-
016        ZEIGT ja halt auch schon-
017        dass man (-) °hh (was weiß ich) verSUCHT,
018        irgendwie das (.) <<:-)> !EIN!fachere in
           dem moment zu nEhmen,
019        aber dass halt (.) °hh MISCHmasch bei
           rUmkommt,
020        [der nicht]> unbedingt immer GUT ist;
021  ELA   [hm_hm;   ]
022  ANDIA °hh [ (-)   ] DAS <<nuschelnd, acc> nicht
           unbedingt immer gUt;>
023  ELA       [hm_hm;]
024  ANDIA ((Lachansatz))
025  ELA   °hh hehehehe °hh,
026  ANDIA [<<lachend> du musst die sprAchfehler
           RAUSlassen;>]
027  ELA   [hehehehe,]
028  ANDIA <<f> °hh>
029  ELA   <<:-), explizit betont> ich werde das
           ignoRIEren;>
030        [he,        ]
031  ANDIA [<<p> oKAY;>]
032  ELA   ähm (-) aber für deine mutter und DICH ist
           es doch kein problem;
033        geMISCHTsprachlich zu sp' also (--) Oder-
034  ANDIA NEE nee;
035        DAS is ja-
036        (-)
037        ich meinte das jetzt so allgeMEIN,
038        vo' von °h (--) ähm also (-) <<acc> bei
           uns ist das ja schon geWOHNheit,
```

```
039        und das (.) LÄUFT [auch,]
040 ELA                      [hm;   ]
```

Auch anhand dieses Beispiels kann rekonstruiert werden, wie die Interviewte die bereits in Abschnitt 3.2 diskutierte Ideologie sprachlicher Reinheit aktualisiert: Ebenso wie in Beispiel 2 nimmt ANDIA eine negative Sprachgebrauchskritik des „Gemischtsprechens" vor („nicht unbedingt immer GUT", 020; negative Wertung durch den Terminus „MISCHmasch", 019; vgl. Duden 1999); sie argumentiert zudem, dass die Wahl des gemischten Codes abzulehnen ist, da es sich um die „!EIN!fachere" (018) Lösung handele (ähnlich zu ELAIs Argumentation, dass er Sprachen ohne nachzudenken mische).

Für die Analyse dieser Sequenz soll jedoch die anschließende metasprachliche Nebensequenz fokussiert werden, die sich um die Genuswahl für das Lexem „MISCHmasch" (019) entspannt. Zunächst nutzt ANDIA das maskuline Relativpronomen „der" (020), um auf die von ihr als „MISCHmasch" (019) betitelte Sprachmischung zu verweisen. Diese Genuszuweisung wird jedoch im Folgenden von ihr repariert:[16] Bei der Wiederholung des Relativsatzes wird das Relativpronomen im Neutrum durch einen Kontrastakzent hervorgehoben, wodurch das maskuline Relativpronomen „der" als Reparandum identifiziert und in der Reparatur durch „DAS" (022) ersetzt wird.

Im Folgenden behandelt ANDIA die von ihr durchgeführte Reparatur durch einen angefügten Lachansatz (stimmloses, ausatmendes Lachen, 024) als Lachgegenstand, der durch das anschließend einsetzenden Lachen ELAs (025) als solcher ratifiziert wird. Überlappend setzt ANDIA nun mit der metasprachlichen Aufforderung an ELA ein, dass sie „die sprAchfehler RAUSlassen" (026) müsse. Somit klassifiziert sie zum einen die Wahl des maskulinen Relativpronomens als „Fehler" und weist ELA die Rolle der kompetenten Sprecherin bzw. Linguistin zu, die ähnliche sprachliche Normunsicherheiten als „Fehler" identifizieren kann; zum anderen reflektiert ANDIA hier aber auch die Einbindung der erhobenen Gesprächsdaten in eine germanistische Hausarbeit, die die Studentin ELA auf Basis des Interviews schreiben muss. ELA wiederum zeigt im Folgenden an,

[16] Die Interaktionspartnerin ELA macht eine Reparatur im Sinne einer Fremdinitiierung hier nicht relevant.

dass sie dieser Bitte nachkommen wird („<<:-), explizit betont> ich werde das ignoRIEren;“, 029), wobei sowohl ihre explizite Betonung als auch die Wiedergabe in *smile voice* (sowie die „post-utterance completion laugh particle“, 030) kontextualisieren, dass sie sich in der ihr zugewiesenen Rolle als Sprachkorrektorin nicht allzu ernst nimmt. ANDIAs überlappendes, nicht als spaßhaft gerahmtes „oKAY“ (031) leitet nun den Wechsel in eine ernsthafte Modalität und damit den Ausstieg aus dieser metasprachlichen Nebensequenz ein, woraufhin sich eine Nachfrage ELAs zum vorherigen Gesprächsgegenstand des Sprachmischens anschließt (032ff.).

An dieser durch eine Reparatur eingeleiteten metasprachlichen Nebensequenz zeigt sich zum einen eine in der aktuellen Interaktion vollzogene wortbezogene Sprachkritik – im vorliegenden Beispiel im Hinblick auf die „korrekte“ Genuswahl (vgl. Schwitalla 2008: 23). Auch hier ist die gegenseitige Ratifizierung der negativen Sprachkritik entscheidend: Die beiden Interagierenden etablieren und ratifizieren kollaborativ eine sprachliche Normalform für die aktuelle Interaktion – auch wenn sie der kodifizierten Normalform widersprechen kann (*der* Mischmasch laut Duden (1999) vs. *das* Mischmasch für das Gespräch zwischen ELA und ANDIA). Dass die so vollzogene Verhandlung von sprachlicher Angemessenheit von der interviewten und der interviewenden Person zudem in einen größeren Verwendungskontext der erhobenen Gesprächsdaten (im Rahmen einer studentischen Hausarbeit) situiert wird, zeigt sich hier in ANDIAs Bitte, Interviewpassagen mit eventuellen „Sprachfehlern“ nicht zu verwenden. Die von ANDIA als „Fehler“ klassifizierte Zuweisung des maskulinen Genus für „Mischmasch” wird zu einem späteren Zeitpunkt des Gesprächs wieder aufgenommen und nochmals in Bezug auf die Gattungsangemessenheit reflektiert. Der folgende Ausschnitt stammt aus der Beendigungsphase des Gesprächs.

Beispiel 5: lAuDa #179 [0:23:25-0:23:41]

```
001 ELA    WOW-
002        wir haben schon drEIundzwanzig minuten
           geREdet;
003        <<:-)> das kam mir gar nicht so LANG vor;>
004 ANDIA  mh: <<nuschelnd> mir SCHON;
005        he[hehe;]
```

```
006 ELA      [hehe ]hehe-
007 ANDIA  °h <<:-)> ich hab auch echt (.) mich
            beMÜHT-
008         soPHISticated zu wirken;>
009 ELA     [((lautes Lachen))]
010 ANDIA   [((Lachansatz))   ]
011         [<<:-)> hab ich nicht gAnz geSCHAFFT;]
012 ELA     [((lachen))                          ]
013         (.)
014 ANDIA   [der MISCH]masch hat alles versAUt;>
015 ELA     [NEIN das-]
016         nein das war mal echt ↑GUT,
017         ANdia;
018         ALso-
019         können auch gerne noch WEItermachen;
020         aber mir fallen nicht mehr so viele FRAgen
            ein;
```

Der metakommunikative Einstieg in die Sequenz, in dem zunächst die Länge des bisherigen Gesprächs reflektiert wird, ist durch das geteilte Lachen von ANDIA und ELA (darüber, dass ANDIA die 23 Gesprächsminuten lang vorgekommen sind) bereits in einer spaßhaften Modalität gerahmt. ANDIAs metakommunikativer Kommentar zu ihrem Sprachduktus während des Interviews („ich hab mich auch echt (.) beMÜHT-/soPHISticated[17] zu wirken;", 007f.) sowie ihre anschließende negative Bewertung „hab ich nicht gAnz geSCHAFFT" (011) sind durch *smile voice* ebenfalls spaßhaft gehalten und werden durch ELAs überlappendes Lachen als Lachgegenstand ratifiziert. Als Begründung für diese negative Einschätzung stellt sie nun einen Rückbezug zu der in Beispiel 4 analysierten Sequenz her, indem sie – immer noch in *smile voice* – anführt „der MISCHmasch hat alles versAUt;" (014). ANDIA reflektiert hier also noch einmal abschließend die von ihr vorgenommene Reparatur bei der Genuszuweisung

[17] Die Wahl des Ausdrucks „soPHISticated" (008) deutet hier auf eine Überleitung in einen informellen Austausch zwischen den befreundeten Interagierenden hin. Somit wird ein Ausstieg aus dem eigentlichen Interviewkontext umgesetzt.

für „Mischmasch“ als für die im Interviewgespräch gestellten Ansprüche an „sprachliche Richtigkeit“ nicht angemessen. ELA widerspricht ANDIAs Einschätzung noch in Überlappung (015) und bekräftigt die Zurückweisung von ANDIAs selbstbezogener Sprachkritik anschließend (016), um dann zur Beendigung des Interviews überzuleiten (018ff.).

Analog zu Beispielen 1-3 geht es hier also auch um eine Verhandlung von Angemessenheitserwartungen im Interviewkontext. Im Gegensatz zu den vorherigen Beispielen wird jedoch nicht die Angemessenheit von rekonstruierten Sprachgebräuchen verhandelt, sondern ANDIA vollzieht eine Sprachkritik an der Unangemessenheit von sprachlichen Fehlern im Kontext des sprachbiographischen Interviews, das als Datenbasis für eine sprachwissenschaftliche Germanistik-Hausarbeit herangezogen werden soll. Sie aktualisiert hiermit eine Sprachideologie sprachlicher Richtigkeit, die mit Milroy auch als Teil der „standard language ideology“ verortet werden kann:

> An extremely important effect of standardization has been the development of consciousness among speakers of a 'correct', or canonical, form of language. In what I have above called standard-language cultures, virtually everyone subscribes to the ideology of the standard language, and one aspect of this is a firm belief in correctness. This belief takes the form that, when there are two or more variants of some word or construction, only one of them can be right. It is taken for granted as common sense that some forms are right and others wrong, and this is so even when there is disagreement as to which is which. (Milroy 2001: 535)

Zwar findet in den letzten beiden Sequenzen – im Gegensatz zu den vorherigen Beispielen – keine explizite Auseinandersetzung mit dem Thema der migrationsbezogenen Mehrsprachigkeit statt; die vorgenommenen Analysen weisen jedoch darauf hin, dass die interviewten SprecherInnen in solchen Momenten, in denen sie im institutionellen Kontext eines sprachbiographischen Interviews von ihren mehrsprachigkeitsbezogenen Erfahrungen berichten sollen, auf eine sprachliche Richtigkeit ihrer Darstellungen unter Bezugnahme auf weitere als nicht hinterfragbar behandelte normative Vorgaben (vgl. Günthner et al. 2012: 1) achten. Die Interagierenden zeigen sich somit an, dass sie auch ihren Sprachgebrauch während des Interviews im Rahmen bestimmter „Sprachideologien“ bewerten. Hierin wird erkennbar (wie auch schon bei den vorherigen Beispielen), dass die Interagierenden bestimmte Sprachideologien als relevantes, aber keiner weiteren Explizierung oder Begründung bedürftiges Hintergrundwissen für die Bewertung von Sprachgebräuchen aktivieren. Dass auch in den Beispielen, die in diesem Abschnitt analysiert wurden, diese normative sprachliche „Richtigkeit“ wiederum Gegenstand kollaborativer sprachkritischer Abstimmungsprozesse im Interview sein kann, zeigt sich daran, dass sich die beiden Gesprächspartnerinnen auf eine nicht kodifizierte Sprachnorm einigen und so die Sprachideologie von *einer* korrekten Standardform aktualisieren und ratifizieren.

4 Fazit

Sprachkritik, also eine metasprachlich wertende Auseinandersetzung mit der Angemessenheit von Sprachgebräuchen, wurde in dem vorliegenden Beitrag in ihrer dialogischen Einbindung in *face-to-face*-Interaktionen (hier: sprachbiographische Interviews) in den Blick genommen. Dabei wurden zwei Arten des Vollzugs von Sprachkritik in der Interaktion betrachtet: Zum einen nehmen die Interagierenden im sprachbiographischen Interview eine Kritik an rekonstruierten Sprachgebräuchen vor, wenn sie die von ihnen selbst in anderen Kontexten genutzten sprachlichen Praktiken beschreiben und bewerten. Zum anderen kann aber auch der Sprachgebrauch im Interview selbst von den InterviewpartnerInnen zum Gegenstand sprachkritischer Reflexionen *in situ* gemacht werden. In beiden Formen einer solchen „dialogischen Sprachkritik“ zeigt sich die Interaktion mit den jeweiligen Interviewerinnen als konstitutiv für den Aus- und Aubau der metasprachlichen Bewertungen. So kann ein sprachreflexiver Gegenstand durch ein geteiltes Lachen zwischen der interviewten und der interviewenden Person kollaborativ als Lachgegenstand etabliert und damit als „problematisch“ behandelt werden. Aber auch dann, wenn etwa in den Fragen der Interviewerinnen keine Kontextualisierungshinweise für eine negative Bewertung zu finden sind, arbeiten sich die Interviewten mitunter an möglichen Einwänden ihres Gegenübers ab (vgl. Deppermann/Blühdorn 2013 zu „recipient design“) und stimmen so die Ausgestaltung ihrer Interviewbeiträge auf ein als geteilt antizipiertes sprachideologisches Hintergrundwissen hin ab.

Sprachkritik, so wurde in Abschnitt 2 argumentiert, muss dabei nicht nur auf einzelsprachliche Angemessenheit bezogen werden; vielmehr können auch Praktiken migrationsbedingter Mehrsprachigkeit zum Gegenstand einer wertenden Metareflexion gemacht werden. Dabei zeigte sich, dass die von Hinnenkamp/Meng (2005) als vorherrschende „Sprachmythen“ bzw. Sprachideologien der Einsprachigkeit Deutschlands sowie der Norm einer einzelsprachlichen Reinheit auch in den hier untersuchten sprachbiographischen Interviews mit migrationsbedingt mehrsprachig aufgewachsenen SprecherInnen aktualisiert und in Abstimmung mit den Interviewerinnen ratifiziert werden. Auffällig ist hierbei, dass sich die Interviewten bei ihrer Bewertung von Praktiken der Geheimsprachnutzung und der Sprachmischung an den benannten Sprachideologien orientieren, obwohl ihr eigenes rekonstruiertes Sprachgebrauchsverhalten diesen Normen widerspricht. Zwar wird diese „Normabweichung“ von den Interagierenden entsprechend als „problematisch“ dargestellt (gerade hier ist Lachen als Kontextualisierungshinweis zentral), jedoch behandeln die Interagierenden diese Problematisierung als nicht weiter begründungsbedürftig: So wird etwa in Beispiel 1 von MAT nicht erläutert, warum eine Geheimsprachnutzung „unhöflich“ oder „gemein“ ist. In Beispiel 2 begründet ELAI nicht weiter, warum er Codemixing als „ganz schlimm“ bewertet. Auch der Grund, aus dem in Beispiel 3 die alleinige Kenntnis von „Schimpfworten“ in einer anderen Sprache durch Lachen „problematisch“ markiert wird, wird von den Interagierenden als nicht begründungsbedürftig behandelt. Dies zeigt auf, wie stark Sprachideologien als nicht weiter hinterfragbare sprachliche Normen in die mehrsprachigkeitsbezogenen Bewertungen in der Interviewinteraktion eingehen.

Literatur:

Antos, Gerd (1996): *Laien-Linguistik. Studien zu Sprach- und Kommunikationsproblemen im Alltag. Am Beispiel von Sprachratgebern und Kommunikationstrainings*. Tübingen: Niemeyer.

Arendt, Birte (2011): „Laienlinguistische Konzeptionen von *Sprache* und *Dialekt* am Beispiel des Niederdeutschen. Eine kontextsensitive Analyse von Spracheinstellungsäußerungen sowie ihre methodologische Fundierung.“ *Niederdeutsches Wort* 51, 133-162.

Arendt, Birte/Kiesendahl, Jana (2011): „Die Notwendigkeit von Sprachreflexion im Unterricht: Zur Wirkung von Sprachgebräuchen.“ In: Birte Arendt und Kiesendahl, Jana (eds.). *Sprachkritik in der Schule. Theoretische Grundlagen und ihre praktische Relevanz*. Göttingen: V&R unipress, 165-190.

Asla, Sema (2004): „Aspekte des kommunikativen Stils einer Gruppe weltläufiger Migranten türkischer Herkunft: Die ‚Europatürken'.“ *Deutsche Sprache* 32/4, 327-356.

Auer, Peter (2003): „‚Türkenslang': Ein jugendlicher Ethnolekt des Deutschen und seine Transformationen." In: Häcki Buhofer, Annelies (ed.). *Spracherwerb und Lebensalter*. Tübingen, Basel: Francke, 255-264.

Auer, Peter (1999): *Sprachliche Interaktion. Eine Einführung anhand von 22 Klassikern*. Tübingen: Niemeyer.

Auer, Peter/Inci Dirim (2000): „Das versteckte Prestige des Türkischen. Zur Verwendung des Türkischen in gemischtethnischen Jugendlichengruppen in Hamburg." In: Gogolin, Ingrid und Nauck, Bernhard (eds.). *Migration, gesellschaftliche Differenzierung und Bildung. Resultate des Forschungsprogramms FABER*. Opladen: Leske & Budrich, 97-112.

Bär, Jochen A. (2002): „Das Wort im Spiegel der Sprachkritik." In: Ágel, Vilmos et al. (eds.). *Das Wort. Seine strukturelle und kulturelle Dimension. Festschrift für Oskar Reichmann zum 65. Geburtstag*. Tübingen: Niemeyer, 133-158.

Burkhardt, Armin (2007): „Sprachkritik und ‚gutes Deutsch'." In: Burkhardt, Armin (ed.). *Was ist gutes Deutsch? Studien und Meinungen zum gepflegten Sprachgebrauch*. Mannheim: Dudenverlag, 9-16.

Deppermann, Arnulf (^{4}2008): *Gespräche analysieren. Eine Einführung*. Wiesbaden: VS Verlag.

Deppermann, Arnulf/Blühdorn, Hardarik (2013): „Negation als Verfahren des Adressatenzuschnitts: Verstehenssteuerung durch Interpretationsrestriktionen." *Deutsche Sprache* 41/1, 6-30.

Deppermann, Arnulf/Schmitt, Reinhold (2008): „Verstehensdokumentationen: Zur Phänomenologie von Verstehen in der Interaktion." *Deutsche Sprache* 36/3, 220-245.

Diewald, Gabriele (2006): „Hecken und Heckenausdrücke. Versuch einer Neudefinition." In: Calaresu, Emilia, Guardiano, Cristina und Hölker, Klaus (eds.). *Italienisch und Deutsch als Wissenschaftssprachen. Bestandsaufnahmen, Analysen, Perspektiven*. Berlin: LIT, 295-315.

Dittmar, Norbert (2010): „Urbane Ethnolekte am Beispiel von Berlin." In: Földes, Csaba (ed.). *Deutsch in soziolinguistischer Sicht*. Tübingen: Narr, 1-27.

Duden (^{3}1999): *Das große Wörterbuch der deutschen Sprache in zehn Bänden*. Mannheim: Bibliografisches Institut & F.A. Brockhaus A.G.

Eisenberg, Peter (2011): „Anglizismen und andere Fremdwörter." *Aptum* 2, 121-141.

Gal, Susan (2006): „Migration, Minorities and Multilingualism: Language Ideologies in Europe." In: Mar-Molinero, Clare und Stevenson, Patrick (eds.). *Language, Ideologies, Policies and Practices. Language and the Future of Europe*. New York: Palgrave Macmillan, 13-27.

Glenn, Philip (2003): *Laughter in Interaction*. Cambridge: Cambridge University Press.

Gogolin, Ingrid (^{2}2008): *Der monolinguale Habitus der multilingualen Schule*. Münster: Waxmann.

Günthner, Susanne et al. (2012): „Kommunikation und Öffentlichkeit: Sprachwissenschaftliche Potenziale zwischen Empirie und Norm. Zur Einführung." In: Günthner, Susanne et al. (eds.). *Kommunikation und Öffentlichkeit: Sprachwissenschaftliche Potenziale zwischen Empirie und Norm*. Berlin, Boston: de Gruyter, 1-20.

Günthner, Susanne (2011a): „The dynamics of communicative practices in transmigrational contexts: ‚insulting remarks' and ‚stylized category animations' in everyday interactions among male youth in Germany." *Text and Talk* 31/4, 447-473.

Günthner, Susanne (2011b) „Sprache und Sprechen im Kontext kultureller Praktiken." In: Meyer, Silke und Owzar, Armin (eds.). *Disziplinen der Anthropologie.* Münster: Waxmann, 121-144.

Günthner, Susanne/Linke, Angelika (2006): „Linguistik und Kulturanalyse. Ansichten eines symbiotischen Verhältnisses." *Zeitschrift für Germanistische Linguistik* 34, 1-27.

Haakana, Markku (2001): „Laughter as a patient's resource: Dealing with delicate aspects of medical interaction." *Text* 21/1-2, 187-219.

Heinz, Tobias/Horn, Alexander (2013): „Diskursive Entfaltung sprachkritischen Wissens." *Sprachreport* 29/1-2, 19-27.

Hewitt, Roger/Stokes, Randall (1975): „Disclaimers." *American Sociological Review* 40/1, 1-11.

Hinnenkamp, Volker/Meng, Katharina (2005): „Sprachgrenzen überspringen. Sprachliche Hybridität und polykulturelles Selbstverständnis: Einleitung." In: Hinnenkamp, Volker und Meng, Katharina (eds.). *Sprachgrenzen überspringen. Sprachliche Hybridität und polykulturelles Selbstverständnis.* Tübingen: Narr, 7-16.

Holt, Elizabeth (2013): „Conversation analysis and laughter." In: Chapelle, Carol A. (ed.). *The Encyclopedia of Applied Linguistics.* Chichester: Blackwell, 1033-1038.

Holt, Elizabeth (2010): „The last laugh: Shared laughter and topic termination." *Journal of Pragmatics* 42, 1513-1525.

Imo, Wolfgang (2007): *Construction Grammar und Gesprochene-Sprache-Forschung. Konstruktionen mit zehn matrixsatzfähigen Verben im gesprochenen Deutsch.* Tübingen: Niemeyer.

Jefferson, Gail (1979): „A technique for inviting laughter and its subsequent acceptance declination." In: Psathas, George (ed.). New York: Irvington Publishers, 79-96.

Jung, Matthias (1997): „Lexik und Sprachbewußtsein im Migrationsdiskurs. Methodik und Ergebnisse wortbezogener Untersuchungen." In: Jung, Matthias; Wengeler, Martin und Böke, Karin (eds.). *Die Sprache des Migrationsdiskurses. Das Reden über ‚Ausländer' in Medien, Politik und Alltag.* Opladen: Westdeutscher Verlag, 194-213.

Kämper, Heidrun (2008): „Duldung – Toleranz – Respekt. Leitwörter des interkulturellen Diskurses." *Aptum* 3/2008, 242-256.

Keim, Inken (2007): *Die ‚türkischen Powergirls'. Lebenswelt und kommunikativer Stil einer Migrantinnengruppe in Mannheim.* Tübingen: Narr.

Keim, Inken (2004): „Kommunikative Praktiken in türkischstämmigen Kinder- und Jugendgruppen in Mannheim" *Deutsche Sprache* 32/3, 198-226 .

Keim, Inken/Ralf Knöbl (2007): „Sprachliche Varianz und sprachliche Virtuosität türkischstämmiger Ghetto-Jugendlicher in Mannheim." In: Fandrych, Christian und Salverda, Reinier (eds.). *Standard, Variation und Sprachwandel in germanischen Sprachen.* Tübingen: Narr, 157-199.

Kienpointner, Manfred (2005): „Dimensionen der Angemessenheit. Theoretische Fundierung und praktische Anwendung linguistischer Sprachkritik." *Aptum* 3/2005, 193-219.

Kilian, Jörg/Niehr, Thomas/Schiewe, Jürgen (2010): *Sprachkritik: Ansätze und Methoden der kritischen Sprachbetrachtung.* Berlin, New York: de Gruyter.

Kohler, Klaus J. (2008): „‚Speech-smile', ‚speech-laugh', ‚laughter' and their sequencing in dialogic interaction." *Phonetica* 65/1, 1-18.

König, Katharina (2014): *Spracheinstellungen und Identitätskonstruktion. Eine gesprächsanalytische Untersuchung sprachbiographischer Interviews mit Deutsch-Vietnamesen.* Berlin: Akademie Verlag.

König, Katharina (2012): „Indirekte Formulierungen mit *man* in narrativen Interviews." In: Kersten, Saskia et al. (eds.). *Applied Linguistics Approaches - Language Learning and Language Use. Papers Selected from the Junior Research Meeting – Essen 2011.* Duisburg: UVRR, 57-71.

Kroskrity, Paul V. (2010): „Language ideologies - Evolving perspectives." In: Jaspers, Jürgen, Östman, Jan-Ola und Verschueren, Jef (eds.). *Society and Language Use.* Amsterdam: Benjamins, 192-211.

Laihonen, Petteri (2008): „Language ideologies in interviews: A conversation analysis approach." *Journal of Sociolinguistics* 12/5, 668-693.

Liebscher, Grit/Dailey-O'Cain, Jennifer (2009): „Language attitudes in interaction." *Journal of Sociolinguistics* 13/2, 195-222.

Lindström, Anna/Sorjonen, Marja-Leena (2013): „Affiliation in conversation." In: Sidnell, Jack und Stivers, Tanya (eds.). *The Handbook of Conversation Analysis.* Chichester: Blackwelll, 350-369.

Löffler, Heinrich ([3]2005): *Germanistische Soziolinguistik.* Berlin: Erich Schmidt.

Luckmann, Thomas (1988): „Kommunikative Gattungen im kommunikativen ‚Haushalt' einer Gesellschaft." In: Smolka-Koerdt, Gisela, Spangenberg, Peter M. und Tillmann-Bartylla, Dagmar (eds.). *Der Ursprung von Literatur. Medien, Rollen, Kommunikationssituationen zwischen 1460 und 1650.* München: Fink, 279-288.

Lüdi, Georges (1996): „Mehrsprachigkeit." In: Goebl, Hans et al. (eds.). *Kontaktlinguistik. Ein internationales Handbuch zeitgenössischer Forschung.* Berlin, New York: de Gruyter, 233-245.

Milroy, James (2001): „Language ideologies and the consequences of standardization." *Journal of Sociolinguistics* 5/4, 530-555.

Milroy, James/Milroy, Lesley ([3]1999): *Authority in Language: Investigating Standard English.* London, New York: Routledge.

Potter, Jonathan/Hepburn, Alexa (2010): „Putting aspiration into words: 'Laugh particles', managing descriptive trouble and modulating action." *Journal of Pragmatics* 42, 1543-1555.

Rampton, Ben ([2]2005): *Crossing: Language & Ethnicity Among Adolescents.* Manchester: St. Jerome Publications.

Roth, Kersten Sven (2004): *Politische Sprachberatung als Symbiose von Linguistik und Sprachkritik. Zu Theorie und Praxis einer kooperativ-kritischen Sprachwissenschaft.* Tübingen: Niemeyer.

Roth, Kersten Sven (2002): „‚Man nimmt Sprache immer nur dann wahr, wenn man ein Problem hat...' Thesen zur Sprachbewusstheit von Politikern." *Zeitschrift für Germanistische Linguistik* 30/1, 73-99.

Scarvaglieri, Claudio/Zech, Claudia (2013): „‚ganz normale Jugendliche, allerdings meist mit Migrationshintergrund'. Eine funktional-semantische Analyse von „Migrationshintergrund"." *Zeitschrift für Angewandte Linguistik* 58/1, 201-227.

Schegloff, Emanuel (2011): „Word repeats as unit ends." *Discourse Studies* 13/3, 367-380.

Schiewe, Jürgen (2011): „Was ist Sprachkritik? Einige programmatische Überlegungen.“ In: Arendt, Birte und Kiesendahl, Jana (eds.). *Sprachkritik in der Schule. Theoretische Grundlagen und ihre praktische Relevanz.* Göttingen: V&R unipress, 19-30.

Schiewe, Jürgen/Wengeler, Martin (2005): „Zeitschrift für Sprachkultur und Sprachkritik. Einführung der Herausgeber zum ersten Heft.“ *Aptum* 1/2005, 1-13.

Schwitalla, Johannes (2008): „Sprachkritik im Gespräch.“ *Aptum* 1/2008, 21-42.

Schwitalla, Johannes (2001): „Lächelndes Sprechen und Lachen als Kontextualisierungsverfahren.“ In: Adamzik, Kirsten und Christen, Helen (eds.). *Sprachkontakt, Sprachvergleich, Sprachvariation. Festschrift für Gottfried Kolde zum 65. Geburtstag.* Tübingen: Niemeyer, 325-344.

Selting, Margret et al. (2009): „Gesprächsanalytisches Transkriptionssystem 2 (GAT 2).“ *Gesprächsforschung. Online-Zeitschrift zur verbalen Interaktion* 10, 353-402.

Shaw, Chloe/Hepburn, Alexa/Potter, Jonathan (2013): „Having the last laugh: On post-completion laughter particles.“ In: Glenn, Philip und Holt, Elizabeth (eds.). *Studies of Laughter in Interaction.* London: Bloomsbury, 91-106.

Silverstein, Michael (1979): „Language structure and linguistic ideologies.“ In: Clyne, Paul R., Hanks, William F. und Hofbauer, Carol L. (eds.). *The elements, a parasession on linguistic units and levels, April 20-21, 1979 including papers from the Conference on Non-Slavic Languages of the USSR, April 18, 1979.* Chicago: Chicago Linguistic Society, 193-247.

Spitzmüller, Jürgen (2009): „‚Armes' Deutsch – ‚reiche' Sprache. Linguistische Überlegungen zur ‚Denglisch'-Debatte.“ *Der Deutschunterricht* 5, 35-43.

Spitzmüller, Jürgen (2005): *Metasprachdiskurse. Einstellungen zu Anglizismen und ihre wissenschaftliche Rezeption.* Berlin, New York: de Gruyter.

Spreckels, Janet (2009): „‚ich hab einfach gedacht' - Stellungnahme und Positionierung durch *einfach* in Erklärinteraktionen.“ In: Günthner, Susanne und Bücker, Jörg (eds.). *Grammatik im Gespräch. Konstruktionen der Selbst- und Fremdpositionierung.* Berlin: de Gruyter, 115-146.

Stivers, Tanya (2008): „Stance, alignment, and affiliation during storytelling: When nodding is a token of affiliation.“ *Research on Language and Social Interaction* 41/1, 31-57.

Talmy, Steven (2011): „The interview as collaborative achievement: Interaction, identity, and ideology in a speech event.“ *Applied Linguistics* 32/1, 25-42.

Talmy, Steven (2010): „Qualitative interviews in applied linguistics: From research instrument to social practice.“ *Annual Review of Applied Linguistics* 30, 128-148.

Tophinke, Doris (2002): „Lebensgeschichte und Sprache. Zum Konzept der Sprachbiographie aus linguistischer Sicht.“ *Bulletin VALS-ASLA* 76, 1-14.

Tophinke, Doris/Ziegler, Evelyn (2006): „‚Aber bitte im Kontext!' Neue Perspektiven der dialektologischen Einstellungsforschung.“ *OBST* 71, 205-224.

Vološinov, Valentin N. (1975): *Marxismus und Sprachphilosophie. Grundlegende Probleme der soziologischen Methode in der Sprachwissenschaft.* Frankfurt a.M.: Ullstein.

Wiese, Heike (2012): *Kiez-Deutsch. Ein neuer Dialekt entsteht.* München: Beck.

Wiese, Heike (2011): „Führt Mehrsprachigkeit zum Sprachverfall? Populäre Mythen vom ‚gebrochenen Deutsch' bis zur ‚doppelten Halbsprachigkeit' türkischstämmiger Jugendlicher in Deutschland.“ In: Ozil, Şeyda, Hofmann, Michael und Dayioglu–Yücel, Yasemin (eds.). *Türkisch-deutscher Kulturkontakt und Kulturtransfer. Kontroversen und Lernprozesse.* Göttingen: V&R, 73-84.

Wimmer, Rainer (2009): „Sprachkultur, Sprachkritik, Sprachverfall - eine Positionsbestimmung." *Der Deutschunterricht* 5, 4-13.

Woolard, Kathryn A. (1998): „Language ideology as a field of inquiry." In: Schieffelin, Bambi B., Woolard, Kathryn A. und Kroskrity, Paul V. (eds.). *Language Ideologies. Practice and Theory*. Oxford: Oxford University Press, 3-47.

Anhang

Auswahl von Transkriptionskonventionen nach GAT 2

Akzentuierung	
akZENT	Fokusakzent
ak!ZENT!	extra starker Akzent

Sequenzielle Struktur/Verlaufsstruktur	
[ ]	Überlappungen und Simultansprechen
[ ]	
=	schneller, unmittelbarer Anschluss neuer Beiträge oder Einheiten

Lachen	
haha hehe hihi	silbisches Lachen
((lacht))	Beschreibung des Lachens
<<lachend> >	Lachpartikeln in der Rede, mit Reichweite
<<:-)> soo>	„smile voice"

Pausen	
(.)	Mikropause
(-), (--), (---)	kurze, mittlere, längere Pausen von ca. 0.25 - 0.75 Sek.; bis ca. 1 Sek.
(1.5)	gemessene Pausen von 1.5 Sek. Dauer

Tabelle 1: Korpusübersicht

Interview	Alter IE	Geschlecht IE	Alter IR (alle W)	Datum der Erhebung	L1 des IE (eigene Angabe)	Dauer
IAuDa #171	30	W	26	05/2010	Türkisch	0:10:30
IAuDa #177	23	M	22	05/2010	Polnisch	0:10:02
IAuDa #179	21	W	22	05/2010	Iranisch	0:23:52
IAuDa #660	26	M	23	03/2010	Aramäisch	0:55:48
HUE	29	W	28	02.2010	Vietnamesisch	0:53:10
Gesamt						**2:32:22**

Reflexionen über Sprache am Beispiel sexualisierter Jugendsprache: Sprachwissenschaftliche Analyse authentischer Daten und pädagogische Überlegungen

Nils Bahlo

1 Einleitung

„Normal" ist im Jugendalter unter anderem das Spannungsfeld zwischen Lust und Frust, Liebe, Aggression, Hilflosigkeit und Stärke, Nähe und Distanz.[1] Hormonelle Veränderungen tragen mit Beginn der Pubertät zu starken widersprüchlichen Gefühlen bei (vgl. Grob/Jaschinski 2003). Für Erwachsene ist es nicht immer leicht, auf diese Veränderungen der Jugendlichen – unter anderem auch im sprachlichen Verhalten – angemessen zu reagieren, bzw. diese Entwicklung zu verstehen. Das Wissen über die Lebenswelt der Jugendlichen und ihre Wünsche und Bedürfnisse kann dazu beitragen, die Heranwachsenden in ihrem Entwicklungsprozess zu unterstützen, Benachteiligungen und Stigmatisierungen zu vermeiden.

Viele Faktoren nehmen Einfluss auf den Entwicklungsprozess von Kindern und Jugendlichen. Gesellschaftliche (mediale) Faktoren, die Anbindung an eine oder mehrere Gruppen, sowie die peergroupinterne Verarbeitung und die intersubjektive Aushandlung sozialer Werte und Normen (Bahlo/Bücker 2012) tragen zur Entwicklung der Jugendlichen bei. Die Art der sozialen Erfahrungen bestimmt im Jugendalter die Persönlichkeitsentwicklung. Das heißt, dass jugendliches Verhalten durch interne aber auch durch externe Faktoren beeinflusst wird, indem u.a. Normen ausgehandelt werden, Mythen hervorgerufen werden und Halb- oder Falschwissen verstärkt wird (vgl. Schmidt 2004; Spreckels 2006; Bahlo i.Dr.).

Da sexuelle Entwicklung als störanfällig gilt (vgl. Sielert 2005), lohnt sich ein Blick auf mögliche Faktoren, die die Entwicklung beeinträchtigen: Fehlende oder mangelnde Entfaltungsmöglichkeiten, Überbehütung bzw. Überforderung,

---

[1] Mündlich überliefert. Vortrag von Ina-Maria Philipps und Karlheinz Valtl im Rahmen des Fachkongresses der Kinderschutz-Zentren „Beziehungshungrig und grenzenlos – sexuell aggressive Jungen zwischen Hilfe und Sanktion" 2003 in München.

Vernachlässigung, misslungene Ablösung und mangelnde Unterstützung der Autonomie, sexueller Missbrauch, pubertätsbedingte Früh- bzw. Spätentwicklung sowie wenig bis gar keine erziehende (sexuelle) Begleitung können sich negativ auf die Entwicklung von Jugendlichen auswirken. Für das pädagogische Handeln bedeutet dies, dass mögliche Gefahrenquellen rechtzeitig wahrgenommen und geeignete präventive Maßnahmen und Interventionen eingeleitet werden müssen.

Ein Bereich, dem in den letzten Jahren zunehmend Aufmerksamkeit innerhalb der (Sexual-) Pädagogik zu Teil wird, beschäftigt sich mit den sexuellen Ausdruckformen und dem auffälligen Verhalten von Jugendlichen auf verbaler Ebene. Durch die Medien und den Umgang mit Jugendlichen entgeht Erwachsenen nicht, dass innerhalb jugendlicher Peergroups und auch in der Öffentlichkeit enttabuisiert über Sexualität auf eine (teils) extreme Weise gesprochen wird. Das „Thema Nummer eins" wird abend- oder auch nur situationsfüllend in die Gespräche eingebracht und weist unterschiedliche Formen und Funktionen (vgl. Kap. 2) auf: Wenn Jugendliche ein sexualisiertes Vokabular verwenden, hängt dies teilweise mit verbalen Provokationen (vgl. Krahé/Scheinberger-Olwig 2002), sozialen Aggressionen und Abgrenzungs-versuchen (z.B. durch Denunziation) zusammen (vgl. u.a. Selg 1988; Dannenbeck/Stich 2002), die häufig sprachlich unreflektiert hervorgebracht und von den Gesprächspartnern als verletzend registriert werden.[2] Dabei sind nicht nur Jungen – wie häufig erwähnt wird – die dominanten Produzenten vulgärer und verletzender Sprache: Die Jugendforschung beobachtet seit längerem ein wachsendes Selbstbewusstsein und die Übernahme klassisch männlich zugeschriebenen Verhaltensweisen durch Mädchen (Dannenbeck/Stich 2002: 99ff; Kotthoff 2012; Bahlo 2012).

Erst durch die sexuelle Sozialisation von Kindern und Jugendlichen sind diese in der Lage, das Gesehene oder Gehörte differenziert wahrzunehmen bzw. zu bewerten und (selbst-) kritisch zu reflektieren. Jugendliche müssen also in diesem Sinne auch lernen, mit ihrem Sprachgebrauch umzugehen. Dazu müssen sich Erwachsene und Jugendliche gemeinsam mit Werten, Normen, Begriffen und Funktionen sexualisierter Sprache auseinandersetzen. Dem Bildungsauftrag

[2] Vgl. dazu die Sanktionierungs- und Regularisierungsaktivitäten mit allgemeinem Bezug in Bahlo/Bücker 2012.

steht jedoch häufig eine gewisse Ahnungslosigkeit und Unkenntnis aufseiten der Erwachsenen (im Gegensatz zu dem sehr guten Wissen über Inhalte und Strukturen aufseiten der Zielgruppe) gegenüber.

Mit meinem Beitrag möchte ich diese eben genannte Lücke schließen, in dem ich gesprächsanalytisch Formen und Funktionen sexualisierter Sprache Jugendlicher vorstelle. Die Kenntnis von Inhalten und Formen kann und soll dann dazu beitragen, geeignete Unterrichtsmaterialien und pädagogische Konzepte entwerfen zu können.[3]

2 Das Thema „Nummer eins" – Form und Funktion

Die folgenden Daten stammen aus dem „Jugendsprache im Längsschnitt-Korpus" des gleichnamigen DFG-Projekts. Die SprecherInnen sind zum Aufnahmezeitpunkt alle 14-15 Jahre alt und besuchen eine Realschule in Berlin-Steglitz.[4] Die Audiodaten wurden in unbeobachteten Situationen zur Nachtruhe in den geschlechtergetrennten Zelten eines Zeltlagers erhoben. Die unbeobachteten Audioaufnahmen wurden nach kurzer Zeit den Jugendlichen vorgespielt, um weitere Informationen durch halbstrukturierte Interviews zu erhalten. Die Genehmigung zur Aufnahme der Jugendlichen wurde von diesen zuvor schriftlich eingeholt.

2.1 Strategie und Provokation (Mädchen)

Fiktionen über Geschlechtsverkehr, und damit verbunden eine stilisierte Wirklichkeit, gehören bei Jungen – wie auch bei Mädchen – zum Lebensalltag. Das Spiel mit der Fantasie ist Grundlage der Umformung vieler eingefrorener Situationen bzw. der Langeweile, die es auf eine neue Qualitätsebene zu bringen gilt. Diese Ebene ist in der Regel durch einen – aus Sicht eines Fremden – vulgären Ton, expressives Lachen und eine erhöhte Lautstärke gekennzeichnet (vgl. Schlobinski et al. 1993; Deppermann/Schmidt 2001b).

---

[3] Vgl. dazu den kommenden Beitrag von Bahlo in der Zeitschrift „Ethik und Unterricht" (erscheint 2014).

[4] Näheres zum Korpus und den Jugendlichen findet sich auf http://www.jugendsprache-berlin.de.

In unserem ersten Beispiel liegen die Mädchen nach Beginn der Nachtruhe in ihrem Zelt. Offenbar verärgert über die Nachtwache und BetreuerInnen, die hinter ihrem Zelt entlanglaufen,[5] versuchen sie Aufmerksamkeit zu erregen, um Gewissheit über die Anwesenheit (bzw. Abwesenheit) der ZuhörerInnen zu erlangen. Das Gespräch beginnt mit der Feststellung, dass es im Zelt nach Brot riecht, das von der Nachtwache am Lagerfeuer zubereitet wird. Von Jenny (005) werden die vermuteten BetreuerInnen hinter dem Zelt indirekt auf ihren Geruch angesprochen (pejorativer Aspekt). Durch lautes Brüllen der Hungerbekundung wird die nächtliche Stille gebrochen. Wissentlich überschreiten die Mädchen an dieser Stelle die Regeln des Zeltlagers als Antwort auf das Belauschen und das vermutete Eindringen in ihre Intimsphäre.

Transkript 1 „Gerüche“

```
001  Jen:  nö::t-
002  Mic:  oah hier riechts nach brot;
003  Ant:  ((lacht)) ey hia riechts imma nach was anderem;
004        (2.5) hia riechts nach brot;
005  Jen:  <<f> hia riechts nach beTREUern die hinta unsa(sch) zelt
           stehn oda nebn dem zelt;
006  Mic:  <<f, kreischend> ich hab !HUNGA:: wia sehn euch;>
007  Jen:  <<f> ich hab !HUNGA->
008  Mic:  ((kichert))
009  Jen:  bringt mia was zu essen;
010  Mic:  oa jenny ALta (.) habt ia heut auf klo: dit gerochn-
011        [(--) ((lacht)) (2.0)]
012  Jen:  oa:: ja:::;
013        voll nach verFAULte muschi=ey; ((lacht))
014  Mic:  als ob da=n pulla abgeschnitten wurde=ey;
015  Jen:  ((lacht leise))
016  Mic:  <<p> und wer wars wohl->
```

Nachdem die Mädchen keine Reaktion auf ihr Brüllen erhalten haben, wechseln sie das Thema. Michelle fragt in 010 eingeleitet durch eine Interjektion – zunächst direkt an Jenny adressiert, später an die Gruppe gerichtet – ob jemand etwas auf der Toilette gerochen hätte. Bereits die übertrieben gedehnte Antwort von Jenny in 012 (Interjektion und Antwortpartikel) weist auf eine Funktion hin, die im Bereich des vorgetäuschten Klatsches und Tratsches, der „diskreten In-

[5] Die Mädchen haben mehrmals das Gras rascheln gehört und vermuten „Lauscher“ hinter ihrem Zelt.

diskretion“ (Bergmann 1987) zu suchen ist: Die Mädchen fühlen sich beobachtet, können einen Zuhörer durch das geschlossene Zelt nicht ausmachen. Die Lokalangabe „Toilette“ soll durch ihren tabubehafteten und intimen Gehalt Neugierde auslösen. Die betont gedehnte Antwort Jennys in 012 bestätigt die Brisanz des Themas und intensiviert somit projizierend die zu erwartende Lüftung des Geheimnisses. Der Zuhörer – also auch die vermeintlichen BetreuerInnen hinter dem Zelt – sollen animiert werden, gespannt zu lauschen und eventuell so nahe an das Zelt heranzutreten, dass man sie hören kann und die „Lauscher“ identifiziert.

Jenny beantwortet anschließend die Frage mit einer vulgären Antwort, die durch Michelle in 014 durch die modale Satzverbindung (*als ob*) hinsichtlich ihrer Qualität ergänzt wird. Die Aussage, es könnte auf der Toilette nach verfaulter Muschi (013) oder nach einem abgeschnittenen Puller (014) gerochen haben, ist unrealistisch. Die Auflösung der Frage in der Fiktion über verfaulte bzw. abgeschnittene primäre Geschlechtsorgane erfüllt an dieser Stelle über die Provokation eine zentrale Funktion: Die Mädchen schaffen es über eine gestellte Klatsch- und Tratschkommunikation Neugier bei Außenstehenden zu wecken. Der durch das Zuhören mögliche Informationsgewinn bleibt aber aus, da die Mädchen eine unrealistische Situation besprechen. Die Mädchen verfolgen eine Strategie, um die Anwesenheit bzw. die Abwesenheit der ZuhörerInnen auszuloten. Durch das Verwenden eines extrem vulgären Registers, dass teilweise durch Brutalismen (vgl. 014) intensiviert wird, brechen die Mädchen Tabus, die nur in der Gruppe so direkt ohne sanktionierende Konsequenzen angesprochen werden können. Durch ihre Lautstärke geben sie aber wissentlich den Schutz ihrer Gruppe auf und übertreten die Grenze zur Außenwelt. Das Bewusstsein über einen „möglichen“ Rezipienten (außerhalb der Peergroup) ist in diesem Fall immer vorhanden, da sich die meisten Gespräche mehr oder weniger in der Öffentlichkeit abspielen. Das bedeutet, die verbale Übertretung verortet sich (in Anlehnung an Linke 1985) in einem inneren und einem äußeren Kommunikationskreis, wobei der äußere KK implizit und der innere explizit wahrgenommen wird. So werden verbale Übertretungen daher auch selten hinter vorgehaltener Hand aus- bzw. aufgeführt. Im Gegenteil, gerade sexuell konnotierte Tabubrüche werden besonders explizit geäußert und oftmals durch anschließendes gemeinsames „Belachen" scheinbar nivelliert.

2.2 Strategie und Provokation (Jungen)

Strategien und Provokationen sind bei den Jungen weitaus direkter und (unseren Daten zufolge) häufiger vorhanden als bei den Mädchen. Das folgende Transkript zeigt, wie die Jungen versuchen, die Nachtruhe auszuweiten, indem sie die Betreuerin Patrizia immer wieder aus dem Zelt heraus ansprechen. Über die Provokation

Transkript 2 „bitte ficken"

```
112  Tim:  <<f>ey patrizia;>
113        bitte FICKen;
114        ein euro pro stunde;
```

Schaffen sie es, dass Patrizia in das Zelt der Jungen kommt und den Jungen erklärt, dass Nachtruhe ist.

```
124  Pat:  jungs es ist NACHTruhe n bisschen leiser;
```

Der Inhalt der Provokation wird hier durch Patrizia ignoriert. Die persönliche Beleidigung (man kann schon von sexueller Belästigung sprechen) wird nicht thematisiert.

Nachdem Patrizia das Zelt verlassen hat, dauert es nicht lange, bis die Jungen einen erneuten Angriff starten.

```
146  Kev:  <<f>hallo; (-) alle schlampen bitte blA:sen;>
```

Die Provokation setzt sich über eine halbe Stunde fort. Patrizia kommt sechs Mal in das Zelt der Jungen und versucht ihnen zu erklären, dass sie Regeln brechen und dass dies Konsequenzen haben wird. Dabei nimmt sie keinen Bezug auf den Inhalt der Äußerung. Sie mahnt lediglich die Lautstärke an. Im Provokationsverlauf werden Betreuerinnen und andere Teilnehmerinnen der Nachtwache direkt angesprochen. Die Jungen interagieren auf einer persönlichen Ebene. Sie greifen sich dabei Einzelpersonen heraus, von denen sie wissen, dass sie weder im Betreuer- noch im Teilnehmerkreis einen hohen Status haben. Die Jungen konstruieren ihre Maskulinität im vorliegenden Fall über ihren Gruppenzusammenhalt und die Provokation von Außenstehenden. Sie wissen genau, wen sie ansprechen können. Im vorliegenden Fall sind es Mädchen und Frauen, die ihnen auf Grund ihrer eigenen Position nichts anhaben können. Die Strategie besteht in diesem Fall aus dem Ziel, die Nachtruhe hinauszuzögern und der Umsetzung Mitglieder von Randgruppen anzusprechen, von denen klar ist, dass sie sich selten mit der Bitte um Hilfe an andere Betreuer wenden. Die Jungen suchen sich nach der hier vorliegenden Datenlage vermehrt Schwache aus und nutzen das Wissen um Schwachpunkte, um ihr Ziel durchzusetzen. Dabei brechen sie über die direkte Aufforderung zu sexuellen Praktiken Tabus, mit denen einige Betreuerinnen und Teilnehmerinnen der Nachtwache überfordert sind.

2.3 Stimmung steigern (Mädchen)

Der Beginn des Gesprächs ist durch eine relativ neutrale Stimmung gekennzeichnet. Verschiedene organisatorische Dinge des Tages und des kommenden Tages werden besprochen. Der Themenwechsel erfolgt abrupt. In 028 fordert Jenny allgemein zum „Gangbangfingern“ auf. Nach einer kurzen Pause gibt sie konkrete Anweisungen (029) über den Ablauf der sexuellen Aktivität. Nach der Aufzählung reagiert Michelle in 030 mit der Interjektion *ie::h*, die kontextabhängig Ekel und Abscheu zum Ausdruck bringt (vgl. Burger 1980; Ehlich 1986; Yang 2001; Ehlich 2007).

> Emotionale Interjektionen sind demnach in ihrer Funktion und Interpretation absolut kontextbedingt, da ihr semantisches Potenzial sehr groß ist.
> Am Anfang des Satzes (also linksperipher) signalisieren sie den emotionalen Wert der darauffolgenden Proposition, am Ende (rechtsperipher) summieren sie komprimiert die emotionale Einstellung des Produzenten, fassen den Gefühlswert der vorangegangenen Aussage zusammen. (Schwarz-Friesel 2007: 157)

Die Interjektion fungiert hier als Komplexausdruck, der kurz und kondensiert eine emotionale Einstellung vermittelt, die kontextabhängig be- und gewertet werden kann. Die Vorstellung, dass sich die Mädchen gegenseitig im Zelt befriedigen würden, und dass man sich dabei die Zehen in den Po stecken soll, löst über die Vorstellung zunächst Ekel aus. Obwohl die Intimität in der Gruppe sehr hoch ist, werden gemeinsame sexuelle Praktiken, wie z.B. das Gangbangfingern, auf Grund von Scham und gesellschaftlicher Stigmatisierung, abgelehnt. Die Vorstellung wird als „abartig“ bewertet, wie die Mädchen später beim Hören der Audioaufnahmen feststellen. Gleichzeitig erkennen sie aber, dass diese Vorstellung bzw. die Aufforderung völlig unrealistisch ist: „Wer steckt sich schon gegenseitig die Zehen in den Hintern?“ Die Inkongruenz der Wissensbereiche löst über das Erkennen der fiktiven Situation, über das Erkennen der Unvereinbarkeit von „Gangbangfingern“ und „Zehen“ zum einen Ekel, zum anderen aber Freude aus. Das Spiel mit dem Tabubruch heitert die Stimmung an und fungiert gleichzeitig als Gespräch über sexuelle Vorstellungen und dient somit der Aushandlung und Vergewisserung von sexuellen Normgrenzen.

Transkript 3 „Gangbangfingern“

```
026   Mic:  du musst ma mein em=pe=drei=player finden;
027   NV:   Rülpsen im HG, offenbar nicht aus dem Mädchenzelt
028   Jen:  ey lass=mal GANGbangfingern machen; (1.0)
029   Jen:  du fingast dir ein=n (.) du fingast mir ein=n (.) ich
030         finga dir ein=n (.) und denn mit den zehen in den po;
031   Mic:  [<<lachend> ieh::;>]
032   Ant:  [ich hab gesagt (unverständlich)]
```

Das Auffordern zum Gangbangfingern bildet hier die Eröffnungssequenz, in der überprüft wird, inwieweit die anderen gewillt sind, das Thema mitzutragen. Dieser „Stimmungscheck“ kommt recht häufig vor. Teilweise wird er über Aufforderungen zu erotischen/sexuellen Handlungen:

Transkript 4 „Strippen“

```
031   Jen:  LOS komm mach lauter; mach=ma LAUter;
032   NV:   Die Musik wird wesentlich lauter.
033   Jen:  <<ff>who:::w; (Name ♀) STRIPPen; (1.0) whow;>
034   Mic:  ((lacht und klatscht))(Name ♀) los zieh dich aus;
035   NV:   Die Musik wird noch lauter, die Stimmung immer gelöster.
```

oder durch Zitate aus dem Kino/Fernsehen (in diesem Fall American Pie Teil 1) durchgeführt:

Transkript 5 „American Pie“

Mic: einmal im ZELTlager hab ich mir ne FLÖte in die
muschi gesteckt-
Ant: ((lacht))

Durch die Rekontextualisierung (und leichte Veränderung: „Ferienlager“ im Original wird zu „Zeltlager“) des bekannten Zitats aus dem Film, wird über Medienwissen ein Abgleich mit dem Wissen der anderen hergestellt. Referiert wird auf eine Teeniekomödie (FSK 12!), die über das Thema „Sex“ in direktem Zusammenhang mit dem folgenden Thema im Zelt steht. Das Zitat entstammt einer Szene des oben genannten Films, die durch ein langweiliges Gespräch zwischen einem Jungen und einem Mädchen gekennzeichnet ist. Das Mädchen erzählt über längere Zeit aus ihrem Zeltlager, während sich der Junge genervt fühlt. Er hört kaum noch zu, als sie über die Äußerung „einmal im Ferienlager hab ich mir [...]“ die volle Aufmerksamkeit des Jungen zurückerlangt. Auf einer zweiten Ebene wird eine komische Situation im Zelt dadurch erreicht, dass sich die Mädchen in einem Zeltlager befinden und man das Zitat tatsächlich auf die Sprecherin beziehen könnte.

Sobald die Bereitschaft zur Thematik mit den anderen (zum Beispiel über die Rückmeldung des Lachens) geklärt ist, kann das Thema weiterverfolgt werden:

Transkript 6 „Golden Retriever“

Jen: ey=ey (unverständlich); ey letz=mal war ich an dem
pece von mei=m BRUda; (.) (kann man sich ja so) (-)
wir GUCKen so wir wollten auf videos gehn und auf einmal;
Mic: (unverständlich)
<<genervt> JA:-> (.) mann hallo:?
Mic: is schon länger her wa?
Jen: ja; (-) da komm wir so auf die pornos von mein=m bruda;
(.) weeßte? (.) also
so über sein=n NICKname rein hier auf (everaging) com
da !FICKT ne frau mit=n goldnretriever;
(-) ey wenn ihr mal keen mann abkriegt (.) ich würde
mit=m goldnreTRIEver;
weißte was die fürn großen schwanz ham-
Ant: wie beim pferd;
Jen: oh ey hallo wennde=n PFERD [(unverständlich)]
Ant: [tschü:::sch]
Jen: <<lachend>(es reicht ja) schon to:t ey;>
Mic: das hat ne freundin schon jemacht;

```
050   Jen:  oah-
051   Ant:  <<herausprustend>TOTgefickt ey;>
052   Jen:  ey hallo (der is) bestimmt voll obergeil;
053   Jen:  [((kichert))]
054   Ant:  [((kichert))]
055   Mic:  [((kichert))] kann=n hund aber auch;
056   Jen:  ah (.) ja wer weiß wat du mit deim hund zuhause
057         machst da=ey;
058   Mic:  ((kichert)) <<all> hab kein hund>=isch hab ne
            hundeallergie=nur mal so;
```

Jenny beginnt ihre „Narration“ (vgl. Quasthoff 1980 und 2001) in 032. Sie beschreibt eine Situation, in der ihr Bruder nicht im Hause war. Sie und ihre Freundinnen wollten sich ein paar lustige Videos (auf youtube) anschauen. Über das Lesezeichen im Browser gelangten sie aber auf eine Seite, die ihr Bruder unter „Videos“ abgelegt hatte. Diese war mit pornografischem Material gefüllt. Unter anderem sahen die Mädchen einen Film, in dem eine Frau von einem Golden Retriever befriedigt wurde. Jenny referiert die Szene und gibt Ratschläge aus der Position der Wissenden: (Paraphrasiert) „Wenn ihr mal keinen Mann abbekommt, dann nehmt euch einen Golden Retriever, da dieser ein großes Geschlechtsteil hat.“ Als wäre es ein normales Gespräch, wird die Fiktion weitergetrieben. In 046 gibt Antonia den Hinweis darauf, dass ein Pferd ebenfalls ein großes Geschlechtsteil hat. Über die Vorstellung des Geschlechtsverkehrs mit einem Pferd wird die Stimmung gesteigert. Durch die Kombination von Interjektion und zweifachem Attentiongetter (*oh ey hallo*), die in 046 als emotionale Marker besonders intensivierend durch die Betonung auffallen, erlangt Jenny das Rederecht zurück und gibt über den Konditionalsatz zu bedenken, dass der Sex mit einem Pferd (bestimmte, hier nicht mehr klärbare) Folgen hätte.

Über das stark gedehnte Lehnwort *tschüsch*[6] (hier interjektionale Funktion) in 047 bewertet Antonia die Aussage von Jenny. Die eben angesprochene Interjektion dient i.d.R. der positiven Bewertung von Sachverhalten/Äußerungen häufig kann sie durch das Wertadjektiv *krass* paraphrasiert werden (vgl. Bahlo 2010). Der folgende Gesprächsverlauf lässt sich leider nur noch teilweise nachvollziehen, da die verbalen Äußerungen durch ständiges Kichern und Lachen gestört werden. Dieses (laute) Lachen zeigt aber, dass der Wunschzustand – der heitere Umgang, der durch Spaß aber auch Wettbewerb und Demonstration von Medi-

[6] Vom türk. *Çüş*: Kommando zum Anhalten des Esel (dt. *br::*).

enwissen (vgl. Deppermann und Schmidt 2001b) gekennzeichnet ist – erreicht ist.

2.4 Stimmung steigern (Jungen)

Die Fantasie, bzw. die Fiktion wird von den Jungen abwechselnd weitergetrieben. Es wird häufig versucht, den Vorredner zu übertrumpfen.

Transkript 7 „Ohrenkneifer“

```
Nic:  jetz isch such dis vieh;
Kev:  man is doch jetz ega:l;
Nic:  is NICH ega: l;
Tim:  oa:r:-
Nic:  stell ma voa dis ge´ der geht nachts an deine EIa: und bl
      rubbelt dia ein;
Kev:  [((lacht))] NIco; (--) dis vieh hat angst voa menschn;
Nic:  [((lacht))] oda du wirst entJUNGfa:t von so:m vieh;
Kev:  [((lacht))]
Tim:  [((lacht))]
Dus:  [((lacht))]
Nic:  stell dia dis mal vor;
      dis is ja schlimma als bei ner oma;
Kev:  nico dis geht GA:nich;
```

Die Jungen liegen zur Nachtruhe in ihren Zelten. Verschiedene Tiere haben sich am Tage bei geöffneten Zeltplanen den Weg in das Zelt gesucht. Eine Mücke und ein Ohrenkneifer, ein Regenwurm und eine Schnake machen den Jungen das Einschlafen schwer. Sie diskutieren, wie die Tiere zu töten seien. Besonders problematisch ist dabei der Ohrenkneifer, da dieser – so befürchtet Nico in 167 – sich nachts an den Hoden der Jungen zu schaffen machen könnte. Eingeleitet durch die metakommunikative Äußerung (Brinker 2001:1449ff) *stell ma voa* verweist Nico dabei auf eine fiktive Situation, die eintreten könnte, deren Eintreten aber recht unwahrscheinlich ist. Realistisch gesehen könnte der Ohrenkneifer vielleicht in den Schlafsack eindringen und dort verweilen. Der Gedanke wird aber gleich um eine Ebene erweitert. Paraphrasiert: „Der Ohrenkneifer könnte sich sexuell an mir/uns vergehen und mich/uns befriedigen“. Eingeleitet durch ein Lachen, welches darauf referiert, dass die Situation nicht ernst genommen wird, erweitert Nico in 170 die Fiktion: Der Ohrenkneifer könnte einen der Jungen entjungfern. Das folgende Lachen der Jungen lässt den Rückschluss zu, dass dieses Gespräch innerhalb der Gruppe hochgradig humorvoll aufgefasst wird. Die Vorstellung – also die Fiktion – schafft durch den Abstand zur Wirklichkeit bzw. die praktikable Unmöglichkeit eine Situationskomik, der sich kein Anwesender entziehen kann. Die Vorstellung des Irrealen wird anschließend durch eine abschließende Entjungferungsfiktion (175) beendet. Ebenfalls eingeleitet durch *stell dia dis mal voa* nimmt Nico Bezug zu einer Situation, die zwar möglich wäre, die aber auf Grund sozialer Normen stigmatisiert ist. Innerhalb der Gruppe Gleichaltriger gilt Sex mit älteren Frauen (hier durch den pejorativen Gebrauch von *Oma* kenntlich gemacht) als verpönt, da das Äußere einer älteren Frau weder den Vorstellungen der Jungen (i.d.R.) entspricht, noch dass das soziale Umfeld eine solche Beziehung akzeptieren würde. In Interviews, die nach den Sprachaufnahmen gemacht wurden, erklärten die Jungen, dass ein „Mann", der von einer „Oma" entjungfert wurde, es wohl nicht bei jüngeren Frauen geschafft hätte. Das soziale Prestige scheint den Jungen ein wichtiges Anliegen zu sein, da sie sich ihr „erstes Mal" mit steigendem Alter herbeisehnen. Dabei gilt es nicht um jeden Preis Geschlechtsverkehr zu haben. Es handelt sich vielmehr um einen zentralen Punkt des Erwachsenwerdens, der aber auch an soziale Normen, an Erwartungen und Werte geknüpft ist, die erfüllt werden sollten/müssten. Die Vorstellung des Geschlechtsverkehrs oder vielmehr der Entjungferung eines Jungen durch eine wesentlich ältere Frau wird hier negativ bewertet:

```
176   Kev:  nico dis geht GA:nich;
```

Die abschließende Stellungnahme, die Bewertung des ersten Geschlechtsverkehrs mit einer älteren Frau beendet die Fiktion der möglichen Entjungferung. Der Gesprächsverlauf ist dabei recht kurz. Er beginnt mit einer Vorstellung, die unrealistisch ist, wird gesteigert durch die angedachte Entjungferung und endet in der Realität mit konkreten Aussagen über soziale Werte und Wertvorstellungen. Dabei wird deutlich, dass die Jungen eine Vorstellung ihres ersten Geschlechtsverkehrs haben, der sich an sozialen Wertvorstellungen orientiert, die gruppenübergreifend etabliert sind. Diese sozialen Normen müssen eingehalten werden, da es um Prestige und Ansehen in der Gruppe und der Gesellschaft geht.

2.5 *Wettbewerb (Mädchen)*

In 056 des Transkripts 6 aus 2.3 gibt Michelle zu verstehen, dass ihr Hund die sexuellen Funktionen auch ausführen könnte. Durch

```
056    Jen:  ah (.) ja wer weiß wat du mit deim hund zuhause
057          machst da=ey;
```

unterstellt Jenny Michelle scherzhaft über die Frage, sie würde mit ihrem Hund zuhause Geschlechtsverkehr haben. Auch wenn die Stimmung hochgradig gelöst und die Intimität in der Gruppe groß ist, kann dies auch als Angriff aufgefasst werden. Die Bewertung hängt dabei stark von der Tagesform (psychische und physische Verfassung) und vom Kontext ab (was ist am Tag zwischen den Interaktanten vorgefallen?). Interessant ist dieses Beispiel, da wir erst fünf Tage später den Mädchen die Aufnahmen vorspielen konnten. Während Michelle hier in 058 über das Kichern und die Aussage bezüglich der vorhandenen Hundeallergie die Situation recht „locker" kommentiert und abschmettert, gibt sie im Interview unmissverständlich zu verstehen, dass sie es „scheiße findet, dass die Schlampe sie als Hundefickerin bezeichnet hat". Grund für die andere Bewertung ist ein Streit zum Zeitpunkt des Interviews.

Der Wettbewerb zeigt sich hier im Kontern der Aussage der Vorrednerin. Es geht den Mädchen in verschiedenen Situationen darum, das Gesicht bzw. ihre Position in der Gruppe nicht zu verlieren. Das hierarchische Verhältnis innerhalb der Mädchengruppe würde ein Außenstehender als ausgeglichen beschreiben. Es gibt weder eine Anführerin noch eine Unterlegene. Dieses Machtverhältnis wird aber von Zeit zu Zeit – wie oben gezeigt – infrage gestellt. Es unterliegt einem (möglichen) Wandel.

2.6 *Wettbewerb (Jungen)*

Interne Statusaushandlungen zeigen sich bei den Jungen wesentlich häufiger als bei den Mädchen. Es sind in der Regel kurze Sequenzen, die über Vergleiche der primären Geschlechtsorgane oder der sexuellen Leistungsfähigkeit ausgehandelt werden. Der kompetitive Charakter zeigt sich über den direkten, meist fiktiven Vergleich.

Transkript 8 „Flammenwerfer“

```
022   Seb:   ey ich ficke deine MUTTer;
023   Kev:   alta meine mutter braucht jemand mit nem schwanz;
024   Seb:   ich hab einen riesigen flammenwerfer-
025   Kev:   ja aber eben keinen schwanz;
026   NV:    Alle Zeltbewohner lachen.
```

Mutterwitze und das Beschimpfen der Mutter hat Tradition (vgl. Labov 1984). Im Gegensatz zu den Mutterwitzen, die in Deutschland bei weitem nicht so pejorativ Verwendung finden wie beispielsweise in Amerika, ist die Beschimpfung oder die Beschreibung sexueller Praktiken mit der Mutter des Kombatanten in juventulektalen Stilen etabliert und gilt als Beleidigung. Über die Herausforderung wird in diesem Fall die Sequenz begonnen, in der Kevin die Aussage (022) Sebastians zunächst kontert, indem er feststellt, dass seine Mutter einen Mann benötige, der ein männliches Geschlechtsteil habe (023). Er unterstellt Sebastian damit, dass dieser nicht in der Lage sei, Geschlechtsverkehr mit seiner Mutter zu haben, da ihm die entsprechenden körperlichen Merkmale fehlen. In 024 erwidert Sebastian, dass er einen riesigen Flammenwerfer habe. Dabei steht der Flammenwerfer für ein großes Rohr, aus dem Flammen schlagen: Eine bekannte Metapher für den Phallus. Als hätte Kevin die Metapher nicht verstanden, folgert er gewitzt, dass Sebastian zwar einen schönen Flammenwerfer (im eigentlichen Sinn) aber kein Geschlechtsteil habe (024). Der Wettbewerb zeigt sich hier über den Angriff und die Kontersituation, die über Bedeutungsverschiebungen ausgehandelt wird.

2.7 *Abgrenzung zu anderen, Bewertung und Positionierung (Mädchen)*

Positionierungsverfahren[7], Selbst- und Fremdpositionierungen, wurden im Rahmen der Dissertationen von Augenstein (1998), Schmidt (2004) und Spreckels (2006) für Jungen- und Mädchengruppen sehr ausführlich beschrieben und diskutiert. Sie dienen unter anderem der Solidarisierung aber auch der Abgrenzung innerhalb der Gruppe und zu anderen (Alters-) Gruppen.

---

[7] Positionierungsverfahren wurden besonders im Bereich der Narration in den letzten Jahren sehr ausführlich diskutiert, hingewiesen sei auf: Bamberg (1997) und Lucius-Hoene/Deppermann (2004).

Transkript 9 „Matschloch"

```
016   Ant:   o:ah CHArly alta dis stinkt voll; [((lacht))]
017   Jen:                                     [((lacht))]
018   Ant:   ich weiß wer hinter unsam zelt is (.) man riechts;
019   Mic:   ((Sprechgesang)) what you (ste) what you (ste);
020   Ant:   <<p>ich glaub da ficken (Name ♂) und (Name ♂);>
021   Jen:   <<tief gesprochen> ih:;> (1.0) die sind so dumm alta;=
022          die bekomm das nich mit wen die ficken;
023   Mic:   könnt auchn MATSCHloch sein;
024   Jen:   odan WILDschwein;
025   Jen:   [((lacht laut))]
026   Mic:   [((lacht laut))]
027   Ant:   [((lacht laut))]
```

Während die Mädchen im Bett liegen, werden die Erlebnisse des Tages diskutiert. Zwei Jungen haben durch ihr Verhalten tagsüber die Wut der Mädchen auf sich gelenkt. Einmal mehr vermuten die Mädchen die Nachtwache hinter ihrem Zelt. Antonia (018) will die Zuhörer provozieren: Sie gibt den Lauschern zu verstehen, dass ihr Geruch so stark ist, dass er durch die dicken Zeltplanen dringt. Michelle geht zunächst nicht auf diese Aussage ein, sondern rapt unverständlich vor sich hin. Antonia kommt in 020 auf das Thema zurück, das die Mädchen schon mehr als eine halbe Stunde beschäftigt hat: Das Fehlverhalten der Jungen. Sie äußert, dass die beiden Jungen hinter dem Zelt Geschlechtsverkehr haben. Durch die Äußerung schreibt sie den Jungen – in deren Abwesenheit - homosexuelle Neigungen zu. Männliche Homosexualität gilt offenbar nicht nur in Jungen-Gruppen sondern auch in Mädchen-Gruppen als stigmatisiert. Inwiefern sich hier gesellschaftliche Normen zeigen, ist nur schwer zu beurteilen. Da die Mädchen und die Jungen aber keine negativen Erfahrungen mit Homosexuellen gemacht haben (Eigenaussage), können wir davon ausgehen, dass das negativ besetzte Bild von Homosexuellen aus der vorherrschenden gesellschaftlichen Meinung resultiert. Zu diskutieren wäre, ob es wirklich um die Homosexualität geht, die stigmatisiert ist (in diesem Fall müssten auch die lesbischen Fantasien der Mädchen negativ bewertet werden), oder ob es einfach um das nicht normative, fremde (und nicht erklärbare) Verhalten geht.[8] Mit Blick auf die aktuellen

[8] Jedes vom eigenen Verhalten abweichende Verhalten wird von Jugendlichen genutzt, um die Nicht-Gruppenzugehörigkeit der anderen zu verbalisieren bzw. verbalisieren zu können.

Studien zum Pornokonsum junger Menschen, stellt man fest, dass „Schwulenpornos" wesentlich seltener im Internet zu finden sind, als Filme, in denen Frauen gleichgeschlechtliche sexuelle Tätigkeiten ausführen. Zurückgeführt wird dies auf den wesentlich größeren männlichen Konsumentenkreis. In diesem Fall wäre lesbischer Sex durchaus akzeptabel (innerhalb der Norm). Sexualität zwischen zwei (oder mehr) Männern wäre auf Grund der kleineren Pornolobby auch bei den Jugendlichen nicht akzeptabel (außerhalb der Norm, da seltener visualisiert). Das Gespräch setzt sich über Fremdpositionierungen der beiden Jungen fort. Jenny stellt in 021 fest, dass die Jungen so dumm seien, dass sie es nicht mitbekommen würden, mit wem sie Geschlechtsverkehr hätten. Die einleitende, tief gesprochene Interjektion (021 ih:) dient hier der Bewertung der Jungen und der sexuellen Praxis, die ihnen durch Antonia in 020 zugeschrieben wurde. Obwohl die Jungen natürlich nicht hinter dem Zelt stehen und Geschlechtsverkehr haben, reicht die Vorstellung aus, um sich auf fiktionaler Ebene abzureagieren (vgl. dazu auch die Ausführungen in Bahlo/Bücker 2012: 55f). Abwechselnd gehen Michelle und Jenny weiter auf die „Dummheit" der Jungen ein. Es wird festgestellt, dass sie auch mit einem Matschloch oder mit einem Wildschwein Geschlechtsverkehr haben könnten. Dabei würden sie den Unterschied zwischen den verschiedenen Varianten nicht mitbekommen.

Die Funktion kommt der einer Beleidigung gleich. Dabei können sich die Jungen, bedingt durch ihre Abwesenheit, nicht wehren. Während die Mädchen den Jungen sexuelle Handlungskompetenzen absprechen und sie als „dumm" darstellen, reagieren sie sich ab. Sie nutzen die Abwesenheit der Jungen aus, um diese über Fremdpositionierungen zu dominieren. Aus dem wuterfüllten Gespräch wird immer mehr ein humorvolles. Gleichzeitig solidarisieren sich die Mädchen miteinander. Der gemeinsame Gegner (die Jungen), wird von den Mädchen außerhalb der Gruppe positioniert. Die Mädchen grenzen sich durch das „Dissen" (vgl. Deppermann und Schmidt 2001a) ab und beanspruchen für sich, das vorangegangene Fehlverhalten der Jungen innerhalb der Gruppe zusätzlich zur direkten Auseinandersetzung mit den Jungen zu sanktionieren.

Dies geschieht nicht nur über sexuelle Vorlieben, sondern auch über Musikrichtungen (Emos), Hobbys (Skater und Nerds), Politik (Punks) etc. (vgl. Neuland 2008a: 112ff).

2.8 Abgrenzung zu anderen, Bewertung und Positionierung (Jungen)

Die Jungen nutzen fiktionale Gespräche, um über die Kommunikation ihrer Maskulinität Ausdruck zu verleihen. Homosexuelle Fantasien – wie etwa bei den Mädchen - werden in unserem Korpus verbal nicht thematisiert. Inwieweit dies mit der gesellschaftlichen (besonders der männlichen) Vorstellung und Stigmatisierung von männlicher Homosexualität zusammenhängt, kann nur gemutmaßt werden (vgl. 2.5). Festzuhalten bleibt, dass die Pornoseiten im Internet, die die Jungen nach eigenen Aussagen recht häufig besuchen, ein breites Repertoire an lesbischen Filmen bereitstellen, die von den Jungen auch konsumiert werden. Nur vereinzelt lassen sich sogenannte „Schwulenpornos" finden. Diese werden von den Jungen nicht gesehen. „Schwulsein ist abartig", konstatiert ein Teilnehmer. Homosexuell zu sein – solange es dabei nicht um weibliche Homosexualität geht – ist in unserer Kerngruppe stigmatisiert. Dies mag auch mit der eingeschränkten Vorstellung über homosexuelle Praktiken zusammenhängen: Wenn ein Mann mit einer Frau Analsex hat, dann gilt dies als besonders anerkennenswert. Praktiziert aber ein Mann mit einem Mann diese Art von Verkehr, muss einer von den beiden die Frau sein. „Schwul ist nur der, der gefickt wird", sagt einer der Interviewten Jungen. Wer sich einem anderen Mann hingibt, hat es offenbar bei Frauen nicht geschafft. Gleichzeitig demonstrieren die Jungen immer wieder, dass männliche Homosexualität etwas mit dem Unterliegen zu tun hat. Der, der sich einem anderen hingibt, ist sozusagen das „Opfer". Die Jungen weisen einen kompetitiven Charakter in den fiktionalen Gesprächen auf, der sich besonders durch unrealistische Vergleiche der eigenen primären Geschlechtsorgane und des (teilweise sehr weit von der Realität entfernten) Wissensstandes über Sexpraktiken ausprägt. Thematisiert werden weiterhin herbeigewünschte sexuelle Erfahrungen mit bestimmten Mädchen aus dem Freundes- Bekannten- und Zeltlagerkreis. Diese Fantasien werden teilweise ausführlich ausgeschmückt. Die Jungen positionieren sich dabei häufig als „Kenner" der Angelegenheit, der sie eigentlich keine große Bedeutung zugestehen, da für sie alles Routine ist.

Transkript 10 „Schwanz reinhalten“

```
016   Dus:  un wennse den mund auf hat-
015         =hehe; (.) dann einfach den schwanz reinhalten [in=nen]
016   Kev:                                                  [tschüsch]
017   Dus:  mund; (1.0)
018   Kev:  oHA- (.) will ich ma bei lisa;
019   Dus:  na=ja- (-) lisa machts mit je:m; (.) du musst hier (.)
020         dings- (.) du musst eli klarmachn; (-)da kannste auch
021         den geilen arsch nehmen;
022   Tim:  (lacht) mit kevs kleinem lümmel merkt die nix ma dabei;
```

Die fiktionale Ebene wird hier durch die realitätsferne Aussage aufgestellt, dass man sich Oralsex einfach beschaffen könnte, wenn das Mädchen den Mund aufmacht. Das Frauenbild, das hier transportiert wird, erniedrigt die erwähnten weiblichen Personen zu willenlosen, auswechselbaren Objekten sexueller Begierde, die unterschiedlich ge- und bewertet werden. Männlichkeit wird hier hergestellt über das Konstruieren eines fiktiven Machtgefüges, in dem der Mann bzw. Junge in der Hierarchie oben und die Frau bzw. das Mädchen als unterlegen oder als Trophäe dargestellt wird. Abseits dieser internen Jungenzeltgespräche pflegen die männlichen Jugendlichen einen lockeren (juventulektalen) Umgangston mit den angesprochenen Mädchen. Fiktion und Wirklichkeit liegen hier – zumindest für den Moment – weit auseinander.

Der direkte Vergleich mit den Mädchen sei an dieser Stelle gestattet: Die weiblichen Jugendlichen kommunizieren ihre sexuellen Fantasien und die damit häufig verbundene Dominanz ebenfalls. Sie gehen dabei aber indirekter vor. Sind es bei den Jungen Vorstellungen, die sich direkt auf das unmittelbare Umfeld (bekannte Mädchen der näheren Umgebung und des Freundeskreises) beziehen, nutzen Mädchen Fantasien mit Personen aus den Medien (Stars aus dem Fernsehen).

Transkript11 „Tüte über den Kopf ziehen“

```
097   Mic:  ey mein traummann wird xavier naido; (.) alta;
098         wenn ich den EINmal ficken könnte; <<f>who::w;>
099   Jen:  ey ja ey stell=ma vor alta cristiano ronaldo oder
100         ronaldinho;
101   Mic:  wir könn ihm ja ne tüte übern kopf ziehn; (1.0) dann
102         sehn=wa sein gesicht nich;
```

Dabei fällt auf, dass die Mädchen zunächst zur Beschreibung der Situation i.d.R. den Konjunktiv anwenden und damit klar machen, dass es sich um eine hypothetische Situation handelt, die so wahrscheinlich nicht eintreten wird. Das *stell=ma vor* (099) verweist dabei zusätzlich auf die irreale Vorstellung. Aus der Ebene der Nicht-Wirklichkeit entwickeln die Mädchen aber in Abhängigkeit der eigenen Wertvorstellungen konkrete Handlungsanweisungen. Da der bekannte Weltfußballer Ronaldinho nicht dem Schönheitsideal der Mädchen entspricht, wird ganz pragmatisch vorgeschlagen, ihm eine Tüte beim Sex über den Kopf zu ziehen. Der Mann Ronaldinho wird an dieser Stelle als Begehrenswert charakterisiert. Offenbar reizt die Mädchen seine Popularität. Bestimmte Merkmale sollen dabei aber – den Werten der Mädchen entsprechend – ausgeblendet werden. In diesem Fall dominieren die Mädchen die fiktive Situation. Sie degradieren den Menschen zu einem Lustobjekt, das anhand bestimmter sekundärer Merkmale begehrenswert erscheint. Dabei übernehmen sie einen Index und inszenieren sich als einen neuen Typus sexuell aktiver Mädchen, der jene Machtgefälle negiert oder sogar umdreht, die in heterosexuellen Kontexten kommunikativ häufig reproduziert bzw. implizit eingefordert werden (vgl. Eckert 2002).

Der eigene und auch der fremde Status wird in Jungen-Gruppen wesentlich häufiger durch Selbst- und Fremdpositionierungen ausgehandelt als in Mädchen-Gruppen. Julie Dimond (1996: 9) hält fest: „In some cultures, individuals can change status through efford and competition […]". Mit Blick auf unser Korpus scheint besonders der kompetitive Charakter der Interaktion von männlichen Jugendlichen hervorzustechen. Dabei hat die Bewertung und die Positionierung von anderen auch immer etwas mit Selbstpositionierung und häufig auch mit Wettbewerb zu tun. In Anlehnung an Keupp et al. (2002: 252) muss gefragt werden ob die Bildung einer Identität (maskulin oder feminin) nicht immer etwas mit der Suche nach Anerkennung zu tun hat. Die Herstellung der eigenen sexuellen Identität und gleichzeitig der eigenen Gender-Identität (zu den komplexen Wechselwirkungen zwischen Sexualität und Gender vgl. Cameron/Kulick 2003: 6ff) geschieht u.a. durch fiktionale Gespräche über sexuelle Praktiken. Der Abgleich innerhalb der Peergroup spielt dabei eine große Rolle, da sexuelle Identitäten sehr variabel sein können und kontextspezifisch hervorgebracht werden (vgl. Cameron/Kulick 2003; Cameron 2005: 484).

3 Fazit

Die Analyse zeigt, dass der sexualisierte Sprachgebrauch junger Menschen unterschiedliche Funktionen aufweist, die geschlechtsspezifische Ähnlichkeiten aber auch Unterschiede aufweisen. Zusammenfassend lässt sich festhalten, dass sexualisierte Sprache a) der Solidarisierung bzw. Distanzierung von und zu anderen Gruppen, b) der Provokation, c) der Herstellung von Männlichkeit, d) der Übernahme männlicher Verhaltensweisen durch Mädchen, e) der Gefühlsregulation, f) dem Gespräch über Sexualität, g) der Demonstration von Medienkompetenz sowie Macht und h) dem Spaß dient. Die Herkunftsbereiche des sexualisierten Inventars sind dabei nur selten bei den Jugendlichen selbst zu finden: Sexualisierte Sprache ist u.a. Gegenstand des Pornoraps (vgl. Bukop/ Hüpper 2012), der besonders durch Männer dominiert wird[9] und durch frauenverachtende Texte Anstoß erregt. Die SchriftstellerInnen Hegemann, Roche und Djian bauen in ihren Büchern *Axolotl Roadkill*, *Feuchtgebiete* und *Schwarze Tage weiße Nächte*[10] auf sehr detaillierte sexuelle Darstellungen, die im Einklang mit verschiedenen Definitionen von „Pornografie" stehen. Serien wie *Southpark*, *Drawn together*, *Two and a half men*, aber auch populäre Filme wie *American Pie* (FSK 12!) arbeiten mit der sprachlichen und visuellen Inszenierung sexueller Themen. Internetseiten wie youporn, porntube oder tube8 weisen nicht nur in den gezeigten Filmen, sondern bereits in den Kategorisierungen zur Sortierung der Inszenierungen ein sexuelles Fachvokabular auf, welches sich nachweislich im Sprachgebrauch Jugendlicher niederschlägt (vgl. Bahlo 2012). Sexualität und Pornografie, deren Visualisierungen und Verbalisierungen, umgeben Jugendliche – ob gewollt oder ungewollt – Tag für Tag und nehmen Einfluss auf das (sprachliche) Verhalten (vgl. allgemein zu den Wechselwirkungen zwischen Medien- und Jugendsprache Neuland 2008b:39). Die Studien zu Pornografieerfahrungen Jugendlicher bestätigen, dass Pornografiekonsum und sexuell konnotierte Inszenierungen oft mit einem hohen Maß an allgemeiner sozialer Toleranz einhergehen (vgl. Heiliger 2005). Geschlechtsspezifische Unterschiede bei der Art und Weise des Pornokonsums sind dennoch

[9] Eine populäre Ausnahme bildet z.B. Lady Bitch Ray.

[10] Die Liste ließe sich weiterführen.

festzustellen (vgl. Weber 2009; Hoffmann 2009)[11]. Sieht man sich die aktuellen Forschungsergebnisse (vgl. u.a. Schmidt und Sielert 2009) an, kann man schnell zu dem Schluss kommen, dass Jugendliche (v.a. männliche) Pornografie heute selbstverständlich konsumieren. Die Wirkungen werden dabei unterschiedlich diskutiert (vgl. Weller 2009). Es werden „schädliche Einwirkungen auf das Frauenbild, Sexualität, Gewaltbereitschaft, Aggression und Beziehungsunfähigkeit konstatiert" (Hajok 2010: 23). Andererseits wird festgestellt, dass der Pornografiekonsum Aggressionen reduzieren könne (vgl. u.a. Heiliger 2005). Nicht selten halten die öffentlichen Befürchtungen einer empirischen Untersuchung nicht stand (vgl. u.a. Stuhlhofer et al. 2009). Dennoch werden von der Medien- und Sexualpädagogik präventive Maßnahmen gefordert, die bei den Jugendlichen und den Erziehenden ansetzen. „Denn eines dürfte klar sein: Gänzlich folgenlos und ohne jegliche Risiken dürften die Veränderungen bei Angebot und Nutzung von Pornografie nicht sein" (Hajok 2010: 24).

In der pädagogischen Arbeit und im Jugendschutz geht es darum, Beeinträchtigungen auszuschließen. Dementsprechend müssen Wirkrisiken abgeschätzt werden: „In welchen Kontexten sind welche Wirkungen im Zusammenhang mit vulgärem Sprachgebrauch auf verschiedene Altersgruppen wahrscheinlich und im Sinne einer Entwicklungsbeeinträchtigung nachhaltig?" (Mikat 2008: 35). Aus den umfangreichen Erfahrungen junger Menschen resultiert aus der Sicht der Pädagogik eine Erziehungshaltung, die eine fragende sein muss (vgl. Wanielik 2009). Dies heißt in erster Linie die vorhandene Medienkompetenz und die (sexuellen) Medienerfahrungen anzuerkennen und durch Nachfragen die Selbstbestimmung von Jugendlichen zu fördern.

Eine Kooperation aus Deutschunterricht und Pädagogik, die sich auf die praktische Arbeit mit dem Thema „Medien, Pornografie und Sprachgebrauch" bezieht, sollte sich nicht einer bestimmten Richtung verschreiben. Ziel der Arbeit sollte eher eine auf Selbstreflexion zielende Kommunikation sein, die die Erfahrungen, Ängste und Wünsche der Jugendlichen ernst nimmt (vgl. Wanielik 2009) und ihnen über die Reflexion von Sprache einen fokussierten Blick auf

[11] Weber (2009) und Hoffmann (2009) machen deutlich, dass weibliche Jugendliche später, seltener und auch eher ungewollt Zugang zu Pornografie haben als männliche Jugendliche. Weiterhin bevorzugen Mädchen eher „romantische" Pornografie.

die Form und Funktion (und auch Folgen) sexualisierter Sprache ermöglicht. Dabei kann Sprachkritik und die Bewusstmachung sprachlicher Umgangsformen helfen, Sprache und Sprachhandeln zu reflektieren. Die Sprachkritik ist in diesem Zusammenhang als eine „allgemeine kulturelle Fähigkeit zu verstehen" (Schiewe 2011: 24), die mediale Kompetenzen ebenso fördern und fordern muss wie soziale.

Literatur:

Augenstein, Susanne (1998): *Funktionen von Jugendsprache*. Tübingen.

Bahlo, Nils (2010): „*uallah* und / oder *ich schwöre*. Jugendsprachliche expressive Marker auf dem Prüfstand.", in: *Gesprächsforschung* 11, 101-122.

Bahlo, Nils (2012): „Let's talk about sex. Sexualisierte Sprache Jugendlicher als Thema im (Projekt-)Unterricht?", in: *APTUM. Zeitschrift für Sprachkritik und Sprachkultur*, 48-60.

Bahlo, Nils (i.Dr.): *Zum sprachlichen und sozialen Selbstverständnis Berliner Jugendlicher im Alter zwischen 14 und 19 Jahren. Sprachwissenschaftliche und didaktische Aspekte.* [Dissertation an der Freien Universität Berlin].

Bahlo, Nils/Bücker, Jörg (2012): „‚…sonst knallt's': Praktiken der kommunikativen Bearbeitung von Normverstößen und Sanktionen am Beispiel von Konditionalformaten.", in: Rosenberg, Katharina/Vallentin, Rita (eds.): Norm und Normalität. Berlin.

Bamberg, Michael (1997): "Positioning between Structure and Performance.", in: *Journal of Narrative and Life History* 7/1-4, 335-342.

Bergmann, Jörg (1987): *Klatsch. Zur Sozialform der diskreten Indiskretion*. Berlin: de Gruyter.

Brinker, Klaus (2001): „Form und Funktion von Metakommunikation im Gespräch.", in: Brinker, Klaus, et al. (eds.): *Text- und Gesprächslinguistik/Linguistics of Text and Conversation. Ein internationales Handbuch zeitgenössischer Forschung, 2. Halbband*. Berlin/New York: de Gruyter, 1449-1462.

Bukop, Marie-Louise/Hüpper, Dagmar (2012): „Geschlechterkonstruktionen im deutschsprachigen Porno-Rap.", in: Günthner, Susanne/Hüpper, Dagmar/Spieß, Constanze (eds.): *Genderlinguistik. Sprachliche Konstruktionen von Geschlechtsidentität*. Berlin.

Burger, Harald (1980): „Interjektionen – eine Randwortart?", in: Sitta, Horst (ed.): *Ansätze zu einer pragmatischen Sprachgeschichte*. Tübingen, 53-69.

Cameron, Deborah (2005): "Language, gender, and sexuality: Current issues and new directions.", in: *Applied Linguistics* 26/4, 482-502.

Cameron, Deborah/Kulick, Don (2003): *Language and Sexuality*. Cambridge.

Dannenbeck, Clemens/Stich, Jutta (2002): *Sexuelle Erfahrungen im Jugendalter-Aushandlungsprozesse im Geschlechterverhältnis*. Köln.

Deppermann, Arnulf/Schmidt, Axel (2001a): „Dissen: Eine interaktive Praktik zur Verhandlung von Charakter und Status in Peer-Groups männlicher Jugendlicher.", in: *Osnabrücker Beiträge zur Sprachtheorie (OBST)* 62, 79-98.

Deppermann, Arnulf/Schmidt, Axel (2001b): „Hauptsache Spaß – Zur Eigenart der Unterhaltungskultur Jugendlicher.", in: *Der Deutschunterricht* 6/2001, 27-37.

Dimond, Julie (1996): *Status and Power in Verbal Interaction*. Amsterdam.

Eckert, Penelope (2002): "Demystifying sexuality and desire.", in: Campbell-Kibler, Kathryn, et al. (eds.): *Language and sexuality. Contesting meaning in theory and practice*, 99-110.

Ehlich, Konrad (1986): *Interjektionen*. Tübingen.

Ehlich, Konrad (2007): "Interjektion und Responsiv.", in: Hoffmann, Ludger (ed.): *Handbuch der deutschen Wortarten*. Berlin/New York, 423-444.

Grob, Alexander/Jaschinski, Uta (2003): *Erwachsen werden. Entwicklungspsychologie des Jugendalters*. Weinheim u.a.

Hajok, Daniel (2010): „Pornografie und Jugendmedienschutz: Neue Herausforderungen durchs Internet.", in: *KJug* 1-2010, 21-24.

Heiliger, Anita (2005): „Zu Pornografisierung des Internets und Wirkungen auf Jugendliche. Aktuelle internationale Studien.", in: *Zeitschrift für Frauenforschung & Geschlechterstudien* 23, 131-140.

Hoffmann, Dagmar (2009): „Schärfen oder trüben mediale Bilder von Körpern und Sexualität den Blick auf das Sexuelle?", in: *BZgA Forum* 1-2009, 10-14.

Kotthoff, Helga (2012): „Indexing gender" unter weiblichen Jugendlichen in Telefongesprächen.", in: Hüpper, Dagmar/Günthner, Susanne/Spieß, Constanze (eds.): Perspektiven der Genderlinguistik. Berlin/New York, 251-287.

Keupp, Heiner/Ahbe, Thomas/Gmür, Wolfgang (2002): *Identitätskonstruktionen. Das Patchwork der Identitäten in der Spätmoderne*. Hamburg.

Krahé, Barbara/Scheinberger-Olwig, Renate (2002): *Sexuelle Aggression. Verbreitungsgrad und Risikofaktoren bei Jugendlichen und jungen Erwachsenen*. Göttingen.

Labov, William (1984): *Sprache im sozialen Kontext, Bd. 1*. Bodenheim.

Linke, Angelika (1985): *Gespräche im Fernsehen. Eine diskursanalytische Studie*. Bern u.a.

Lucius-Hoene, Gabriele/Deppermann, Arnulf (2004): „Narrative Identität und Positionierung.", in: *Gesprächsforschung* 5, 166-183.

Mikat, Claudia (2008): „Flüche, Beschimpfungen und Sexualisierung. Sprachliche Tabuverletzung als Thema des Jugendschutzes.", in: *tv diskurs* 12/45, 30-35.

Neuland, Eva (2008a): *Jugendsprache. Eine Einführung*. Frankfurt a.M.

Neuland Eva (2008b): „Verbale Grenz- und Generationsüberschreitungen? Thesen zum Verhältnis von Jugendsprache und Mediensprache.", in: *tv diskurs* 12/45, 36-41.

Quasthoff, Uta (2001): „Erzählen als interaktive Gesprächsstruktur.", in: Brinker, Klaus/Antos, Gert/Heinemann, Wolfgang/Sager, Sven (eds.): *Text- und Gesprächslinguistik. Ein internationales Handbuch zeitgenössischer Forschung, Bd. 2*. Berlin. 1293-1309.

Quasthoff, Uta (1980): *Erzählen in Gesprächen. Linguistische Untersuchungen zu Strukturen und Funktionen am Beispiel einer Kommunikationsform des Alltags*. Tübingen.

Schiewe, Jürgen (2011): „Was ist Sprachkritik? Einige programmatische Überlegungen.", in: Arendt, Birte/Kiesendahl, Jana (eds.): Sprachkritik in der Schule. Göttingen, 19-30.

Schlobinski, Peter/Kohl, Gaby/Ludewigt, Irmgard (1993): *Jugendsprache. Fiktion und Wirklichkeit*. Opladen.

Schmidt, Axel (2004): *Doing peer-group. Die interaktive Konstitution jugendlicher Gruppenpraxis*. Frankfurt a.M.

Schmidt, Renate-Berenike/Sielert, Uwe (2008): *Handbuch Sexualpädagogik und sexuelle Bildung*. Weinheim.

Schwarz-Friesel, Monika (2007): *Sprache und Emotion*. Tübingen.

Selg, Herbert (1988): *Psychologie der Aggressivität*. Göttingen.

Sielert, Uwe (2005): *Einführung in die Sexualpädagogik.*Weinheim/Basel.

Spreckels, Janet (2006): *Britneys, Fritten, Gangschta und wir. Identitätskonstitution in einer Mädchengruppe. Eine ethnographisch-gesprächsanalytische Untersuchung.* Frankfurt a.M. (u.a.).

Stulhofer, Aleksandar/Schmidt, Gunter/Landripet, Ivan (2009): „Beeinflusst Pornografie in der Pubertät sexuelle Skripte, Intimität und sexuelle Zufriedenheit im jungen Erwachsenenalter?", in: *Zeitschrift für Sexualforschung* 22/1, 13-23.

Wanielik, Rainer (2009): „Medienkompetenz und Jugendschutz. Überlegungen zur sexualpädagogischen Arbeit mit Pornografie.", in: *BZgA FORUM* 1/2009, 33-38.

Weber, Mathias (2009): „Die Nutzung von Pornografie unter deutschen Jugendlichen.", in: *BZgA FORUM* 1/2009, 15-18.

Weller, Konrad (2009): „Wie nutzen Jugendliche Pornografie und was bewirkt sie? Befunde – Theorien – Hypothesen.", in: *pro familia magazin* 01/2009, 9-12.

Yang, Chaiqin (2001): *Interjektionen und Onomatopoetika im Sprachvergleich: Deutsch versus Chinesisch.* Freiburg i. Br.

Orthographie als Anlass didaktischer Sprachnormkritik

Tilo Weber

1 Einleitung

Rechtschreibung und erst recht Rechtschreibreform sind Schlagwörter, die im deutschen Sprachraum bei Vielen – meist negative – Gefühle auslösen (vgl. Stenschke 2005). Zwei Faktoren sind hierfür mitverantwortlich: die Erfahrungen, die die meisten Menschen mit der Rechtschreibung im Schulunterricht gemacht haben, sowie die öffentliche Auseinandersetzung, die seit 1996 um die Reform der Orthographie des Deutschen geführt wurde. In der Schule werden sanktionsbewehrt Schreibnormen vermittelt, deren Regelhaftigkeit und Funktionalität für Schüler kaum verständlich wird.[1] Im öffentlichen Diskurs wird die nun gültige Schreibnorm nach einem mehr als 15 Jahre währenden Prozess von Revisionen und Re-Revisionen als teilweise in sich widersprüchlich und unsystematisch und gegenüber der „alten" Rechtschreibung überwiegend als Rückschritt wahrgenommen. Hinzu kommt, dass einerseits die allermeisten Schreiber ihre eigene Regelkompetenz als eher gering ansehen und ihre Unsicherheit bezüglich der Anwendung der Regeln groß ist, soweit ihnen diese überhaupt bekannt sind. Gleichzeitig akzeptieren sie die mit der Norm verbundenen Geltungsansprüche nicht nur für sich selbst, sondern legen sie auch mit Blick auf andere als Maßstab zur Bewertung von Kompetenzen zugrunde, die mit der Fähigkeit, normgerecht zu schreiben, bestenfalls indirekt zusammenhängen (Scheufler 2010).

Schreibung ist eine Modalität von Sprache, und Sprache, zumal die „eigene", ist ein wichtiger Faktor bei der Herausbildung und Bewahrung individueller und kultureller Identität. Dass die Diskussion um die Orthographie in den deutschsprachigen Ländern emotional geführt wird, ist hier deshalb nicht zu kritisieren.

In diesem Beitrag jedoch geht es um einen anderen, einen rationalen Zugang zu dem Thema und darum zu zeigen, auf welche Weise er in der Schule eröffnet werden kann. Wie der Titel dieses Beitrags zum Ausdruck bringt, schlage ich

[1] Welchen Kriterien Formulierungen von Orthographieregeln für die Schule genügen sollten und es nur selten tun, führen Schmellentin/Lindauer (2011) aus.

vor, Orthographieunterricht als Anlass zu didaktischer Sprachnormkritik zu betrachten, die es erlaubt, neben der Vermittlung von Schreibkompetenzen mehrere in der jüngeren Bildungsdiskussion und in den Rahmenlehrplänen der Bundesländer formulierte Ziele zu erreichen, die im Zusammenhang mit Schlüsselkonzepten des Bildungsdiskurses, wie bereichsübergreifender Unterricht und selbständiges Denken, zu sehen sind. Darüber hinaus möchte ich belegen, dass die Entwicklung der Fähigkeit, in einem im Folgenden zu explizierenden Sinn kritisch mit der Rechtschreibnorm umzugehen, auch über die Schule hinaus dazu führen kann, dass Schreiber diese Norm nicht lediglich als unhinterfragbare Vorschrift hinnehmen[2], sondern als Ressource wahrnehmen und bewusst nutzen, um aktiv und kreativ eigene Ausdrucks- und Kommunikationsanliegen zu realisieren.

Wenn Lernende über den Lernstoff klagen oder ihren Unmut darüber in anderer Form äußern, sind dies aus didaktischer Perspektive Gelegenheiten und mögliche Anlässe, sich im Unterricht mit Themen auseinanderzusetzen, die Schüler nicht nur emotional berühren, sondern auch curricular relevant sind. Wer sich beklagt, manifestiert, dass ihn der Klageanlass nicht „kalt lässt“. Für Lehrende in der Schule, aber natürlich auch in der universitären Lehre, eröffnet das Möglichkeiten, die auf diese Weise angesprochenen Themen in motivierender Weise anzugehen, etwa indem man im Unterrichtsgespräch genau und explizit herauszuarbeiten sucht, was genau es ist, woran einzelne oder auch viele Schüler Anstoß nehmen. In einem nächsten Schritt lässt sich dann fragen, ob es sich denn wirklich so verhält, wie dies beklagt wird. In diesem Sinne sind Klagen, Schimpfen, Meckern (s.u. 4.1) über einen Lehrstoff Ressourcen, die Lehrende für didaktische Zwecke nutzen können: Sie erlauben es, an Phänomene anzuschließen, die die Lernenden in manifester Weise emotional ansprechen und geben damit Hinweise darauf, welcher Blickwinkel auf ein Phänomen für die Lernenden im Moment besonders relevant ist.

Klagen sind aber noch keine Kritik im Sinne dessen, was hier – an Kilian/Niehr/Schiewe (2010) anknüpfend – unter Sprachkritik in einem zweifachen Sinn verstanden werden soll: verstehende Analyse dessen, was ist, und begrün-

[2] Vgl. hierzu viele Postings in einschlägigen Online-Foren zur Rechtschreibung, etwa bei Schueler.CC.

detetes Urteilen darüber. Die Entwicklung der Kompetenz zum kritischen Umgang mit Sprachnormen und damit zur Sprachnormkritik im Allgemeinen und zur Kritik an der Rechtschreibnorm im Besonderen kann damit als ein Ziel des Erstsprachunterrichts angesehen werden. Kritik in diesem Verständnis kann und wird häufig mit – nun begründeten – negativen Bewertungen einhergehen, sie kann aber durchaus zu Einstellungsänderungen zum Positiven und zur Einsicht in die Notwendigkeit oder zumindest Sinnhaftigkeit der kritisch betrachteten Normen führen.

Den hier einleitend skizzierten Gedankengang werde ich im Folgenden in fünf Abschnitten ausführen: Zunächst (2) entwickle ich ein Konzept von didaktischer Sprachkritik, das sich deutlich von der Form von Sprachkritik absetzt, die den öffentlichen Diskurs zum Thema Sprache prägt. Im folgenden Abschnitt (3) lege ich dar, dass und warum die Orthographie des Deutschen einen Gegenstandsbereich bildet, der sich für eine Analyse unter Gesichtspunkten der didaktischen Sprachkritik hervorragend eignet. Anschließend (4) untersuche ich, welche Rolle die Rechtschreibung und ihre didaktisch-sprachkritische Betrachtung in der Schule, insbesondere im Deutschunterricht, einnimmt. Mein Augenmerk gilt dabei vor allem den Curricula und Kernlehrplänen dreier Bundesländer. Im vierten Abschnitt (5) geht es darum, anhand eines konkreten Beispiels, der Schreibung komplexer Präpositionen, zu zeigen, wie eine sprachkritische oder, genauer, eine schreibnormkritische Auseinandersetzung mit der Rechtschreibung im Unterricht aussehen und welche didaktischen Funktionen ihr dabei zukommen können. Eine Zusammenfassung des bis dahin Gebotenen beschließt diesen Beitrag (6).

2 Didaktische Sprachkritik

Sprachkritik, so wie sie hier verstanden wird, nimmt nicht Anstoß an einzelnen Sprachverwendungen (z.B. dem Fremdwortgebrauch bestimmter Sprecher bzw. der Mitglieder bestimmter Sprechergruppen) oder spezifischen sprachlichen Phänomenen, sondern richtet sich als eine Metakritik auf das Wissen und die Fähigkeit zur Reflexion auf Sprache, Sprechen und Schreiben:

> Didaktische Sprachkritik zielt nicht unmittelbar auf die Veränderung eines Sprachgebrauchs, einer Sprachnorm oder gar des Sprachsystems. Didaktische Sprachkritik zielt vielmehr auf eine Veränderung der sprachlichen und sprachkritischen Kompetenzen des sprechenden und hörenden, schreibenden und lesenden Mitglieds einer Sprachgesellschaft (Kilian/Niehr/Schiewe 2010: 95).

Es ist ganz besonders „das sprachliche Handlungsfeld ‚Schule'" (Schiewe 2009: 97), d.h. es sind die Schulen, die der Vermittlung und Herausbildung reflexiver Kompetenzen dienen. Und hier ist es natürlich vor allem der Sprachunterricht, der Raum für didaktische Sprachkritik bieten kann, wobei Kilian/Niehr/Schiewe (2010) zwei Arten unterscheiden. Als didaktische Sprachkritik *im weiteren Sinne*[3] fassen sie Sprachreflexion, Reflexion über Sprache etc. Hier steht der Aspekt des Analysierens, Bewusstmachens, der Sprachbewusstheit im Vordergrund. Ziel der didaktischen Sprachkritik im weiteren Sinne ist – mit der Formulierung von Kilian/Niehr/Schiewe (2010: 98) – die Herausbildung einer Sprach*reflexions*kompetenz (s. auch Kilian 2009).

Sprachreflexionskompetenz, so die Auffassung der Autoren, erleichtere u.a. das korrekte und angemessene Sprechen/Schreiben und sprachliche Verstehen. Ein Beispiel aus dem Bereich der Orthographie macht das deutlich: Ein Schreiber, der in der Lage ist, eine Nominalphrase und ihren Kopf als solche zu erkennen, wird die Groß- und Kleinschreibung im Deutschen leichter meistern als jemand, der über diese Kompetenz nicht verfügt. Während nämlich die Regelformulierung „Substantive schreibt man groß" durchaus einfach und klar ist, setzt ihre Umsetzung voraus, dass man Substantive als solche auch identifizieren kann. Nur wer Sätze und besonders Nominalphrasen hinsichtlich ihrer syntaktischen Grundstruktur durchschaut, wird die entsprechende Regel tatsächlich systematisch anwenden können und nicht auf das Memorieren von (häufigen) Einzelfällen und Pseudoregeln der Art „Substantive bezeichnen Gegenstände" angewiesen sein. Dass solche Formulierungen, die sich auf semantische Merk-

[3] Die von Kilian/Niehr/Schiewe vorgenommene Differenzierung ist zu unterscheiden von Walther Dieckmanns Gegenüberstellung von „Sprachkritik im weiteren und im engeren Sinn"(2012: 3–9). Worum es Dieckmann in seiner Monographie *Wege und Abwege der Sprachkritik* vielmehr zu gehen scheint, lässt sich als Binnendifferenzierung im Bereich dessen charakterisieren, was Kilian/Niehr/Schiewe (2010: 108) im Zusammenhang von Sprach*kritik*kompetenz und damit als didaktische Sprachkritik im engeren Sinne bezeichnen.

male beziehen, im Sprachunterricht nach wie vor eine zentrale Rolle spielen, spiegelt sich z.B. in Lehrwerken[4] wider.

Damit ist auch klar, dass didaktische Sprachkritik im weiteren Sinne den Geltungsanspruch der Orthographienorm nicht infrage stellt. Sie erlaubt es Schreibern aber, die Regeln nicht nur als verordnete Vorschriften hinnehmen zu müssen, sondern sie nach ihrer Funktionalität zu befragen, sie in vielen Fällen als funktional oder anders motiviert zu verstehen, sie damit als Mittel sprachlichen Ausdrucks zu akzeptieren und möglicherweise selbst kreativ für eigene Ausdruckszwecke zu nutzen.

Didaktische Sprachkritik *im engeren Sinne* hingegen entspricht dem, was auch in der Linguistik häufig unter Sprachkritik verstanden wird und mit sachlich begründetem Bewerten zusammenzusehen ist. Sie setzt Sprachreflexionskompetenz voraus:

> Ihr [...] Ziel ist es, durch die Herausforderung zu linguistisch begründeten Entscheidungen und Positionierungen in Bezug auf die kommunikativen und kognitiven Leistungen von Sprache, Sprachnormen, Sprachgebrauch zu einer kritischen Bewertung derselben zu gelangen und auf diese Weise sprachliches Lernen und sprachliche Bildung zu befördern. Die Befähigung zur Sprachkritik im engeren Sinne kann man als „Sprachkritikkompetenz" bezeichnen [...] (Kilian/Niehr/Schiewe 2010: 106).

Hervorzuheben sind in Bezug auf diese Bestimmung zwei Aspekte: Didaktische Sprachkritik im engeren Sinne bewertet, und sie tut dies in einer „linguistisch begründeten" Weise. Das bedeutet, dass sie sich auf Argumente und Belege stützt, die selbst ebenfalls einer rationalen Kritik zugänglich sind. Sprachkritische Urteile in diesem Sinne sind also keine Geschmacksurteile oder Ausdruck einer bestimmten emotionalen Einstellung zur Sprache im Allgemeinen und zur deutschen „Muttersprache" im Besonderen.

---

[4] Varianten dieser Regelformulierung finden sich z.B. in Jensen (1982: 43), Schwengler (1994: 7), Wegweiser. Sprachbuch 8. Schuljahr (1998: 138), Praxis 5 (1997: 83), Praxis 7 (1997: 84), Klartext 5 (1996: 18) und Wort Satz Text (1998: 32). In allen diesen Werken ist das semantische Kriterium zentral; sie gehen jedoch auch unterschiedlich ausführlich auf syntaktische und morphologische Aspekte der Wortarten ein.

3 Orthographie aus didaktisch-sprachkritischer Perspektive

Im Hinblick auf das Thema dieses Beitrags stellt sich nun die Frage, ob sich die Rechtschreibung und die auf sie bezogenen Kompetenzen überhaupt als Gegenstand einer didaktisch-sprachkritischen Betrachtung eignet. Zwei Argumente können gegen diese Auffassung angeführt werden:

Zum einen lässt sich darauf verweisen, dass es bezüglich der Orthographie, anders als etwa im Bereich der Lexik, nur einen sehr geringen Spielraum für regelkonforme Varianz gibt. Das Vorhandensein von Wahlmöglichkeiten aber, so sollte man meinen, ist eine Grundbedingung für sprachkritische Analysen. So könnte etwa die Beobachtung eines ausgeprägten Nominalstils oder der häufigen Verwendung von Euphemismen Ausgangspunkt sprachkritischer Betrachtungen sein, kaum aber z.B. die durchgängige Kleinschreibung von Präpositionen.

Auf ein zweites mögliches Hindernis für eine sprachkritische Herangehensweise an die Rechtschreibung verweisen Kilian/Niehr/Schiewe im Rahmen ihrer Übersicht zur Sprachkritik im engeren Sinne:

> Weitgehend ausgeschlossen [von einer didaktisch-sprachkritischen Analyse; T.W.] blieben bislang Gegenstände, die allein und überwiegend die Ausdrucksseite des sprachlichen Zeichens in den Blick nehmen (Kilian/Niehr/Schiewe 2010: 110).

Unter diese Gegenstände subsumieren die Autoren offensichtlich auch die Rechtschreibung.

Doch lassen sich beide skizzierten Argumente entkräften oder zumindest relativieren. Dass die Orthographie kaum normgerechte Wahlmöglichkeiten offen lässt, ist nur dann gegen die Möglichkeit ihrer kritisch-reflektierenden Betrachtung in Anschlag zu bringen, wenn man von einem Begriff von Sprachkritik im Sinne von Sprach*gebrauchs*kritik ausgeht. Bezüglich eines Texts, der z.B. hinsichtlich der Großschreibung von Substantiven den Regeln entspricht, ist Sprachkritik in dieser Hinsicht natürlich nicht relevant. Abweichungen von der Norm sind entweder als Fehler zu bewerten oder aber auf ihren stilistischen, ggf. literarischen Wert zu befragen (wie etwa bei den Texten Arno Schmidts oder in der Konkreten Poesie).

Jedoch ist eine didaktische Sprachkritik im Schulunterricht gerade in einem Bereich, in dem sich viele Schreiber einer ihnen undurchschaubar und unmotiviert erscheinenden Vorschrift gleichsam ausgeliefert sehen, im Sinne einer Sprach*norm*kritik möglich und sinnvoll, indem sie z.B.

- nach der Funktion einzelner Orthographieregeln fragt und diese ggf. aufzeigt und für die Schüler somit erkennbar und akzeptierbar macht
- unterschiedliche Typen von Orthographieregeln unterscheidet und damit erlaubt, den großen Bereich der unproblematischen Regeln von dem der problematischen zu unterscheiden
- am Beispiel der Rechtschreibregelung nach dem Sinn von Normen und ihrer gesellschaftlichen Durchsetzung im Allgemeinen und im Bereich von Sprache im Besonderen fragt.

Die Feststellung, die Orthographie sei ein Gegenstand, der „überwiegend die Ausdrucksseite des sprachlichen Zeichens in den Blick" nehme (Kilian/Niehr/Schiewe 2010: 110), ist im Hinblick auf die Zugänglichkeit der Rechtschreibung für Sprachkritik ebenfalls zu relativieren. Sicher lässt sich konstatieren, dass das weite Feld der Laut-Buchstaben-Zuordnung im Wesentlichen die Ausdrucksseiten sprachlicher Zeichen betrifft. Letzteres gilt jedoch nicht für andere Aspekte der Orthographie, wie die Getrennt- und Zusammenschreibung, die Groß- und Kleinschreibung oder die Interpunktion. Im Gegenteil können die hier im Prinzip gegebenen formalen Wahlmöglichkeiten Schreibern als Mittel zur Artikulation ganz spezifischer Bedeutungsnuancen dienen. Eisenberg/Feilke (2001: 10) legen dies am Beispiel der Verwendung von Spatien zur Trennung von Wortformen dar. Wenn diese Wahlmöglichkeiten durch Normsetzung eingeschränkt werden, muss das gut begründet sein. Diese Gründe zu kennen, zu verstehen und möglicherweise zu akzeptieren, bedeutet für den Schreiber den Übergang vom mechanischen Befolgen unverständlicher Vorschriften zur aufgeklärten Anwendung von Regeln. Wo dies nicht gelingt, entsteht möglicherweise Frustration und das Gefühl, einer willkürlichen Instanz ausgeliefert zu sein.

4 Rechtschreibung und ihre Kritik in der Schule

Die Rolle der Rechtschreibung in der schulischen Praxis ist durch zwei gegensätzliche Einstellungen geprägt, die ich mit den Formulierungen *Rechtschreibnormen als Vorschriften* und *Rechtschreibnormen als Anlass zu Sprachreflexion und Sprachkritik* bezeichnen möchte:

4.1 Rechtschreibnormen als Vorschriften

Vorschriften im Bereich der Rechtschreibung lassen sich mit Ossner (2010: 95) als einen Typ von Normen fassen, „denen wir, wenn wir ihnen folgen, aus Konformität folgen“, d.h. gerade nicht, weil wir ihre Legitimität und Funktionalität einsehen. Viele Regeln der Orthographie – etwa bezüglich der Getrennt- und Zusammenschreibung – gelten Schülern auch noch in den Sekundarstufen pauschal als kaum vollständig erlernbare, schwer befolgbare, in ihrer Sinnhaftigkeit nicht verstehbare, aber dennoch in ihrer Geltung zu akzeptierende Vorschriften. Diese Schreiber sehen sich mehr als Objekt der Regulierung, denn als Subjekte, die Regeln zum Zwecke der Erreichung ihrer kommunikativen Ziele befolgen und nutzen. Diese Einstellung, so scheint es, kann wohl auch über die Schulzeit hinaus als typisch für viele Sprachteilhaber gelten. Hierin wäre dann einer der Gründe für die Emotionalität zu finden, mit der seit jeher und verstärkt seit 1996 um die Orthographie und ihre Reform gerungen wird (vgl. Stenschke 2005). Rechtschreibnormen, besonders aber die Rechtschreibreform, werden pauschal negativ bewertet, auch wenn sicher nicht alle Regeln aus Lernersicht problematisch oder auch nur schwierig zu erlernen und zu befolgen sind; man denke nur an die Großschreibung am Satzanfang. Das äußert sich z.B. in frustrierten, zum Teil auch verärgerten, meist mündlichen Bemerkungen, die jedoch in der konzeptuell mündlichen Kommunikation von Internetforen, wie das soziale Netzwerk *Schueler.CC*, zum Thema *Das Rechtschreiben*[5] manifest werden:

[5] Alle Zitate fanden sich im Forum des sozialen Netzwerks *Schueler.CC* zum Thema *Das Rechtschreiben* (http://www.schueler.cc/(letzter Zugriff: 5. März 2012)). Die Schreibung, Emoticons und typographische Besonderheiten (Großschreibung, Zeichensetzung, Kursiv- und Fettschreibung etc.) entsprechen den Originalen.

(1) (a) rechtschreiben ist beschisen
(b) ich mach imma Fehler ☹
(c) stimmt es gibt immer neue rechtschrebregeln (das nevt)
(d) ich hasse fehler das versaut dir alles

Der gleichsam „objektive“, vom Schreiber unabhängige Status der orthographischen Norm äußert sich auch auf Lehrerseite. Aus der Praxisperspektive zumindest der Grundschulpädagog/inn/en scheint die Rechtschreibleistung in einigen entscheidenden Kontexten ein objektives, keine Interpretationen erforderndes Kriterium für die Messung der schulischen Leistungsfähigkeit eines Kinds zu sein. In einem mehrere einschlägige Studien besprechenden Überblicksartikel stellt Scheufler (2010) fest, dass die Deutschdidaktik der letzten Jahre den Schwerpunkt von der Vermittlung orthographisch korrekten Schreibens offenbar auf das gelegt hat, was die Autorin unter dem Schlagwort „kreatives Schreiben“ zusammenfasst. Ein Ergebnis dieser Verschiebung sei, dass die Wortschätze von Viertklässlern messbar umfangreicher sind als früher, dass Schüler längere und komplexere Aufsätze schrieben etc. Anderseits gingen die Leistungen im Bereich *Orthographie* vor allem bei Schülern aus schwächeren sozialen Kontexten erheblich zurück. Das sei insofern folgenreich, als sich die curriculare Verschiebung vom Rechtschreiben auf das Kreativschreiben kaum auf die Bewertungsmaßstäbe der Lehrerinnen und Lehrer ausgewirkt habe. Immer noch orientierten sich die Empfehlungen der Grundschulpädagog/inn/en für die weiterführende Schulkarriere wesentlich am Kriterium der Rechtschreibkompetenz eines Kindes (Scheufler 2010).

4.2 Rechtschreibung als Anlass zur Sprachreflexion

Vom Standpunkt der germanistischen Sprachdidaktik stellen Kilian/Niehr/Schiewe (2010) fest, dass sich Positionen der didaktischen Sprachkritik kaum in den Bildungsplänen, Kerncurricula und Mindeststandards niederschlagen. Eine Durchsicht der Lehrpläne für das Fach *Deutsch* in unterschiedlichen Klassenstufen und Schulformen dreier Bundesländer (Rheinland-Pfalz (1998a,b, 2005); Hessen (1995, 2010); Sachsen (2004/2009a,b, 2004/2009/2011) gibt dieser Klage jedoch nicht Recht. Vielmehr scheinen die Ziele, die die Lehrpläne mit Blick auf die Rechtschreibkompetenzen definieren und die Methoden, die sie zu deren

Realisierung nennen, durchaus mit dem kritischen Anliegen der wissenschaftlichen Sprachdidaktik vereinbar. Dies gilt bereits für die Grundschulen, ganz sicher aber für die Sekundarstufen.

So lassen sich in den Lehr- und Rahmenplänen der drei Bundesländer für die Grundschulen im Zusammenhang mit Rechtschreibung und orthographischen Kompetenzen kaum Formulierungen finden, die im Sinne von unkritisch hinzunehmenden, aber verbindlichen Vorschriften verstanden werden könnten. So legt etwa der Rahmenlehrplan des Landes Rheinland-Pfalz für das Fach *Deutsch* eines der Ziele, welche Kinder am Ende ihrer Grundschulzeit erreicht haben sollten, wie folgt fest:

> Sie haben [...] grundlegende orthographische Regeln, Lösungshilfen und Rechtschreibstrategien kennen gelernt und erprobt, um zunehmend bewusst ihre Schreibleistungen in Hinblick auf die richtige Schreibleistung zu reflektieren (Rheinland-Pfalz 2005: 10).

Unter methodisch-didaktischen Gesichtspunkten werden bereits für die ersten Schuljahre Verfahren wie „Schreib- oder Redaktionskonferenzen" empfohlen. Es gehe darum, „‚Forscherinteresse' zu wecken, das die beste Voraussetzung dafür bietet, das System der gesprochenen wie der geschriebenen Sprache *im eigenaktiven Zugriff* zu entdecken" (Hessen 1995: 97, 113; meine Hervorhebungen, T.W.).

Diese auch im Sinne von Kilian/Niehr/Schiewe (2010) als kritisch zu charakterisierende Herangehensweise an die Orthographie setzt sich in den Curricula der Sekundarstufen fort. Auch hier geht es durchweg nicht mehr allein um die Befähigung der Schüler zu normgerechter Schreibung, sondern – bei grundsätzlicher Voraussetzung des Geltungsanspruchs der orthographischen Norm – darum, die Rechtschreibung im Sinne einer *Reflexion auf Sprache* in einen weiteren thematischen und kompetenzorientierten Zusammenhang zu stellen. Im hessischen Lehrplan für das Gymnasium heißt es hierzu bereits für die Klasse 5:

> Ein wichtiger Gesichtspunkt ist die Verbindung von Rechtschreibunterricht und Sprachreflexion. Überprüfungen der Rechtschreibleistungen sind stets zu verbinden mit sinnvollen Aufgaben aus dem Bereich der Sprachreflexion, die zu einer Verbesserung der Rechtschreibleistungen beitragen können (Hessen 2010: 18).

Auch der rheinland-pfälzische Lehrplan für die 10. Klasse der Hauptschule betont Eigenaktivität und das Ziel der Entwicklung einer Fähigkeit zur Reflexion auf die Bedingtheit sprachlicher Normen:

> Ein Unterrichtsschwerpunkt [im Bereich sprachliche Variation; T.W.] kann allerdings zur Einsicht in die Notwendigkeit sprachlicher Normen beitragen. Eine rigide Normauffassung, die sich an wirklichkeitsfernen Idealen orientiert, sollte jedoch vermieden werden. Anstelle theoretischer Ausführungen treten Spracherkundungen (Projektmöglichkeiten/vgl. dazu auch Kl. 7–8). Die Rechtschreibreform von 1996 bietet einen thematischen Ansatz, bei dem auch Schwerpunkte der Rechtschreibung wiederholt werden können (Rheinland-Pfalz 1998a: 132).

Vor dem Hintergrund der in den Abschnitten 1 und 2 angestellten Überlegungen zur didaktischen Sprachkritik, ist zusammenfassend festzustellen, dass die untersuchten Curricula gemessen an der neueren sprachdidaktischen Forschung durchaus modern und auf der Höhe des wissenschaftlichen Diskurses sind.

Allerdings sind die Formulierungen in den Lehrplänen – wie die Textsorte durchaus erwarten lässt – weitestgehend programmatisch und allgemein. Gerade weil sie nicht den Allgemeinplätzen und dem *common sense* bezüglich der Rechtschreibung entsprechen, verlangen sie von Lehrerinnen und Lehrern ein hohes Maß an Kreativität und Engagement, um das sprach-kritische Programm in konkreten Unterrichtssituationen umzusetzen.[6] Im folgenden Abschnitt wird ein Beispiel vorgestellt, das zeigen sollen, wie das möglich ist.

5 Sprachnormkritik in der Schule: Ein Beispiel

Ich wende mich damit der Betrachtung einer spezifischen Gruppe sprachlicher Elemente zu, deren Schreibung nicht nur Schülern Probleme bereitet und die wohl gerade deshalb „für die Reflexion über Sprache ergiebig“ (Eisenberg/Feilke 2001: 10) sind. Ziel der Ausführungen ist es, anhand eines konkreten Beispiels aufzeigen, wie eine anlassbezogene, also punktuelle und sich aus dem Unterricht heraus ergebende sprachnormkritische Herangehensweise an Rechtschreibung in der Schule aussehen und welche Funktionen sie aus sprachdidaktischer Hinsicht haben könnte.

Es geht dabei um Ausdrücke, die ich hier als komplexe Präpositionen bezeichne und die an einem Prozess der Lexikalisierung komplexerer Präpositionalphrasen (*auf + grund > auf Grund > aufgrund*) bzw. der Grammatikalisierung einiger Substantive mit lokaler oder temporaler Semantik (z.B. *grund, seite, zeit*

[6] Dabei können sie auf eine Reihe von Beiträgen aus dem Bereich der Fachdidaktik zurückgreifen, wie Peyer (2007), Ossner (2007b) und Menzel (2010).

etc.) teilhaben (vgl. di Meola 2000, 2002). Sprachwandelprozesse wie diese vollziehen sich meist über einen großen Zeitraum hinweg, keineswegs synchron in der gesamten Sprachgemeinschaft und nicht in allen Varietäten der betroffen Sprache in gleicher Weise. Da die hier angesprochenen Entwicklungen gegenwärtig noch nicht abgeschlossen sind, ist im Bereich der komplexen Präpositionen mit Variation zwischen Sprachteilhabern und mit einer gewissen Unentschiedenheit und Unsicherheit aufseiten einzelner Sprachteilhaber zu rechnen. Auf der Ebene des sprachlichen Wissens der Sprecher des Deutschen besteht diese Variation bzw. Unsicherheit im Hinblick auf die entsprechenden Einheiten der mentalen Lexika. So ist es einerseits möglich, dass etwa /aufgrund/ für bestimmte Sprecher eine einfache lexikalische Einheit darstellt, in der das bezogen auf die Sprachgeschichte ehemalige Substantiv /grund/ auch semantisch keinen Beitrag mehr leistet. Wird aber die Bedeutung des Substantivs noch mitverstanden und mitgemeint, ist die Fügung /auf grund/ als grammatisch komplex zu analysieren.

Charakteristisch für strukturelle Varianz dieser Art ist, dass sie für den Einzelnen in der gesprochenen Sprache nicht zutage tritt und sie ihm deshalb kaum je bewusst wird. Manifest wird sie erst im Medium der Schrift (vgl. hierzu Weber 2010: 239ff.). Schreiber, anders als Sprecher, sind aufgrund der orthographischen Konventionen des Deutschen gezwungen, Entscheidungen über Wortformgrenzen (ein Wort oder zwei) und über den kategorialen Status sprachlicher Einheiten (Substantiv oder Nicht-Substantiv) zu treffen (Eisenberg/Feilke 2001: 10). Für die komplexen Präpositionen bedeutet dies, dass sie im Hinblick auf die Getrennt- bzw. Zusammenschreibung ebenso problematisch sind wie hinsichtlich der Groß- bzw. Kleinschreibung der in ihnen enthaltenen nominalen Elemente, die zumindest sprachhistorisch auf Substantive zurückgehen. Hierzu gehören die folgenden Beispiele.

(2) (a) <auf Grund>/<aufgrund> + NP_{Gen}/PP_{von}: *aufgrund/auf Grund (von) meiner Überzeugung*

(b) <von Seiten>/<vonseiten>+ NP_{Gen}: *vonseiten/von Seiten ihrer Kollegen*

(c) <infolge> + NP_{Gen}: *infolge seiner Krankheit*

(d) NP_{Dat}<zufolge>/<zufolge> + NP_{Gen}: *dem Gerücht zufolge/zufolge des Gerüchts.*

Die hier wiedergegebenen Schreibvarianten sind die zurzeit normgerechten. Dass hinsichtlich der Wahl zwischen diesen Formen gegenwärtig auch bei professionellen Schreibern eine gewisse Unsicherheit herrscht, ist auch darauf zurückzuführen, dass die Norm bezüglich der Schreibung der komplexen Präpositionen nicht konsistent ist – in einigen Fällen sind Varianten zugelassen, in anderen nicht. Darüber hinaus wurde sie seit 1996 mehrfach geändert, und auch diese Änderungen erfolgten nicht systematisch für die gesamte Gruppe, sondern betrafen einzelne Elemente in unterschiedlicher Weise.

Angesichts dieser Situation – Varianz und Unsicherheit aufgrund noch nicht abgeschlossener Sprachwandelprozesse sowie eine gewisse Sprunghaftigkeit und Inkonsistenz der Normgebung – stehen Lehrerinnen und Lehrer vor einer sowohl schwierigen als auch unvermeidlichen Aufgabe. Unvermeidlich ist sie, weil sie sich immer dann stellt, wenn Schüler normabweichend schreiben und sie darauf aufmerksam zu machen sind, um die Entwicklung unerwünschter Routinen zu vermeiden und einen Lernprozess in Gang zu setzen. Kinder müssen u.a. auch lernen, dass der Tätigkeitsbereich der Schreibung durch Normen geregelt ist. Schwierig ist die Aufgabe, weil es auf die nur allzu berechtigte Frage „Warum schreibt man das denn so?“ im Einzelfall und aus den genannten Gründen keine einfache Antwort gibt.

Eine – aus didaktischer Sicht natürlich problematische – Möglichkeit, mit dieser Frage im Unterrichtsgespräch umzugehen, besteht darin, sie mit einer Schein-Antwort der Art „Das ist eben so!“ beiseite zu schieben. Der Schüler bleibt dann bestenfalls zurück mit dem Wissen um die Schreibung eines Einzelausdrucks, ein Wissen, das jedoch keinerlei Potenzial mit sich bringt, auf andere Fälle übertragen werden zu können.

Eine alternative Vorgehensweise, die ab der 8. Klasse praktikabel ist, besteht darin, mit den Schülern Strategien zu entwickeln, die es ihnen ermöglichen, in dem konkreten Zweifelsfall, vor allem aber auch in ähnlichen zukünftig auftretenden Fällen rationale, begründete und begründbare Entscheidungen zu treffen. Im Zusammenhang mit den hier betrachteten komplexen Präpositionen würde der erste Schritt einer solchen im Sinne von Ossner (2010) aufgeklärten und aufklärenden Verfahrensweise mit der folgenden Frage eingeleitet werden: Welche Gründe könnt ihr für die Getrenntschreibung oder für die Zusammenschreibung von <aufgrund/auf Grund> finden?“

In einer sich hieran anschließenden Diskussion stellen die Schüler dann auf der Basis ihres eigenen sprachlichen Wissens und ihrer eigenen sprachlichen Intuition Überlegungen zu Aspekten an, die für die Schreibung relevant sind. Beispiele möglicher Ausgangsfragen, die sicher nicht vollständig „abgearbeitet“ werden müssen, sondern jede für sich sprachkritische Reflexion motivieren können, sind die folgenden:

- Empfinden wir den Ausdruck als eine Wortform oder als zwei? Und worauf beruht diese „Empfindung“?
- Sind uns /grund/ und /auf/ als selbständiges Substantiv und selbständige Präposition geläufig? Und hat /grund/ in <aufgrund/auf Grund> die gleiche Bedeutung wie als eigenständig verwendetes Substantiv (als Kopf eine Nominalphrase)?
- Wenn /auf/ hier für sich genommen eine Präposition ist, warum finden wir vor dem folgenden Substantiv dann nicht einen Artikel im Dativ?
- Gibt es im Deutschen nicht andere Gruppen (ehemals) komplexer Ausdrücke, die heute zusammengeschrieben werden müssen: <demnach, nachdem, deshalb> etc.? Obwohl wir die Komponenten als solche noch deutlich erkennen können (*dem-nach, nach-dem* etc.) haben wir keinen Zweifel, dass es sich jeweils um ein Wort handelt, das wir entsprechend auch zusammenschreiben. Ist <aufgrund> ähnlich zu bewerten?

Zumindest wo einfache, verallgemeinerbare und in ihrer Funktionalität durchsichtige Rechtschreibregeln nicht zur Verfügung stehen,[7] kann eine solche Vorgehensweise Schüler im Sinne einer „unfürsorglichen Schreiberziehung“ zu „eigenaktiven Strukturierungen“ (Feilke 1995: 144/145) führen. Auf dieser Basis gelangten sie dann zu Schreibvarianten, die für sie motiviert und deshalb auch zu präferieren wären. Gleichzeit wird für die Schüler deutlich, dass es gute Gründe gibt, die für die Zusammenschreibung der komplexen Präpositionen

[7] Feilke (1995) würde diese Einschränkung sicher nicht vornehmen.

sprechen, aber auch Gründe, mit denen sich die Auseinanderschreibung rechtfertigen lässt.
Was in einem solchen Unterrichtsgespräch u.a. gewonnen und geübt wird, ist Sprachkritikkompetenz im Sinne von Kilian (2009) und Kilian/Niehr/Schiewe (2010). Und mit diesen Autoren ist auch im Hinblick auf die Orthographienorm festzustellen:

> Die Befähigung zu einer sprachlichen Mündigkeit und Sprachkritikkompetenz macht also gerade nicht – wie im sprachpflegerischen Ansatz vorgesehen – vor den Normen der deutschen Standardsprache Halt (Kilian/Niehr/Schiewe 2010: 97).

Auf dieser Basis können Schüler dann zu weiteren Einsichten gelangen:

- Die Unsicherheiten und Schwierigkeiten, die wir hinsichtlich der Schreibung der komplexen Präpositionen (und vergleichbarer Ausdrücke) haben, sind zumindest teilweise in deren sprachlicher Struktur und im Wesen des Sprachwandels begründet.
- Die Sprachnormierer sehen einige dieser Präpositionen in einem Stadium des Übergangs im Laufe eines Sprachwandels oder doch im Zustand der Variabilität; bei anderen sind sie offenbar der Auffassung, dass die Mitglieder der Sprachgemeinschaft den Prozess der Grammatikalisierung bereits für abgeschlossen halten. Dementsprechend erlauben sie in einigen Fällen mehrere Schreibvarianten, in anderen legen sie eine Schreibung fest.
- Schreibnormierung ist hier kein willkürlicher Akt, keine arbiträre Vorschrift, sondern orientiert sich an sprachlichen Gegebenheiten. Die Komplexität und Mehrdeutigkeit dieser Gegebenheiten schlägt sich möglicherweise in einer als willkürlich empfundenen Inkonsequenz der Normierung nieder.
- Dennoch treffen Schreiber Entscheidungen zwischen Schreibvarianten grundsätzlich vor dem Hintergrund starker gesellschaftlicher Erwartungen an sie, normgerecht zu schreiben.

Die vorangegangenen Ausführen haben deutlich gemacht, dass sich eine didaktische Sprachkritik anlässlich konkreter Problemfälle der Orthographie nicht auf die isolierte Behandlung einzelner Schreibprobleme oder gar auf die bloße und unbegründete Korrektur von Fehlern beschränken darf. Hier geht es vielmehr darum, dass Schüler „Rechtschreibung erforschen" (Eisenberg/Feilke 2001), und dies bedeutet beispielsweise, dass sie selbst bei der Entdeckung von Zusammenhängen zwischen Schreibung und Sprachstruktur aktiv werden. So können sie auch auf der Basis dessen, was sie bereits über Sprache und Schreiben wissen, erkennen, dass (Recht-)Schreiben bedeuten kann, die in der Form von Schreibkonventionen bereitgestellten Mittel bewusst und kreativ zu nutzen, um eigene kommunikative Anliegen zu realisieren.

6 Fazit

In diesem Beitrag wurde zunächst argumentiert und dann anhand eines konkreten Beispiels gezeigt, dass die Rechtschreibung – anders, als es auf den ersten Blick erscheinen mag – ein geeigneter Anlass für didaktisch-sprachkritische Betrachtungen und insbesondere für Sprachnormkritik in der Schule darstellt. Dies liegt zum einen daran, dass es unter Schülern (und darüber hinaus unter Schreibern auch nach Abschluss ihrer Schulkarrieren) ein Leiden an der Rechtschreibung und ein weitreichendes Gefühl eigener Unzulänglichkeit gibt. Diese Emotionen sind es, die Lehrer im Unterricht aufgreifen und als Ressourcen für die Sprachdidaktik nutzen können. Sprachnormkritik anlässlich der Rechtschreibung ist aus zwei in den vorangegangenen Abschnitten herausgearbeiteten Gründen didaktisch möglich und sinnvoll:

1. Sprachkritik als Reflexion auf Sprache: Rechtschreibung und insbesondere die hier anhand der komplexen Präpositionen beispielhaft behandelten Phänomene stehen in Beziehung zu strukturellen, funktionalen und sprachhistorischen Phänomenen. Eine Beschäftigung mit der Rechtschreibung erlaubt es, diese Phänomene zu rekonstruieren und – in Rahmen einer Reflexion auf Sprache – bewusst zu machen.

2. Sprachkritik als Sprachnormkritik: Die Orthographie ist als Ausdruck einer kodifizierten, gesellschaftlich festgelegten Norm zu begreifen, die unterschiedliche Arten von Regeln umfasst, die wiederum auf unterschiedliche Weisen begründet sind. Diese Gründe, insofern sie sich auf sprachstrukturelle, funktionale oder sprachhistorische Aspekte beziehen, stehen teilweise im Widerspruch zueinander. Wer dies durchschaut, über das Selbstbewusstsein sowie über Strategien verfügt, diese Widersprüche im konkreten Zweifelsfall zu überwinden, und

diese Strategien für die eigenen schriftsprachlichen Zwecke zu nutzen weiß, ist nicht länger passiver Ausführender und Objekt einer Vorschrift, sondern Subjekt der Schreibung, das Normen als ein Mittel des sprachlichen Ausdrucks nutzen kann. Sprachkritik im Schulunterricht ist damit im Sinne von Feilke/Knobloch/ Völzing (2007) *linguistische Aufklärung*.

Literatur:

a) Quellen:[8]

Hessen (1995): Rahmenplan Grundschule. Wiesbaden: Hessisches Kultusministerium. Zugänglich unter: http://grundschule.bildung.hessen.de/rahmenplan/Rahmenplan.pdf.

Hessen (2010): Lehrplan Deutsch – gymnasialer Bildungsgang. Jahrgangsstufen 5G bis 9G und gymnasiale Oberstufe. Wiesbaden: Hessisches Kultursministerium. Zugänglich unter http://www.kultusministerium.hessen.de/irj/HKM_Internet?cid=ac9f301df54d1fbfab83dd3a6449af60.

Jensen, Cornelius (1982): *Wortarten. Groß und klein, zusammen oder getrennt*. Hamburg: Buske.

Klartext 5 (1996): *Sprachbuch für Gymnasien*. Erarbeitet von: Frank, Rainer/Hoppe, Almut/ Kopfermann, Thomas/Mönnich, Waltraud/Schober, Otto. Braunschweig: Westermann Schulbuchverlag.

Praxis Sprache 5 (1997): Ausgabe A. Erarbeitet von: Menzel, Wolfgang/Rudolph, Günter/ Schäfer, Jürgen. Braunschweig: Westermann Schulbuchverlag.

Praxis Sprache 6 (1997): Ausgabe A. Erarbeitet von: Menzel, Wolfgang/Rudolph, Günter/ Schäfer, Jürgen. Braunschweig: Westermann Schulbuchverlag.

Praxis Sprache 7 (1997): Ausgabe A. Erarbeitet von: Menzel, Wolfgang/Rudolph, Günter/ Schäfer, Jürgen. Braunschweig: Westermann Schulbuchverlag.

Rheinland-Pfalz (1998a): Lehrplan Deutsch (Klassen 5–9/10). Hauptschulen, Realschulen, Gymnasien, Regionale Schulen, Gesamtschulen). Mainz: Ministerium für Bildung, Wissenschaft und Weiterbildung. Zugänglich unter: http://lehrplaene.bildung-rp.de/gehezu/ startseite.html.

Rheinland-Pfalz (1998b): Lehrplan Deutsch. Grund- und Leistungsfach Jahrgangsstufen 11 bis 13 der gymnasialen Oberstufe *(Mainzer Studienstufe)*. Mainz: Ministerium für Bildung, Wissenschaft und Weiterbildung. Zugänglich unter: http://lehrplaene.bildung-rp.de/gehezu/startseite.html.

Rheinland-Pfalz (2005): Rahmenplan Grundschule. Teilrahmenplan Deutsch. Mainz: Ministerium für Bildung, Wissenschaft und Weiterbildung. Zugänglich unter: http://lehrplaene.bildung-rp.de/gehezu/startseite.html.

Sachsen (2004/2009a): Lehrplan Grundschule Deutsch.

[8] Auf alle hier aufgeführten Internetquellen wurde – mit Ausnahme von Schueler.CC (s. Angaben in Klammern) – zum letzten Mal am 1. Februar 2013 zugegriffen.

Dresden: Sächsisches Staatsministerium für Kultus. Zugänglich unter: http://www.bildung.sachsen.de/apps/lehrplandb/downloads/lehrplaene/lp_gs_deutsch_2009.pdf.

Sachsen (2004/2009b): Lehrplan Mittelschule Deutsch. Dresden: Staatsministerium für Kultus. Zugänglich unter: http://www.bildung.sachsen.de/apps/lehrplandb/downloads/lehrplaene/lp_ms_deutsch_2009.pdf

Sachsen (2004/2009/2011): Lehrplan Gymnasium Deutsch). Dresden: Sächsisches Staatsministerium für Kultus und Sport. Zugänglich unter: http://www.bildung.sachsen.de/apps/lehrplandb/downlads/lehrplaene/lp_gy_deutsch_2011.pdf.

Schueler.CC (2012): Forum. Thema: Die Rechtschreibung. Zugänglich unter http://www.schueler.cc/(letzter Zugriff: 5. März 2012).

Schwengler, Gerhard (1994): *Training deutsche Grammatik. Wortarten:* 5./6. Schuljahr. 4. Auflage. Stuttgart: Klett.

[VDS 2010] Verein Deutsche Sprache (2010): *VDS-Sprachkritik wirkt!* Pressemitteilung des Vereins Deutsche Sprache vom 7. April 2010. Zugänglich unter: http://www.vds-ev.de/presse/pressemitteilungen/pressemitteilungen-archiv/750-vds-sprachkritik-wirkt

Wegweiser (1998): Sprachbuch 8. Schuljahr. Erarbeitet von: Ernst, Gisela/Fenner, Birgit/Heusinger, Hannelore/Jung-Schellin, Barbara/Kirsch, Michaela/Kunze, Ingrid/Seifert, Marlis. Leipzig: Ernst Klett.

Wort Satz Text (1998): 8.-11. Schuljahr. Erarbeitet von: Brennecke, Jutta/Garbe, Joachim/Rudolph, Günter/Ulrich, Winfried). Braunschweig: Westermann Schulbuchverlag.

b) Forschungsliteratur:

Eisenberg, Peter/Feilke, Helmuth (2001): Rechtschreibung erforschen. Basisartikel. In: *Praxis Deutsch* 170, 6–15.

Feilke, Helmuth (1995): Schreib', wie Du willst! – Sieh', was Du kannst! Argumente zu einer „unfürsorglichen“ Didaktik des Schreibens. In: Härle, Gerhard (ed.): *Grenzüberschreitungen: Friedenspädagogik, Geschlechter-Diskurs, Literatur – Sprache – Didaktik. Festschrift für Wolfgang Popp zum 60. Geburtstag.* Essen: Blaue Eule, 141–154. Wieder abgedruckt und zugänglich unter: http://www.mediaculture-online.de/fileadmin/bibliothek/feilke_schreib/feilke_schreib.html (letzter Zugriff: 20. Januar 2013).

Feilke, Helmuth/Knobloch, Clemens/Völzing, Paul-Ludwig (eds.) (2007): *Was heißt linguistische Aufklärung? Sprachauffassungen zwischen Systemvertrauen und Benutzerfürsorge* (= Wissenschaftskommunikation 1). Heidelberg: Synchron.

Kilian, Jörg (2009): Didaktische Konzepte zur Sprachkritik im Unterricht des Deutschen als Erstsprache. In: *Aptum. Zeitschrift für Sprachkritik und Sprachkultur* 5(2) Themenheft: Sprachkritik in der Schule, 106–129.

Kilian, Jörg/Niehr,Thomas/Schiewe,Jürgen (eds.) (2010): *Sprachkritik. Ansätze und Methoden der kritischen Sprachbetrachtung* (= Germanistische Arbeitshefte 43). Berlin/New York: de Gruyter.

Menzel, Wolfgang (2010): *Grammatik-Werkstatt.* 4. Auflage. Seelze-Velber: Friedrich.

Meola, Claudio di (2000): *Die Grammatikalisierung deutscher Präpositionen* (= Studien zur deutschen Grammatik 62). Tübingen: Stauffenburg.

Meola, Claudio di (2002): Altes und Neues zu „präpositionsartigen Präpositionalphrasen". In: Bublitz, Wolfram/Roncador, Manfred von/Vater, Heinz (eds.): *Philologie, Typologie und Sprachstruktur. Festschrift für Winfried Boeder zum 65. Geburtstag.* Frankfurt, M.: Peter Lang, 265–282.

Ossner, Jakob (2007a): Aufklärung durch Analyse. Zur Vielschichtigkeit orthographischer Regeln. In: Feilke, Helmuth/Knobloch, Clemens/Völzing, Paul-Ludwig (eds.): *Was heißt linguistische Aufklärung? Sprachauffassungen zwischen Systemvertrauen und Benutzerfürsorge.* Heidelberg: Synchron, 87–104.

Ossner, Jakob (2007b): Grammatik in Schulbüchern. In: Köpcke, Klaus-Michael/Ziegler, Arne (eds.): *Grammatik in der Universität und für die Schule.* Tübingen: Niemeyer, 161–183.

Peyer, Ann (2007): Grammatikunterricht. In Lange, Günther/Weinhold, Swantje (eds.): *Grundlagen der Deutschdidaktik.* Hohengehren: Schneider, 73–100.

Scheufler, Simone (2010): Rechtschreibung. Etwas läuft foll valsch.
In: *Fokus online Schule* 4. http://www.focus.de/schule/magazin/archiv/rechtschreibung-etwas-laeuft-foll-valsch_aid_539949.html (letzter Zugriff: 21. Februar 2012).

Stenschke, Oliver (2005): *Rechtschreiben, Recht sprechen, recht haben – der Diskurs über die Rechtschreibreform. Eine linguistische Analyse des Streits in der Presse* (= Reihe Germanistische Linguistik 258). Tübingen: Niemeyer.

Schiewe, Jürgen (2009): Sprachkritik in der Schule. Vorüberlegungen zu Möglichkeiten und Zielen eines sprachkritischen Unterrichts. In: *Aptum. Zeitschrift für Sprachkritik und Sprachkultur* 5(2) Themenheft: Sprachkritik in der Schule, 97–105.

Schmellentin Britz, Claudia/Lindauer, Thomas (2011): Zum Umgang mit Rechtschreibregeln in der Schule. In: *Mitteilungen des Deutschen Germanistenverbandes* 58(1), 98–111.

Weber, Tilo (2010): *Lexikon und Grammatik in Interaktion – Grammatische Kategorisierungsprozesse am Beispiel des Deutschen* (= Reihe Germanistische Linguistik 239). Berlin/New York: de Gruyter.

Verzeichnis der Autorinnen und Autoren

Birte Arendt, Dr. phil., ist wissenschaftliche Mitarbeiterin am Institut für Deutsche Philologie der Universität Greifswald. Zu ihren Arbeitsschwerpunkten zählen Argumentationserwerb von Kindergartenkindern vor allem in Peerinteraktionen, Sprachkritik mit dem Fokus auf Onlinekommunikation sowie Spracheinstellungen und Sprachgebrauch des Niederdeutschen in unterschiedlichen Kontexten.

Nils Bahlo, Dr. phil, ist Studienrat im Hochschuldienst am Germanistischen Institut der Westfälischen Wilhelms-Universität in Münster. Zu seinen Arbeitsschwerpunkten zählen Gesprächsanalyse, Soziolinguistik und Kommunikation in den Neuen Medien.

Jörg Bücker, Dr. phil., ist wissenschaftlicher Mitarbeiter am Germanistischen Institut der Westfälischen Wilhelms-Universität in Münster. Zu seinen Arbeitsschwerpunkten zählen Grammatik, Sprachwandel, Gesprächsanalyse, kognitive Linguistik und Kommunikation in den Neuen Medien.

Elke Diedrichsen, Dr. phil., ist International Linguistic Project Manager im European Headquarters von Microsoft in Dublin, Irland. Zu ihren wissenschaftlichen Arbeitsschwerpunkten zählen Pragmatik, Konstruktionsgrammatik, Funktionale Linguistik und Computerlinguistik.

Jana Kiesendahl, Dr. phil., ist wissenschaftliche Mitarbeiterin am Institut für Deutsche Philologie der Universität Greifswald. Zu ihren Arbeitsschwerpunkten zählen computervermittelte Kommunikation, Sprachkritik, Sprachliche Norm und Angemessenheit, Sprechhandlungsanalyse und Schulbuchforschung.

Katharina König, Dr. phil., ist Studienrätin im Hochschuldienst am Germanistischen Institut der Westfälischen Wilhelms-Universität Münster. Zu ihren Arbeitsschwerpunkten zählen gesprächsanalytische Zugänge in der Laienlinguistik, Spracheinstellungen zu migrationsbedingter Mehrsprachigkeit, Kommunikation in den Neuen Medien (v.a. SMS und WhatsApp) sowie Interaktionale Linguistik.

Arndt Kremer, Dr. phil., ist Lehrbeauftragter im Fachbereich „Deutsch als Fremdsprache" (DaF) der Universität zu Köln. Zu seinen Arbeitsschwerpunkten zählen Soziolinguistik, Sprach- und Begriffsgeschichte, Sprachdidaktik, sprachliche Diskriminierung und deutsch-jüdisches Sprachdenken.

Simon Meier, Dr. phil., ist wissenschaftlicher Mitarbeiter am Fachgebiet Allgemeine Linguistik der Technischen Universität Berlin. Zu seinen Arbeitsschwerpunkten zählen Pragmatik, insbesondere Soziopragmatik und historische Pragmatik, Text- und Diskurslinguistik, Phraseologie und Wissenschaftsgeschichte.

Thomas Niehr, Prof. Dr. phil., ist Professor für Germanistische Sprachwissenschaft an der RWTH Aachen. Zu seinen Arbeitsschwerpunkten zählen Argumentationsanalyse, Diskursanalyse, Öffentlicher Sprachgebrauch und Sprachkritik.

Magnus Pettersson Ängsal, Dr. phil., ist wissenschaftlicher Mitarbeiter mit Lehrauftrag im Bereich deutsche Sprachwissenschaft an der Universität Göteborg. Zu seinen Arbeitsschwerpunkten zählen Sprachkritik, Text- und Diskursanalyse, Sprache und Geschlecht sowie Sprache und Terrorismus.

Christian Schütte, Dr. phil, ist Lehrkraft für besondere Aufgaben am Germanistischen Seminar der Universität Siegen. Zu seinen Arbeitsschwerpunkten zählen Textlinguistik, Kommunikation in den Massenmedien, Rhetorik und Argumentationstheorie.

Constanze Spieß, Dr. phil., ist wissenschaftliche Mitarbeiterin am Germanistischen Institut der Westfälischen Wilhelms-Universität in Münster. Zu ihren Arbeitsschwerpunkten zählen Text- und Diskurslinguistik, Politolinguistik, Genderlinguistik, kognitive Linguistik und sprachdidaktische Sprachkritik.

Tilo Weber, Dr. phil. habil., ist apl. Professor für Germanistische Sprachwissenschaft an der Martin-Luther-Universität Halle-Wittenberg und Dozent für deutsche Sprache an der Technischen Universität Liberec (Tschechien). Zu seinen Arbeitsschwerpunkten zählen kognitiv-funktionale Grammatik, Gesprächsanalyse, Interkulturelle Kommunikation und die Erforschung von Prozessen der Wissenstransformation durch sprachliche Interaktion.

PERSPEKTIVEN GERMANISTISCHER LINGUISTIK (PGL)

Herausgegeben von Heiko Girnth und Sascha Michel

ISSN 1863-1428

1 *Karin Schlipphak*
Erwerbsprinzipien der deutschen Nominalphrase
Erwerbsreihenfolge und Schemata – die Interaktion sprachlicher Aufgabenbereiche
ISBN 978-3-89821-911-2

2 *Alexander Görlach*
Der Karikaturen-Streit in deutschen Printmedien
Eine Diskursanalyse
ISBN 978-3-8382-0005-7

3 *Tanja Giessler*
Raum – Konzept – Sprache
Sprachliche Lokalisationen in Minimalkonstellationen
ISBN 978-3-8382-0000-2

4 *Anna Wolańska-Köller*
Funktionaler Textaufbau und sprachliche Mittel in Kochrezepten des 19. und frühen 20. Jahrhunderts
ISBN 978-3-8382-0022-4

5 *Hilke Elsen / Sascha Michel (Hrsg.)*
Wortbildung im Deutschen zwischen Sprachsystem und Sprachgebrauch
Perspektiven – Analysen – Anwendungen
ISBN 978-3-8382-0134-4

6 *Dagna Zinkhahn Rhobodes*
Sprachwechsel bei Sprachminderheiten: Motive und Bedingungen
Eine soziolinguistische Studie zur deutschen Sprachinselminderheit in Blumenau, Brasilien
ISBN 978-3-8382-0344-7

7 *Katrin Huck*
Stacheldrahtsprache
Sprachliche Grenzziehungen der extremen Rechten im Internet
ISBN 978-3-8382-0276-1

8 *Edith Münch*
Wissen und raumbezogene Identitäten: Wie Kommunen und Gemeinden durch gemeinsames Wissensmanagement voneinander lernen können
Individuelles Wissen in Neujahrsreden niederrheinischer Bürgermeister für ein modernes Selbstbild der Stadt
ISBN 978-3-8382-0317-1

9 *Hajo Diekmannshenke / Thomas Niehr (Hrsg.)*
Öffentliche Wörter
Analysen zum öffentlich-medialen Sprachgebrauch
ISBN 978-3-8382-0466-6

10 *Sascha Michel / József Tóth (Hrsg.)*
Wortbildungssemantik zwischen Langue und Parole
Semantische Produktions- und Verarbeitungsprozesse komplexer Wörter
ISBN 978-3-89821-922-8

11 *Sabine Heyne / Bastian Vollmer*
Innovation und Persuasion in der Presse
Eine komparative Korpusanalyse zur Form und Funktion von Neologismen in den Zeitungen *Bild* und *Süddeutsche Zeitung* anhand der Thematik Libyenkrieg
ISBN 978-3-8382-0572-4

12 *Heiko Girnth / Sascha Michel (Hrsg.)*
Polit-Talkshow
Interdisziplinäre Perspektiven auf ein multimodales Format
ISBN 978-3-89821-923-5

13 *Jörg Bücker / Elke Diedrichsen / Constanze Spieß (Hrsg.)*
Perspektiven linguistischer Sprachkritik
ISBN 978-3-8382-0808-4

ibidem-Verlag / *ibidem* Press
Melchiorstr. 15
70439 Stuttgart
Germany

ibidem@ibidem.eu
ibidem.eu